本书系广东外语外贸大学后期资助项目（项目编号：23HQ02）成果

湘语语音的
特征与类型研究

p s ts a i u

贝先明 著

中国社会科学出版社

图书在版编目（CIP）数据

湘语语音的特征与类型研究 / 贝先明著. -- 北京：中国社会科学出版社，2025.7. -- ISBN 978-7-5227-5353-9

Ⅰ．H174

中国国家版本馆 CIP 数据核字第 2025FQ7735 号

出 版 人	季为民
责任编辑	李嘉荣
责任校对	刘　娟
责任印制	李寡寡

出　　版	中国社会科学出版社
社　　址	北京鼓楼西大街甲 158 号
邮　　编	100720
网　　址	http://www.csspw.cn
发 行 部	010-84083685
门 市 部	010-84029450
经　　销	新华书店及其他书店
印　　刷	北京明恒达印务有限公司
装　　订	廊坊市广阳区广增装订厂
版　　次	2025 年 7 月第 1 版
印　　次	2025 年 7 月第 1 次印刷
开　　本	710×1000　1/16
印　　张	24
插　　页	2
字　　数	346 千字
定　　价	128.00 元

凡购买中国社会科学出版社图书，如有质量问题请与本社营销中心联系调换
电话：010-84083683
版权所有　侵权必究

目　　录

绪　论 …………………………………………………………（1）

第一章　长沙方言、双峰方言的元音 ………………………（23）
　　第一节　元音声学实验研究的理论与方法 …………………（23）
　　第二节　长沙方言元音的声学分析 …………………………（27）
　　第三节　双峰方言元音的声学分析 …………………………（102）
　　第四节　湘语不同类型音节中的元音演变类型及特点 ………（150）

第二章　湘语元音的类型 ……………………………………（153）
　　第一节　湘语方言点元音一览表 ……………………………（153）
　　第二节　湘语元音的类型 ……………………………………（157）
　　第三节　湘语元音格局的历史成因 …………………………（162）
　　第四节　有关湘语元音类型的几点思考 ……………………（164）

第三章　长沙方言、双峰方言的辅音 ………………………（167）
　　第一节　辅音声学实验研究的理论与方法 …………………（167）
　　第二节　长沙方言辅音的声学分析 …………………………（169）
　　第三节　双峰方言辅音的声学分析 …………………………（193）

第四章　湘语辅音的类型 ……………………………………… (224)
  第一节　湘语方言点辅音一览表 ………………………………… (224)
  第二节　湘语塞音的类型 ………………………………………… (233)
  第三节　湘语擦音的类型 ………………………………………… (237)
  第四节　湘语塞擦音的类型 ……………………………………… (240)
  第五节　湘语鼻音的类型 ………………………………………… (244)
  第六节　一些方言点容易相混的几组辅音 ……………………… (246)

第五章　长沙方言、双峰方言的声调 ………………………… (253)
  第一节　声调声学实验研究的理论与方法 ……………………… (253)
  第二节　长沙方言的单字调 ……………………………………… (254)
  第三节　双峰方言的单字调 ……………………………………… (259)
  第四节　长沙方言的双字调 ……………………………………… (262)

第六章　湘语声调的类型 ……………………………………… (287)
  第一节　湘语方言点调类、调值一览表 ………………………… (287)
  第二节　湘语的调数类型 ………………………………………… (287)
  第三节　湘语的调型和调值类型 ………………………………… (292)
  第四节　湘语的调类类型 ………………………………………… (296)

第七章　长沙方言、双峰方言语音的鼻化度特征 …………… (298)
  第一节　长沙方言语音的鼻化度 ………………………………… (298)
  第二节　双峰方言语音的鼻化度 ………………………………… (308)

第八章　长沙方言、双峰方言塞音的时长特征 ……………… (329)
  第一节　嗓音起始时间、空白段分析的理论和方法 …………… (329)
  第二节　长沙方言塞音的时长特征 ……………………………… (331)
  第三节　双峰方言塞音的时长特征 ……………………………… (333)

第四节　有关长沙方言、双峰方言塞音时长的思考 ………… (336)

第九章　湘语的语音类型与演变机制 ……………………… (338)
　　第一节　湘语元音的主要类型与特点 …………………… (338)
　　第二节　湘语声调的主要类型与特点 …………………… (340)
　　第三节　湘语辅音的主要类型与特点 …………………… (340)
　　第四节　关于语音研究的若干思考 ……………………… (341)
　　第五节　湘语的发展趋势 ………………………………… (342)
　　第六节　湘语的研究价值 ………………………………… (343)

参考文献 ……………………………………………………… (345)

附录1　发音人简况 …………………………………………… (351)

附录2　部分方言点声调的实验结果 ………………………… (357)

附录3　发音字词表 …………………………………………… (364)

附录4　湘语双峰话语音鼻化度考察的发音字表 …………… (377)

后　记 ………………………………………………………… (379)

绪　　论

一　湘语及其分区概述

西汉扬雄（公元前 53 年—公元 19 年）所著的《輶轩使者绝代语释别国方言》（简称《方言》）是我国第一部方言学著作，书中在谈论各地方言时，多次提到"南楚江湘""荆汝江湘""江湘九嶷""九嶷湘潭""湘潭""沅湘""沅澧"等地名及相关词汇。由此看来，西汉时期，湖南（及其周边）已经形成了具有一定特色的方言。

现代湘语主要分布在湖南境内的湘江流域、资江流域，沅江流域的部分地区。此外，陕西南部、安徽南部、广西东北部、四川局部以及贵州局部也有湘语分布。鲍厚星、陈晖[1]和陈立中[2]在前人的基础上提出湘南、粤北、桂北三个地区的一部分土话和平话也应该纳入湘语。湘语的四周主要分布着三大汉语方言：东临湘东的赣语，南接湘南和广西的官话，西界湘西、贵州和重庆的官话，北毗湘北的官话，湘东南少数几个县还有较大面积的客家话。湖南境内的湘语在官话、赣语、客家话这三大汉语方言的包围影响下，频繁地发生接触与演变，原有的一些特征

---

[1] 鲍厚星、陈晖：《湘语的分区（稿）》，《方言》2005 年第 3 期。
[2] 陈立中：《论湘语的确认标准》，《汉语学报》2008 年第 4 期。

湘语语音的特征与类型研究

正逐步弱化、消失。根据《中国语言地图集》①，说湘语的人口约为3085万。

湘语的分区，长期依据的主要是语音标准。因此，湘语的分区在一定程度上反映了人们对整个湘语语音面貌的研究水平。关于湘语的分区，至今主要有以下四种意见。

两分：两分最重要的依据是"古全浊声母今读是否保留浊音"。袁家骅等著的《汉语方言概要》② 分新旧两派；日本学者辻伸久所著《湖南诸方言の分类と分布—全浊声母变化た基（初步的试た）》③ 分"老湘型湘方言""新湘型湘方言"。周振鹤、游汝杰所著《湖南省方言区画及其历史背景》④ 分"湘语北片""湘语南片"；《湖南省·方言志》⑤ 分"长沙型""湘乡型"。

三分：鲍厚星、颜森所著《湖南方言的分区》⑥ 分"长益片""娄邵片""吉溆片"。《中国语言地图集》⑦、吴启主主编的《湖南方言研究丛书》"代前言"⑧ 也是持类似的分法，只是把"吉溆片"改称为"辰溆片"，个别方言点的归属有调整。三分法中的长益片、娄邵片大致相当于两分法中的"新湘型湘方言""老湘型湘方言"或者说"湘语北片""湘语南片"。三分法中多出了一个"吉溆片"（后改叫"辰溆片"），这是因为湘西地区辰溪、泸溪、溆浦等县的古全浊声母的今读

---

① 中国社会科学院、澳大利亚人文科学院：《中国语言地图集》，香港：朗文出版社（远东）有限公司1987年版。
② 袁家骅等：《汉语方言概要（第二版）》，语文出版社2001年版。
③ ［日］辻伸久：《湖南诸方言の分类と分布—全浊声母变化た基（初步的试た）》，《中国语学》1979年。
④ 周振鹤、游汝杰：《湖南省方言区画及其历史背景》，《方言》1985年第4期。
⑤ 湖南省地方志编纂委员会：《湖南省志·第二十五卷·方言志》，湖南人民出版社2001年版。
⑥ 鲍厚星、颜森：《湖南方言的分区》，《方言》1986年第4期。
⑦ 中国社会科学院、澳大利亚人文科学院：《中国语言地图集》，香港：朗文出版社（远东）有限公司1987年版。
⑧ 鲍厚星、崔振华、沈若云、伍云姬：《长沙方言研究》，湖南教育出版社1999年版，第1—4页。

绪 论

音（平声保留浊音，仄声基本清化）既不同于长益片、娄邵片湘语，也不同于西南官话。

四分：《湖南省汉语方言普查总结报告》把湘语分为"长益土语群""湘涟土语群""辰溆土语群""衡邵土语群"。四分法注意到衡阳及其附近地区方言的特殊性，故将其单独划出成为一个片。①

五分：鲍厚星、陈晖的《湘语的分区（稿）》把湘语分为"长益片""娄邵片""衡州片""辰溆片""永州片"。② 由于衡阳的一些县市处于湘语和客、赣语的包围中，其方言具有过渡地带方言的性质，故从原长益片中划出，又因这一带历史上属于衡州府，故命名"衡州片"。另外，根据历史沿革和语言实际，将永州一带的某些土话纳入湘语，成立"永州片"，并且把原属娄邵片的祁阳、祁东两个方言点也划入此片。

方言的分区在不断发展，反映了人们对湘语尤其是湘语语音的认识也在不断深入。就目前的分区方案来看，五分法是较为详细的方案，而且它还有一个优点，那就是（方言）片下再分（方言）小片，例如，长益片下分长株潭小片、益沅小片和岳阳小片，体现了方言分区的层次性。

本书选择五分法中"长益片"里的长沙方言、"娄邵片"中的双峰_{永丰}方言作为重点研究对象。同时选择其他 42 个方言点进行比较分析和类型探索，这 42 个方言点分别是：安化_{梅城}、浏阳_{镇头}、汨罗_{城关}、汨罗_{长乐}、南县、宁乡_{花明楼}、桃江、望城_{铜官}、湘潭、湘阴、益阳、沅江_{四季红}、岳阳（以上属长益片）、安化_{东坪}、城步、衡山_{后山}、会同、涟源_{桥头河}、隆回_{桃洪}、娄底、邵阳、双峰_{花门}、武冈、湘乡、新化、新宁、新邵_{坪上}、株洲_{龙泉}（以上属娄邵片）、衡东_{高湖}、衡山_{前山}、衡阳（以上属衡州片）、辰溪、泸溪_{浦市}、溆浦（以上属辰溆片）、祁东、祁阳、东安_{花桥}、道县_{寿雁}、江华_{白芒营}、江永、冷水滩_{普利桥}、新田_{茂家}（以上属永州片）。

---

① 湖南省地方志编纂委员会：《湖南省志·第二十五卷·方言志》，湖南人民出版社。
② 鲍厚星、陈晖：《湘语的分区（稿）》，《方言》2005 年第 3 期。

二 长沙方言音系概述①

(一) 长沙方言的韵母系统

鲍厚星等②将长沙方言的韵母系统（老派发音人）归纳如下：

ɿ　i　u　y
ʅ
a　ia　ua　ya
o　　io
ə　ie　uə　ye
ai　　uai　yai
au　iau
ei　　uei　yei
əu　iəu
õ
ã　iã　　yã
an　ian　uan　yan
ən　in　uən　yn
oŋ　ioŋ
m̩　n̩

鲍厚星等③对上述韵母系统的具体音值进行了细致的说明，现抄录如下："元音 a 的音值，在 a、ia、ua、ya 中比 [A] 偏后，在 ai、uai、

---

① 为了行文的方便与一致，音位符号都不加"／／"，个别地方需要强调具体音值的，加上"[ ]"。送气符号都统一为"h"，不使用"ʻ"，引用以往研究者的音系时也作此处理。下同。
② 鲍厚星、崔振华、沈若云、伍云姬：《长沙方言研究》，湖南教育出版社1999年版。
③ 鲍厚星、崔振华、沈若云、伍云姬：《长沙方言研究》，湖南教育出版社1999年版。

yai 和 an、uan 中接近［a］，在 au、iau 中接近［ɒ］，在 ian、yan 中实际读音在［æ］与［a］之间。元音 o 比标准元音略松，oŋ、ioŋ 中的 o 又比标准元音略紧，音值为［ʊ］。元音 ə 和 uə 中的 ə 是央元音略后，əu、iəu 中的 ə 带有圆唇化倾向，ən、uən 中的 ə 为标准央元音。ie、ye 和 ei、uei、yei 中的 e 比标准元音略松，音值接近［ɛ］。"

北京大学中国语言文学系语言学教研室描写了新派发音人的韵母系统，① 比鲍厚星等的韵母系统少了ɿ、oŋ、ioŋ 三个韵母。② 此外，袁家骅等也对长沙方言的韵母系统进行过考察，③ 其中有一处音值描写值得注意，作者指出，"低元音 a 单用或在-n 前（a ia ua ya an ian uan yan）为后元音 ɑ，……在 i 前（ai uai yai）为央元音 A。"我们的考察也发现，ai、uai、yai 中的 a 接近标准元音 A。

我们根据声学实验的结果和音位归纳的基本原则，对长沙方言的韵母系统（大部分为年轻发音人）进行归纳，提出两种方案，第一种方案比较注重韵母的实际音值，第二种方案比较重视音标符号的简洁性。本书的分析使用第一种方案。具体方案如下④：

ɿ　i　u　y
a　ia　ua　ya
o　io　uo
ə　ie　uə　ye
ai　　uai yai
au iau

---

① 北京大学中国语言文学系语言学教研室编，王福堂修订：《汉语方音字汇（第二版重排本）》，语文出版社 2003 年版。
② 鲍厚星、崔振华、沈若云、伍云姬：《长沙方言研究》，湖南教育出版社 1999 年版。
③ 袁家骅等：《汉语方言概要（第二版）》，语文出版社 2001 年版。
④ 音标加方框的表示这些音涉及的字数少，甚至部分发音人没有该韵母。关于m̩、ŋ̍，个别发音人有，个别发音人没有，大部分发音人有m̩而没有ŋ̍，还有极少数发音人把m̩（"妈妈"念作"姆妈"，m̩是"姆"的念法）念为 mo，大部分发音人把ŋ̍（"你"）念成 li。我们将m̩、ŋ̍都归纳进音系。有的发音人把 uə（"国"的韵母）念为 uo。有的发音人把 ɑ̃（"搬"等的韵母）、ã（"扇"等的韵母）念成 ã 或者其他音。

湘语语音的特征与类型研究

ei　uei yei
əu iəu
ã iã uã yã
õ
ɔ̃ iẽ　yẽ
ən uən
in
yn
m̩ ŋ̍

长沙方言三合元音（即中响复韵母）较多，撮口呼较多，鼻化韵多，鼻尾韵少，只有-n尾而无-ŋ尾。

根据我们的考察，对长沙方言韵母系统的音值作如下说明，详见表0.1。

表0.1　　　　　长沙方言韵母系统的音值和例字

音位	实际音值（与相应的标准元音比较）		例字
	男性发音人	女性发音人	
ɿ	ɿ		知、丝
i	i		皮、医
u	u，略低		不、污
y	y略靠后，略带舌尖色彩		猪、鱼
a	部分人发为ɑ，部分人发为ɒ		巴、阿
o	o略高		波、窝
ə	ə	ə，略靠后	百、儿
ia	部分人发为iɑ，部分人发为iɒ		爹（白读）、丫
ua	部分人发为uɑ，部分人发为uɒ		瓜、蛙
ya	部分人发为ɥɑ，部分人发为ɥɒ		抓、刷
io	io	io，o偏低	脚、岳
uo	uo	uo，o位于o、ɔ之间	国（读音一）

绪 论

续表

音位	实际音值（与相应的标准元音比较）		例字
	男性发音人	女性发音人	
ie	ie	ie，e 略低	瘪、叶
uɐ	uɐ	无此韵母	国（读音二）
ye	ye	ye，e 接近 ᴇ	决、月
ai	ᴀɛ		排、台
au	ɑɔ，ɔ 略低	ɑɔ	包、刀
ei	ᴇe		杯、堆
ɐu	ɐu		都、沟
uai	ᴀuɛ		乖、歪
yai	ɥᴀɛ		甩、帅
iau	cɑɔ		标、妖
uei	ɪuᴇ	ɛuᴇ	龟、威
yei	ɥɪᴇ	ɥɛᴇ	追、谁
iɐu	iɐu		丢、优
ã	Ã		班、单
õ	õ，略高		搬、完
ə̃	ə̃	ə̃	战、扇
iã	iɛ̃	iɛ̃，ɛ̃ 略靠后	浆、秧
uã	uɐ̃		关、弯
yã	yɛ̃	yɛ̃，ɛ̃ 略靠后	装、双
iɛ̃	iɛ̃，ɛ̃ 略靠前		边、烟
yɛ̃	yɛ̃，ɛ̃ 略靠前		砖、冤
in	in		兵、因
yn	yn		军、晕
ən	ən		奔、灯
uən	uən，e 略低		棍、温
m̩	m̩		姆
ŋ	ŋ		你

湘语语音的特征与类型研究

根据韵母表，我们对长沙方言的元音作如下分类：

单元音韵母（7个）

ɿ

i y   u

   ə   o

     a

双元音韵母（12个）

前响双元音①

ei   əu

ai   au

后响双元音

ie ye   uə   io uo

ia ya   ua

三元音韵母（6个）

yei   uei

yai   uai

iəu   iau

鼻化、鼻尾元音韵母（12个）

鼻化元音韵母

iẽ yẽ   õ

        ɔ̃

---

① 前响双元音、后响双元音的"响"，一般指，从发音生理上讲，是开口度较大，舌位较低。我们认为，"响"同样可以在声学上找到对应物，即 F1 的数值较大，当 F1 区别不明显时（例如有的方言中的双元音 ui、iu 等），可以取时长相对较长的元音为"响"。与"前响""后响"相对应的概念有"降峰""升峰"。胡方在分析宁波方言时，把韵腹和元音性韵尾组成的双元音叫降峰双元音，把介音和韵腹组成的双元音交升峰双元音。并认为"降峰""升峰"也是声学上的，降峰双元音可以处理为一个元音音位，升峰双元音可以处理为两个元音音位的组合。请参看胡方《降峰双元音是一个动态目标而升峰双元音是两个目标：宁波方言双元音的声学与发音运动学特性》，《语言研究集刊》2013 年第十辑。

iã yã ã　　uã

鼻尾元音韵母

in yn

ən　　　uən

辅音韵母（2个）

m̩ ŋ̍

考虑到互补原则，我们还可以将上述韵母系统减少一个音标 e，将它改为音标 ə。即将 ei、uei、yei、iẽ、yẽ 改为 əi、uəi、yəi、iə̃、yə̃。在音系上也可以作如下理解：这些韵母中的 ə，受到介音或韵尾的 i 或 y 的影响，实际音值为 e，那么长沙方言的韵母表还可以归纳成如下的第二种方案：

ɿ　i　u　y

a　ia　ua　ya

o　io　uo

ə　iə　uə　yə

ai　　uai　yai

au　iau

əi　　uəi　yəi

əu　iəu

ã　iã　uã　yã

õ

ə̃　iə̃　　yə̃

ən　uən

in

yn

m̩ ŋ̍

(二) 长沙方言的声母系统

鲍厚星等[①]将长沙方言的声母系统（老派发音人）归纳如下：

p pʰ m f
t tʰ   l
ts tsʰ   s
tʂ tʂʰ   ʂ ʐ
tɕ tɕʰ ɲ ɕ
k kʰ   ŋ x
ø

北京大学中国语言文学系语言学教研室[②]描写的长沙方言新派发音人的声母系统，比鲍厚星等[③]的少了 tʂ、tʂʰ、ʂ、ʐ，多了 z。

我们根据声学实验的结果和音位归纳的基本原则，将长沙方言的声母系统（大部分为年轻发音人）归纳如下：

p pʰ m f
t tʰ   l
ts tsʰ   s ɹ
tɕ tɕʰ ɲ ɕ
k kʰ   ŋ x
ø

l 包括变体 l、l̃、n 三个变体（主要是 l、l̃、n 很少），这三个变体的发音部位是舌尖。ɲ 只有 ɲ 一个变体，它的发音部位是舌面，详见表 0.2。

---

① 鲍厚星、崔振华、沈若云、伍云姬：《长沙方言研究》，湖南教育出版社 1999 年版。
② 北京大学中国语言文学系语言学教研室编，王福堂修订：《汉语方音字汇（第二版重排本）》，语文出版社 2003 年版。
③ 鲍厚星、崔振华、沈若云、伍云姬：《长沙方言研究》，湖南教育出版社 1999 年版。

表 0.2　　　　　　　　长沙方言声母系统的例字

声母	声母例字	声母	声母例字	声母	声母例字	声母	声母例字
p	疤逼布	p^h	趴批铺	m	妈眯摸	f	花飞夫
t	达低多	t^h	他梯拖			l	拿粒笋
ts	渣子作	ts^h	岔次搓	s	纱撕锁	ɹ	惹肉绕
tɕ	脚鸡假	tɕ^h	缺气巧	ȵ	弱泥尿	ɕ	夏西休
k	家龟姑	k^h	卡亏枯	ŋ	伢我欧	x	哈货黑
∅	阿衣乌						

（三）长沙方言的声调系统

鲍厚星等①将长沙方言的声调系统（老派发音人）归纳如下：

阴平　33

阳平　13

上声　41

阴去　55（45）

阳去　11（21）

入声　24

北京大学中国语言文学系语言学教研室②描写的长沙方言新派发音人的声调系统跟鲍厚星等③的基本一致，并认为阳平、阴去的实际调值为 113、445。

我们根据声学实验的结果和音位归纳的基本原则，将长沙方言的声调系统（大部分为年轻发音人）归纳如下：

---

① 鲍厚星、崔振华、沈若云、伍云姬：《长沙方言研究》，湖南教育出版社 1999 年版。
② 北京大学中国语言文学系语言学教研室编，王福堂修订：《汉语方音字汇（第二版重排本）》，语文出版社 2003 年版。
③ 鲍厚星、崔振华、沈若云、伍云姬：《长沙方言研究》，湖南教育出版社 1999 年版。

阴平　33
阳平　223
上声　332
阴去　45
阳去　21
入声　24

阳平、入声比较接近，尤其是调头。上声调头的 3 比阴平的 3 要高一些。部分发音人的阴去存在假声，详见表 0.3。

表 0.3　　　　　长沙方言声调系统及例字

声调	声调例字	声调	声调例字
阴平 33	巴低乌	阳平 223	爬题吴
上声 332	把底五		
阴去 45	霸帝务	阳去 21	罢地雾
入声	爸敌屋		

三　长沙方言的音节结构

因研究目的不一样，音位归纳有多种可能性，音节结构分析也同样具有多种方案。以辅音 p，元音 a、i、u，辅音 n 为例，传统方案将 pa 处理为 CV 结构，将 pia、pai 处理为 CVV 结构，将 pan 处理为 CVN 结构，将 pian 处理为 CVVN 结构。这是汉语常见的四种音节结构类型：CV、CVV、CVN 及 CVVN。

我们认为，音节分析的结果没有对错之分，只有标准不同而已。我们的标准主要是声学标准，其次考虑系统性原则。

仍旧是以辅音 p，元音 a、i、u，辅音 n 为例，我们的处理方案如下：

CV 型音节：pa。

CGV 型音节：pia。G 是 glide（滑音）的首字母。为什么将 pia 处理为 CGV 而不是 CVV 呢？其原因是 CGV 中的 G 与 V 有不同的声学表现。V 有较长的发音时间和较稳定的共振峰结构。G 往往只有较短的发音时间，其共振峰结构不稳定，在较短时间内迅速变化。CGV 结构中的 G，夹在 C 与 V 之间，因为前头辅音 C 的发音在声道中有阻碍，而 G 从阻碍处除阻开始发音，舌位收紧点往往高于正常的元音 V。G 实际音值呈 approximant（近音）性质，发音特征和声学特征均介于元音性与辅音性之间。另外，从音变的实际来看，在音变过程中，CGV 中的 G 容易变化，也容易随着前头 C 的变化而变化（甚至从无到有，或者从有到无）。汉语语音史上，见系在某些韵前（如假摄开口二等）由 k 变为 tɕ，a 前就增生出一个 i 来，如"家"的历史音变就是这样。

CVG 型音节：pai。为什么将 pai 处理为 CVG 而不是 CVV 呢？理由同 pia。这里也举一个实际的语音例子来说明 CVG 中的 G 容易变化（甚至从无到有，或者从有到无）。在湘语武冈方言中，蟹摄的一些字（如"排"），原来念 bai，在一些郊区或农村地区，i 丢失，读为 ba。

CGVG 型音节：piau。双峰方言中没有此种类型音节结构，长沙方言中有，例如："标"念 piau。

CVN 型音节：pan、pã。鼻尾和鼻化联系紧密，一是在一个具体音系中，两者很少处于对立关系。二是鼻尾韵中的元音，往往多少带有鼻化特征。三是从汉语历史音变来看，鼻尾容易脱落，变成鼻化，等等。我们在分析音节结构时，将鼻尾韵和鼻化韵归为一种，统一标为 N。

CGVN 型音节：pian、piã。

CVNGN 型音节：pãĩ，长沙方言中没有此类型音节结构，双峰方言中有，例如，"边"念 pãĩ。

CGVNGN 型音节：puãĩ，长沙方言中没有此类型音节结构，双峰方言中有，例如，"砖"念tuaĩ。

以上音节处理方案的结果是：

（1）除去m̩、n̩等声化韵，一个音节中有且只有一个V，有且只有一个C。C和V都是必不可少的。零声母的实现形式是C（表现为ʔ等之类的音）或者G（表现为j、w之类的音）。

（2）最简单的音节结构是CV，最复杂的音节结构是CGVNGN。

（3）在汉语中，声调也是必不可少的。

根据以上方案，长沙方言的音节结构共有以下6种类型：

CV：如pa（"八"）。

CGV：如pia（"壁"①）。

CVG：如pai（"白"）。

CGVG：如piau（"标"）。

CVN：如pən（"奔"）、pã（"班"）。

CGVN：如kuən（"滚"）、piã（"边"）。

四　双峰方言音系概述[②]

（一）双峰方言的韵母系统

陈晖将双峰方言的韵母系统归纳如下[③]：

ɿ　i　u　y
ʅ
a　ia　ua　ya
ɷ　iɷ
e　　ue

---

① 汉字下面加"▁"，表示白读音，加"＝"，表示文读音。
② "双峰方言"没有写成"双峰永丰方言""双峰花门方言"时，均指双峰永丰镇方言，下同。
③ 陈晖：《湘方言语音研究》，湖南师范大学出版社2006年版。

绪 论

o　io
ɤ　iɤ
　　ui
əu
iã
ĩ　iĩ　uĩ
en　ien　uen　yen
aŋ　iaŋ
m̩　n̩

陈晖对上述韵母系统的具体音值进行了细致的说明，现抄录部分内容如下："a 作单韵母时实际音值为 A，在 ia、ya 中是典型的 a，在 ua 中是 ɑ，在 aŋ、iaŋ 中是 ɑ 且有时略带圆唇。"①

袁家骅②、北京大学中国语言文学系语言学教研室③等也对双峰方言的韵母系统进行过考察，不过与上述陈晖④的方案略有不同。例如，袁家骅等⑤将陈晖⑥方案中的 ɤ、iɤ 归纳 ə、iə，并且指出"ə 的实际音值介乎央元音 ə 和后元音 ɤ 之间，前面有 i 介音时就更接近央元音 ə。"北京大学中国语言文学系语言学教研室⑦将陈晖⑧方案中的 en、uen 归纳为 an、uan，并指出"元音 a 在韵尾-n 前偏高为 ɐ"，还将陈晖⑨方案中的 aŋ、iaŋ 记为 ɒŋ、iɒŋ，并指出"鼻韵尾 ɒŋ、iɒŋ 中的元音也带有鼻化成分，同时韵尾弱化，实际音值为 ɐ⁻ⁿ、iɐ⁻ⁿ"。三家方案的其他差

---

① 陈晖：《湘方言语音研究》，湖南师范大学出版社 2006 年版。
② 袁家骅等：《汉语方言概要（第二版）》，语文出版社 2001 年版。
③ 北京大学中国语言文学系语言学教研室编，王福堂修订：《汉语方音字汇（第二版重排本）》，语文出版社 2003 年版。
④ 陈晖：《湘方言语音研究》，湖南师范大学出版社 2006 年版。
⑤ 袁家骅等：《汉语方言概要（第二版）》，语文出版社 2001 年版。
⑥ 陈晖：《湘方言语音研究》，湖南师范大学出版社 2006 年版。
⑦ 北京大学中国语言文学系语言学教研室编，王福堂修订：《汉语方音字汇（第二版重排本）》，语文出版社 2003 年版。
⑧ 陈晖：《湘方言语音研究》，湖南师范大学出版社 2006 年版。
⑨ 陈晖：《湘方言语音研究》，湖南师范大学出版社 2006 年版。

湘语语音的特征与类型研究

异在此不再一一列出。

我们根据声学实验的结果和音位归纳的基本原则，将双峰方言的韵母系统（大部分为年轻发音人）归纳如下①：

ɿ　i　u　y
ʅ
a　ia　ua　ya
ʊ　iʊ
e　　　ue
o　io
ə　iə
　　　ui
əu
ã　iã
ɒ̃　iɒ̃
ĩ　　　uĩ
iə̃　uə̃　yə̃
ãɪ　　uãɪ
m̩　ŋ̍

前响双元音只有 əu 一个，另在鼻化韵中有ãɪ。没有中响复元音（即三合元音），只在鼻化韵中有uãɪ。鼻化韵很多，没有鼻尾韵。只有一位 50 岁以上的发音人，部分鼻化韵的字，有带鼻尾现象。其他发音人都没有鼻尾韵。

根据我们的考察，对双峰方言韵母系统的音值作如下说明，详见表 0.4。

---

① 音标加方框的表示这些音涉及的字数少，部分发音人甚至没有该韵母。m̩（"妈妈"念作"姆妈"，m̩是"姆"的念法）有少数发音人念 mo。

表0.4　　　　　　　双峰方言韵母系统的音值和例字

音位	实际音值（与相应的标准元音比较）		例字
	男性发音人	女性发言人	
ɿ	ɿ	ɿ	姿、丝
ʅ	ʅ	ʅ	知、尸
i	i	i	闭、医
u	u，略低		不、布
y	y，略靠后		猪、鱼
a	ᴀ		八、阿
ʊ	ʊ，略高		波、窝
e	e		杯、耳
o	o，略高		爸、话
ə	ɐ		包、刀
ia	iᴀ或者ᴀɪ		班、叶
ua	ʊᴀ		端、弯
ya	yᴀ		雪、月
iʊ	iʊ		周、优
ue	ue，ʉ介于u、ʉ之间		队、外
oi	oi		壁、鸦
iə	ei		标、妖
ui	ui		追、威
əu	ɐʊ		都、乌
ã	ẽ	ẽ，略靠前	帮、翁
õ	õ		张、汪
ĩ	ĩ		泥、年
iã	iã̃		南、懒
iõ	iõ		冰（白读）、央
iə̃	iə̃，ə̃介于e、ɛ之间	iɛ̃，ɛ̃介于ɛ、ɜ之间	兵、因
uə̃	uə̃	uɛ̃	军、温
yə̃	yə̃	yɛ̃，ɛ̃介于ɛ、ɜ之间	熏、晕
uĩ	uĩ	无	砖（读音一）、冤（读音一）
ãĩ	ãĩ		边、烟
uãĩ	uãĩ	uẽ̃	砖（读音二）、冤（读音二）
m̩	m̩	姆	m̩
ŋ̍	ŋ̍	你	ŋ̍

根据韵母表，我们对双峰方言的元音作如下分类：

单元音韵母（10个）

ɿ ʅ

i y　　　u

ʊ

e　ə　o

　　a

双元音韵母（9个）

前响双元音

əu

后响双元音

ui

　　　　iʊ

ue　io

iə

ia ya　ua

鼻化、鼻尾元音韵母（11个）

鼻化元音韵母

ĩ　　　　　uĩ

iə̃ yə̃　　uə̃

iã uãĩ ãĩ ã　　iɒ̃ ɒ̃

辅音韵母（2个）

m̩ n̩

（二）双峰方言的声母系统

陈晖①将双峰方言的声母系统归纳如下：

---

① 陈晖：《湘方言语音研究》，湖南师范大学出版社2006年版。

p　pʰ　b　m
t　tʰ　d　　　　l
ts　tsʰ　dz　　s
tʂ　tʂʰ　dʐ　　ʂ
tɕ　tɕʰ　dʑ　ȵ　ɕ　ʑ
k　kʰ　g　ŋ　x　ɣ
ø

北京大学中国语言文学系语言学教研室①归纳的方案与陈晖②的一致。

我们根据声学实验的结果和音位归纳的基本原则,将双峰方言的声母系统(大部分为年轻发音人)归纳如下:

p　pʰ　b　m
t　tʰ　d　　　　l
ts　tsʰ　dz　　s
tʂ　tʂʰ　dʐ　　ʂ
tɕ　tɕʰ　dʑ　ȵ　ɕ　ʑ
k　kʰ　g　ŋ　x　ɣ
ø

浊塞音、浊塞擦音和浊擦音是带声浊塞音。双峰方言声母及其例字见表0.5。

表0.5　　　　　双峰方言声母系统的例字

声母	声母例字	声母	声母例字	声母	声母例字	声母	声母例字
p	爸逼布	pʰ	拔批铺	b	牌皮步	m	埋煤毛
t	打低多	tʰ	塔梯拖	d	大题驼	l	拿粒箩

---

① 北京大学中国语言文学系语言学教研室编,王福堂修订:《汉语方音字汇(第二版重排本)》,语文出版社2003年版。

② 陈晖:《湘方言语音研究》,湖南师范大学出版社2006年版。

湘语语音的特征与类型研究

续表

声母	声母例字	声母	声母例字	声母	声母例字	声母	声母例字
ts	斋子作	tsʰ	插次搓	dz	柴词坐	s	筛撕锁
tʂ	知支纸	tʂʰ	直齿侄	dʐ	迟池治	ʂ	十诗食
tɕ	九鸡加	tɕʰ	秋气巧	dʑ	奇斜球	ɲ	女泥尿
				z	树蛇寿	ɕ	小西写
k	甲龟见	kʰ	卡亏牵	g	柜钳狂	ŋ	鸭哀鹅
				ɣ	孩魂河	x	瞎昏火
ø	阿衣威						

（三）双峰方言的声调系统

陈晖①将双峰方言的声调系统归纳如下：

阴平　55
阳平　13
上声　31
阴去　35
阳去　22

北京大学中国语言文学系语言学教研室②归纳的调位系统与陈晖③的基本一致，只是将阳去描写为33。

我们根据声学实验的结果和音位归纳的基本原则，将双峰方言的声调系统（大部分为年轻发音人）归纳如下：

阴平　55
阳平　23

---

① 陈晖：《湘方言语音研究》，湖南师范大学出版社2006年版。
② 北京大学中国语言文学系语言学教研室编，王福堂修订：《汉语方音字汇（第二版重排本）》，语文出版社2003年版。
③ 陈晖：《湘方言语音研究》，湖南师范大学出版社2006年版。

上声　41

阴去　35

阳去　33

双峰方言声调及其例字见表 0.6。

表 0.6　　　　　双峰方言声调系统及例字

声调	声调例字	声调	声调例字
阴平 55	低捕租	阳平 23	爬菩锄 滴不足
上声 41	底普祖		
阴去 35	帝铺做	阳去 33	弟步助

五　双峰方言的音节结构

双峰方言的音节结构较为简单，共有以下 7 种类型：

CV：如 pa（"八"）

CGV：如 pia（"班"）

CVG：如 təu（"都"）

CVN：如 pã（"帮"）

CGVN：如 liã（"南"）

CVNGN：如 pãĩ，（"边"）

CGVNGN：如 tuãĩ，（"砖"）

将长沙方言、双峰方言的音节结构进行比较，详见表 0.7。

表 0.7　　　　长沙方言、双峰方言音节比较

	举例	长沙方言	双峰方言
CV	pa	√	√

续表

	举例	长沙方言	双峰方言
CGV	pia	√	√
CVG	pai、təu	√	√
CVN	pən、pã	√	√
CGVN	kuən、piã	√	√
CGVG	piau	√	
CVNGN	pãĩ		√
CGVNGN	tuãĩ		√

  由表 0.7 可知，在 8 种音节结构中，有 5 种结构为二者共有，可见长沙、双峰方言在音节结构上具有较大的共性。

  另外，双峰方言没有 CGVG 类型，也就是没有三合的口元音，对应的音节韵尾失落，变为 CGV，例如，"妖"的韵母念 iə。长沙方言没有 CVNGN、CGVNGN，即没有双元音皆鼻化的，如 pãĩ、tuãĩ 等。

第一章　长沙方言、双峰方言的元音

第一节　元音声学实验研究的理论与方法

元音共振峰数据提取使用 Praat 语音软件。元音三维图画法采用王萍、贝先明、石锋[①]提出的三维空间画法，分别用第一共振峰（F_1）、第二共振峰（F_2）、第三共振峰减第二共振峰（F_3-F_2）作为元音三维空间的三个维度，即 x 轴、y 轴、z 轴。三维空间能够很好地解决二维空间中某些元音（例如ɿ与ʅ，i 与 y 等）声学空间区别度较小的问题。为了分析和比较的方便，我们将元音三维空间的立体图拆解为二维空间平面图，本章选择 F_1/F_2 平面和 F_1/F_3-F_2 平面来对湘语元音进行考察。

元音三维图的坐标刻度采用两种标度，第一种标度是 Bark 值标度。具体计算方法是，首先通过声学实验测量得到一个发音人各待测元音的第一共振峰（F_1）、第二共振峰（F_2）、第三共振峰减第二共振峰（F_3-F_2）的 Hz 值，再根据公式[②]：

$$\text{Bark} = 7\ln\{(f/650) + [(f/650)^2+1]^{1/2}\}$$

[①] 王萍、贝先明、石锋：《元音的三维空间》，《当代语言学》2010 年第 3 期。
[②] Schroeder. M. R, Atal B S, Hall J. L., *Optimizing Digital Speech Coders by Exploiting Masking Properties of the Human Ear*. The Journal of the Acoustical of Acoustical Society of America, Issue 6: 1647-1652. 1979.

分别把该发音人各待测元音的 F_1、F_2、F_{3-2} 的 Hz 值换算成 Bark 值，得到 B_1、B_2、B_{3-2}，每个发音人都照此求出各待测元音的 B_1、B_2、B_{3-2}，其次根据所有男性（或者女性）发音人的各待测元音的 B_1、B_2、B_{3-2} 绘制基于 Bark 值标度的元音三维图[1]。绘图分两步，第一步以 B_2 为 x 轴坐标、以 B_1 为 y 轴坐标，并且把坐标的原点置于右上角，便得到元音三维空间图的 F_1/F_2 平面。第二步以 B_{3-2} 为 x 轴坐标、以 B_1 为 y 轴坐标，并且把坐标的原点置于左上角，便得到元音三维空间图的 F_1/F_3-F_2 平面。Bark 值是对共振峰 Hz 数据进行相对化的结果，是一种基于听感的单位，采用它作为三维图的标度是为了使声学图中各元音的分布关系更接近人耳的听感。Li Aijun 等采用 Bark 标度的元音图分析不同情感语音状态下元音的声学空间，得到了元音的不同声学空间与不同的情感的对应规律。[2]

为了兼顾 Hertz 值与 Bark 值的对应，Bark 值标度的元音图的刻度采用 Bark，但同时在横坐标的 500Hz、1000Hz、1500Hz、2000Hz、250Hz0、3000Hz、3500Hz、4000Hz 等对应的 Bark 值处以及纵坐标的 200Hz、400Hz、600Hz、800Hz、1000Hz、1200Hz、1400Hz 等对应的 Bark 值处标上相应的 Hertz 数值。

第二种标度是 V 值标度。具体计算方法是，在 Bark 值的基础上，利用石锋、冉启斌、王萍提出的基于统计分析的 V 值公式把各待测元音第一共振峰的 Bark 值（B_1）、第二共振峰的 Bark 值（B_2）、第三共振峰减第二共振峰的 Bark 值（B_{3-2}）分别换算成 V_1 值、V_2 值、V_{3-2}，公式如下[3]：

$V_1 = \{ [B_1x - B_1(\text{min-SDmin})] / [B_1(\text{max+SDmax}) - B_1(\text{min-}$

---

[1] 本次实验对男女进行分组画图，有时候也可以将男、女发音人的数据合在一起画图和分析。

[2] Li Aijun, CAO Mengxue, FANG Qiang, HU Fang, DANG Jianwu. *Acoustic and Articulatory Analysis on Chinese and Japanese Vowels in Emotional Speech*, Chinese Journal of Phonetics, Beijing: China Social Sciences Press, 2013.

[3] 石锋、冉启斌、王萍：《论语音格局》，《南开语言学刊》2010 年第 1 期。

第一章 长沙方言、双峰方言的元音

SDmin）］｝×100

$V_2 = \{[B_2x-B_2(min-SDmin)] / [B_2(max+SDmax)-B_2(min-SDmin)]\} \times 100$

$V_{3-2} = \{[B_{3-2}x-B_{3-2}(min-SDmin)] / [B_{3-2}(max+SDmax)-B_{3-2}(min-SDmin)]\} \times 100$

以一个发音人 V_1 的计算为例，公式中 B_1（max+SDmax）是该发音人所有元音 F_1 的 Hz 平均值中的最大值加上最大值的标准差后再得到的 Bark 值，B_1（min-SDmin）是该发音人所有元音 F_1 的 Hz 平均值中的最小值减去最小值的标准差后再得到的 Bark 值，① B_1x 是该发音人某个元音 F_1 的 Hz 平均值的 Bark 值。将这些数据代入公式，即可求得该发音人某个元音的 V_1。该发音人某个元音的 V_2、V_{3-2} 照此求出。最后将所有男性发音人的 V_1 求平均值，V_2、V_{3-2} 也分别求平均值，根据这些平均值，就可以画出图 1.3。总体计算思路是，每个发音人先独立归一化（单独求出每个发音人各待测元音的 V_1、V_2、V_{3-2}，即所谓的每个人的语音自成系统），然后将所有男性（或所有女性）② 各待测元音的 V_1、

---

① F_1 的最大值一般是 a，最小值一般是 i。F_2 的最大值一般是 i，最小值一般是 u 或 o。F_{3-2} 的最大值一般是 u 或 o，最小值一般是 y 或 e。但是也有例外，例如，长沙方言 F_1 的最大值就不是 a，而是 ai 中的 a。有的方言某些发音人的 F_1 的最小值可能也不是 i，而是 y。因此，寻找 V 值公式中的 max、min 时，需要考察该发音人所有元音（包括单元音、复元音、鼻尾元音、鼻化元音等）。当然，更具体地讲，应该是所有元音中的顶点元音，即一个语言或方言那些处于元音三角或四角的边上的元音，如 i、y（以上是前高元音）、a、Œ、ʌ、ɑ、ɒ（以上是低元音）、u、ɯ（以上是后高元音），有些方言 o 比 u 的 F_2 值更小，所以 o 也应该纳入考察范围。一般情况下，优先考虑单元音，单元音的实际音值不是相应的标准元音时，再考虑非单元音。例如有些方言的低元音的音值如果不是［a］、［Œ］、［ʌ］而是［ɑ］、［ɒ］之类，则需要将该低元音跟所有复元音、鼻化元音、鼻尾元音中的 a 进行比较，寻找最大的 F_1 值，这时所有复元音、鼻化元音、鼻尾元音中的 a 都纳入考察。例如，长沙方言的单元音 a，实际上是 ɑ、ɒ，经过比较长沙方言所有复元音、鼻化元音、鼻尾元音中的 a，我们发现 ai 中 a 的 F_1 值最大，比单元音 a 大，因此我们代入公式的 B_1（max+SDmax）中的 max，其实是 ai 中 a 的 Hertz 平均值。

② 本次实验将男女进行分组画图，有时候也可以将男女合在一起画图。

V_2、V_{3-2}分别平均，最后画图。简言之，就是"先各人归一化，再所有人（或男女分组）平均"的原则。画图分两步，第一步以V_2为x轴坐标、以V_1为y轴坐标，并且把坐标的原点置于右上角，便得到元音三维空间图的F_1/F_2平面。第二步以V_{3-2}为x轴坐标、以V_1为y轴坐标，并且把坐标的原点置于左上角，便得到元音三维空间图的F_1/F_3-F_2平面。V值是对共振峰Hz数据进行相对化的结果，其优点是计算简单，可比性强，能很大程度上获得元音之间相对关系的共性特征，便于不同语言或方言及不同发音人之间的语音比较，也方便进行统计分析。

每一个单元音都可以根据它的Bark值和V值在三维空间图中确定它的位置。三维空间图可以反映各单元音之间的分布关系，体现各元音之间声学上和生理上的相对位置关系。V_1值对应元音的高低，最大值为100，表示舌位最低，最小值为0，表示舌位最高。在前元音中，V_1在0—20是高元音，在20—80是中元音，在80—100是低元音。在央元音中，V_1在0—25是高元音，在25—75是中元音，在75—100是低元音。在后元音中，V_1在0—30是高元音，在30—70是中元音，在70—100是低元音。[①] V_2值对应舌位的前后，最大值为

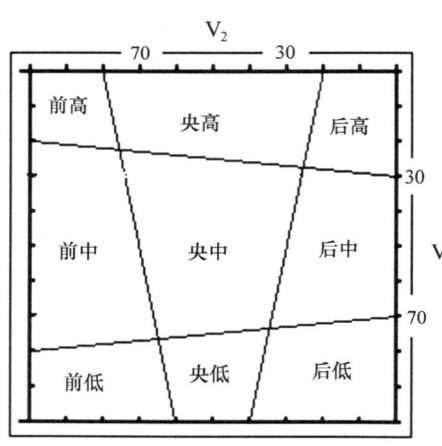

图1.1 V值图所反映的元音高低前后位置关系

---

① 原作者（时秀娟，2006；石锋、时秀娟，2007）关于V1与高中低元音的对应关系的表述是"高元音的V_1值一般在0—30，中元音在30—70，低元音在70—100"。我们综合时秀娟（2006）有关汉语方言元音的声学数据、孙雪（2009）有关26种自然语言元音的声学数据和11位学者所发国际音标元音的声学数据，对V1与元音高低的对应关系稍加调整。同时强调，这种对应关系仍是一个大致的参考。

100，表示舌位最前，最小值为0，表示舌位最后。在高元音中，V_2 在 0—20 是后元音，在 20—80 是央元音，在 80—100 是前元音。在中元音中，V_2 在 0—30 是后元音，在 30—70 是央元音，在 70—100 是前元音。在低元音中，V_2 在 0—40 是后元音，在 40—60 是央元音，在 60—100 是前元音。这个划分只是一个大致的参考。① V1、V2 值与单元音的高低前后位置关系可以抽象成图 1.1 所示的图形②③。

第二节　长沙方言元音的声学分析

一　长沙方言 CV 型音节中的元音 V 的声学分析

图 1.2—图 1.5 长沙方言单元音 Bark 三维图和 V 值三维图，表 1.1 和表 1.2 是长沙方言单元音共振峰数据表。

（一）长沙方言 CV 型音节中的元音 V 的共振峰频率分析

长沙方言男性发音人单元音三维图见图 1.2、图 1.3。

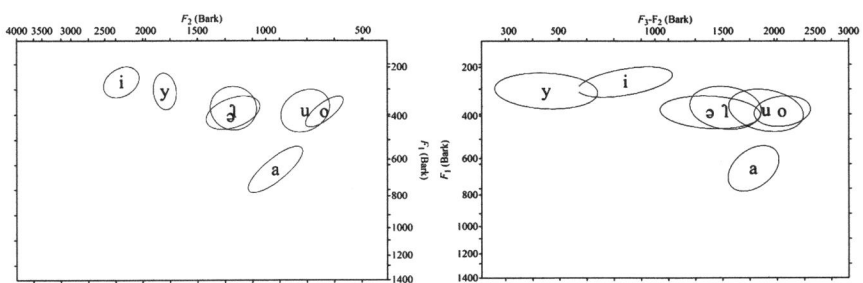

图 1.2　长沙方言男性发音人单元音的 Bark 值

---

① 时秀娟：《汉语方言元音格局的系统性表现》，《方言》2006 年第 4 期；石锋、时秀娟：《语音样品的选取和实验数据的分析》，《语言科学》2007 年第 2 期。

② 图中元音前后高低的区域划分大致依据时秀娟对 9 大方言区的 40 个方言的元音所做声学分析结果以及孙雪对 26 种自然语言的元音及 14 位中外学者所发国际音标的元音所做的声学分析结果。详情请分别参看时秀娟《汉语方言的元音格局》，中国社会科学出版社 2010 年版；孙雪《国际音标符号系统之元音声学特征分析》，博士学位论文，南开大学，2009 年。

③ 向柠、贝先明：《穗、港、澳三地粤语单元音的声学比较分析》，《武陵学刊》2013 年第 3 期。

| 湘语语音的特征与类型研究

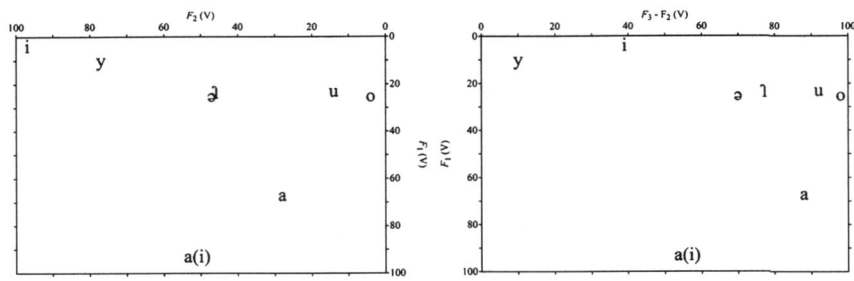

图 1.3　长沙方言男性发音人单元音的 V 值

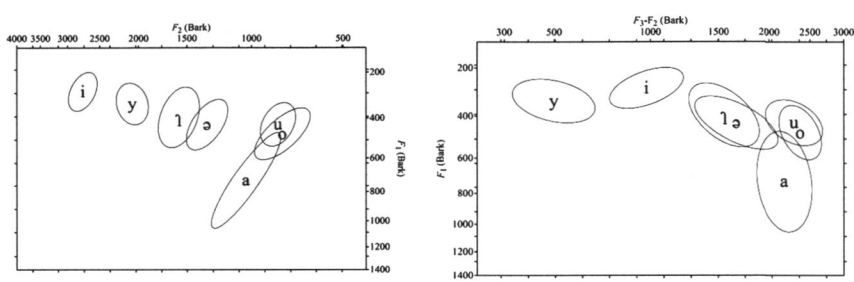

图 1.4　长沙方言女性发音人单元音的 Bark 值

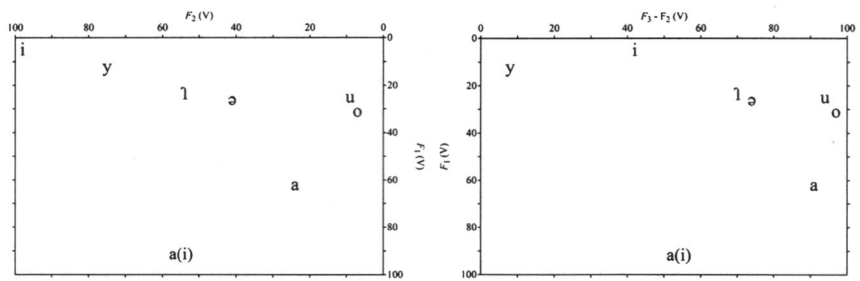

图 1.5　长沙方言女性发音人单元音的 V 值

长沙方言男性、女性发音人单元音共振峰数据见表 1.1、表 1.2。

· 28 ·

第一章　长沙方言、双峰方言的元音

表1.1　　　　　长沙方言男性发音人单元音共振峰数据

	Bark				V			
	F1	F2	F3	F3-F2	F1	F2	F3	F3-F2
ɿ	3.8	9.8	15.0	11.0	22	46	60	77
i	2.8	13.8	15.9	7.4	4	97	91	39
u	3.8	7.2	14.8	12.5	23	14	55	92
y	3.1	12.2	13.7	4.5	10	77	13	10
a	6.3	8.2	15.0	12.1	67	28	61	88
o	3.9	6.4	15.1	13.1	25	4	60	98
ə	3.9	9.8	14.7	10.4	25	47	48	70
a (i)	7.7	10.1	14.2	9.0	93	51	31	56

表1.2　　　　　长沙方言女性发音人单元音共振峰数据

	Bark				V			
	F1	F2	F3	F3-F2	F1	F2	F3	F3-F2
ɿ	4.1	11.4	15.9	11.2	22	54	54	70
i	3.0	15.0	17.1	8.4	5	98	93	42
u	4.3	7.5	15.9	13.7	25	9	52	94
y	3.5	13.1	14.6	5.0	12	75	8	8
a	6.7	8.7	16.1	13.5	62	24	60	91
o	4.7	7.3	16.0	14.1	31	7	58	97
ə	4.3	10.2	15.6	11.7	26	41	44	74
a (i)	8.7	11.4	15.2	9.6	92	55	28	54

ɿ 在 F_1/F_2 平面位于略央的位置，比普通话中 ɿ 的位置略后[1]。在 F_1/F_3-F_2 平面，ɿ 比较靠右，说明 F_3-F_2 的差值较大。在鲍厚星等[2][3]著作中，长沙方言老派还有一个舌尖元音 ʅ，我们考察的发音人均为新派发音人，没有该元音。实际上，说长沙方言老派语音的人已经很少了。

---

[1]　关于普通话单元音的情况，请参看贝先明《普通话的声调格局与元音格局》，《武陵学刊》2012年第4期。
[2]　鲍厚星、崔振华、沈若云、伍云姬：《长沙方言研究》，湖南教育出版社1999年版。
[3]　鲍厚星：《湘方言概要》，湖南师范大学出版社2006年版。

i 是最前最高的元音，声学空间也较小，发音集中而稳定，音值为标准元音 i。

u 在 F_1/F_2 平面略低，音值比标准元音 u 略低。

y 在 F_1/F_2 平面比普通话的 y 要后一些。与标准元音 y 相比，有时略带舌尖色彩，尤其是在辅音声母后。

a 在 F_1/F_2 平面十分靠后。部分发音人 a 的音值为标准元音 ɑ，部分发音人尤其是年轻人发 a 时还带有圆唇色彩，音值接近标准元音 ɒ，还有少部分人 a 的介于 ɒ、ɔ 之间（尤其是女性发音人）。也就是说，长沙方言单元音 a 的音值都不是标准元音 a 或 ʌ。元音 ai 中的 a 才是接近标准元音 a 的（个别发音人受到普通话的影响，动程稍大，ai 中的 a 介于 a 与 æ 之间）。女性发音人的 a 在 F_1/F_2 平面相对男性的更高，而且有较大的声学空间，椭圆长半径一方指向右上方，说明女性发音人的 a 有向后、向高发展的趋势，即后高化趋势。湘语元音确实存在后高化的演变，而且对整个元音系统产生了重大影响。本书第二章将对此进行详细分析。需要说明的是，在 V 值图中，不是单元音 a 的 V_1 最大，而是 ai 中的 a，即图 1.3 和图 1.5 中的 a（i）。

o 在 F_1/F_2 平面的高低维上与 u 相近，在前后维上比 u 略后，尤其是男性发音人。音值比标准元音 o 稍高。

ə 在 F_1/F_2 平面的高低维上偏高，近于 ɘ，女性发音人的略微偏后。

（二）长沙方言 CV 型音节中的元音 V 的时长分析

长沙方言单元音绝对时长数据见表 1.3。

表 1.3　　　　　　　　长沙方言单元音绝对时长　　　　　（单位：秒）

	ɿ	i	u	y	a	o	ə
男性	0.308	0.344	0.310	0.316	0.325	0.313	0.337
女性	0.260	0.296	0.250	0.291	0.265	0.281	0.304

从绝对时长看，长沙方言单元音的时长在 0.250 秒以上，0.350 秒

第一章 长沙方言、双峰方言的元音

以下，男性发音人单元音时长略长于女性。

绝对具有一定的人际差异，为了更好地寻求共性，下面采用相对时长的方法来分析。

选择单元音中绝对时长最长的那个元音，将其时长设为单位1，其他元音的时长则与该元音的进行比较，得到相应的相对时长。公式如下：

某单元音的相对时长 = 该元音的绝对时长值 / 所有单元音中最大的绝对时长值

长沙方言单元音相对时长数据见表1.4。

表1.4　　　　　　　长沙方言单元音相对时长

	ɿ	i	u	y	a	o	ə
男性	0.90	1.00	0.90	0.92	0.94	0.91	0.98
女性	0.86	0.98	0.82	0.96	0.87	0.92	1.00

根据表1.4，得到图1.6和图1.7。

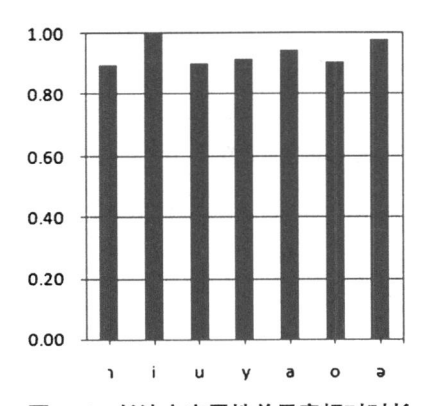

图1.6　长沙方言男性单元音相对时长 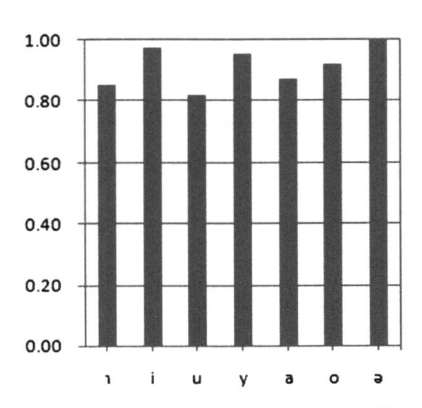　　图1.7　长沙方言女性单元音相对时长

各单元音按照时长从大到小排列，男性发音人为：i > ə > a > y >

o > ɿ ≈ u，女性发音人为：ə > i > y > o > a > ɿ > u。男女发音人的共性是：i、ə 的时长最长，ɿ、u 的时长最短，a、y、o 位于中间的范围。

二 长沙方言 CGV 型音节中的元音 V 的声学分析

下面是长沙方言 CGV 型音节中的元音 V 的共振峰频率分析。

为了有一个分析参照和比对，长沙方言和双峰方言非 CV 型音节的元音声学图（含 Bark 标度和 V 值标度两种图）均参照 CV 型音节的元音图。具体做法是，在画 Bark 值图时，一并将 CV 型音节的 a（双峰方言是 a，长沙方言是 ai 的 a）、i、u 等画出来。在画 V 值图时，分别将非 CV 型音节中的元音画到 CV 型音节的元音图中去（即以 CV 型音节的元音 V 值的 0、100 为参照进行计算），叠加在一起，便于观察和比较。

ia

长沙方言男性发音人 ia 元音三维图见图 1.8、图 1.9。

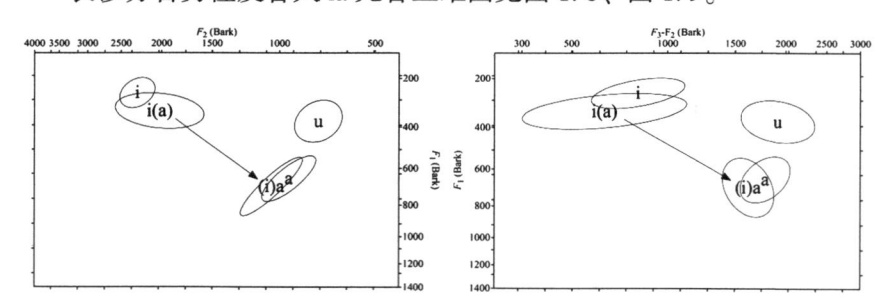

图 1.8 长沙方言男性发音人 ia 的 Bark 值

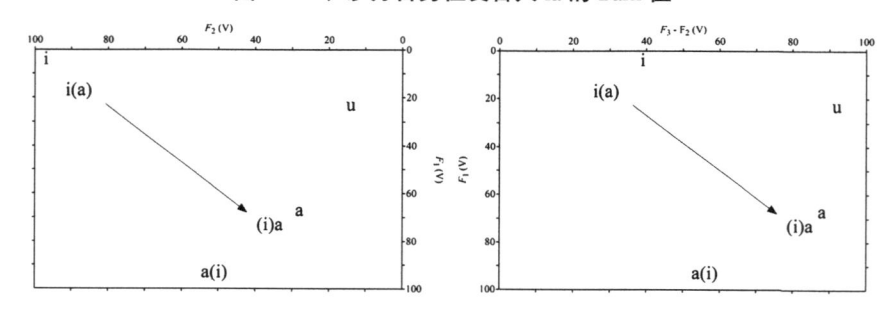

图 1.9 长沙方言男性发音人 ia 的 V 值

第一章 长沙方言、双峰方言的元音

长沙方言女性发音人 ia 元音三维图见图 1.10、图 1.11。

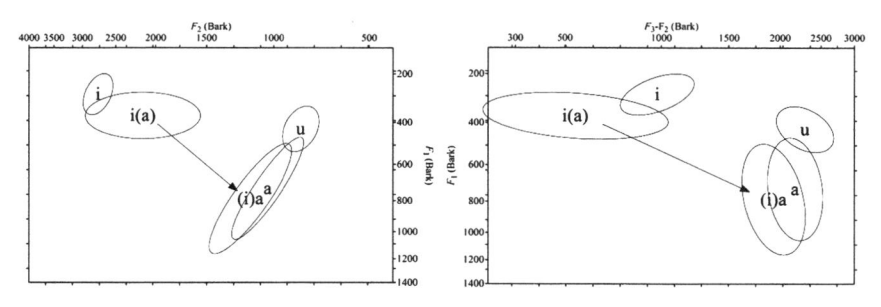

图 1.10 长沙方言女性发音人 ia 的 Bark 值

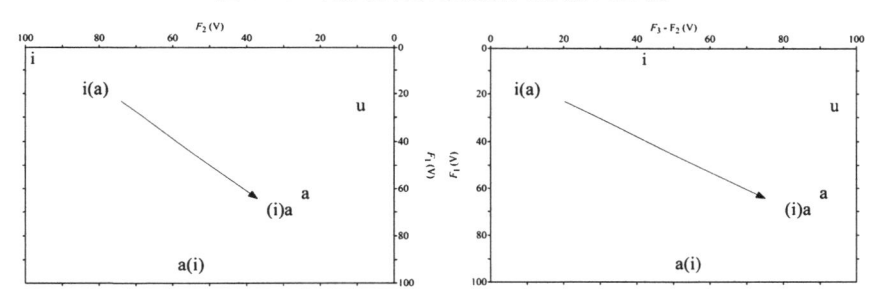

图 1.11 长沙方言女性发音人 ia 的 V 值

长沙方言男性、女性发音人 ia 的共振峰数据见表 1.5。

表 1.5　　　　　　长沙方言 ia 的共振峰数据

	i（a）								(i) a						
	Bark				V				Bark				V			
	F1	F2	F3	F3-F2	F1	F2	F3	F3-F2	F1	F2	F3	F3-F2	F1	F2	F3	F3-F2
男性	3.5	13.0	15.0	6.4	17	88	59	29	6.6	8.9	14.9	11.5	73	36	59	82
女性	3.8	13.6	15.0	5.2	18	81	23	10	7.2	9.4	15.9	12.7	69	31	51	84

男性、女性 ia 中的 i 的音值比单元音 i 要低、要后，尤其是辅音声母后的 ia，其 i 音值接近 ɪ。ia 中的 a 比单元音 a 略低、略靠前，具体音值是 ɒ（部分发音人是 ɑ）。

ua

长沙方言男性发音人 ua 元音三维图见图 1.12、图 1.13。

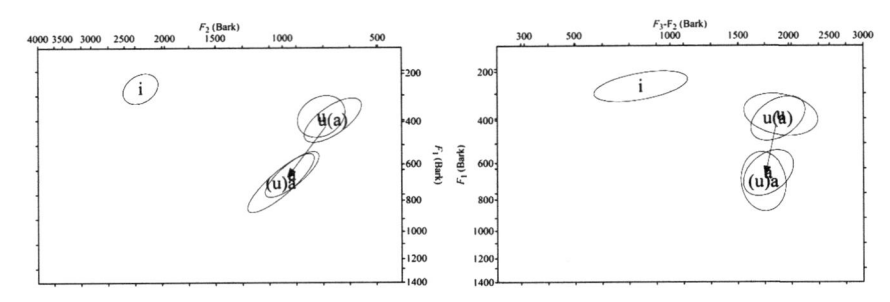

图 1.12　长沙方言男性发音人 ua 的 Bark 值

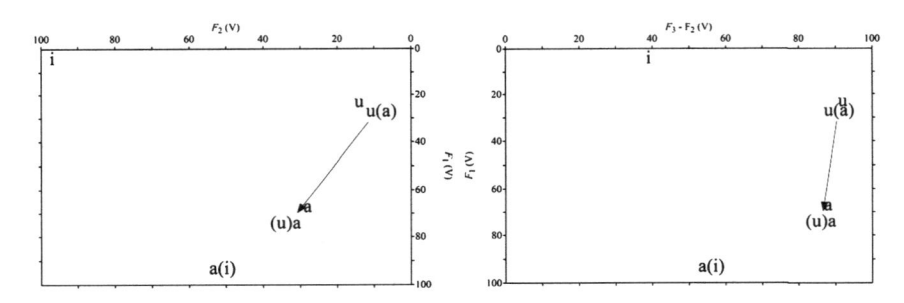

图 1.13　长沙方言男性发音人 ua 的 V 值

长沙方言女性发音人 ua 元音三维图见图 1.14、图 1.15。

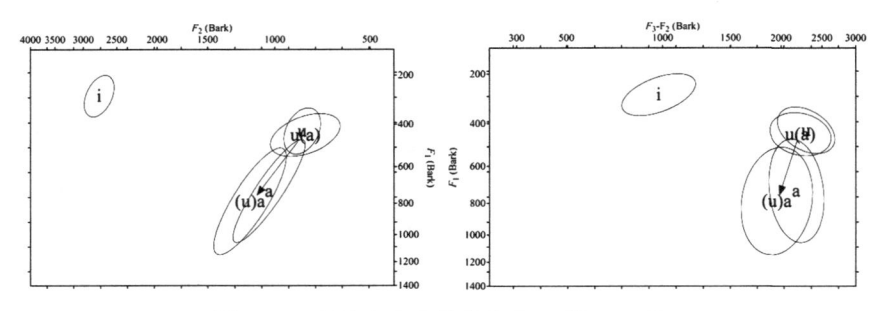

图 1.14　长沙方言女性发音人 ua 的 Bark 值

第一章 长沙方言、双峰方言的元音

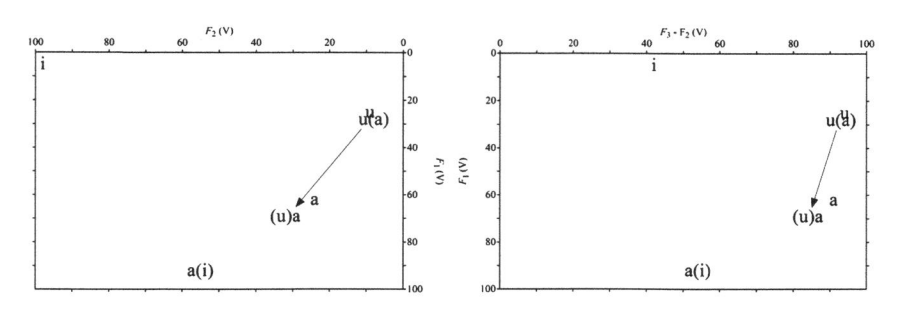

图 1.15 长沙方言女性发音人 ua 的 V 值

长沙方言男性、女性发音人 ua 元音共振峰数据见表 1.6。

表 1.6　　　　　　长沙方言 ua 的共振峰数据

	u（a）								（u）a							
	Bark				V				Bark				V			
	F1	F2	F3	F3-F2	F1	F2	F3	F3-F2	F1	F2	F3	F3-F2	F1	F2	F3	F3-F2
男性	4.1	6.7	14.6	12.4	27	8	47	91	6.6	8.7	15.1	11.9	74	34	64	86
女性	4.5	7.4	15.8	13.6	28	8	48	93	7.2	9.5	15.9	12.7	69	32	54	84

男性、女性发音人 ua 的音值是 uɒ（部分发音人是 uɑ）。男性、女性的 a 都比单元音 a 略低、略靠前。并没有受到高元音 u 的影响而舌位变高。

ya

长沙方言男性发音人 ya 元音三维图见图 1.16、图 1.17。

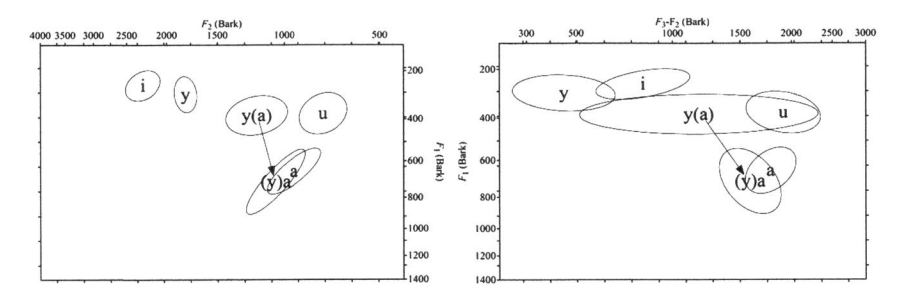

图 1.16　长沙方言男性发音人 ya 的 Bark 值

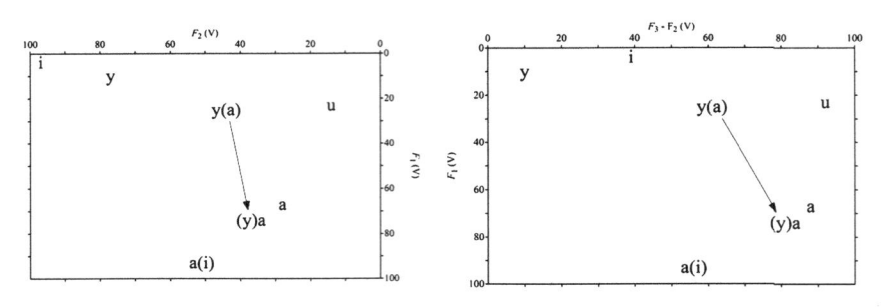

图 1.17　长沙方言男性发音人 ya 的 V 值

长沙方言女性发音人 ya 元音三维图见图 1.18、图 1.19。

图 1.18　长沙方言女性发音人 ya 的 Bark 值

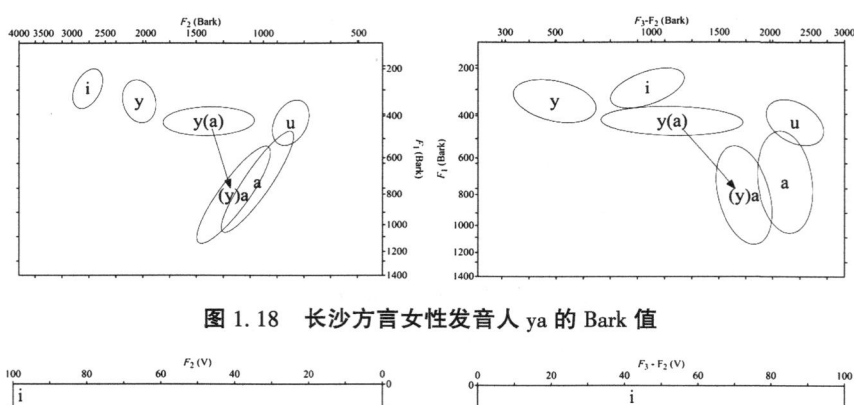

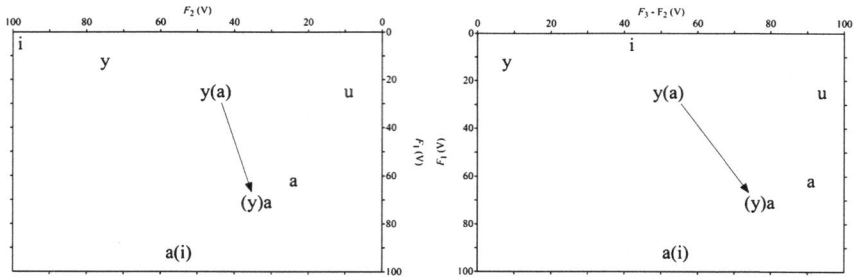

图 1.19　长沙方言女性发音人 ya 的 V 值

长沙方言男性、女性发音人 ya 元音共振峰数据见表 1.7。

第一章 长沙方言、双峰方言的元音

表 1.7　　　　　　　　长沙方言 ya 的共振峰数据

	y（a）								（y）a							
	Bark				V				Bark				V			
	F1	F2	F3	F3-F2	F1	F2	F3	F3-F2	F1	F2	F3	F3-F2	F1	F2	F3	F3-F2
男性	3.9	9.6	13.7	9.5	25	44	11	61	6.6	8.9	14.8	11.4	74	37	57	81
女性	4.3	10.6	14.6	9.3	25	45	9	52	7.3	9.6	15.5	12.0	71	34	40	77

无论是男性发音人还是女性发音人，ya 中的 y 都比标准元音 y 要低一些，而且要后得多，也不是舌面元音，而是舌尖元音，实际音值为 ʮ。ya 中的 a 的音值比单元音中的 a 略低、略前，音值是 ɒ（部分发音人为 ɑ）。ya 的实际音值为 ʮɒ（部分发音人为 ʮɑ）。

一般而言，GV 型双元音中的 V，会受到前头 G 的影响，位置偏离单元音 V。但是长沙方言的 ia、ua、ya 中的 a 基本没有受到前头 i、u、y 的同化而有所升高，而是比单元音 a 还低，这可能是因为单元音 a 正在发生高化演变，不是标准的 a。

io

长沙方言男性发音人 io 元音三维图见图 1.20、图 1.21。

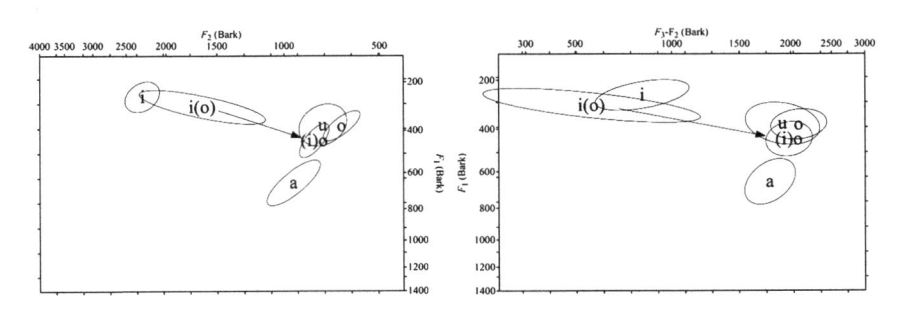

图 1.20　长沙方言男性发音人 io 的 Bark 值

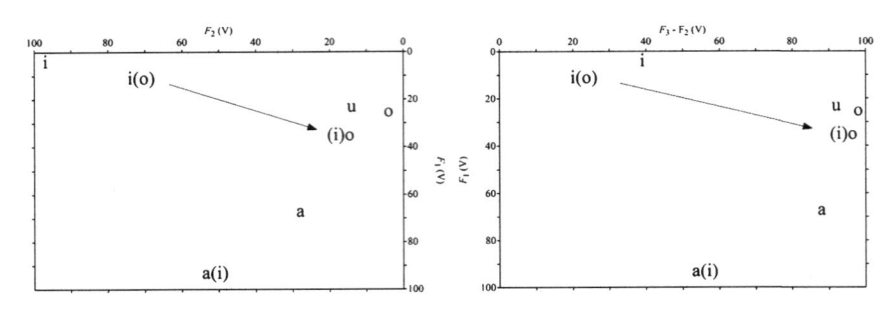

图 1.21　长沙方言男性发音人 io 的 V 值

长沙方言女性发音人 io 元音三维图见图 1.22、图 1.23。

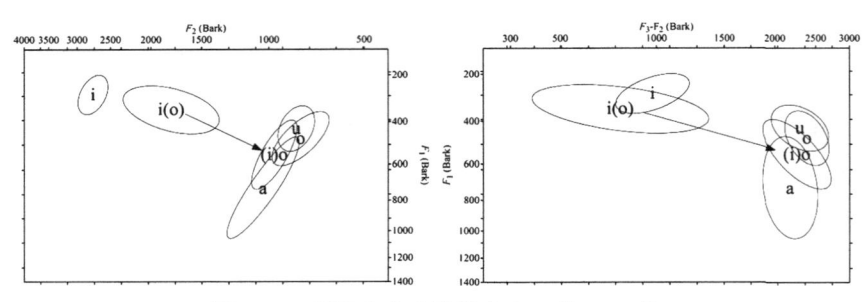

图 1.22　长沙方言女性发音人 io 的 Bark 值

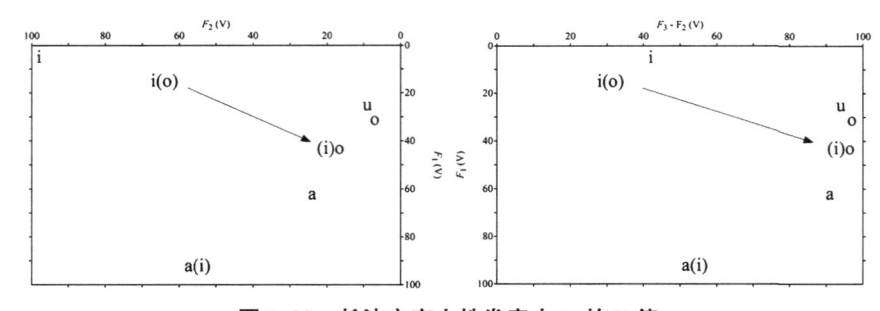

图 1.23　长沙方言女性发音人 io 的 V 值

长沙方言男性、女性发音人 io 元音共振峰数据见表 1.8。

第一章 长沙方言、双峰方言的元音

表 1.8　　　　　　　　长沙方言 io 的共振峰数据

	i（o） Bark			i（o） V			(i) o Bark			(i) o V		
	F1	F2	F3	F3-F2	F1	F2	F3	F3-F2	F1	F2	F3	F3-F2
男性	3.1	11.7	13.8	5.8	11	71	16	23	4.5	7.4	15.1	12.8	35	17	65	94
女性	3.6	12.2	14.7	7.3	15	64	13	31	5.4	8.3	16.1	13.7	43	19	61	94

男性、女性发音人 io 中的 i 比单元音 i 要低一些，而且后很多。尤其是在辅音声母后。io 中的 o 比单元音 o 低一些、前一些。io 的实际音值为 io，女性的 o 比标准元音 o 略低。

uo

长沙方言男性发音人 uo 元音三维图见图 1.24、图 1.25。

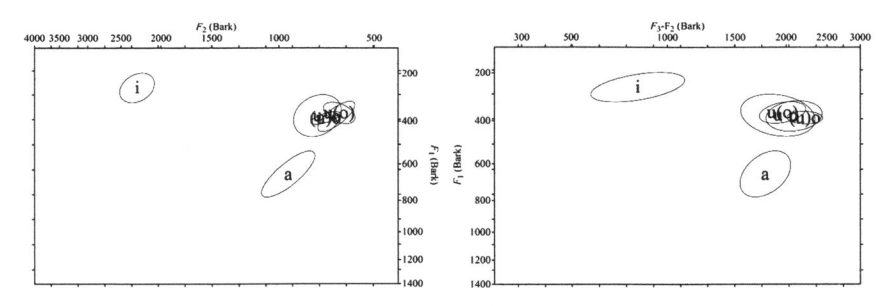

图 1.24　长沙方言男性发音人 uo 的 Bark 值

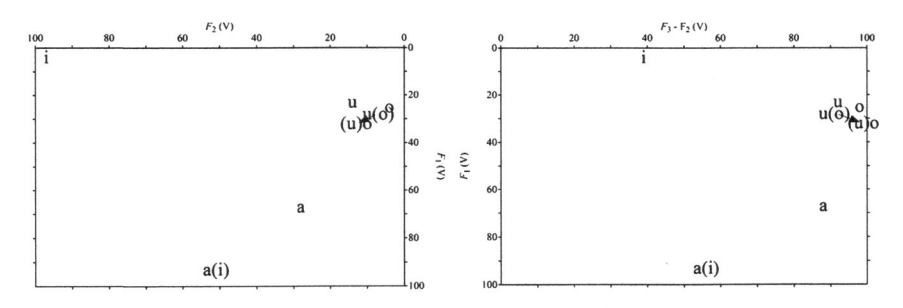

图 1.25　长沙方言男性发音人 uo 的 V 值

· 39 ·

湘语语音的特征与类型研究

长沙方言女性发音人 uo 元音三维图见图 1.26、图 1.27。

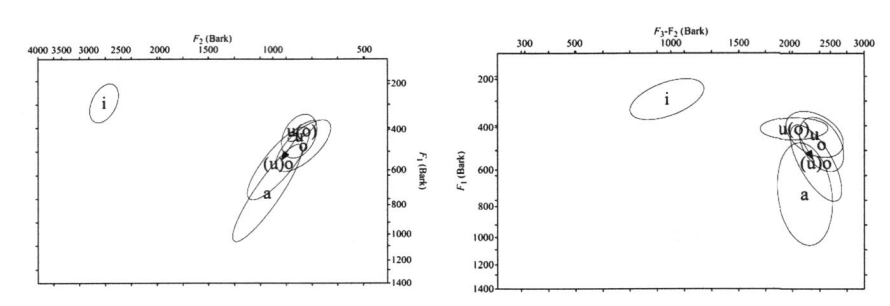

图 1.26　长沙方言女性发音人 uo 的 Bark 值

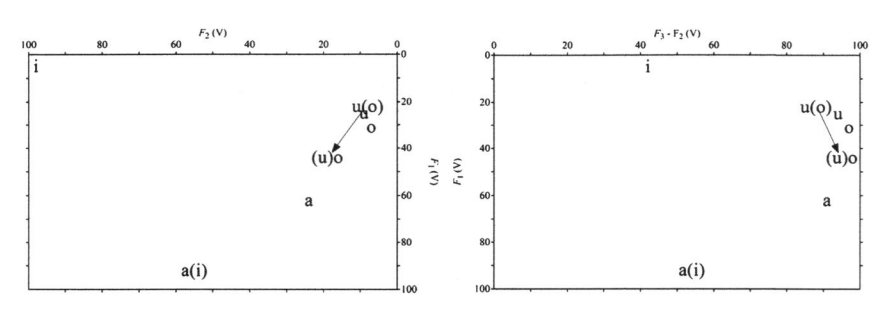

图 1.27　长沙方言女性发音人 uo 的 V 值

长沙方言男性、女性发音人 uo 元音共振峰数据见表 1.9。

表 1.9　　　　　　　　长沙方言 uo 的共振峰数据

	u（o）							(u) o						
	Bark				V			Bark				V		
	F1	F2	F3	F3-F2	F1	F2	F3-F2	F1	F2	F3	F3-F2	F1	F2	F3-F2
男性	3.7	6.3	14.7	12.8	28	7	53	91	4.0	6.8	15.5	13.6	32	13	79	99
女性	4.1	7.4	15.3	13.1	22	8	34	88	5.5	8.3	16.2	13.8	44	19	63	95

第一章 长沙方言、双峰方言的元音

男性发音人 uo 的 u 接近单元音 u，比单元音 u 略后。o 接近单元音 o，比单元音 o 略前。uo 的动程极小，音值接近单元音 o。女性发音人 uo 中的 u 与单元音 u 十分接近，o 比单元音 o 略前，低很多，位于标准元音 o、ɔ 之间。

因为 uo 是新产生的语音（来自例字"国"），发音不太稳定、集中，因此男性、女性发音人的音值存在一定的差异。

ie

长沙方言男性发音人 ie 元音三维图见图 1.28、图 1.29。

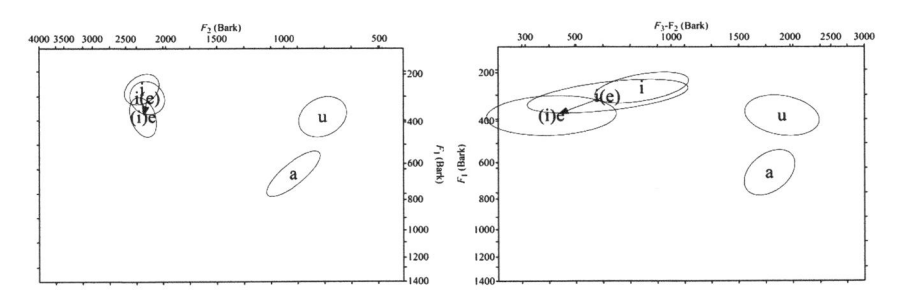

图 1.28　长沙方言男性发音人 ie 的 Bark 值

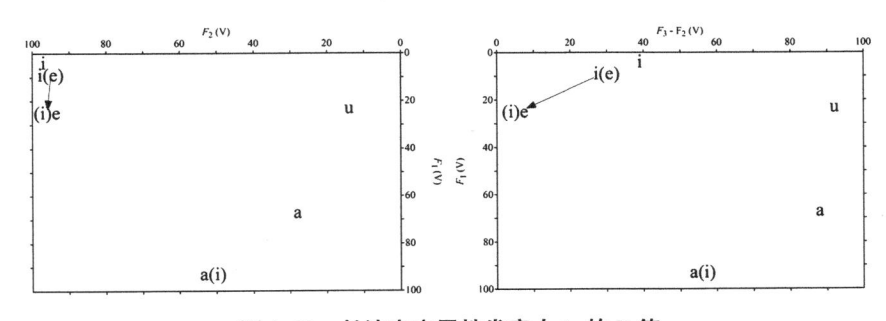

图 1.29　长沙方言男性发音人 ie 的 V 值

长沙方言女性发音人 ie 元音三维图见图 1.30、图 1.31。

· 41 ·

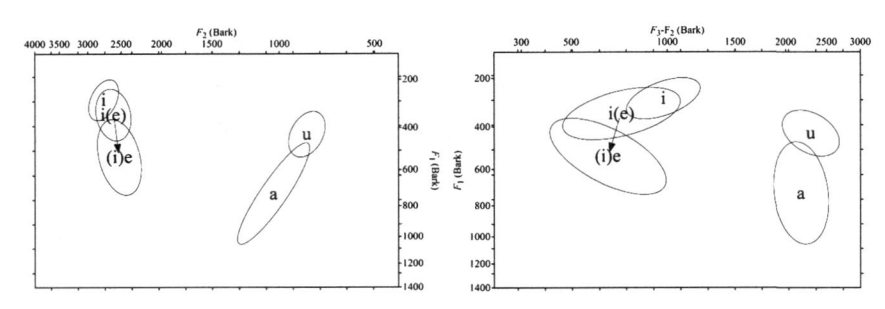

图 1.30 长沙方言女性发音人 ie 的 Bark 值

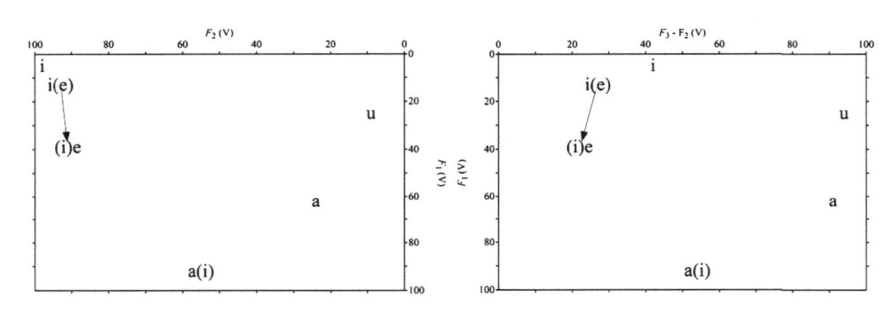

图 1.31 长沙方言女性发音人 ie 的 V 值

长沙方言男性、女性发音人 ie 元音共振峰数据见表 1.10。

表 1.10　　　　　　长沙方言 ie 的共振峰数据

	i（e）								（i）e							
	Bark				V				Bark				V			
	F1	F2	F3	F3-F2	F1	F2	F3	F3-F2	F1	F2	F3	F3-F2	F1	F2	F3	F3-F2
男性	3.0	13.6	15.4	6.4	9	95	76	30	3.9	13.7	14.8	4.1	25	96	52	5
女性	3.5	14.7	16.4	6.9	13	93	69	27	5.2	14.5	16.1	6.3	39	91	59	22

男性发音人 ie 中的 i、e 是标准元音 i、e，i 比单元音 i 略低。女性发音人 ie 中的 i 是标准元音 i，比单元音 i 略低，e 比标准元音 e 略低。

第一章 长沙方言、双峰方言的元音

uə

长沙方言男性发音人 uə 元音三维图见图 1.32、图 1.33。

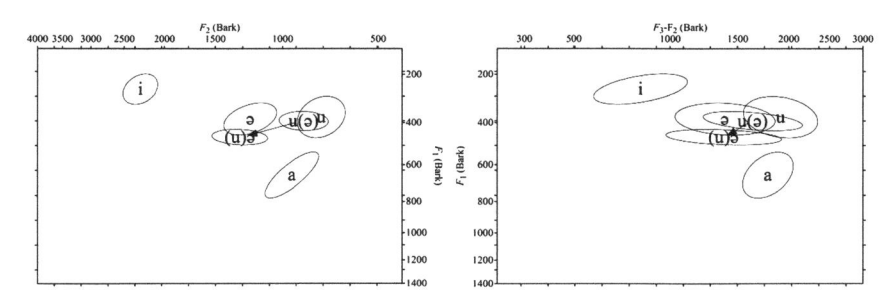

图 1.32 长沙方言男性发音人 uə 的 Bark 值

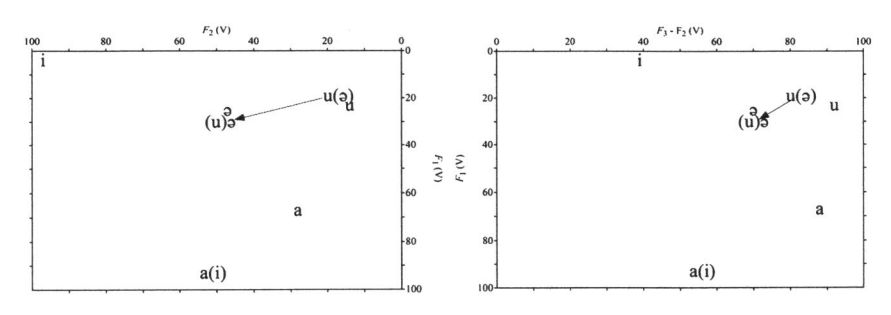

图 1.33 长沙方言男性发音人 uə 的 V 值

长沙方言男性发音人 uə 元音共振峰数据见表 1.11。

表 1.11　　　　　　　长沙方言 uə 的共振峰数据

	u（ə）							（u）ə					
	Bark				V			Bark				V		
	F1	F2	F3	F3-F2	F1	F2	F3	F3-F2	F1	F2	F3	F3-F2	F1	F2	F3	F3-F2
男性	4.0	7.8	14.4	11.4	19	17	33	83	4.7	10.2	14.9	10.3	30	49	54	70

长沙方言中 uə 只涉及"国"一个字，而且这个字的读音也应

· 43 ·

| 湘语语音的特征与类型研究

当是从普通话中借进后根据本方言音系折合而成的。uə 中的 u 与单元音 u 十分接近，uə 中的 ə 与单元音 ə 十分接近。uə 的实际音值为 uɵ。

男性发音人中，一部分人已经将此韵母念成 uo 了，女性发音人则全部念成 uo，长沙方言由此产生出一个新的韵母 uo。这个韵母基本是普通话的念法，其声学分析详情见后文。

ye
长沙方言男性发音人 ye 元音三维图见图 1.34、图 1.35。

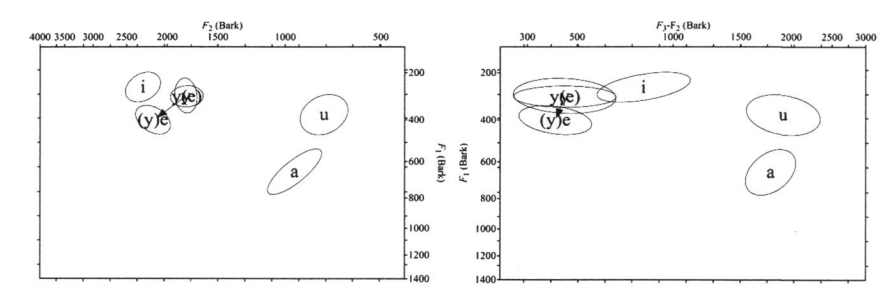

图 1.34　长沙方言男性发音人 ye 的 Bark 值

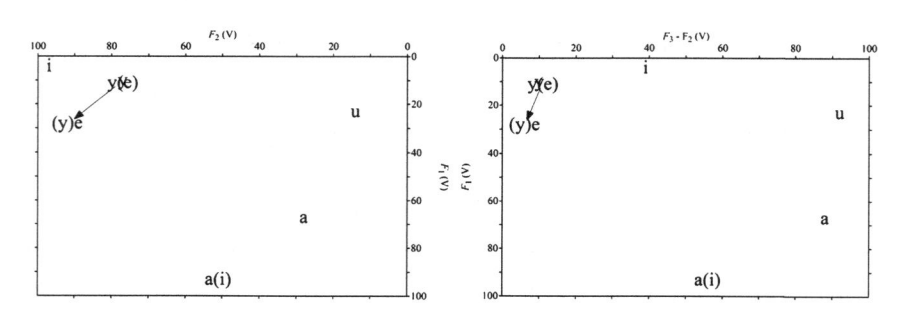

图 1.35　长沙方言男性发音人 ye 的 V 值

长沙方言女性发音人 ye 元音三维图见图 1.36、图 1.37。

第一章 长沙方言、双峰方言的元音

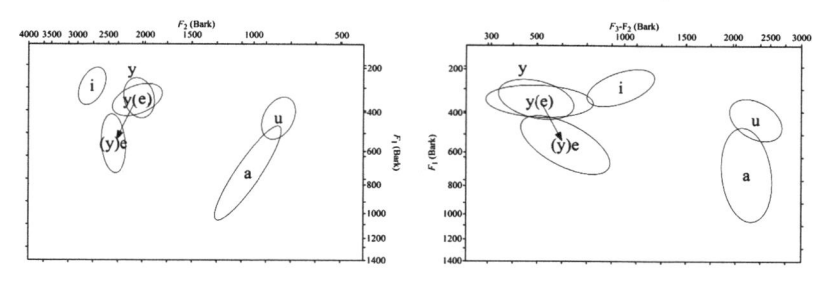

图 1.36　长沙方言女性发音人 ye 的 Bark 值

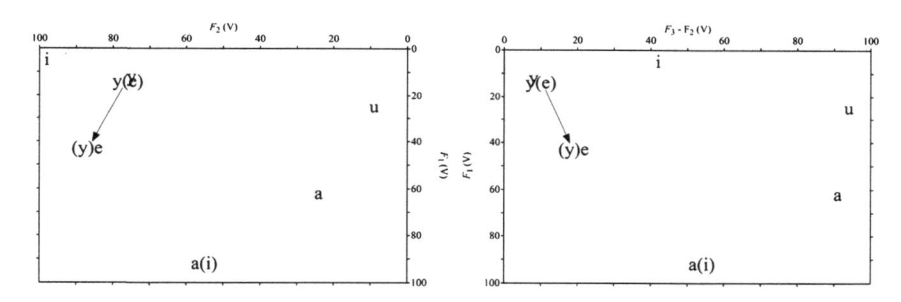

图 1.37　长沙方言女性发音人 ye 的 V 值

长沙方言男性、女性发音人 ye 元音共振峰数据见表 1.12。

表 1.12　　　　　　　　长沙方言 ye 的共振峰数据

	y（e）								（y）e							
	Bark				V				Bark				V			
	F1	F2	F3	F3-F2	F1	F2	F3	F3-F2	F1	F2	F3	F3-F2	F1	F2	F3	F3-F2
男性	3.1	12.2	13.7	4.6	11	77	12	11	4.1	13.4	14.6	4.1	28	92	45	6
女性	3.5	13.2	14.7	5.1	14	76	13	10	5.5	14.2	15.8	6.1	43	87	49	19

男性、女性发音人 ye 中的 y 都十分接近单元音 y，男性发音人 ye 中的 e 为标准元音 e，女性发音人 ye 中的 e 接近标准元音 ɛ。

· 45 ·

三 长沙方言 CVG 型音节中的元音 V 的声学分析

(一) 长沙方言 CVG 型音节中的元音 V 的共振峰频率分析

CVG 型音节中的 VG,即所谓的前响双元音或者前响复元音。为便于观察,下面的声学分析,将 CVG 中的 V 和 G 一起进行分析。

长沙方言男性发音人 ai 元音三维图见图 1.38、图 1.39。

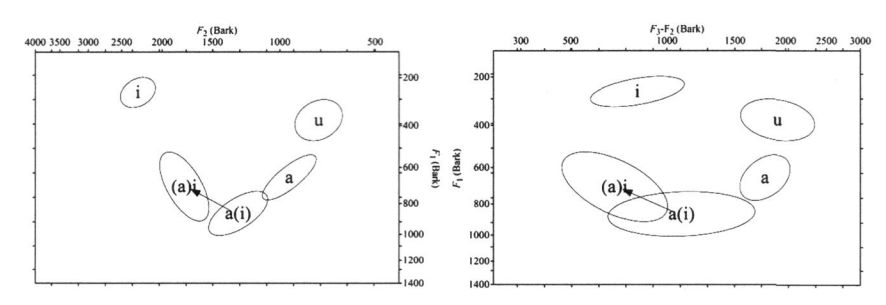

图 1.38 长沙方言男性发音人 ai 的 Bark 值

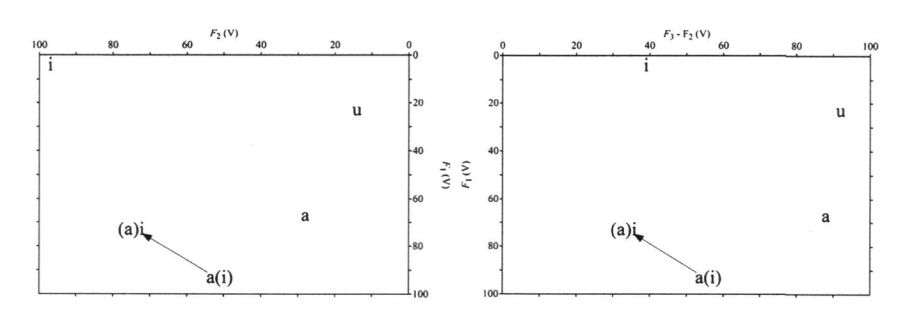

图 1.39 长沙方言男性发音人 ai 的 V 值

长沙方言女性发音人 ai 元音三维图见图 1.40、图 1.41。

第一章 长沙方言、双峰方言的元音

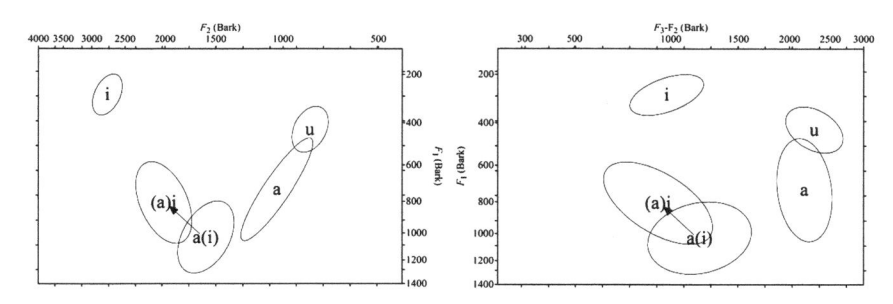

图 1.40 长沙方言女性发音人 ai 的 Bark 值

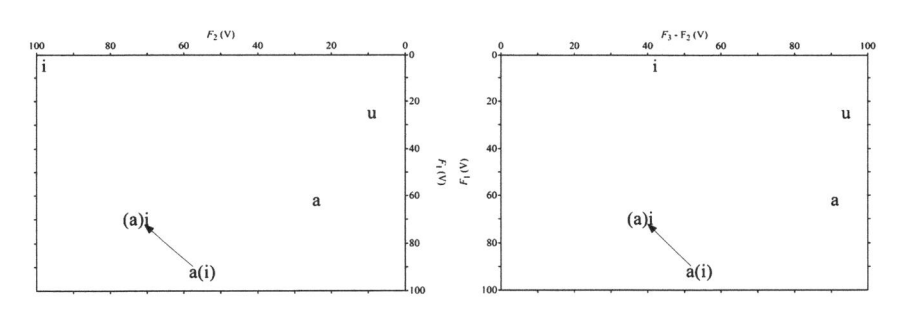

图 1.41 长沙方言女性发音人 ai 的 V 值

长沙方言男性、女性发音人 ai 元音共振峰数据见表 1.13。

表 1.13　　　　　　　　长沙方言 ai 的共振峰数据

	a（i）								（a）i						
	Bark				V				Bark				V			
	F1	F2	F3	F3-F2	F1	F2	F3	F3-F2	F1	F2	F3	F3-F2	F1	F2	F3	F3-F2
男性	7.7	10.1	14.2	9.0	93	51	31	56	6.6	12.1	14.4	6.7	73	75	39	33
女性	8.7	11.4	15.2	9.6	92	55	28	54	7.3	13.0	15.5	8.1	70	73	40	38

ai 中的 a 在音值上与单元音 a 相差较大，单元音 a 的音值为 ɑ 或者 ɒ，而 ai 中的 a 的音值为标准元音A。ai 中的 i 的音值也不是标准的 i，

· 47 ·

| 湘语语音的特征与类型研究

而是接近 ɛ。所以，长沙方言的 ai 的实际音值为 ʌɛ。

长沙方言 ai 主要来源于中古的蟹摄，其向单化演变的历程很有可能已经被普通话的影响打断了，不能产生双峰方言等众多湘语点那样的单化结果。因为年轻人的 ai 的动程越来越大，不似老年人那样动程小了。长沙方言 a 主要来自假摄、山摄、咸摄等，它目前面临两条道路，一是继续后高化，演变成 ɔ 或 o 之类，这也是娄邵片湘语的语音演变历程之一。不过，这么一来，长沙方言便没有真正的 a 或者 ʌ（即使是目前记为 a 的单元音，音值也是 ɑ 或者 ɒ）。二是沿着后高化的演变道路反向演变，变成接近普通话的 a（ʌ）。在普通话的强势影响下，蟹摄的单化道路可能不会发生，因此，麻韵的 a 沿着后高化的道路反向演变就可能了。那么，它走的就是一条回头路：a（过去）>后高化为 ɑ、ɒ（目前）>a（将来）。所以，在其他语言的接触影响下，语音演变"走回头路"是可能的，虽然自身内部演变很少"走回头路"。

au

长沙方言男性发音人 au 元音三维图见图 1.42、图 1.43。

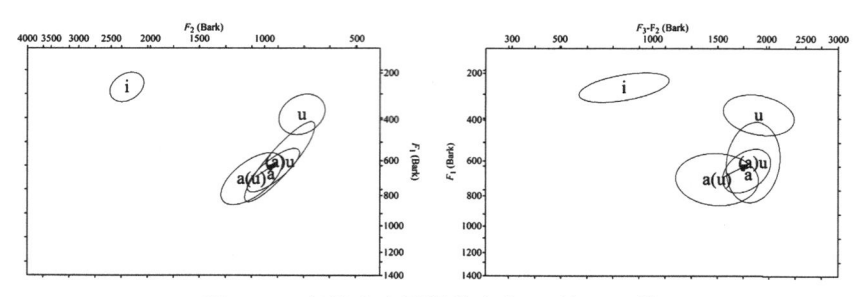

图 1.42　长沙方言男性发音人 au 的 Bark 值

第一章 长沙方言、双峰方言的元音

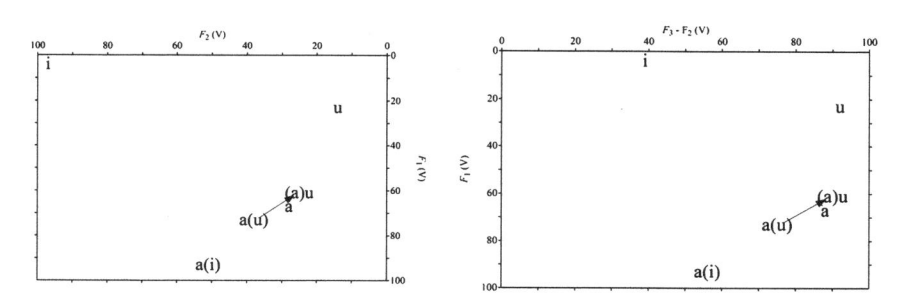

图 1.43 长沙方言男性发音人 au 的 V 值

长沙方言女性发音人 au 元音三维图见图 1.44、图 1.45。

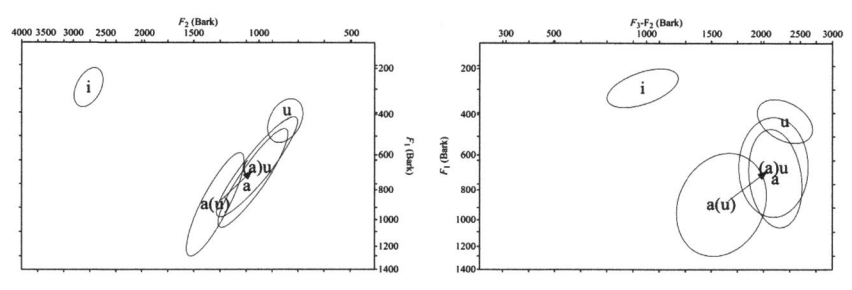

图 1.44 长沙方言女性发音人 au 的 Bark 值

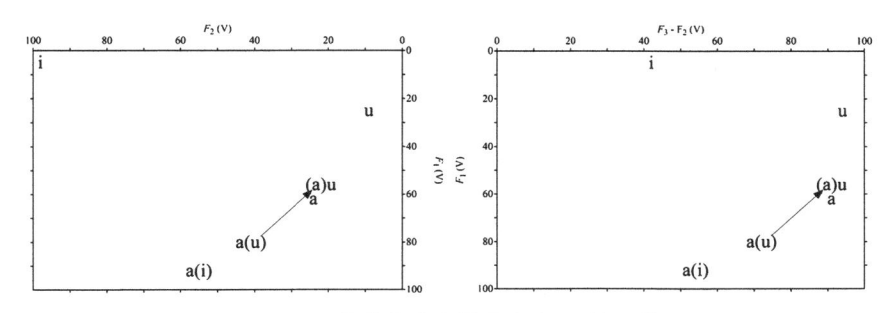

图 1.45 长沙方言女性发音人 au 的 V 值

长沙方言男性、女性发音人 au 元音共振峰数据见表 1.14。

表 1.14　　　　　　　　长沙方言 au 的共振峰数据

	a (u)								(a) u						
	Bark				V				Bark				V		
	F1	F2	F3	F3-F2	F1	F2	F3	F3-F2	F1	F2	F3	F3-F2	F1	F2	F3	F3-F2
男性	6.6	9.1	14.6	10.9	73	38	47	75	5.9	8.0	15.1	12.3	61	25	65	90
女性	7.9	10.2	15.5	11.4	80	41	38	72	6.3	8.6	16.0	13.4	56	22	58	91

au 中的 a 比单元音 a 要前一些、低一些，音值接近标准元音 ɑ，au 中的 u 比单元音 u 略前，低很多，高低维接近单元音 a，男性的音值比标准元音 ɔ 略低，女性的音值接近标准元音 ɔ。au 的音值可记为 ɑɔ。

ei

长沙方言男性发音人 ei 元音三维图见图 1.46、图 1.47。

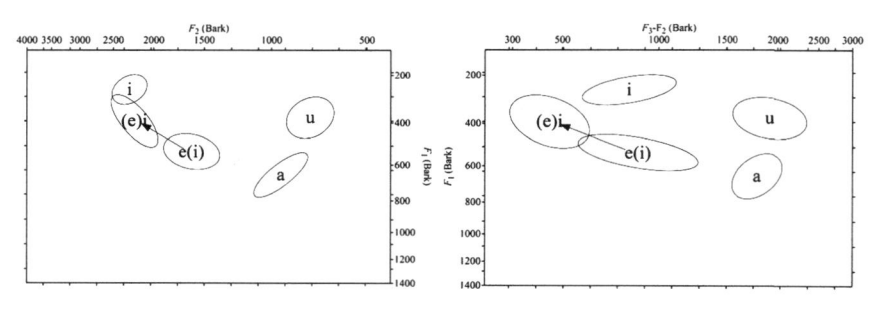

图 1.46　长沙方言男性发音人 ei 的 Bark 值

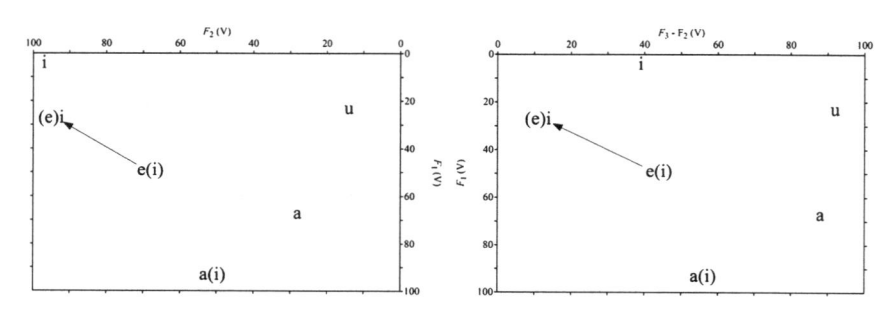

图 1.47　长沙方言男性发音人 ei 的 V 值

第一章　长沙方言、双峰方言的元音

长沙方言女性发音人 ei 元音三维图见图 1.48、图 1.49。

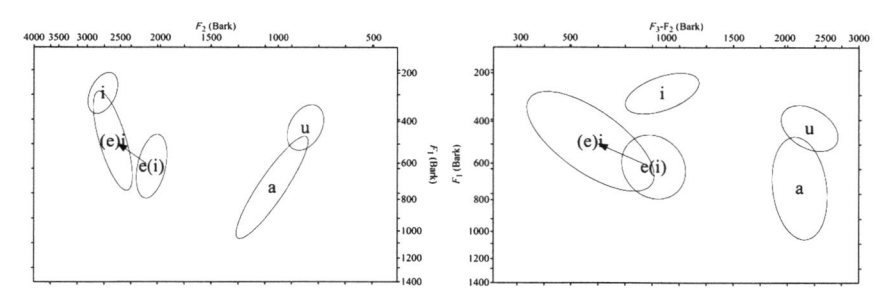

图 1.48　长沙方言女性发音人 ei 的 Bark 值

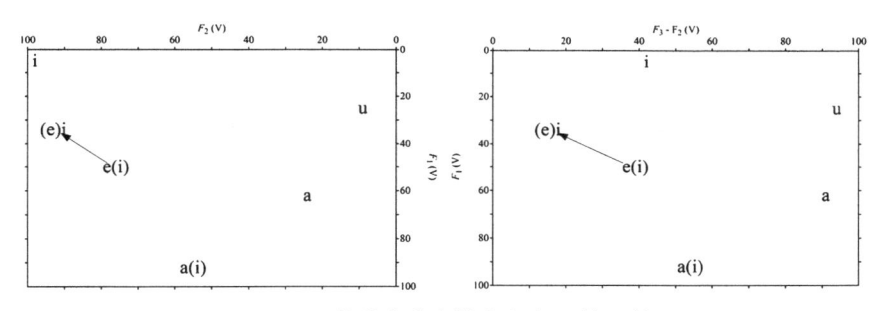

图 1.49　长沙方言女性发音人 ei 的 V 值

长沙方言男性、女性发音人 ei 元音共振峰数据见表 1.15。

表 1.15　　　　　　　长沙方言 ei 的共振峰数据

	e（i）							（e）i						
	Bark			V				Bark			V			
	F1	F2	F3	F3-F2	F1	F2	F3	F3-F2	F1	F2	F3	F3-F2	F1	F2	F3	F3-F2
男性	5.3	11.5	14.4	7.8	49	68	38	44	4.0	13.6	14.9	4.5	27	95	54	11
女性	5.9	13.2	15.7	8.1	50	76	46	39	4.9	14.7	16.1	5.8	34	93	59	15

· 51 ·

湘语语音的特征与类型研究

男性的 ei 中的 e 介于标准元音 ɛ、ə 之间，女性 ei 中的 e 比男性的略前，接近标准元音 ᴇ。男性、女性 ei 中的 i 发音均不到位，比标准元音 i 低，女性比男性更低。长沙方言 ei 的具体音值可描述为 ᴇe。

əu

长沙方言男性发音人 əu 元音三维图见图 1.50、图 1.51。

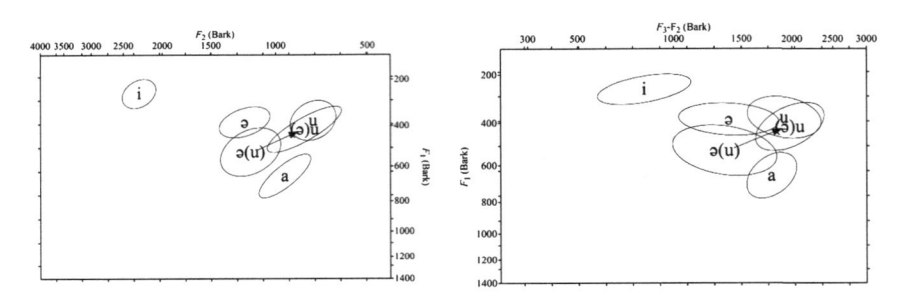

图 1.50　长沙方言男性发音人 əu 的 Bark 值

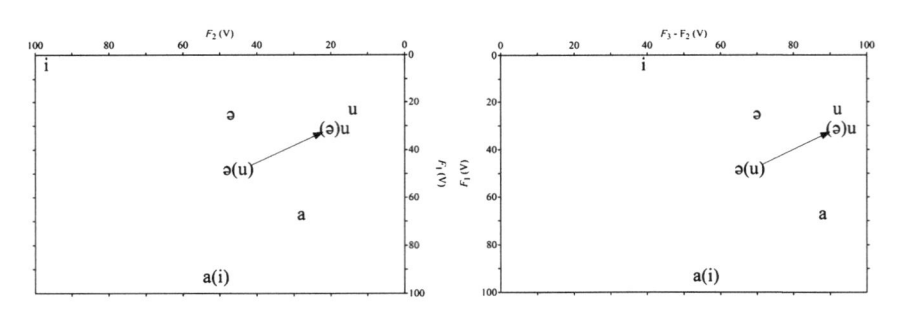

图 1.51　长沙方言男性发音人 əu 的 V 值

长沙方言女性发音人 əu 元音三维图见图 1.52、图 1.53。

第一章 长沙方言、双峰方言的元音

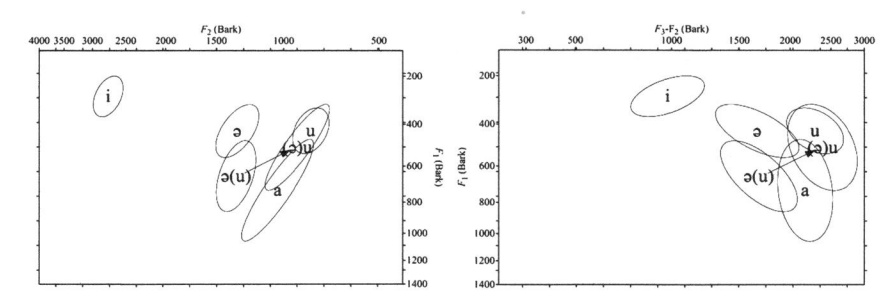

图 1.52 长沙方言女性发音人 əu 的 Bark 值

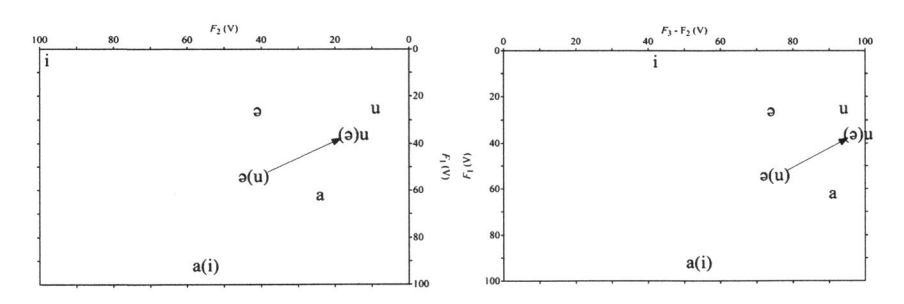

图 1.53 长沙方言女性发音人 əu 的 V 值

长沙方言男性、女性发音人 əu 元音共振峰数据见表 1.16。

表 1.16　　　　　　长沙方言 əu 的共振峰数据

	ə (u)								(ə) u							
	Bark				V				Bark				V			
	F1	F2	F3	F3-F2	F1	F2	F3	F3-F2	F1	F2	F3	F3-F2	F1	F2	F3	F3-F2
男性	5.2	9.6	14.5	10.2	48	45	42	68	4.3	7.5	15.2	12.7	31	19	66	93
女性	6.2	10.3	15.7	11.8	54	42	46	75	5.0	8.0	16.3	14.1	36	15	67	98

əu 中的 ə 比单元音低很多，接近标准元音 ə，u 比单元音 u 略低、略前，接近标准元音 ʊ。əu 的实际音值可记为 əʊ。

湘语语音的特征与类型研究

(二) 长沙方言 CGV 型、CVG 型音节中的元音 V 的时长分析

图 1.54、图 1.55 是 GV 型、VG 型元音的绝对时长图，纵坐标的单位为秒（s）。

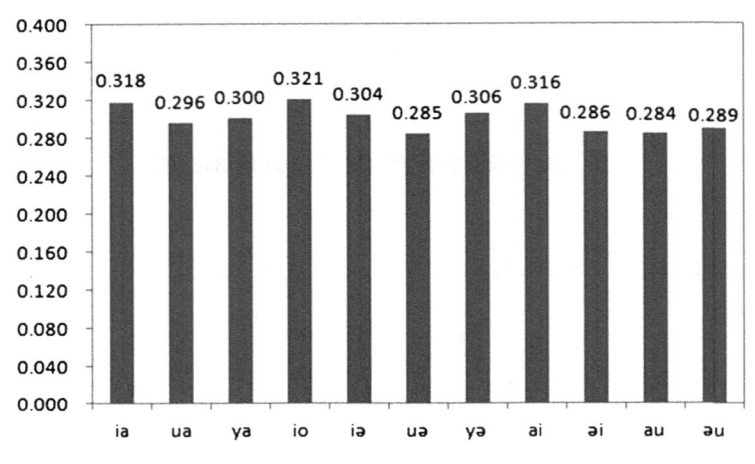

图 1.54　长沙方言男性 GV 型、VG 型元音绝对时长

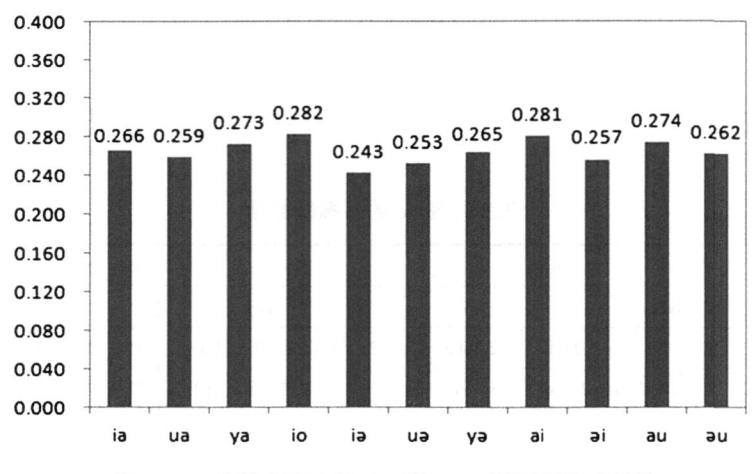

图 1.55　长沙方言女性 GV 型、VG 型元音绝对时长

从图 1.54、图 1.55 看来，iə、əi 的时长较小。io、ai 的时长较大。

第一章 长沙方言、双峰方言的元音

VG 型元音的时长与 GV 型元音的没有明显差异。

我们采取相对时长的算法。以 GV 元音为例，先计算 GV、G、V 三者各自的时长值，然后分别计算出 G、V 占 GV 总时长的百分比，再根据百分比数据画出相对时长图。长沙方言 GV 音节及 VG 音节的相对时长见图 1.56、图 1.57。

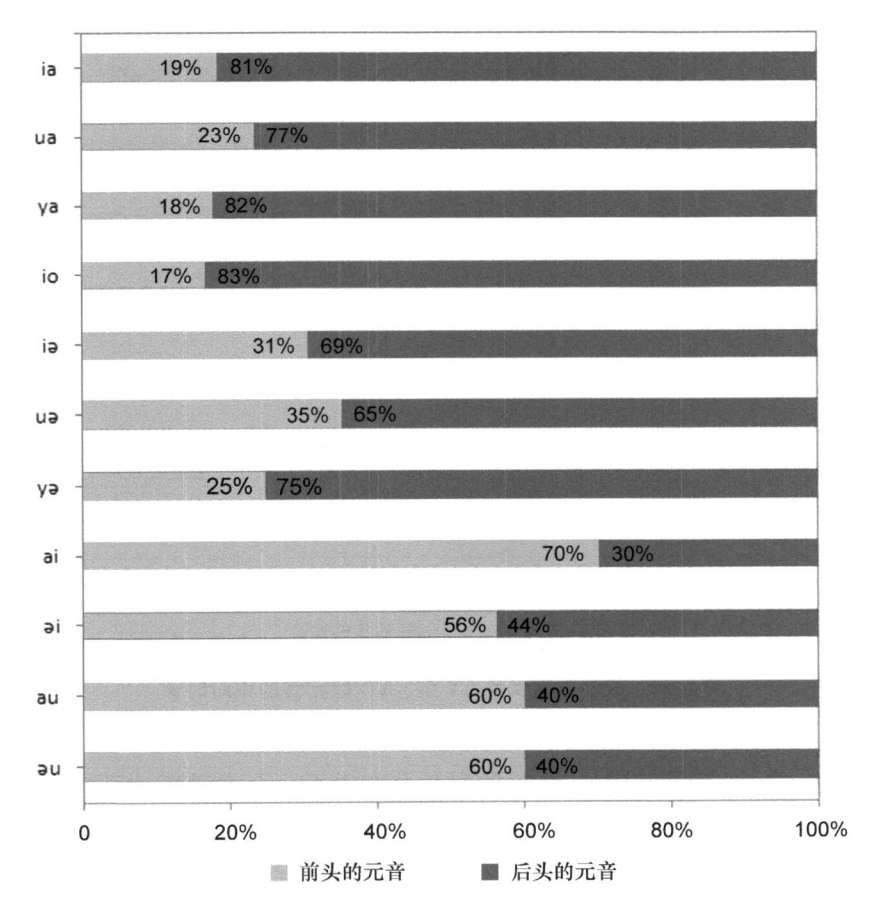

元音	前头的元音	后头的元音
ia	19%	81%
ua	23%	77%
ya	18%	82%
io	17%	83%
iə	31%	69%
uə	35%	65%
yə	25%	75%
ai	70%	30%
əi	56%	44%
au	60%	40%
əu	60%	40%

图 1.56 长沙方言男性 GV 型、VG 型元音的相对时长

湘语语音的特征与类型研究

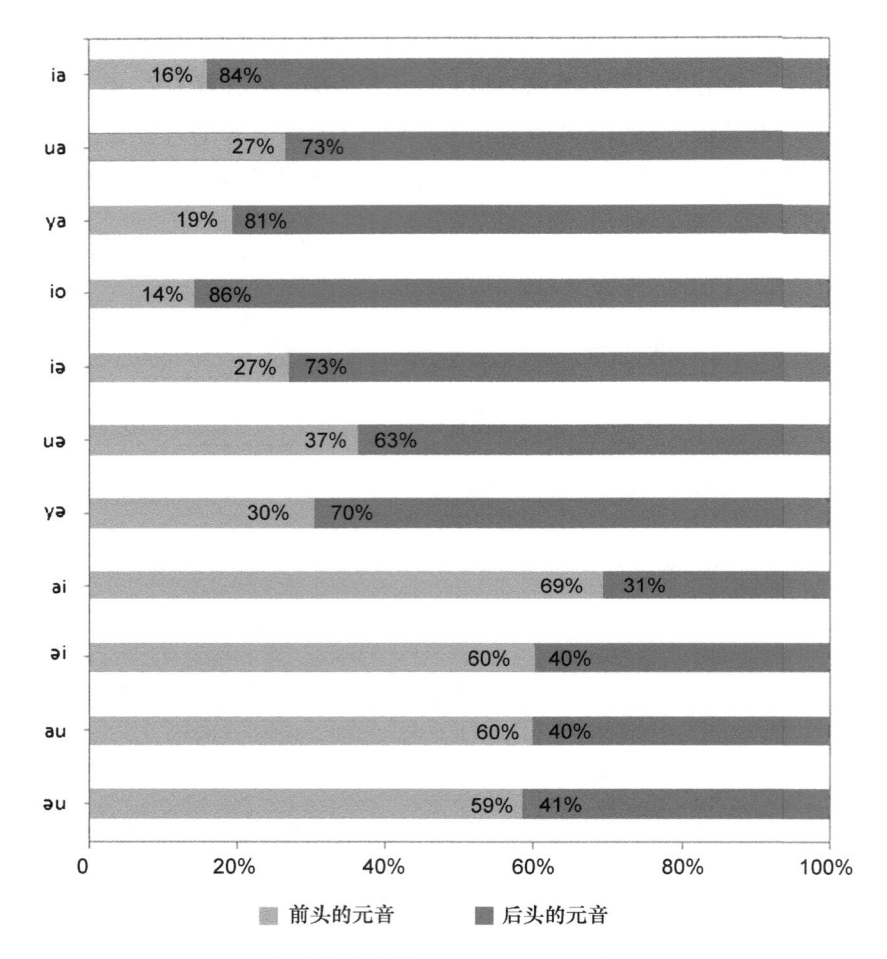

元音	前头的元音	后头的元音
iɑ	16%	84%
uɑ	27%	73%
yɑ	19%	81%
io	14%	86%
iə	27%	73%
uə	37%	63%
yə	30%	70%
ai	69%	31%
əi	60%	40%
au	60%	40%
əu	59%	41%

图 1.57　长沙方言女性 GV 型、VG 型元音的相对时长

先看 GV 型元音中 G 和 V 的时长分布关系。介音最短、元音最长的是 io，介音最长、元音最短的是 uə。总的规律是，在长沙方言 7 个 GV 型元音中，前头的 G 时长较短，没有超过双元音总时长的 40%，多数在 30% 以下；而后头的 V 时长较长，没有低于双元音总时长的 60%，多数在 70% 以上。从时长结构上看，GV 型元音中，V 是主要的、基础的及核心的。

· 56 ·

第一章 长沙方言、双峰方言的元音

再看 VG 型元音中 G 与 V 的时长分布关系。元音最长、韵尾最短的是 ai，ai 在发音上动程也小，将来有可能走向单化的道路。总的规律是，在长沙方言 4 个 VG 型元音中，前头的 V 时长较长，一般高于 VG 型元音总时长的 55%，多数在 60% 以上；而后头的 G 时长较短，一般低于 VG 型元音总时长的 41%。从时长结构上看，VG 型元音中，V 是主要的、基础的及核心的。

我们在时间分布结构上还有以下发现：

首先，无论是前响的 VG 型，还是后响的 GV 型，"响"所在的 V，比相邻的 G，在时间上占优势。

其次，将 GV 型元音与 VG 型元音比较，不难发现，后响的 GV 型元音中的 V，时长相对更长。这说明后响 GV 型元音的"响"比前响 VG 型元音的"响"，在时间上更占优势。

四 长沙方言 CGVG 型音节中的元音 V 的声学分析

（一）长沙方言 CGVG 型音节中的元音 V 的共振峰频率分析

uai

长沙方言男性发音人 uai 元音三维图见图 1.58、图 1.59。

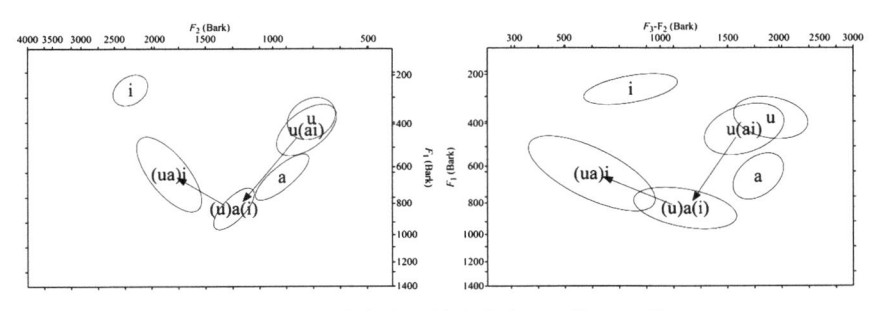

图 1.58 长沙方言男性发音人 uai 的 Bark 值

| 湘语语音的特征与类型研究

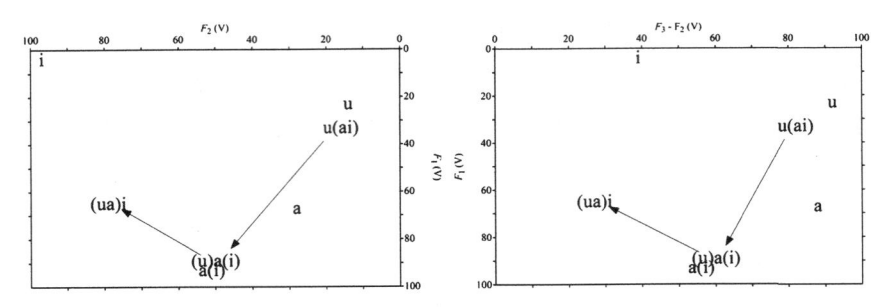

图 1.59　长沙方言男性发音人 uai 的 V 值

长沙方言女性发音人 uai 元音三维图见图 1.60、图 1.61。

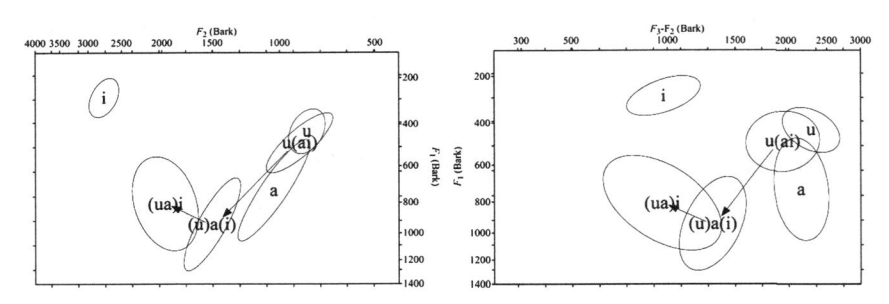

图 1.60　长沙方言女性发音人 uai 的 Bark 值

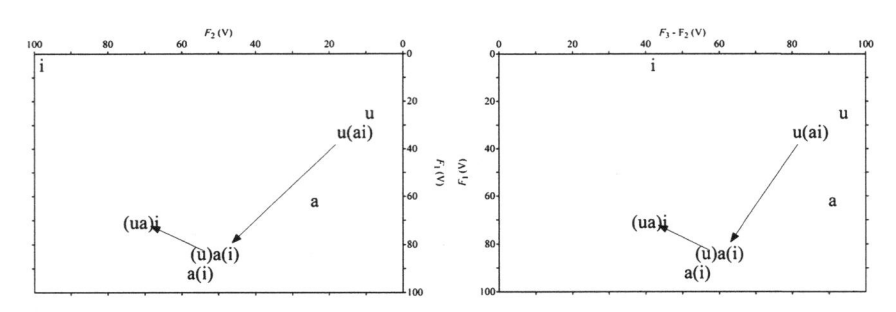

图 1.61　长沙方言女性发音人 uai 的 V 值

长沙方言男性、女性发音人 uai 元音共振峰数据见表 1.17。

第一章 长沙方言、双峰方言的元音

表1.17 长沙方言 uai 的共振峰数据

	u(ai)							(u)a(i)							(ua)i						
	Bark			V				Bark			V				Bark			V			
	F1	F2	F3	F3–F2	F1	F2	F3	F3–F2	F1	F2	F3	F3–F2	F1	F2	F3	F3–F2	F1	F2	F3	F3–F2	F1	F2	F3	F3–F2
男性	4.3	7.3	14.3	11.6	33	16	32	82	7.5	10.0	14.2	9.4	89	50	33	60	6.2	12.3	14.4	6.1	65	79	38	27
女性	4.8	7.8	15.3	12.8	33	13	32	85	8.2	11.0	15.2	10.2	84	51	30	60	7.3	12.8	15.5	8.3	71	71	39	41

uai 的实际音值大致可记为 uʌɛ。uai 中 u 比单元音 u 略低，a 比单元音 a 要低很多、前很多，比 ai 中的 a 略高，i 比单元音 i 低很多、后很多，实际音值在前后维位于 ɛ、ɜ 之间，在高低维比 ɛ 要略低，尤其是女性发音人。

yai
长沙方言男性发音人 yai 元音三维图见图 1.62、图 1.63。

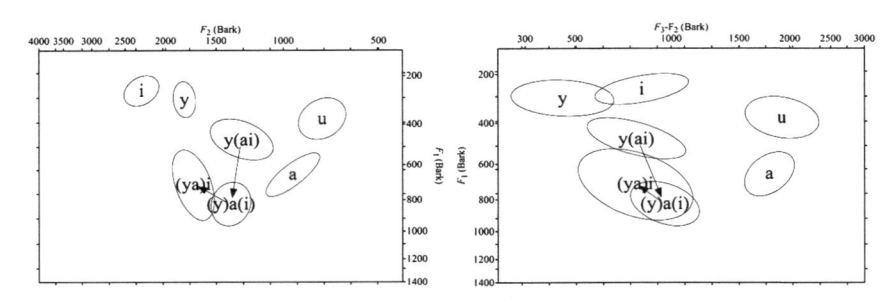

图 1.62　长沙方言男性发音人 yai 的 Bark 值

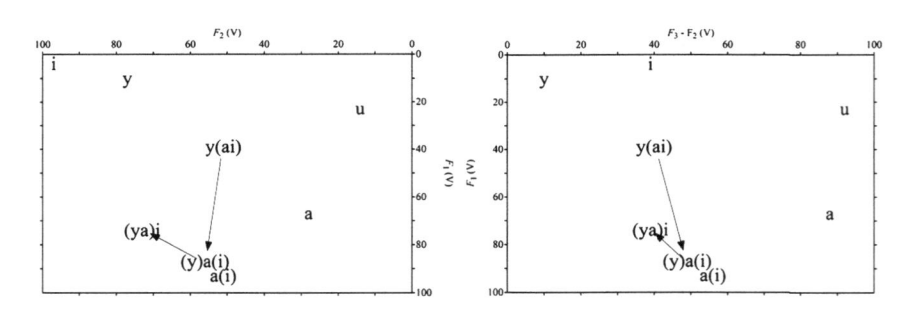

图 1.63　长沙方言男性发音人 yai 的 V 值

长沙方言女性发音人 yai 元音三维图见图 1.64、图 1.65。

第一章 长沙方言、双峰方言的元音

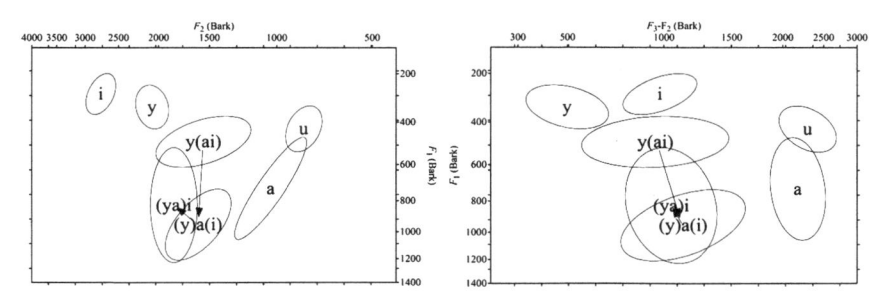

图 1.64 长沙方言女性发音人 yai 的 Bark 值

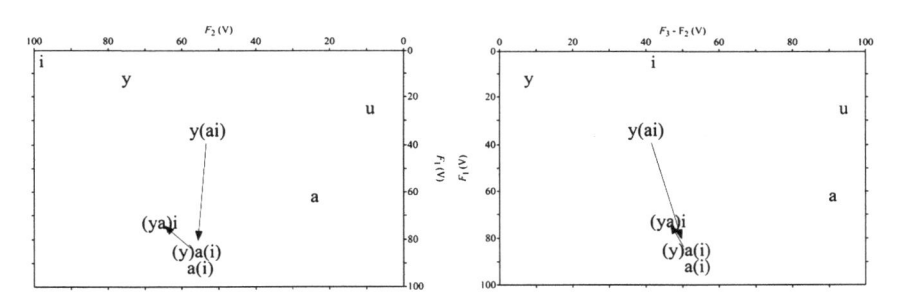

图 1.65 长沙方言女性发音人 yai 的 V 值

yai 中的 y 比单元音 y 要低很多、后很多，音值接近 ɥ，但是要比 ɥ 低。a 比单元音 a 要低很多、前很多，比 ai 中的 a 略高，i 比单元音低很多、后很多，实际音值在高低维接近标准元音 æ。在前后维位于 æ、ᴀ 之间，略偏向 ᴀ，yai 的实际音值大致可记为 ɥᴀæ。有的个别发音人动程很小，甚至可记为 ɥᴀ。图 1.66 是长沙一位女性发音人所发的"帅"的语图，韵母 yai 中从 a 到 i 的动程几乎没有，只有 a 的表现而没有 i 的表现。

长沙方言男性、女性发音人 yai 元音共振峰数据见表 1.18。

· 61 ·

湘语语音的特征与类型研究

表1.18 长沙方言 yai 的共振峰数据

	y(ai) Bark F1	F2	F3	F3−F2	y(ai) V F1	F2	F3	F3−F2	(y)a(i) Bark F1	F2	F3	F3−F2	(y)a(i) V F1	F2	F3	F3−F2	(ya)i Bark F1	F2	F3	F3−F2	(ya)i V F1	F2	F3	F3−F2
男性	4.7	10.1	13.3	7.3	39	51	1	40	7.4	10.5	14.0	8.3	87	56	24	49	6.7	11.9	14.5	7.3	74	73	42	39
女性	4.8	11.3	14.5	8.2	34	53	5	40	8.2	11.5	15.1	9.3	85	56	23	51	7.4	12.3	15.4	8.9	73	66	35	46

第一章 长沙方言、双峰方言的元音

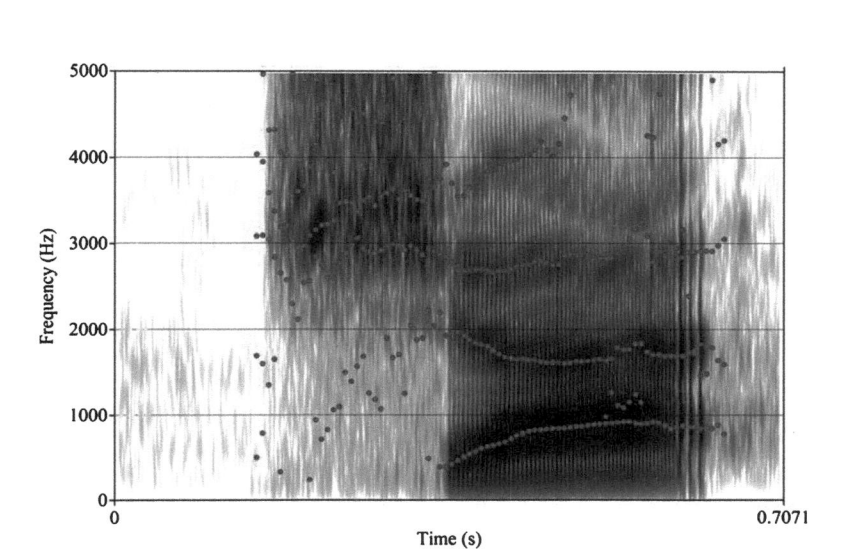

图 1.66 一位长沙女性发音人所发的"帅"的语图

实际上，长沙方言 ai、uai、yai 中的 i 韵尾也极为微弱，时长短，动程小。

iau

长沙方言男性发音人 iau 元音三维图见图 1.67、图 1.68。

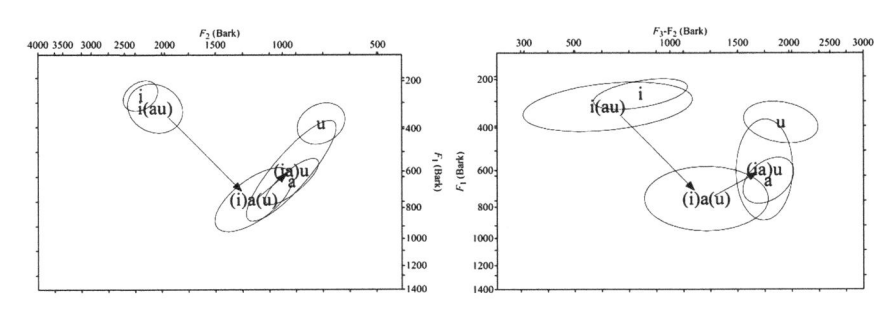

图 1.67 长沙方言男性发音人 iau 的 Bark 值

湘语语音的特征与类型研究

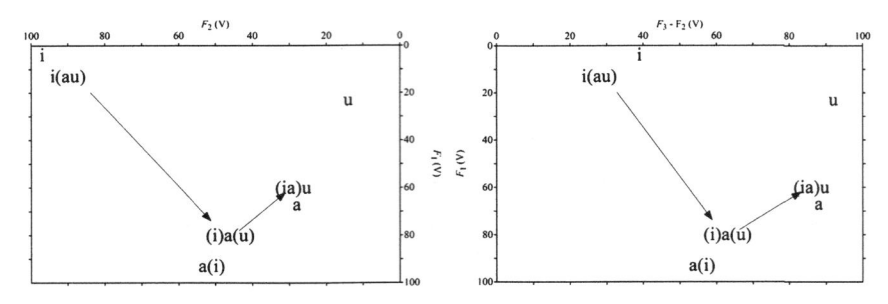

图 1.68　长沙方言男性发音人 iau 的 V 值

长沙方言女性发音人 iau 元音三维图见图 1.69、图 1.70。

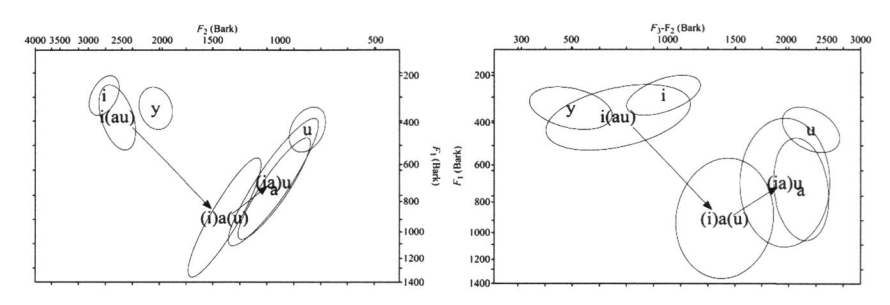

图 1.69　长沙方言女性发音人 iau 的 Bark 值

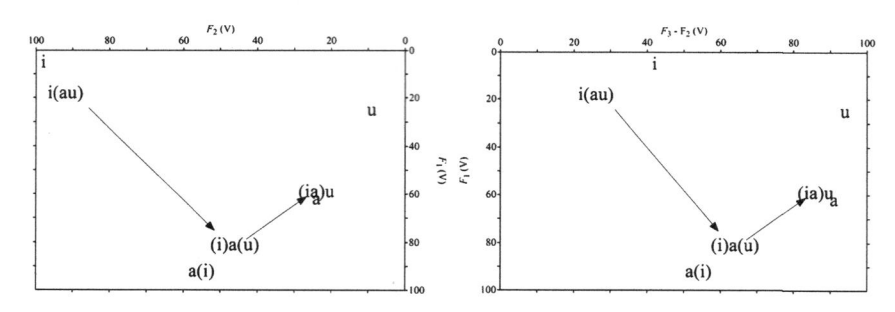

图 1.70　长沙方言女性发音人 iau 的 V 值

第一章　长沙方言、双峰方言的元音

表1.19　长沙方言 iau 的共振峰数据

<table>
<tr><th colspan="9">i(au)</th><th colspan="8">(i)a(u)</th><th colspan="8">(ia)u</th></tr>
<tr><th colspan="4">Bark</th><th colspan="4">V</th><th colspan="4">Bark</th><th colspan="4">V</th><th colspan="4">Bark</th><th colspan="4">V</th></tr>
<tr><th>F1</th><th>F2</th><th>F3</th><th>F3-F2</th><th>F1</th><th>F2</th><th>F3</th><th>F3-F2</th><th>F1</th><th>F2</th><th>F3</th><th>F3-F2</th><th>F1</th><th>F2</th><th>F3</th><th>F3-F2</th><th>F1</th><th>F2</th><th>F3</th><th>F3-F2</th><th>F1</th><th>F2</th><th>F3</th><th>F3-F2</th></tr>
<tr><td>男性</td><td>3.3</td><td>13.3</td><td>15.1</td><td>6.3</td><td>13</td><td>90</td><td>64</td><td>28</td><td>7.0</td><td>9.7</td><td>14.3</td><td>9.8</td><td>80</td><td>46</td><td>37</td><td>63</td><td>5.9</td><td>8.3</td><td>15.0</td><td>12.0</td><td>60</td><td>29</td><td>61</td><td>86</td></tr>
<tr><td>女性</td><td>3.8</td><td>14.6</td><td>16.3</td><td>6.8</td><td>18</td><td>92</td><td>65</td><td>26</td><td>8.0</td><td>10.6</td><td>15.3</td><td>10.7</td><td>81</td><td>46</td><td>31</td><td>64</td><td>6.5</td><td>8.8</td><td>15.8</td><td>12.9</td><td>59</td><td>24</td><td>48</td><td>86</td></tr>
</table>

· 65 ·

湘语语音的特征与类型研究

长沙方言男性、女性发音人 iau 元音共振峰数据见表 1.19。

iau 中 i 比单元音 i 略低、略后，a 比单元音 a 要低很多、前很多，比 ai 中的 a 高一些，音值接近 ɐ，u 比单元音 a 略高，比单元音 u 低很多。iau 的音值可大致记为 iɐu。

uei

长沙方言男性发音人 uei 元音三维图见图 1.71、图 1.72。

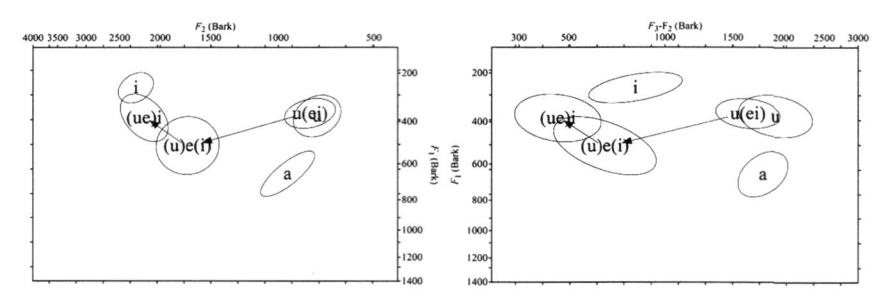

图 1.71　长沙方言男性发音人 uei 的 Bark 值

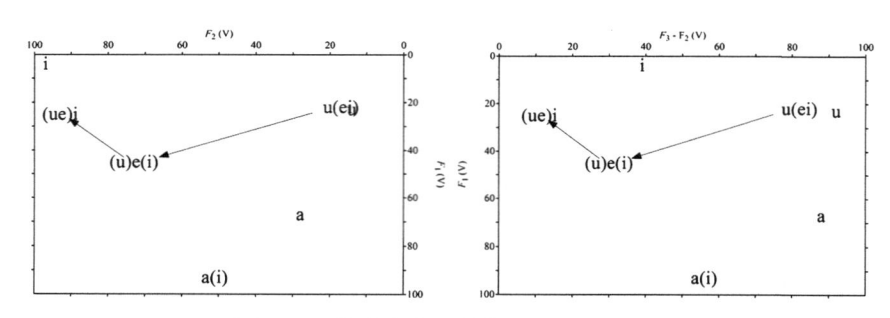

图 1.72　长沙方言男性发音人 uei 的 V 值

长沙方言女性发音人 uei 元音三维图见图 1.73、图 1.74。

· 66 ·

第一章 长沙方言、双峰方言的元音

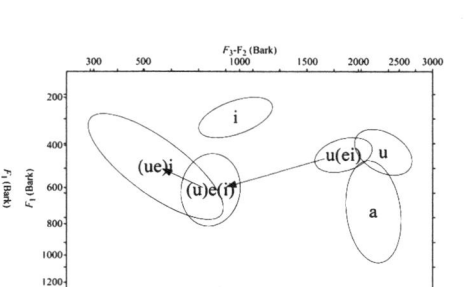

图 1.73 长沙方言女性发音人 uei 的 Bark 值

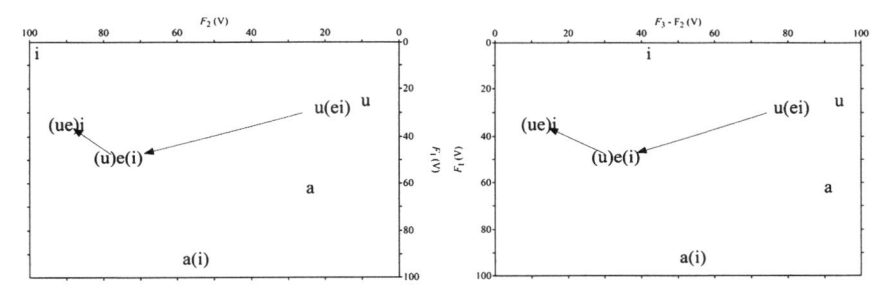

图 1.74 长沙方言女性发音人 uei 的 V 值

uei 中的 u 接近单元音 u，男性发音人的 e 位于标准元音 ə、ɛ 之间，女性发音人的 e 接近标准元音 ɛ。i 比单元音 i 低很多，男性发音人的 i 位于标准元音 ɪ、e 之间，女性发音人的 i 接近 ɛ。uei 的实际音值可大致记为 uɛɪ 或 uɛɛ。

长沙方言男性、女性发音人 uei 元音共振峰数据见表 1.20。

· 67 ·

湘语语音的特征与类型研究

表1.20 长沙方言 uei 的共振峰数据

	u(ei) Bark F1	F2	F3	F3-F2	V F1	F2	F3	F3-F2	(u)e(i) Bark F1	F2	F3	F3-F2	V F1	F2	F3	F3-F2	(ue)i Bark F1	F2	F3	F3-F2	V F1	F2	F3	F3-F2
男性	3.7	7.4	14.3	11.5	22	17	33	82	5.1	11.9	14.1	6.4	45	73	28	30	3.9	13.5	14.8	4.6	25	93	51	11
女性	4.5	8.2	15.2	12.4	28	18	27	81	5.9	13.2	15.5	7.5	49	76	37	33	4.9	14.4	15.8	5.4	35	90	49	12

· 68 ·

第一章 长沙方言、双峰方言的元音

yei

长沙方言男性发音人 yei 元音三维图见图 1.75、图 1.76。

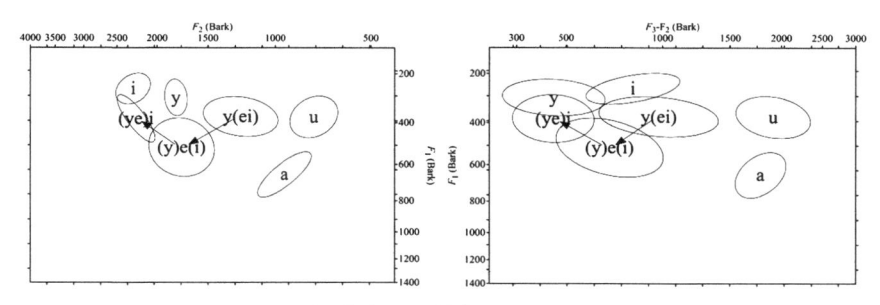

图 1.75 长沙方言男性发音人 yei 的 Bark 值

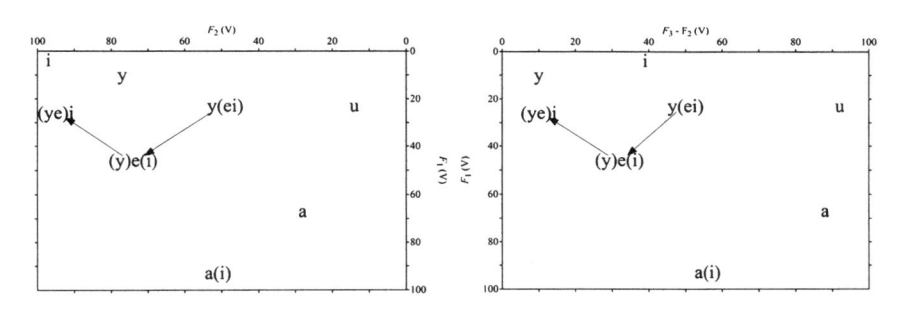

图 1.76 长沙方言男性发音人 yei 的 V 值

长沙方言女性发音人 yei 元音三维图见图 1.77、图 1.78。

· 69 ·

湘语语音的特征与类型研究

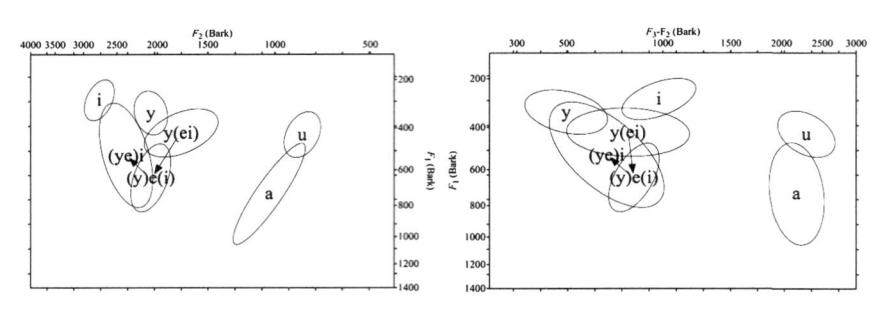

图 1.77　长沙方言女性发音人 yei 的 Bark 值

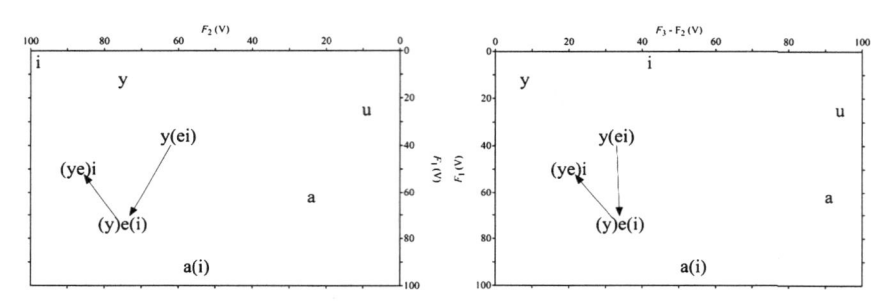

图 1.78　长沙方言女性发音人 yei 的 V 值

　　yei 中的 y 比单元音 y 要低、要后一些，男性发音人的实际音值接近 ʮ，女性发音人的比 ʮ 低一些。男性发音人的 e 位于标准元音 ə、ɛ 之间，女性发音人的 e 接近标准元音 ɛ。i 比单元音 i 低很多，男性发音人的 i 位于标准元音 ɪ、e 之间，女性发音人的 i 接近 ᴇ。yei 的实际音值可大致记为 ʮEI 或 ʮɛᴇ。

　　长沙方言男性、女性发音人 yei 元音共振峰数据见表 1.21。

第一章　长沙方言、双峰方言的元音

表1.21　长沙方言yei的共振峰数据

	y(ei)						(y)e(i)						(ye)i					
	Bark			V			Bark			V			Bark			V		
	F1	F2	F3	F3-F2	F1	F2	F3	F3-F2	F1	F2	F3	F3-F2	F1	F2	F3	F3-F2	F1	F2	F3	F3-F2
男性	3.8	9.9	13.7	8.4	23	49	13	50	5.1	12.0	14.3	6.6	46	74	34	32	4.0	13.6	14.8	4.5	26	95	54	10
女性	4.2	11.9	14.5	7.4	24	60	7	33	6.0	13.1	15.4	7.5	51	75	36	34	5.0	14.1	15.8	6.3	36	87	49	20

· 71 ·

| 湘语语音的特征与类型研究

iəu

长沙方言男性发音人 iəu 元音三维图见图 1.79、图 1.80。

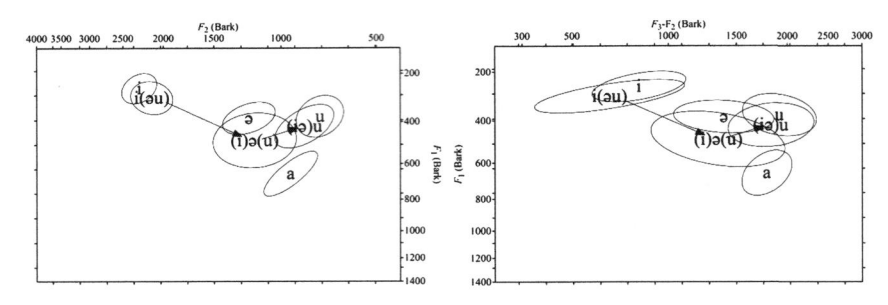

图 1.79　长沙方言男性发音人 iəu 的 Bark 值

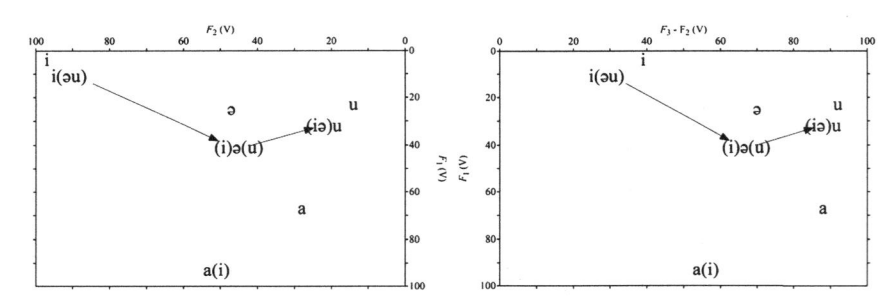

图 1.80　长沙方言男性发音人 iəu 的 V 值

长沙方言女性发音人 iəu 元音三维图见图 1.81、图 1.82。

第一章　长沙方言、双峰方言的元音

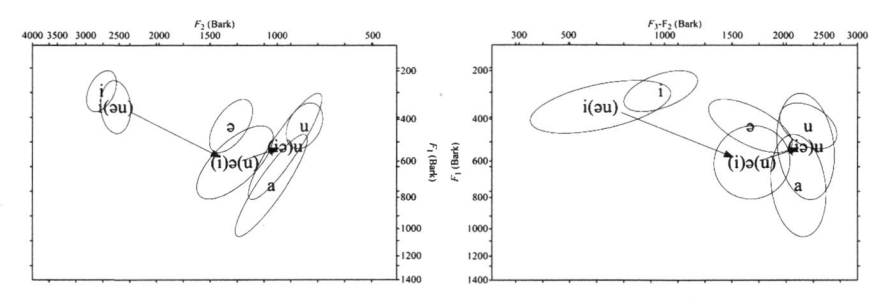

图 1.81　长沙方言女性发音人 iəu 的 Bark 值

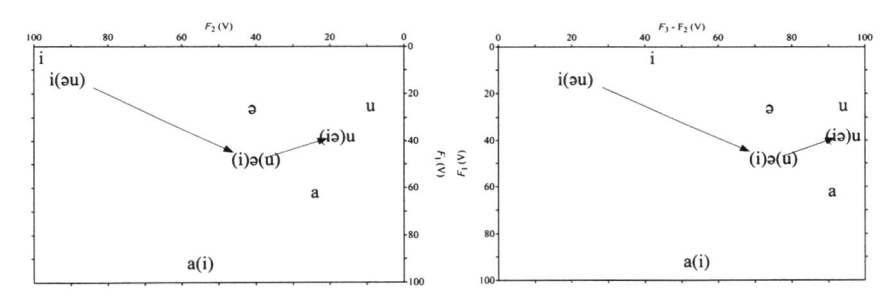

图 1.82　长沙方言女性发音人 iəu 的 V 值

iəu 中的 i 比单元音 i 略低、略后。男性发音人的 ə 接近标准元音 ə，女性发音人的 ə 比标准元音 ə 略后。u 比单元音 u 要低一些且前一些，接近标准元音 ʊ。iəu 的实际音值可大致记为 iəʊ。

长沙方言男性、女性发音人 iəu 元音共振峰数据见表 1.22。

湘语语音的特征与类型研究

表1.22 长沙方言 iəu 的共振峰数据

		i(əu)							(i)ə(u)							(iə)u						
		Bark				V				Bark				V				Bark				V			
		F1	F2	F3	F3-F2	F1	F2	F3	F3-F2	F1	F2	F3	F3-F2	F1	F2	F3	F3-F2	F1	F2	F3	F3-F2	F1	F2	F3	F3-F2
男性	3.1	13.3	15.2	6.4	11	91	68	29	4.8	9.6	14.5	10.2	41	45	43	67	4.3	7.8	14.9	12.2	32	22	55	88
女性	3.6	14.5	16.1	6.3	14	91	59	21	5.8	10.1	15.6	11.7	48	40	42	75	5.1	8.2	16.1	13.7	38	18	59	94

(二) 长沙方言 CGVG 型音节中的元音 V 的时长分析

图 1.83、图 1.84 是 GVG 型元音的绝对时长图，纵坐标的单位为秒（s）。

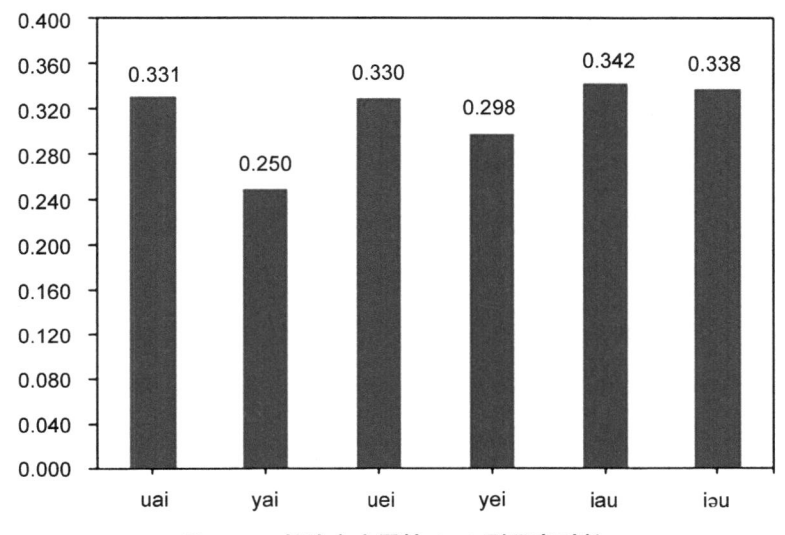

	uai	yai	uei	yei	iau	iəu
时长	0.331	0.250	0.330	0.298	0.342	0.338

图 1.83　长沙方言男性 GVG 型元音时长

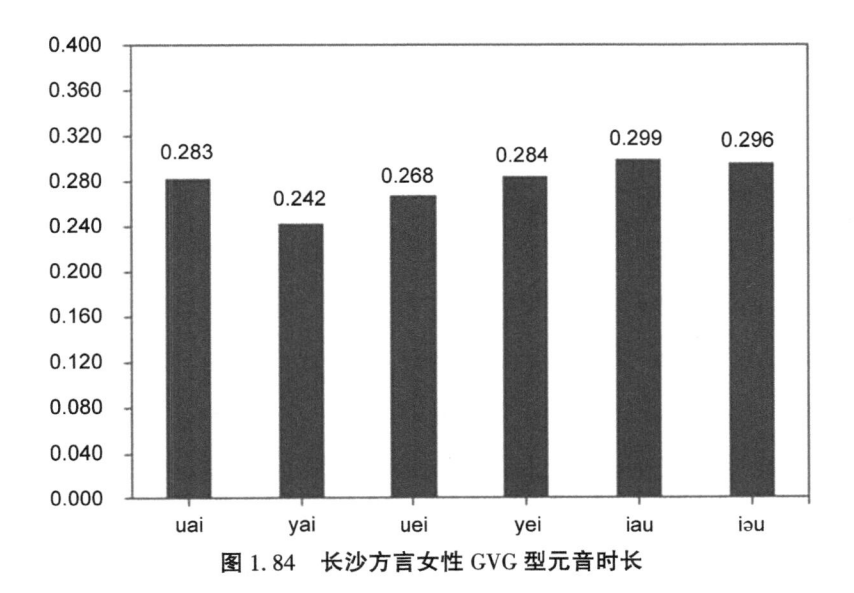

	uai	yai	uei	yei	iau	iəu
时长	0.283	0.242	0.268	0.284	0.299	0.296

图 1.84　长沙方言女性 GVG 型元音时长

湘语语音的特征与类型研究

从图 1.83、图 1.84 看来，yai、yei 两个撮口呼韵母的时长较小。iau 的时长较大。

下面图 1.85、图 1.86 采用百分比相对时长分析 GVG 内部各成分时长。

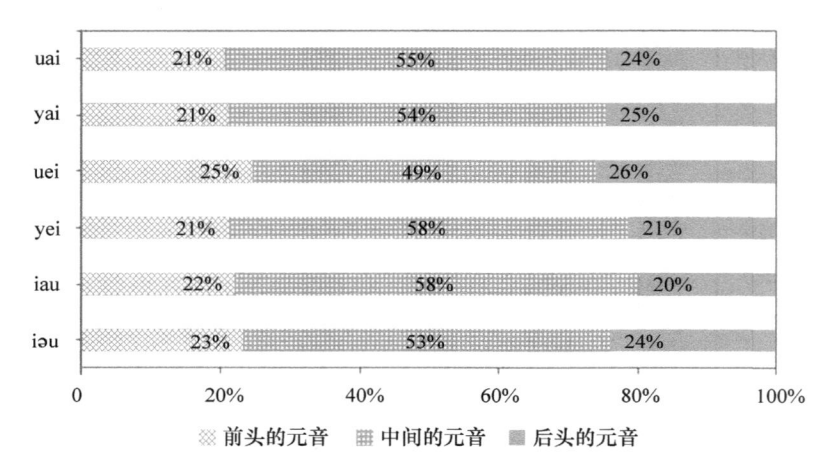

韵母	前头的元音	中间的元音	后头的元音
uai	21%	55%	24%
yai	21%	54%	25%
uei	25%	49%	26%
yei	21%	58%	21%
iau	22%	58%	20%
iəu	23%	53%	24%

图 1.85 长沙方言男性 GVG 型元音的相对时长

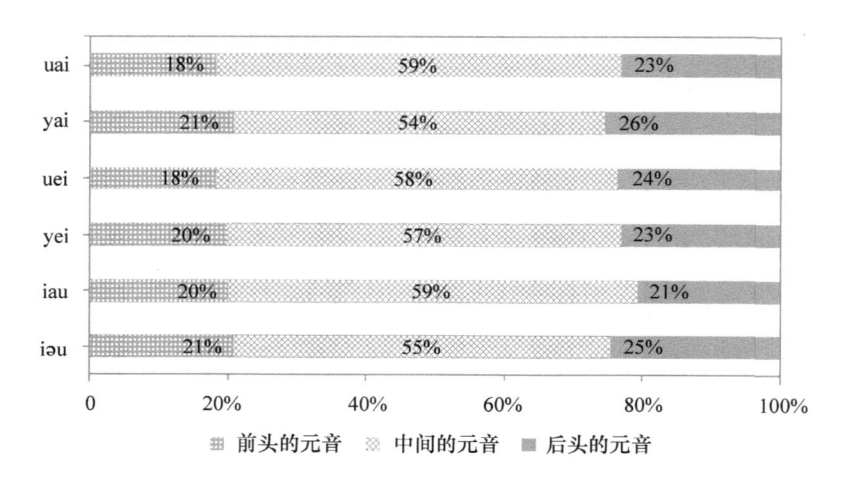

韵母	前头的元音	中间的元音	后头的元音
uai	18%	59%	23%
yai	21%	54%	26%
uei	18%	58%	24%
yei	20%	57%	23%
iau	20%	59%	21%
iəu	21%	55%	25%

图 1.86 长沙方言女性 GVG 型元音的相对时长

从图 1.85、图 1.86 看来，无论是男性发音人还是女性发音人的 GVG 型元音，前头和后头的 G，时长较短，一般占 GVG 型元音总时长的 20%—30%，而中间的 V 时长较长，一般占 GVG 型元音总时长的 50%—60%。中间的 V 在时长上占优势，反映出它是整个 GVG 元音结构中的基础和核心部分。

五　长沙方言 CVN 型音节中的元音 V 的声学分析

下面先进行长沙方言 CVN 型音节中的元音 V 的共振峰频率分析，时长分析见第 99 页。

ã

长沙方言男性发音人 ã 元音三维图见图 1.87、图 1.88。

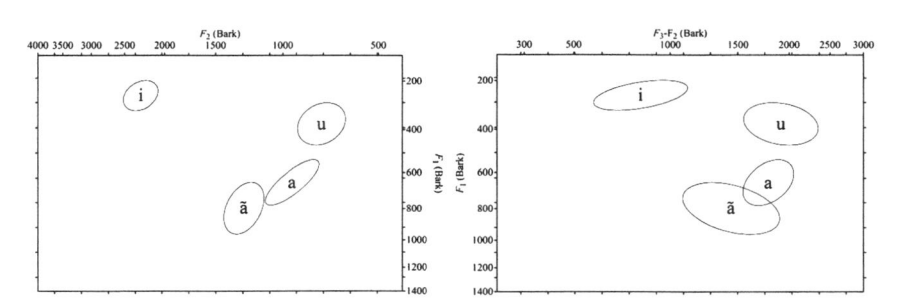

图 1.87　长沙方言男性发音人 ã 的 Bark 值

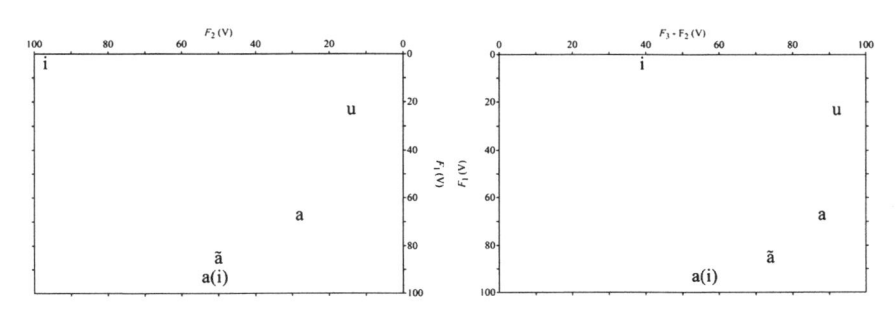

图 1.88　长沙方言男性发音人 ã 的 V 值

湘语语音的特征与类型研究

长沙方言女性发音人 ã 元音三维图见图 1.89、图 1.90。

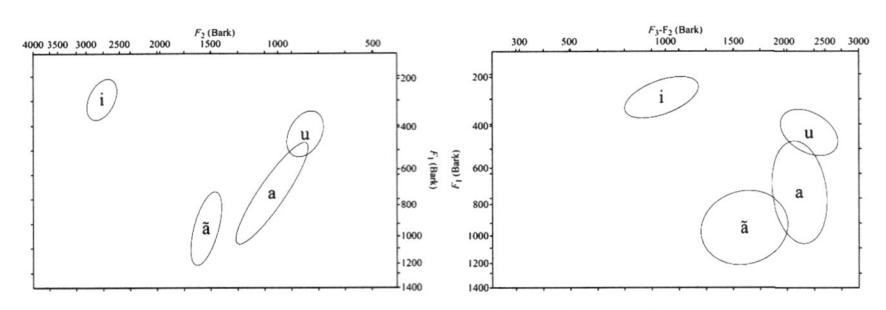

图 1.89　长沙方言女性发音人 ã 的 Bark 值

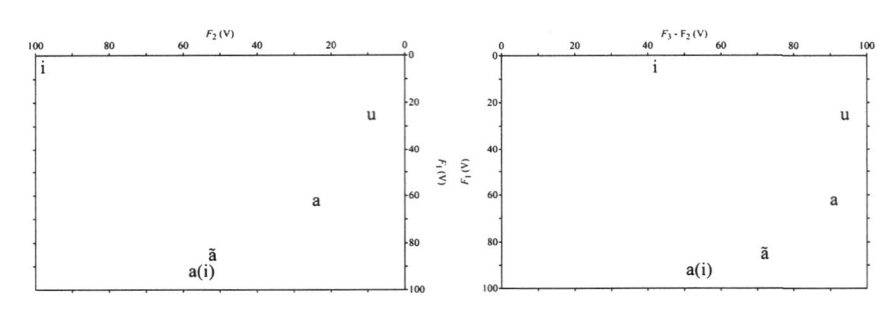

图 1.90　长沙方言女性发音人 ã 的 V 值

长沙方言男性、女性发音人 ã 元音共振峰数据见表 1.23。

表 1.23　　　　　　　　长沙方言 ã 的共振峰数据

	ã							
	Bark				V			
	F1	F2	F3	F3-F2	F1	F2	F3	F3-F2
男性	7.3	10.0	15.0	10.8	85	50	61	74
女性	8.2	11.2	16.0	11.5	85	52	55	72

ã 中的 a 离单元音 a 较远，而跟 ai 中的 a 接近，略高。ã 的实际音值可大致记为 Ã。

第一章 长沙方言、双峰方言的元音

õ

长沙方言男性发音人 õ 元音三维图见图 1.91、图 1.92。

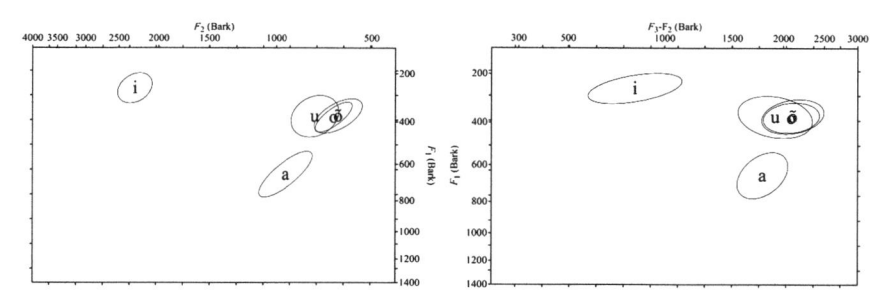

图 1.91　长沙方言男性发音人 õ 的 Bark 值

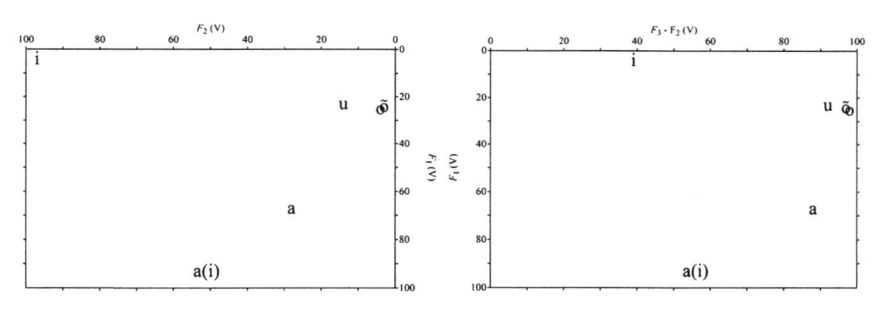

图 1.92　长沙方言男性发音人 õ 的 V 值

长沙方言女性发音人 õ 元音三维图见图 1.93、图 1.94。

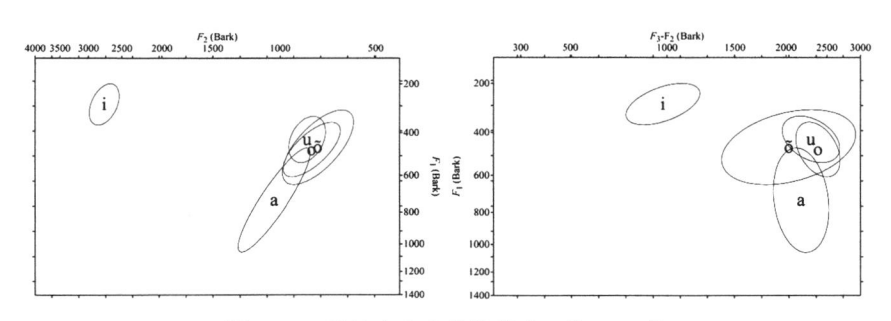

图 1.93　长沙方言女性发音人 õ 的 Bark 值

· 79 ·

湘语语音的特征与类型研究

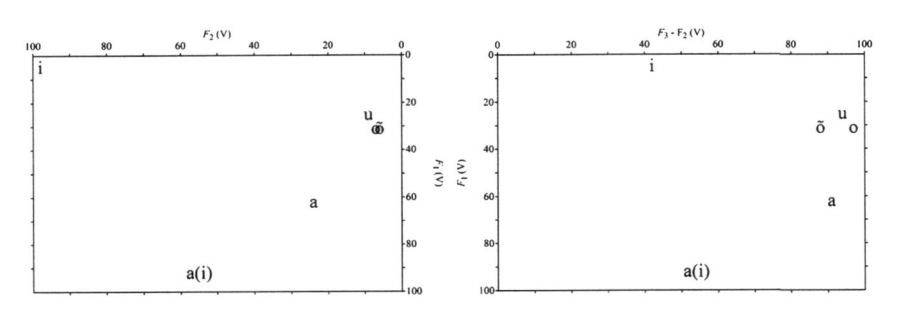

图1.94 长沙方言女性发音人 õ 的 V 值

长沙方言男性、女性发音人 õ 元音共振峰数据见表1.24。

表1.24　　　　　　　长沙方言 õ 的共振峰数据

	õ							
	Bark				V			
	F1	F2	F3	F3-F2	F1	F2	F3	F3-F2
男性	3.9	6.3	15.0	13.0	24	3	56	97
女性	4.7	7.2	15.3	13.1	31	6	31	88

õ 中的 o 跟单元音 o 接近，比标准元音 o 略高。õ 的实际音值可记为 õ。

ɤ̃

长沙方言男性发音人 ɤ̃ 元音三维图见图1.95、图1.96。

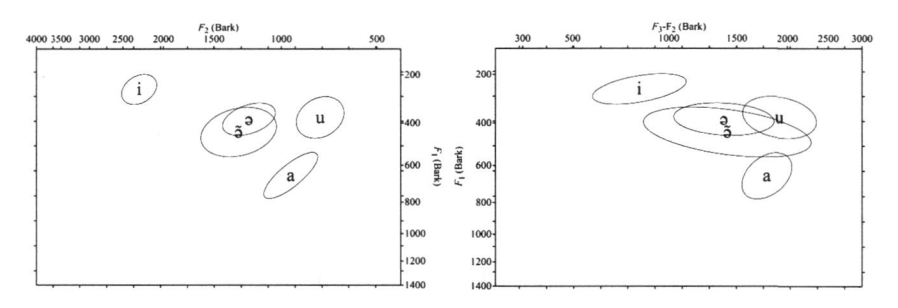

图1.95 长沙方言男性发音人 ɤ̃ 的 Bark 值

第一章 长沙方言、双峰方言的元音

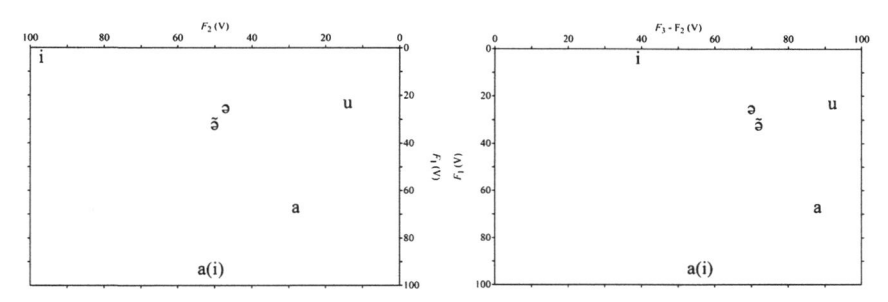

图 1.96 长沙方言男性发音人ɔ̃的 V 值

长沙方言女性发音人ɔ̃元音三维图见图 1.97、图 1.98。

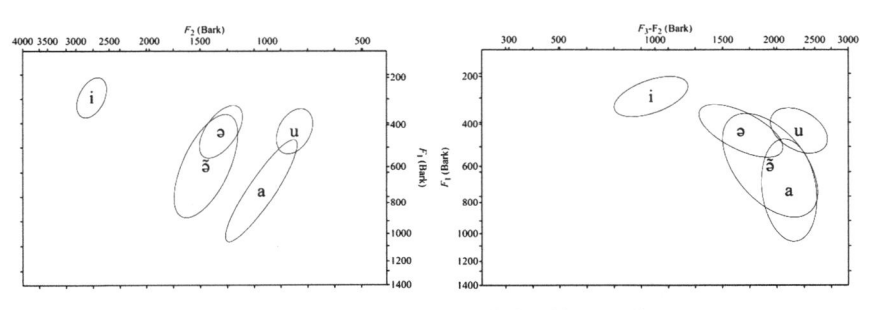

图 1.97 长沙方言女性发音人ɔ̃的 Bark 值

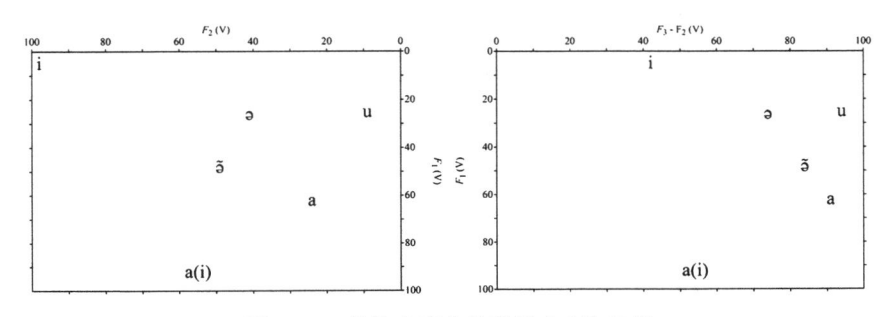

图 1.98 长沙方言女性发音人ɔ̃的 V 值

湘语语音的特征与类型研究

长沙方言男性、女性发音人ə̃元音共振峰数据见表1.25。

表1.25　　　　　　长沙方言ə̃的共振峰数据

	ə̃						
	Bark				V			
	F1	F2	F3	F3-F2	F1	F2	F3	F3-F2
男性	4.3	10.0	15.1	10.7	32	50	61	72
女性	5.7	10.8	16.5	12.8	48	49	74	84

男性发音人ə̃中的ə跟单元音ə接近，实际音值接近标准元音ə。女性发音人ə̃中的ə比单元音ə要低，实际音值接近标准元音ɐ，而且女性的ə̃在高低维上有较大的游移性。ə̃的实际音值可记为ə̃或ɐ̃。

in

图1.99—图1.102只画出in中i的元音图，n没有在图上反映出来。

长沙方言男性发音人i(n)元音三维图见图1.99、图1.100。

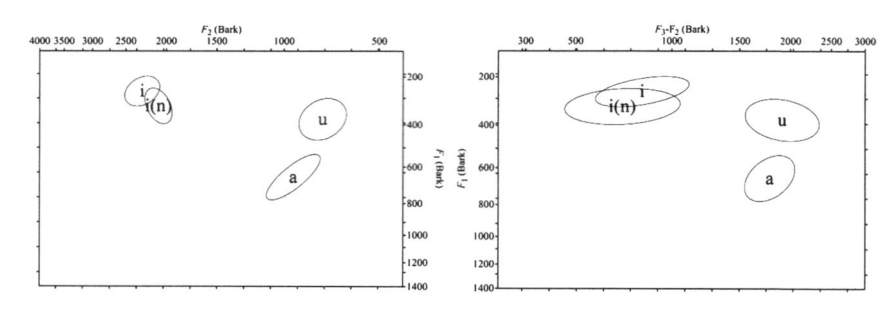

图1.99　长沙方言男性发音人i(n)的Bark值

第一章 长沙方言、双峰方言的元音

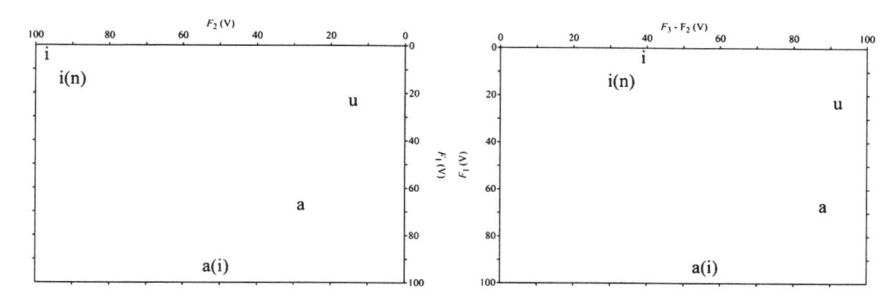

图1.100 长沙方言男性发音人 i（n）的 V 值

长沙方言女性发音人 i（n）元音三维图见图1.101、图1.102。

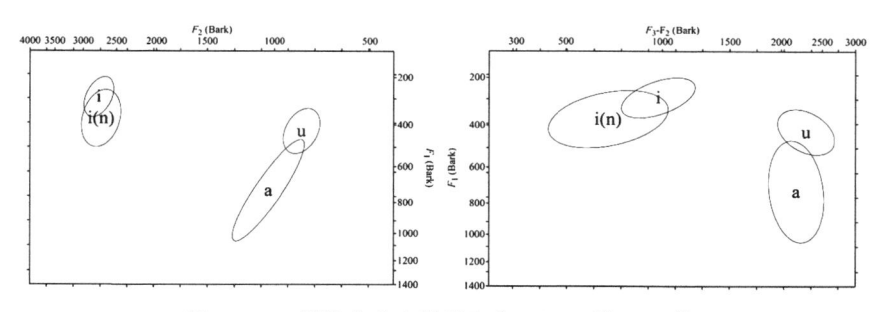

图1.101 长沙方言女性发音人 i（n）的 Bark 值

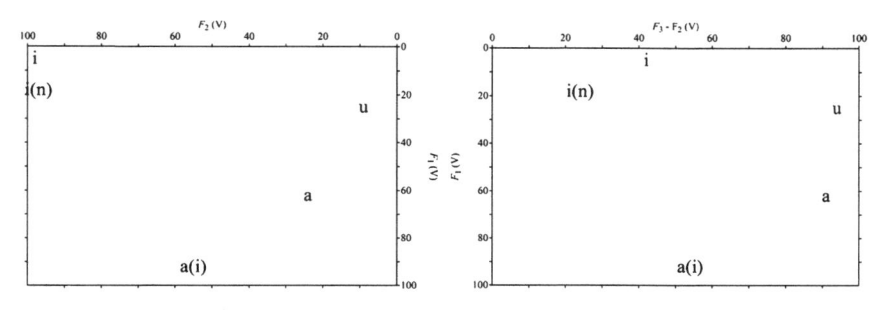

图1.102 长沙方言女性发音人 i（n）的 V 值

湘语语音的特征与类型研究

长沙方言男性、女性发音人 i（n）元音共振峰数据见表 1.26。

表 1.26　　　　　长沙方言 i（n）的共振峰数据

	i（n）							
	Bark				V			
	F1	F2	F3	F3-F2	F1	F2	F3	F3-F2
男性	3.3	13.2	15.2	6.7	14	90	69	33
女性	3.8	15.0	16.6	6.6	18	97	74	24

男性发音人 in 中的 i 比单元音 i 略低、略后，女性发音人 in 中的 i 比单元音 i 略低，in 的实际音值可记为 in。

yn

图 1.103—图 1.106 只画出 yn 中 y 的元音图，n 没有在图上反映出来。

长沙方言男性发音人 y（n）元音三维图见图 1.103、图 1.104。

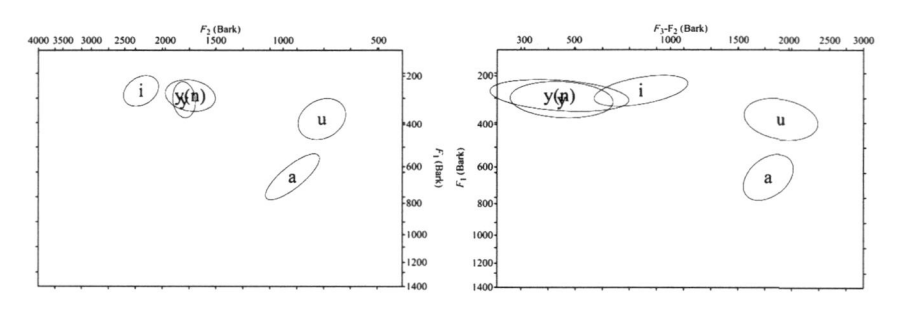

图 1.103　长沙方言男性发音人 y（n）的 Bark 值

第一章 长沙方言、双峰方言的元音

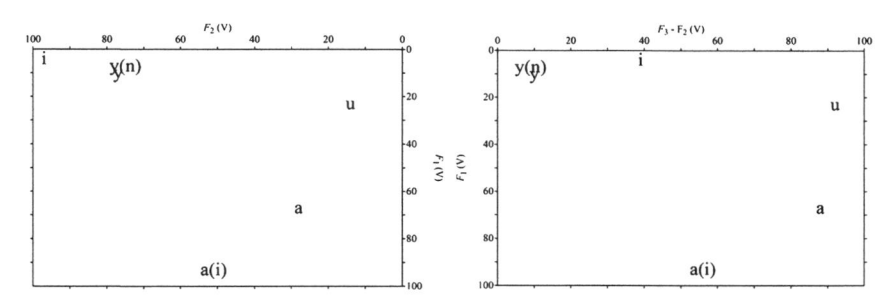

图 1.104 长沙方言男性发音人 y（n）的 V 值

长沙方言女性发音人 y（n）元音三维图见图 1.105、图 1.106。

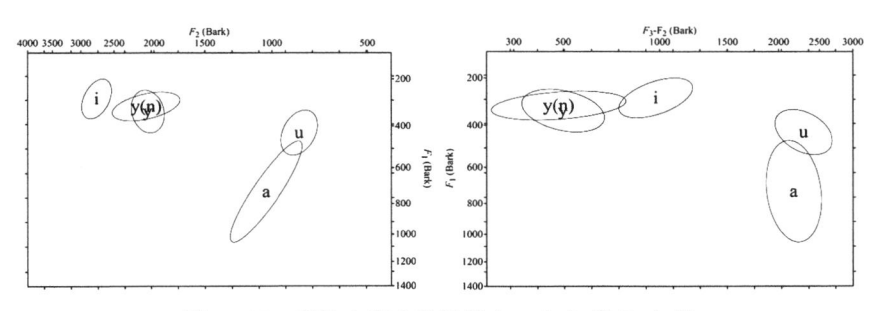

图 1.105 长沙方言女性发音人 y（n）的 Bark 值

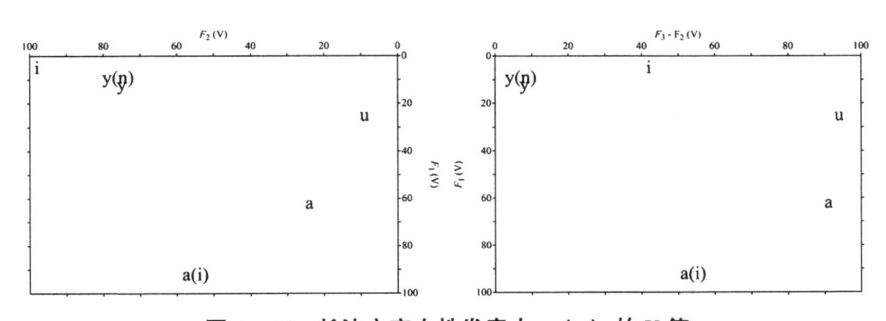

图 1.106 长沙方言女性发音人 y（n）的 V 值

长沙方言男性、女性发音人 y（n）元音共振峰数据见表 1.27。

湘语语音的特征与类型研究

表1.27　　　　　　　　长沙方言 y（n）的共振峰数据

	y（n）							
	Bark				V			
	F1	F2	F3	F3-F2	F1	F2	F3	F3-F2
男性	2.9	12.0	13.5	4.4	7	75	7	9
女性	3.2	13.2	14.6	4.8	9	76	8	7

男性发音人 yn 中的 y 跟单元音 y 较为接近，yn 的实际音值可记为 yn。

ən

图 1.107—图 1.110 只画出 ən 中 ə 的元音图，n 没有在图上反映出来。

长沙方言男性发音人 ə（n）元音三维图见图 1.107、图 1.108。

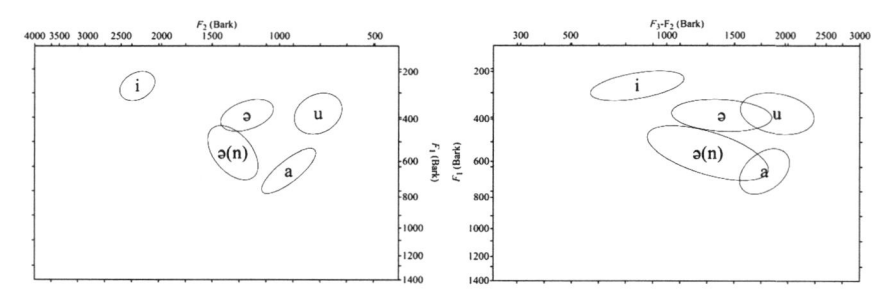

图 1.107　长沙方言男性发音人 ə（n）的 Bark 值

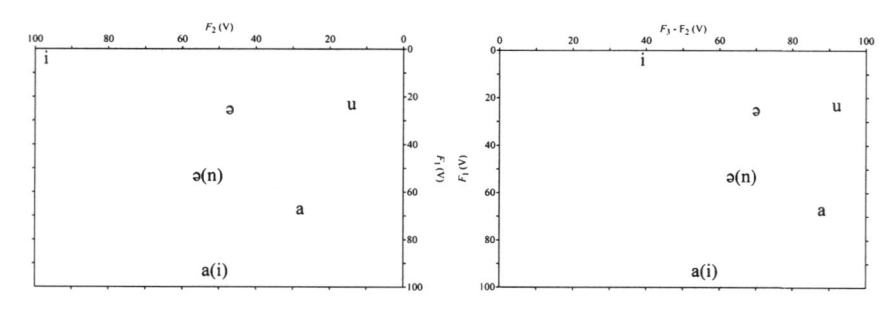

图 1.108　长沙方言男性发音人 ə（n）的 V 值

第一章　长沙方言、双峰方言的元音

长沙方言女性发音人 ə（n）元音三维图见图 1.109、图 1.110。

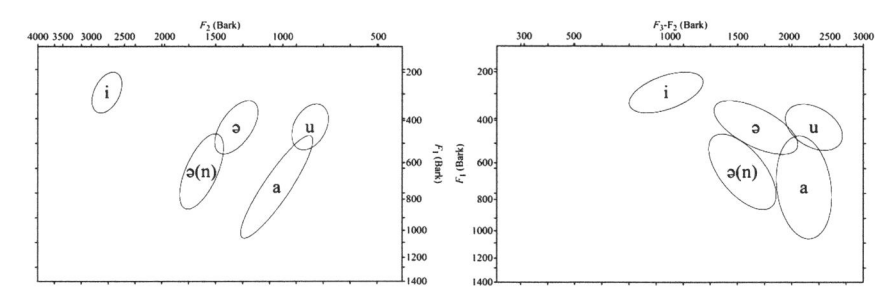

图 1.109　长沙方言女性发音人 ə（n）的 Bark 值

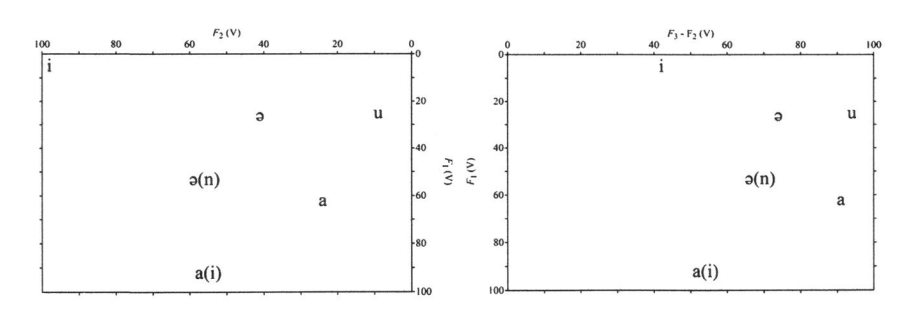

图 1.110　长沙方言女性发音人 ə（n）的 V 值

长沙方言男性、女性发音人 ə（n）元音共振峰数据见表 1.28。

表 1.28　　　　　　长沙方言 ə（n）的共振峰数据

	ə（n）								
	Bark				V			
	F1	F2	F3	F3-F2	F1	F2	F3	F3-F2
男性	5.5	10.3	14.7	10.0	53	53	49	66
女性	6.1	11.5	16.0	11.2	53	56	56	69

男性发音人 ən 中的 ə 比单元音 ə 低一些、前一些，实际音值接近

· 87 ·

标准元音 ə，ən 的实际音值可记为 ən。

六　长沙方言 CGVN 型音节中的元音 V 的声学分析

(一) 长沙方言 CGVN 型音节中的元音 V 的共振峰频率分析

iã

长沙方言男性发音人 iã 元音三维图见图 1.111、图 1.112。

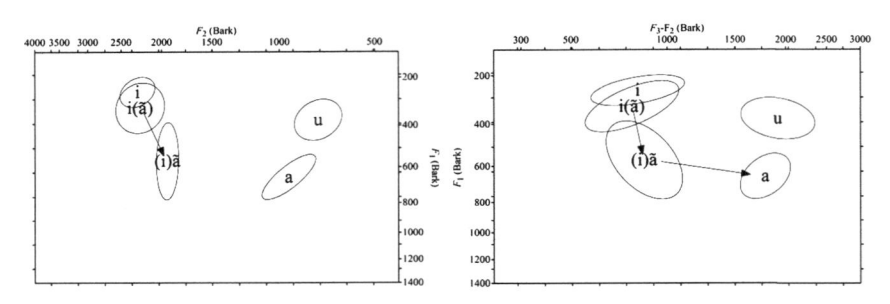

图 1.111　长沙方言男性发音人 iã 的 Bark 值

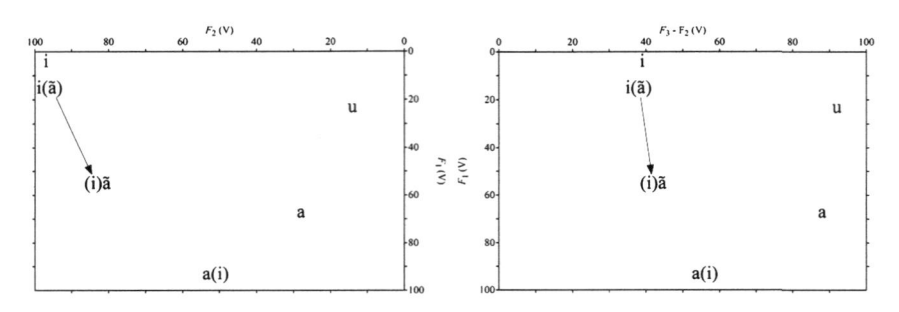

图 1.112　长沙方言男性发音人 iã 的 V 值

长沙方言女性发音人 iã 元音三维图见图 1.113、图 1.114。

第一章 长沙方言、双峰方言的元音

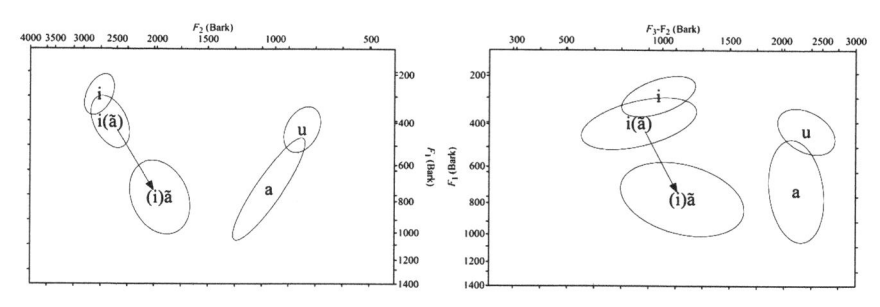

图 1.113 长沙方言女性发音人 iã 的 Bark 值

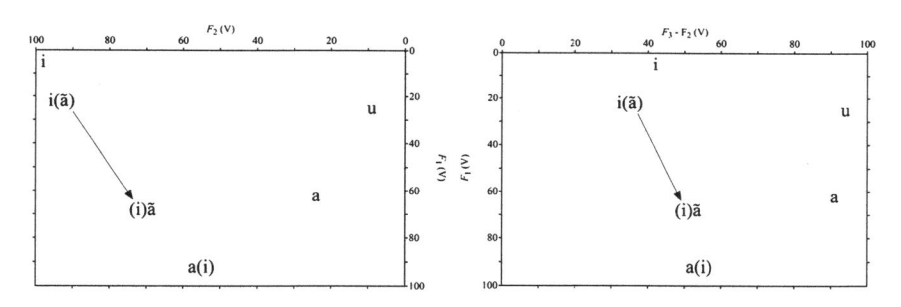

图 1.114 长沙方言女性发音人 iã 的 V 值

长沙方言男性、女性发音人 iã 元音共振峰数据见表 1.29。

表 1.29　　　　　长沙方言 iã 的共振峰数据

	i (ã)								(i) ã							
	Bark				V				Bark				V			
	F1	F2	F3	F3-F2	F1	F2	F3	F3-F2	F1	F2	F3	F3-F2	F1	F2	F3	F3-F2
男性	3.4	13.7	15.8	7.3	15	96	87	38	5.5	12.7	15.2	7.6	55	83	65	42
女性	4.1	14.7	16.6	7.7	22	93	76	35	7.1	12.8	15.9	9.4	68	71	52	51

iã 中的 i 比单元音 i 略低，男性发音人 iã 中的 a 实际音值接近标准元音 ɛ，女性发音人 iã 中的 a 比标准元音 ɛ 略后。iã 的实际音值可记为 iɛ̃ 或 iɛ̃。

uã

长沙方言男性发音人 uã 元音三维图见图 1.115、图 1.116。

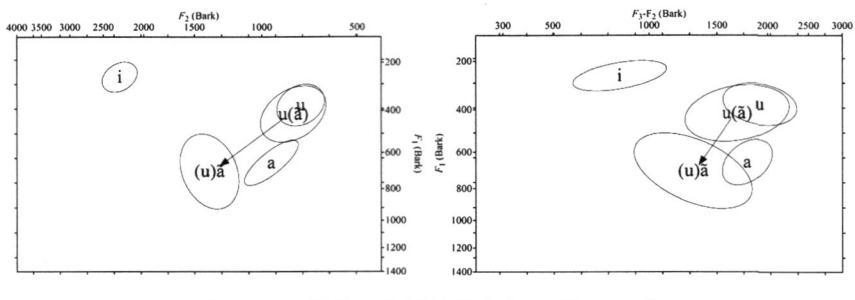

图 1.115　长沙方言男性发音人 uã 的 Bark 值

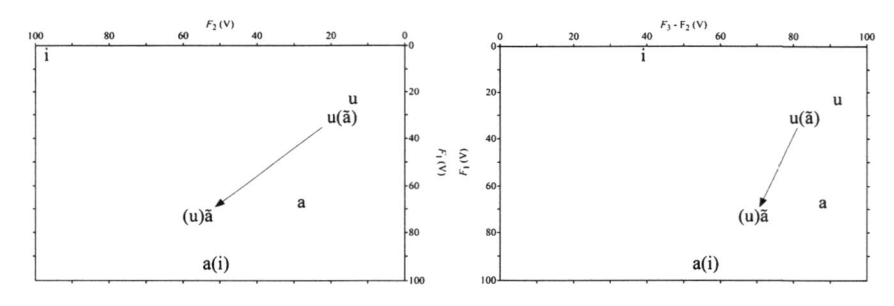

图 1.116　长沙方言男性发音人 uã 的 V 值

长沙方言女性发音人 uã 元音三维图见图 1.117、图 1.118。

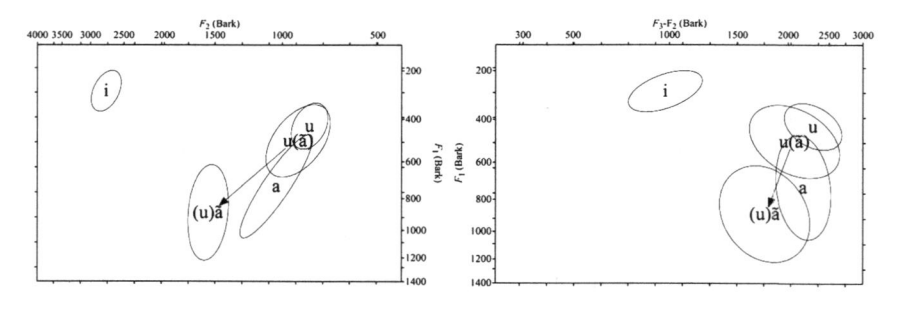

图 1.117　长沙方言女性发音人 uã 的 Bark 值

第一章　长沙方言、双峰方言的元音

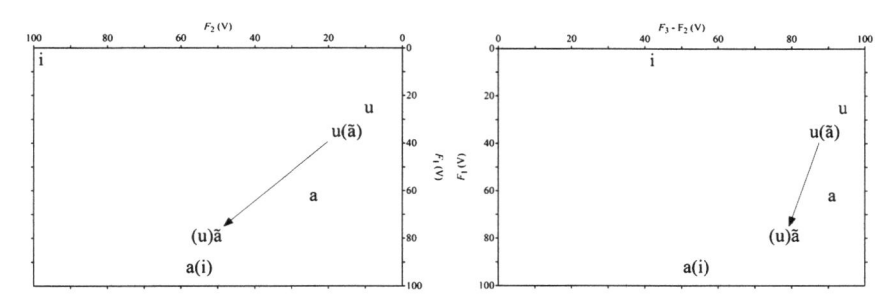

图 1.118　长沙方言女性发音人 uã 的 V 值

长沙方言男性、女性发音人 uã 元音共振峰数据见表 1.30。

表 1.30　　　　　　　长沙方言 uã 的共振峰数据

	u（ã）							（u）ã						
	Bark				V			Bark				V		
	F1	F2	F3	F3-F2	F1	F2	F3-F2	F1	F2	F3	F3-F2	F1	F2	F3	F3-F2
男性	4.3	7.4	14.4	11.7	31	17	37	83	6.6	10.5	14.9	10.2	73	56	59	69
女性	5.0	7.9	15.6	13.2	35	15	44	89	7.8	11.3	16.4	12.0	79	53	67	78

uã 中的 u 比单元音 u 略低，uã 中的 a 比 ai 中的 a 略高，实际音值接近标准元音 ɐ。uã 的实际音值可记为 uɐ̃。

yã

长沙方言男性发音人 yã 元音三维图见图 1.119、图 1.120。

· 91 ·

湘语语音的特征与类型研究

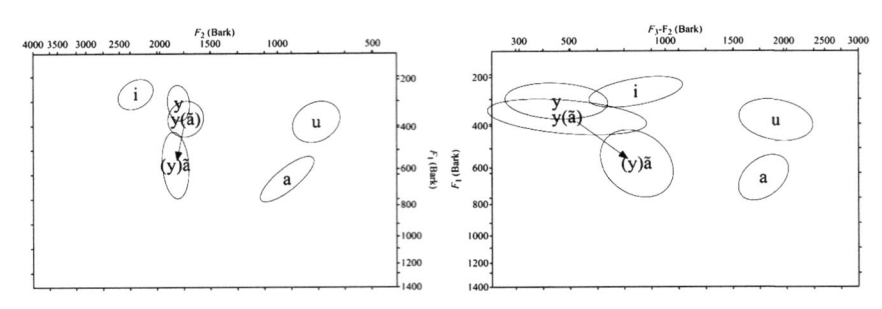

图 1.119 长沙方言男性发音人 yã 的 Bark 值

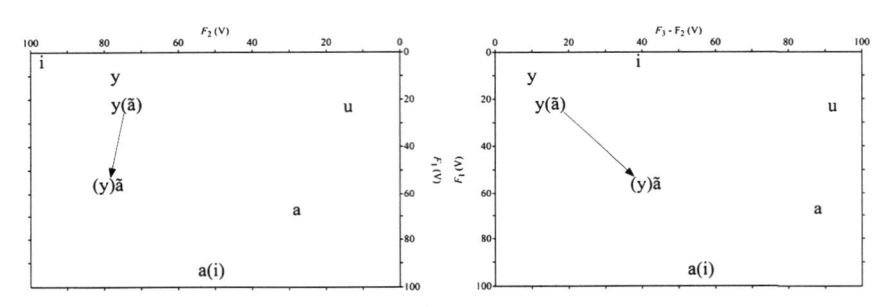

图 1.120 长沙方言男性发音人 yã 的 V 值

长沙方言女性发音人 yã 元音三维图见图 1.121、图 1.122。

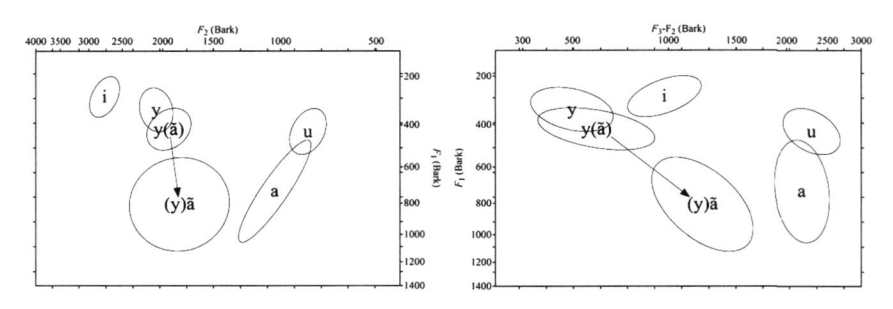

图 1.121 长沙方言女性发音人 yã 的 Bark 值

第一章　长沙方言、双峰方言的元音

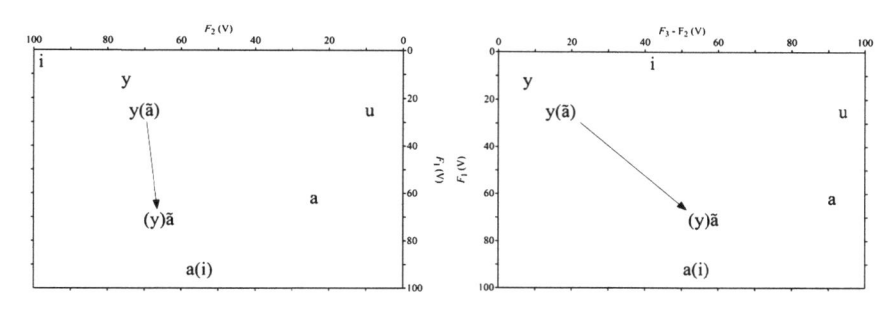

图 1.122　长沙方言女性发音人 yã 的 V 值

长沙方言男性、女性发音人 yã 元音共振峰数据见表 1.31。

表 1.31　　　　　　　长沙方言 yã 的共振峰数据

	y (ã)							(y) ã						
	Bark				V				Bark				V			
	F1	F2	F3	F3-F2	F1	F2	F3	F3-F2	F1	F2	F3	F3-F2	F1	F2	F3	F3-F2
男性	3.7	11.9	13.6	4.9	22	74	10	15	5.6	12.3	14.8	7.5	56	79	54	41
女性	4.3	12.7	14.5	5.9	25	70	8	17	7.3	12.3	15.8	9.8	71	66	50	56

　　yã 中的 y 比单元音 y 略低，男性发音人 yã 中的 a 实际音值接近标准元音 ɛ，女性发音人 yã 中的 a 比标准元音 ɛ 略后。yã 的实际音值可记为 yẼ 或 yɛ̃。

iẽ
长沙方言男性发音人 iẽ 元音三维图见图 1.123、图 1.124。

| **湘语语音的特征与类型研究**

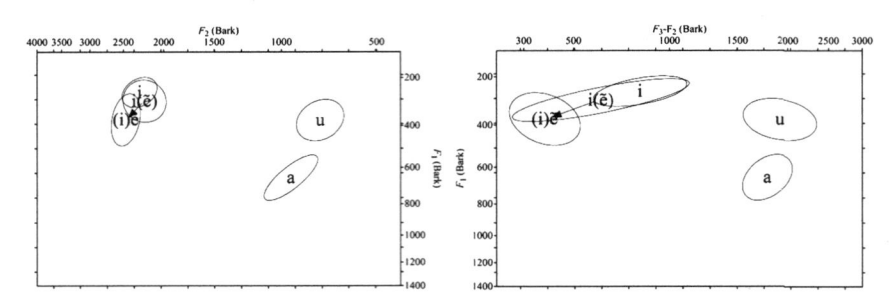

图 1.123　长沙方言男性发音人 iẽ 的 Bark 值

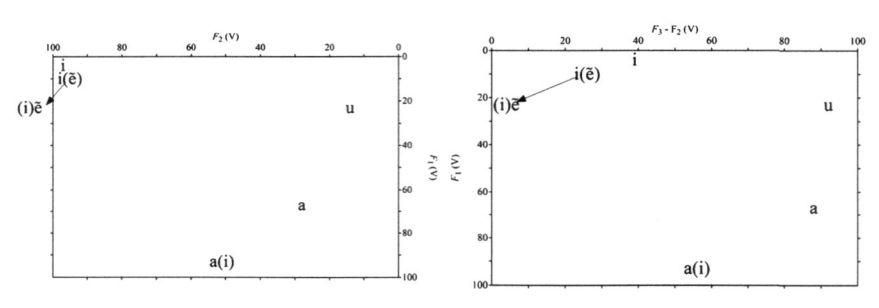

图 1.124　长沙方言男性发音人 iẽ 的 V 值

长沙方言女性发音人 iẽ 元音三维图见图 1.125、图 1.126。

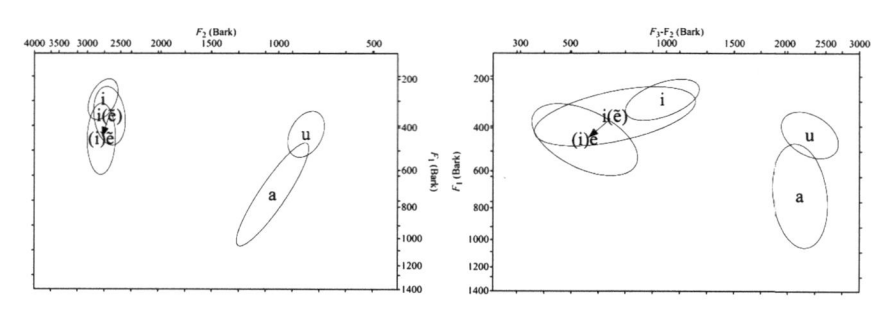

图 1.125　长沙方言女性发音人 iẽ 的 Bark 值

· 94 ·

第一章 长沙方言、双峰方言的元音

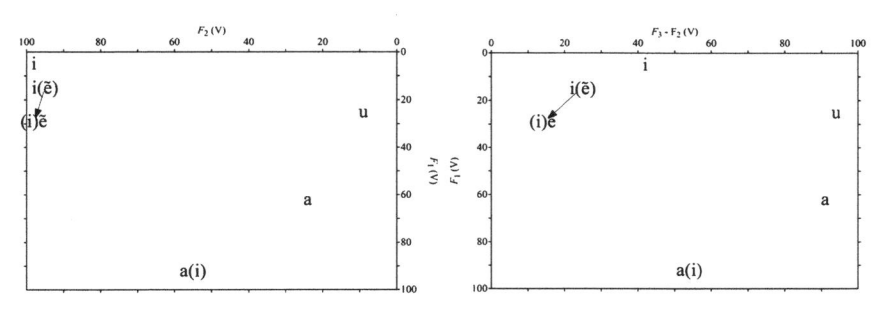

图 1.126 长沙方言女性发音人 iẽ 的 V 值

长沙方言男性、女性发音人 iẽ 元音共振峰数据见表 1.32。

表 1.32　　　　长沙方言 iẽ 的共振峰数据

	\multicolumn{4}{c}{i (ẽ)}				\multicolumn{4}{c}{(i) ẽ}			
	\multicolumn{3}{c}{Bark}		\multicolumn{4}{c}{V}	\multicolumn{3}{c}{Bark}		\multicolumn{4}{c}{V}
	F1	F2	F3	F3-F2	F1	F2	F3	F3-F2	F1	F2	F3	F3-F2	F1	F2	F3	F3-F2
男性	3.1	13.6	15.3	6.1	10	95	70	26	3.8	14.3	15.3	3.9	23	103	68	4
女性	3.6	14.8	16.5	6.8	15	95	71	25	4.5	15.1	16.4	5.6	29	98	69	14

iẽ 中的 i 比单元音 i 略低，男性发音人 iẽ 中的 e 实际音值比标准元音 e 要前一些，甚至比单元音 i 还要略前。女性发音人 iẽ 中的 e 实际音值接近标准元音 e，略前。iẽ 的实际音值可记为 iẽ。

yẽ

长沙方言男性发音人 yẽ 元音三维图见图 1.127、图 1.128。

湘语语音的特征与类型研究

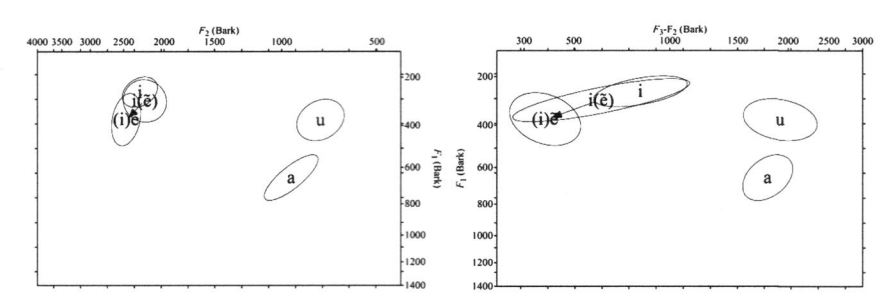

图 1.127　长沙方言男性发音人 yẽ 的 Bark 值

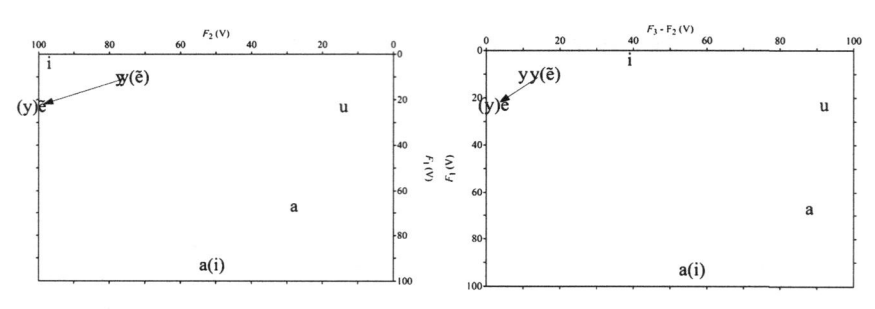

图 1.128　长沙方言男性发音人 yẽ 的 V 值

长沙方言女性发音人 yẽ 元音三维图见图 1.129、图 1.130。

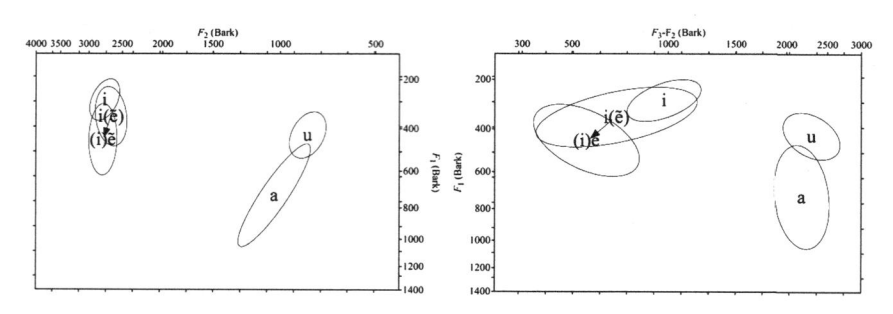

图 1.129　长沙方言女性发音人 yẽ 的 Bark 值

第一章 长沙方言、双峰方言的元音

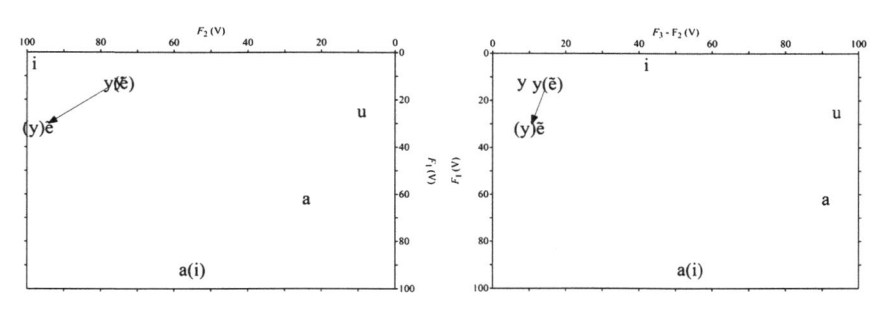

图1.130 长沙方言女性发音人 yẽ 的 V 值

长沙方言男性、女性发音人 yẽ 元音共振峰数据见表1.33。

表1.33　　　　　长沙方言 yẽ 的共振峰数据

	y（ẽ）							（y）ẽ						
	Bark				V				Bark				V	
	F1	F2	F3	F3-F2	F1	F2	F3	F3-F2	F1	F2	F3	F3-F2	F1	F2	F3	F3-F2
男性	3.1	11.8	13.6	5.1	10	73	9	16	3.8	14.2	15.1	3.7	23	102	64	2
女性	3.5	13.1	14.8	5.6	13	75	15	15	4.7	15.0	16.2	5.1	32	97	63	10

yẽ 中的 y 接近单元音 y，男性发音人 yẽ 中的 e 实际音值比标准元音 e 要前一些，甚至比单元音 i 还要略前。女性发音人 iẽ 中的 e 实际音值接近标准元音 e，略前。yẽ 的实际音值可记为 yẽ。

uən

图1.131—图1.134只画出 uən 中 u 和 ə 的元音图，n 没有在图上反映出来。

长沙方言男性发音人 uə（n）元音三维图见图1.131、图1.132。

湘语语音的特征与类型研究

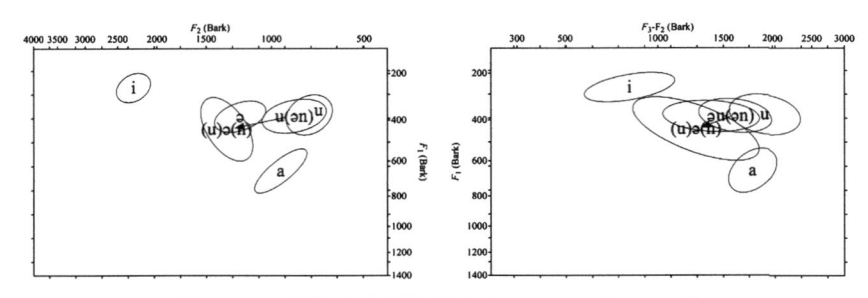

图1.131　长沙方言男性发音人 uə（n）的 Bark 值

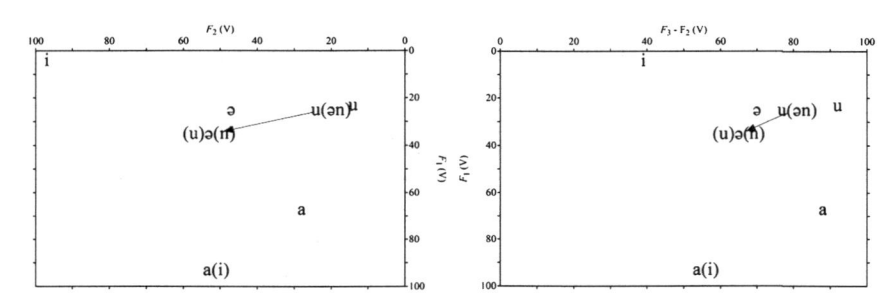

图1.132　长沙方言男性发音人 uə（n）的 V 值

长沙方言女性发音人 uə（n）元音三维图见图1.133、图1.134。

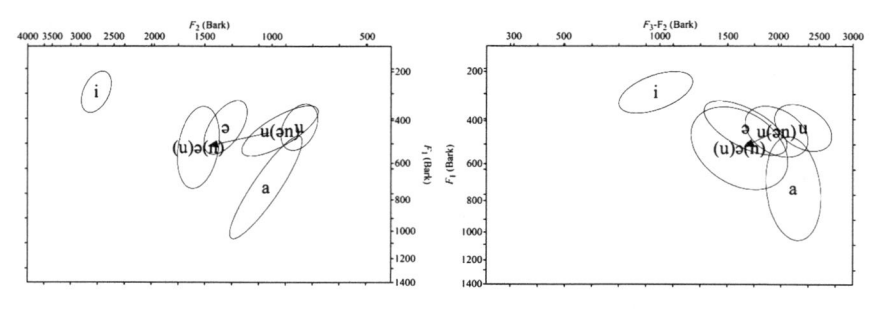

图1.133　长沙方言女性发音人 uə（n）的 Bark 值

第一章 长沙方言、双峰方言的元音

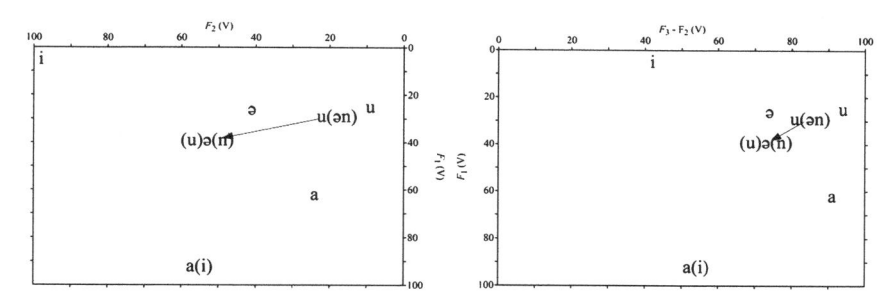

图1.134 长沙方言女性发音人 uə（n）的 V 值

长沙方言男性、女性发音人 uə（n）元音共振峰数据见表1.34。

表1.34　　　　长沙方言 uə（n）的共振峰数据

	u（ən）							(u)ə(n)						
	Bark				V				Bark				V		
	F1	F2	F3	F3-F2	F1	F2	F3	F3-F2	F1	F2	F3	F3-F2	F1	F2	F3	F3-F2
男性	3.9	7.7	14.3	11.4	25	20	35	81	4.5	10.3	14.7	9.9	35	53	49	65
女性	4.5	8.2	15.5	12.8	29	18	39	85	5.2	11.3	16.0	11.5	39	53	57	73

uən 中的 u 比单元音 u 略前，uən 中的 ə 比单元音 ə 要前一些、低一些，实际音值比标准元音 ə 略低。uən 的实际音值可记为 uɐn。

（二）长沙方言 CVN 型、CGVN 型音节中的元音 V 的时长分析

图1.135、图1.136 是 VN 型、GVN 型元音的绝对时长图，纵坐标的单位为秒（s）。

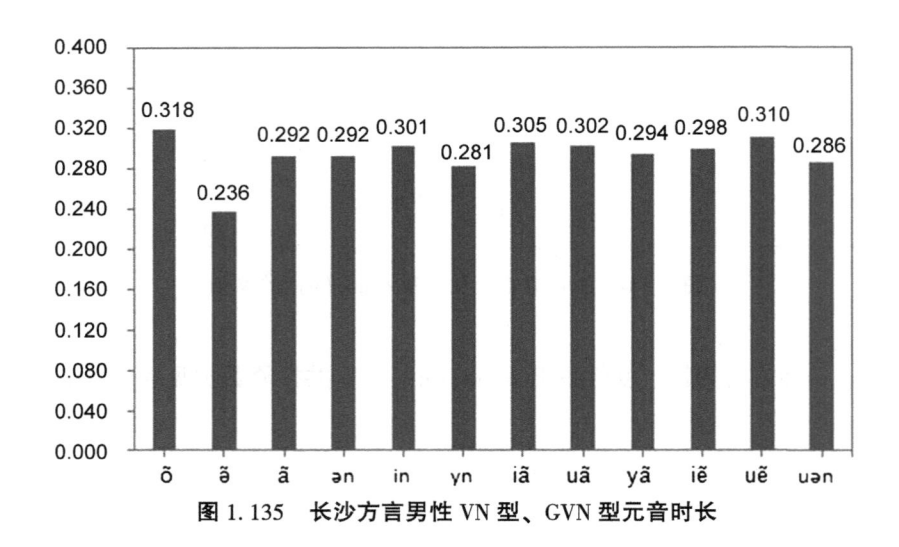

湘语语音的特征与类型研究

图 1.135　长沙方言男性 VN 型、GVN 型元音时长

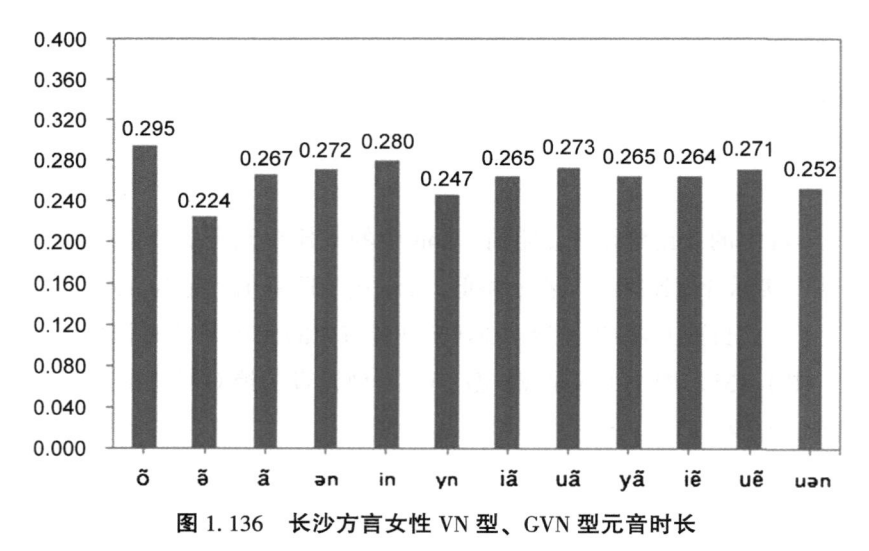

图 1.136　长沙方言女性 VN 型、GVN 型元音时长

注：图中的时长包含鼻尾 n 的时长。

从图 1.135、图 1.136 看来，ə̃、yn 两个韵母的时长较小。õ 的时长较大。

第一章 长沙方言、双峰方言的元音

图 1.137、图 1.138 采用百分比相对时长分析 VN、GVN 内部各成分时长。õ、ə̃、ã 既没有介音，又没有韵尾，不再作相对时长分析。

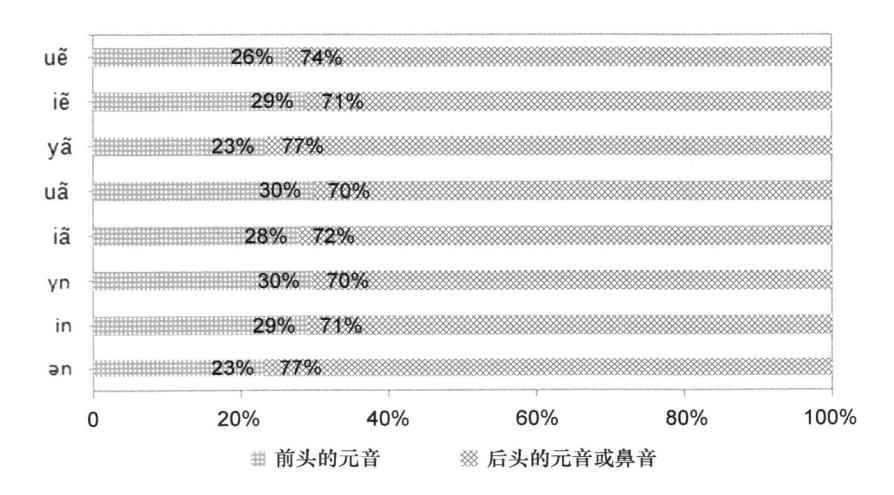

韵母	前头的元音	后头的元音或鼻音
uẽ	26%	74%
iẽ	29%	71%
yã	23%	77%
uã	30%	70%
iã	28%	72%
yn	30%	70%
in	29%	71%
ən	23%	77%

图 1.137　长沙方言男性 VN 型、GVN 型元音的相对时长

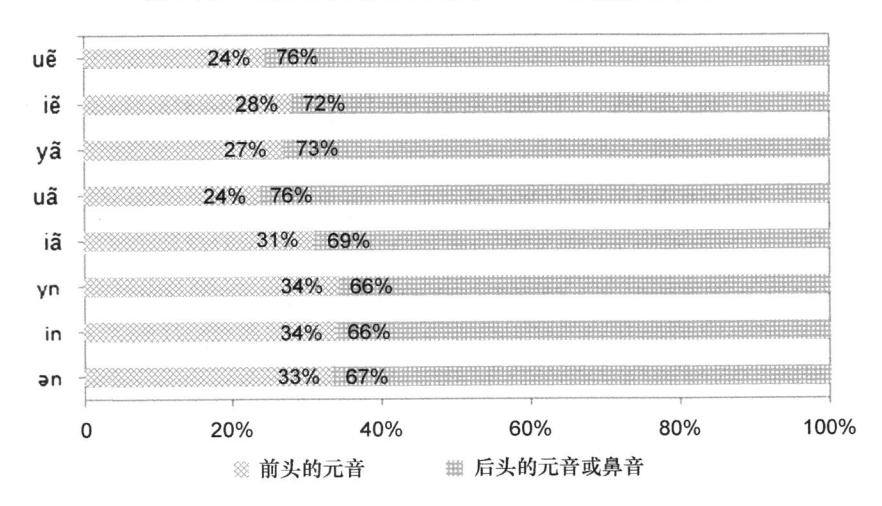

韵母	前头的元音	后头的元音或鼻音
uẽ	24%	76%
iẽ	28%	72%
yã	27%	73%
uã	24%	76%
iã	31%	69%
yn	34%	66%
in	34%	66%
ən	33%	67%

图 1.138　长沙方言女性 VN 型、GVN 型元音的相对时长

VN 型、GVN 型元音中，前头的成分（V 或 G）时长较小，后头的成分（N 或 VN）时长较大。即使是 yn 和 in，也是 n 比 y 或 i 长。

· 101 ·

湘语语音的特征与类型研究

长沙方言 GVN 型元音的相对时长图见图 1.139、图 1.140。

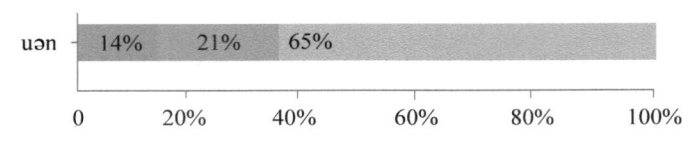

uən | 14% | 21% | 65%

图 1.139　长沙方言男性 GVN 型元音的相对时长

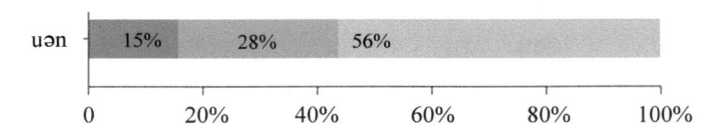

uən | 15% | 28% | 56%

图 1.140　长沙方言女性 GVN 型元音的相对时长

长沙方言 GVN 型元音只有 uən 一个，u 的时长最短，ə 的时长略长，n 的时长最长，超过前者的 u 和 ə 的时长之和。

第三节　双峰方言元音的声学分析

一　双峰方言 CV 型音节中的元音 V 的声学分析

（一）双峰方言 CV 型音节中的元音 V 的共振峰频率分析

双峰方言男性发音人单元音三维图见图 1.141、图 1.142。

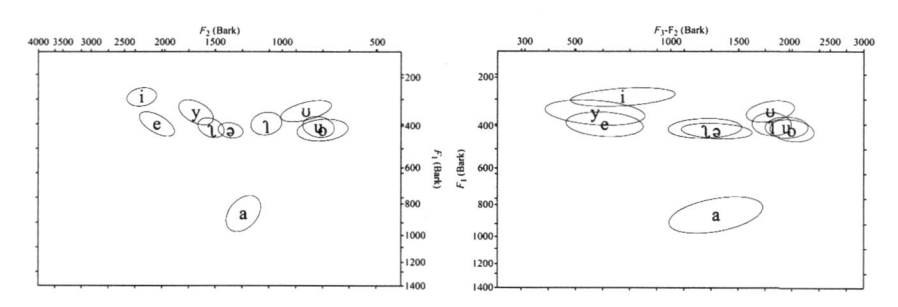

图 1.141　双峰方言男性发音人单元音 Bark 值

第一章 长沙方言、双峰方言的元音

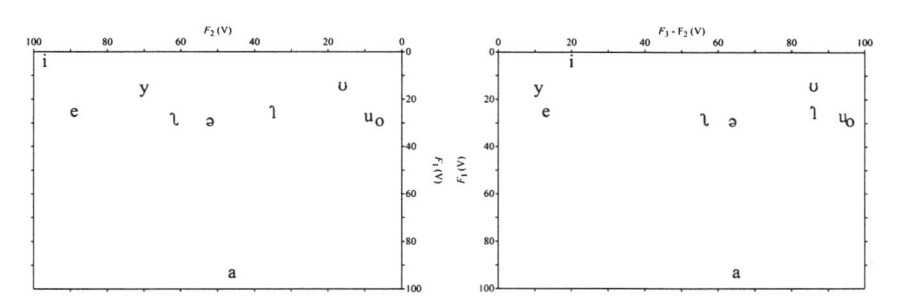

图 1.142 双峰方言男性发音人单元音 V 值

双峰方言女性发音人单元音三维图见图 1.143、图 1.144。

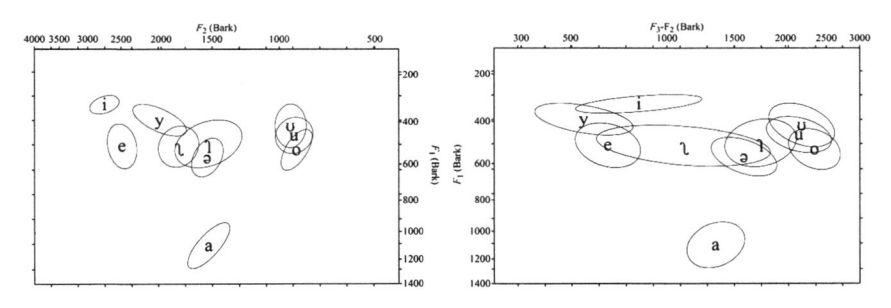

图 1.143 双峰方言女性发音人单元音 Bark 值

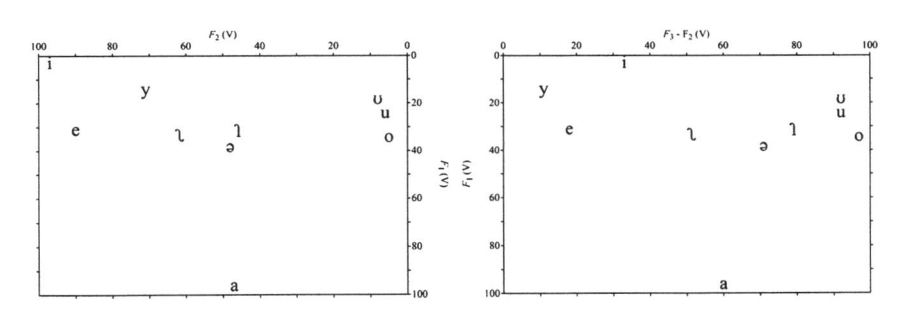

图 1.144 双峰方言女性发音人单元音 V 值

ɿ 女性发音人的ɿ位于央的位置，男性发音人的ɿ相对靠后。

湘语语音的特征与类型研究

ɿ 在很多教科书和著作中，ɿ 被称为舌尖前元音，ʅ 被称为舌尖后元音。但是在 F_1/F_2 平面，ʅ 反而位于ɿ 的前面，其中的原因是它们"舌面后部收紧点位置的不同，ʅ 的收紧点位置比ɿ 前"。[1] 此外，女性发音人的 ʅ 在 F_1/F_3-F_2 平面有较大的声学空间，反映了部分发音人在发这个元音时，F_3 有较大的变动，从元音前部分到后部分，F_3 减小。F_3 能反映卷舌的程度，说明部分发音人在发 ʅ 时，舌头卷得比较厉害。

i 是最前最高的元音，声学空间也较小，发音集中而稳定。

u 在 F_1/F_2 平面，位置略低，实际音值比标准元音 u 略低。有意思的是，元音 u 的声学空间与元音 o、ʊ 的存在较大程度的重叠。其中，男性发音人的 u 与 o 重叠较大，女性发音人的 u 与 ʊ 重叠较大。这里是否存在元音合并的问题呢？我们认为有这个可能或者趋势。单元音 u 的音位负担较轻，根据陈晖[2]的双峰方言同音字汇，以 u 为韵母的字总共才 21 个（不、补、布、怖、铺_床_、捕、普、浦、辅、谱、破、铺_店_、婆、蒲、菩、葡、脯_胸_、部、簿、步、埠_商_），《汉语方音字汇》中念 u 的字共 20 个字：簸、婆、破、补、捕、布、怖、部、簿、步、埠、不、铺、蒲、脯、葡、谱、普、浦、辅。其中，常用字只有 9 个：婆、破、补、布、部、簿、步、不、铺。根据以上材料，我们发现以 u 充当韵母时有如下特征：（1）音位负担低。除"怖""埠"等非常用字之外，常用字很少。如此低的音位负担，元音 u 完全可能混入其他的元音。（2）复元音维度上组合度低。从在其他韵母中充当主要元音来看，u 除了单独充当主要元音，没有在其他韵母中再充当主要元音；o、ʊ 除了单独充当主要元音，还各自在 io、iʊ 中再次充当主要元音；（3）存在文白异读。常用字"破""婆"的白读音韵母是 u，文读音韵母却是 ʊ。文白异读似乎预示着 u 有向 ʊ 归并的可能。（4）有严格的语

---

[1] 吴宗济、林茂灿主编：《实验语音学概要》，高等教育出版社 1989 年版，第 97 页。
[2] 陈晖：《湘方言语音研究》，湖南师范大学出版社 2006 年版，第 236—258 页。

第一章　长沙方言、双峰方言的元音

音环境。u 充当韵母，其前头的声母都是双唇塞音（p、pʰ、b）。从声学三维图来看，男性发音人 u 跟 o 的声学位置很近，离 ʊ 较远。女性发音人的 u 表现没那么明显，大致介于 o、ʊ 之间。这三个元音在声学上的细微差别是：以 u 为参照，则 o 的 F_2 频率低，反映舌位略后；ʊ 的 F_1 频率较小，反映舌位略高。u 的共振峰频率介于 o、ʊ 之间，从发音反映的情况来看，u、o 处于相混当中。

　　y 男性、女性发音人的 y 在前后维上稍后，实际音值比标准元音 y 略后。

　　a 元音 a 是典型的央元音，具体音值为 ᴀ。

　　e 元音 e 实际音值为标准元音 e。

　　ə 元音 ə 在 F_1/F_2 平面处于略高而央的位置，实际音值接近标准元音 ə。女性发音人的 ə 比男性略低。

　　o 元音 o 在 F_1/F_2 平面略低，实际音值比标准元音 o 略低。

　　ʊ 元音 ʊ 的位置不是比单元音 u 低，而是比它高，实际音值为标准元音 ʊ 而略高。是不是 ʊ 与 u 存在合并的趋势从而导致音值发生较大的变动？需要进一步考察。

　　双峰男性发音人各元音声学空间相对于女性发音人的要小一些，说明男性发音人发音相对集中和稳定，人际差异较小。

　　双峰方言男性、女性发音人单元音共振峰数据见表 1.35。

表 1.35　　　双峰方言单元音共振峰频率平均值的极值　　（单位：Hz）

	F1 最小值	F1 最大值	F2 最小值	F2 最大值	F3 最小值	F3 最大值	F3-F2 最小值	F3-F2 最大值
男性	282	853	754	2284	2316	3042	573	2090
女性	322	1089	885	2723	2594	3619	571	2326

（二）双峰方言 CV 型音节中的元音 V 的时长分析

　　表 1.36 是双峰方言单元音绝对时长表，表 1.37 是据表 1.36 计

算的相对时长表，图 1.145 和图 1.146 是据表 1.37 作出的相对时长图。

表 1.36　　　　　　双峰方言单元音绝对时长　　　　　（单位：秒）

	ɿ	ʅ	i	u	y	a	e	ə	o	ʊ
男性	0.275	0.275	0.305	0.307	0.320	0.333	0.301	0.286	0.278	0.249
女性	0.262	0.263	0.297	0.293	0.304	0.293	0.286	0.275	0.291	0.285

表 1.37　　　　　　双峰方言单元音相对时长　　　　　（单位：秒）

	ɿ	ʅ	i	u	y	a	e	ə	o	ʊ
男性	0.83	0.83	0.92	0.92	0.96	1.00	0.91	0.86	0.83	0.75
女性	0.86	0.86	0.98	0.96	1.00	0.96	0.94	0.90	0.96	0.94

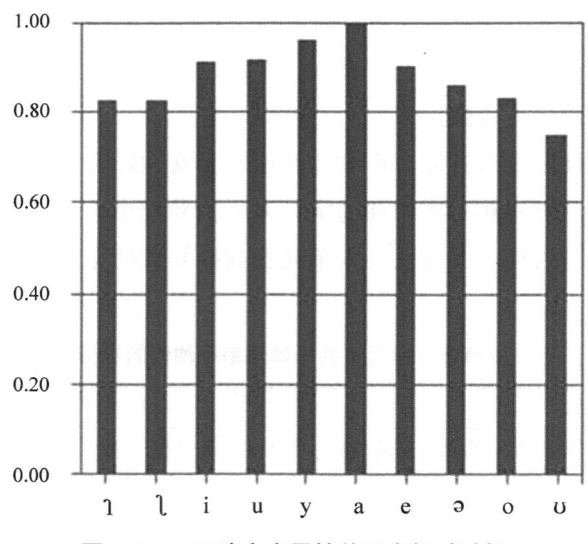

图 1.145　双峰方言男性单元音相对时长

第一章　长沙方言、双峰方言的元音

图1.146　双峰方言女性单元音相对时长

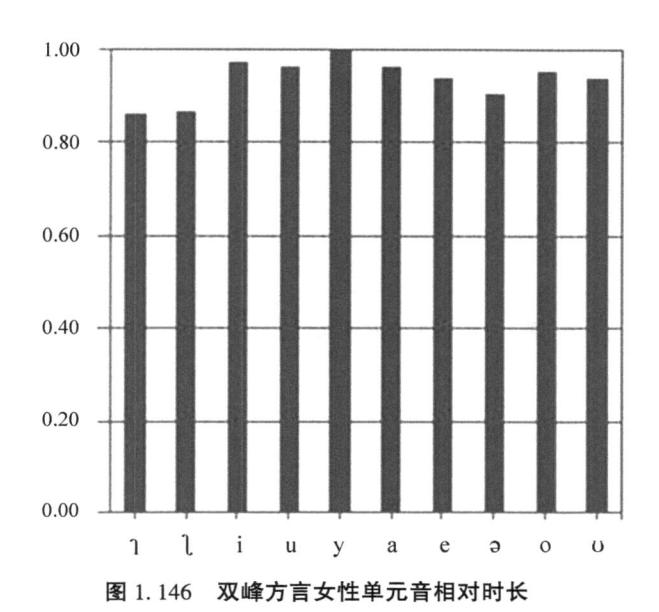

各单元音按照时长从大到小排列，男性发音人为：a>y>i≈u>e>ə> ɿ≈ʅ≈o>ʊ，女性发音人为：y>i>a≈u≈o>e≈ʊ>ə>ɿ>ʅ。男性、女性发音人的共性是，a、y、i、u 的时长最长，哪些元音最短则男性、女性表现不一样，如男性发音是 ʊ 最短，女性发音人是ɿ和 ʅ 最短。

二　双峰方言 CGV 型音节中的元音 V 的声学分析

下面先进行双峰方言 CGV 型音节中的元音 V 的共振峰频率分析，时长分析见第 123 页。

ia

双峰方言男性发音人 ia 元音三维图见图 1.147、图 1.148。

· 107 ·

湘语语音的特征与类型研究

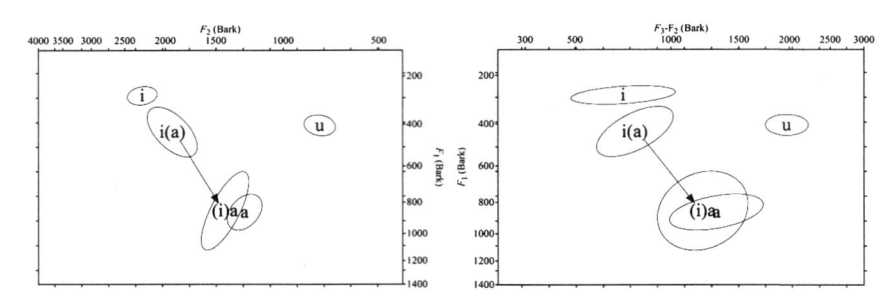

图 1.147　双峰方言男性发音人 ia 的 Bark 值

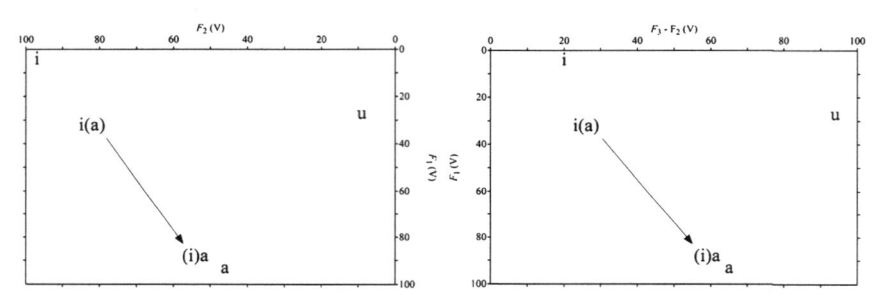

图 1.148　双峰方言男性发音人 ia 的 V 值

双峰方言女性发音人 ia 元音三维图见图 1.149、图 1.150。

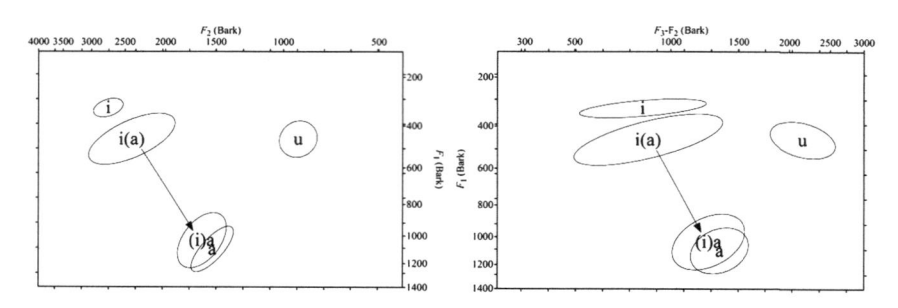

图 1.149　双峰方言女性发音人 ia 的 Bark 值

第一章 长沙方言、双峰方言的元音

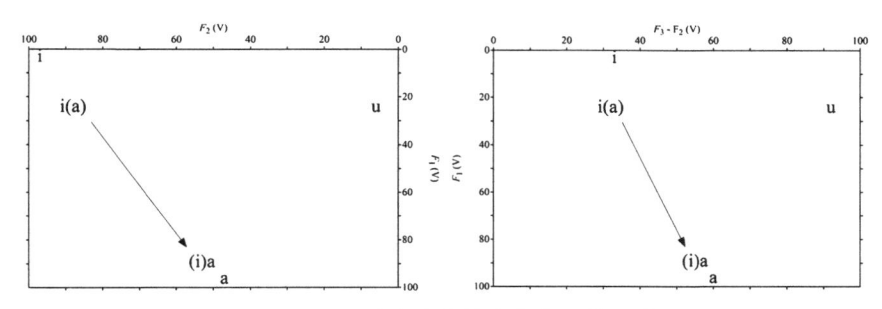

图1.150 双峰方言女性发音人 ia 的 V 值

双峰方言男性、女性发音人 ia 元音共振峰数据见表1.38。

表1.38　　　　　　　双峰方言 ia 的共振峰数据

	i（a）								（i）a						
	Bark				V				Bark				V		
	F1	F2	F3	F3-F2	F1	F2	F3	F3-F2	F1	F2	F3	F3-F2	F1	F2	F3	F3-F2
男性	4.4	12.6	14.9	7.3	32	82	57	26	7.3	10.6	14.9	10.0	88	54	57	59
女性	4.6	14.2	16.3	7.7	24	88	71	32	8.6	11.5	15.4	9.9	89	53	37	55

ia 中的 i 比单元音 i 低一些、后一些，ia 中的 a 比单元音 a 略高、略前，ia 的实际音值可记为 iᴀ 或者 ɪᴀ。

ua

双峰方言男性发音人 ua 元音三维图见图1.151、图1.152。

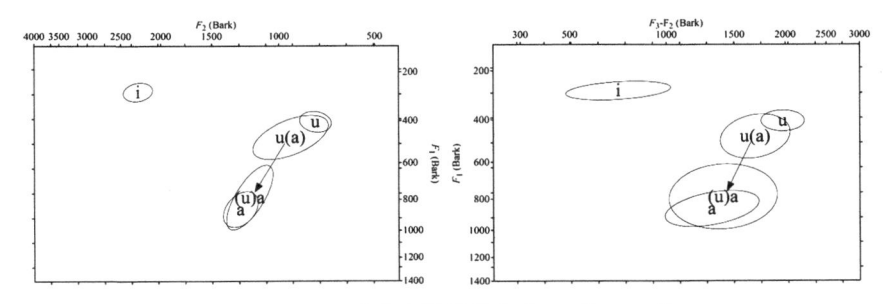

图1.151 双峰方言男性发音人 ua 的 Bark 值

· 109 ·

| 湘语语音的特征与类型研究

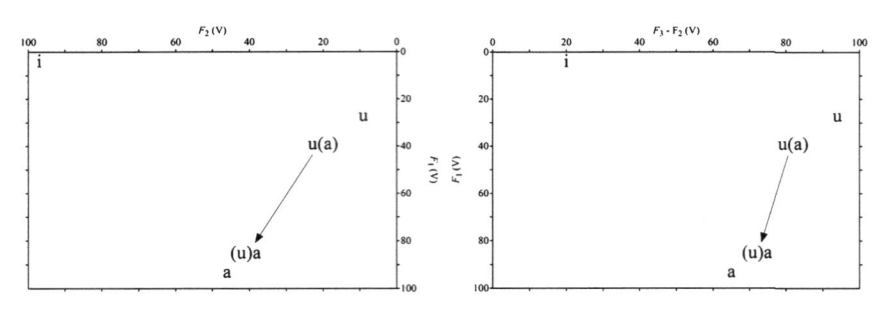

图 1.152　双峰方言男性发音人 ua 的 V 值

双峰方言女性发音人 ua 元音三维图见图 1.153、图 1.154。

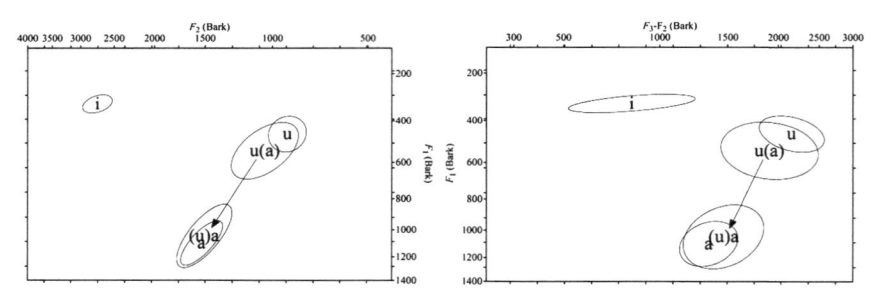

图 1.153　双峰方言女性发音人 ua 的 Bark 值

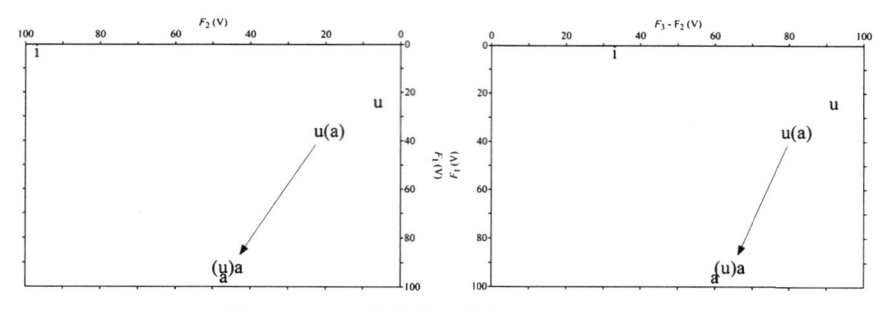

图 1.154　双峰方言女性发音人 ua 的 V 值

双峰方言男性、女性发音人 ua 元音共振峰数据见表 1.39。

第一章　长沙方言、双峰方言的元音

表 1.39　　　　　　　双峰方言 ua 的共振峰数据

	u (a)							(u) a						
	Bark			V				Bark			V			
	F1	F2	F3	F3-F2	F1	F2	F3	F3-F2	F1	F2	F3	F3-F2	F1	F2	F3	F3-F2
男性	4.8	8.0	14.8	11.9	39	20	51	82	7.2	9.6	15.0	11.0	85	41	60	72
女性	5.3	8.9	15.5	12.5	36	19	42	82	8.8	11.0	15.5	10.8	92	46	42	64

ua 中的 u 比单元音 u 低一些、前一些，实际音值接近标准元音 ʊ。ua 中的 a 比单元音 a 略高。ua 的实际音值可记为 ʊA。

ya

双峰方言男性发音人 ya 元音三维图见图 1.155、图 1.156。

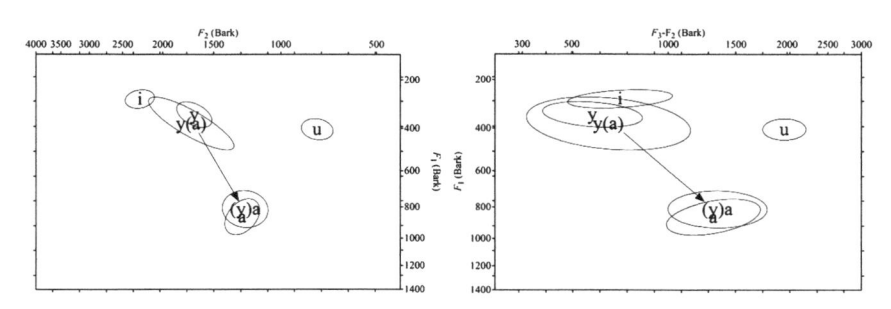

图 1.155　双峰方言男性发音人 ya 的 Bark 值

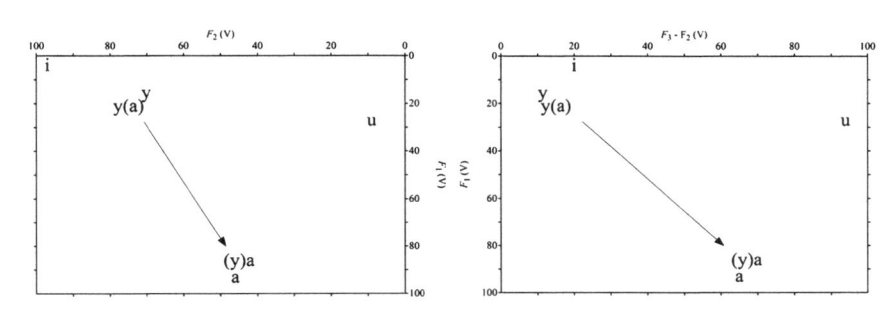

图 1.156　双峰方言男性发音人 ya 的 V 值

双峰方言女性发音人 ya 元音三维图见图 1.157、图 1.158。

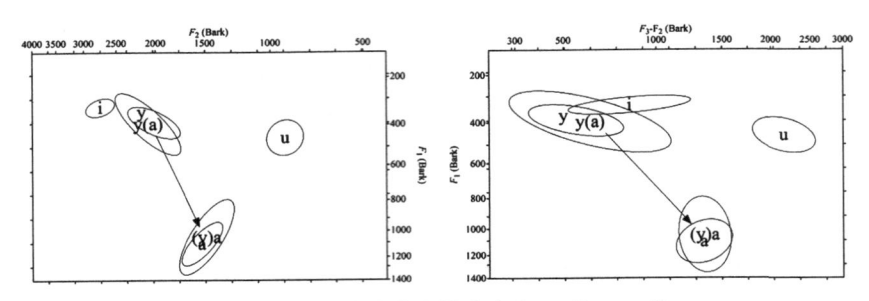

图 1.157　双峰方言女性发音人 ya 的 Bark 值

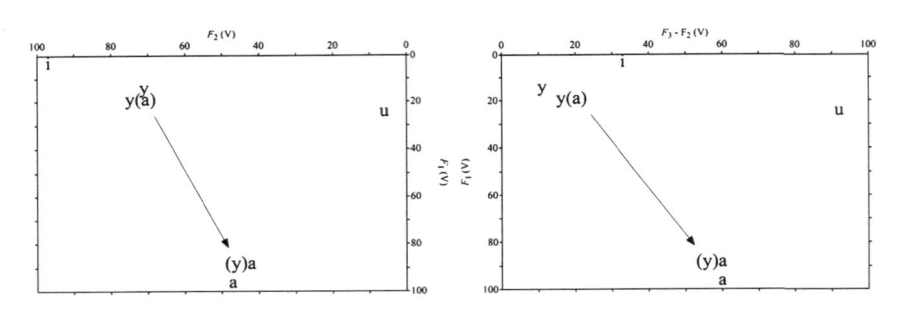

图 1.158　双峰方言女性发音人 ya 的 V 值

双峰方言男性、女性发音人 ya 元音共振峰数据见表 1.40。

表 1.40　　　　　　　双峰方言 ya 的共振峰数据

	\multicolumn{7}{c	}{y（a）}	\multicolumn{7}{c	}{（y）a}
	\multicolumn{4}{c	}{Bark}	\multicolumn{3}{c	}{V}	\multicolumn{4}{c	}{Bark}	\multicolumn{3}{c	}{V}
	F1	F2	F3	F3-F2	F1	F2	F3-F2	F1	F2	F3	F3-F2	F1	F2	F3-F2
男性	3.9	12.1	14.3	6.5	21	75	25	15	7.2	9.9	15.0	10.8	86	45	54	67
女性	4.3	12.9	15.0	6.9	19	72	20	19	8.6	10.8	15.1	10.2	88	45	23	57

第一章　长沙方言、双峰方言的元音

ya 中的 y 比单元音 y 低一些、前一些，实际音值接近标准元音 ʊ。ya 中的 a 比单元音 a 略高。ya 的实际音值可记为 ʊA。

iʊ

双峰方言男性发音人 iʊ 元音三维图见图 1.159、图 1.160。

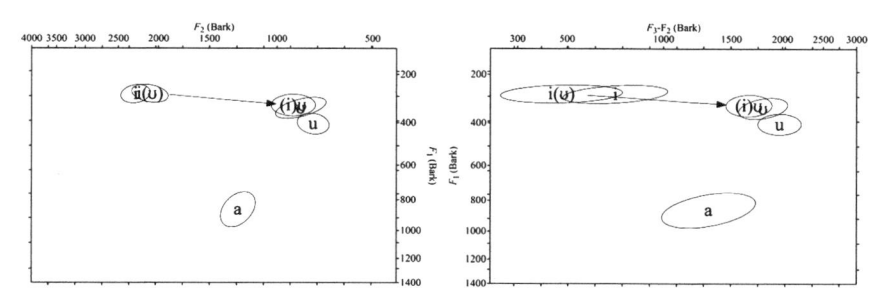

图 1.159　双峰方言男性发音人 iʊ 的 Bark 值

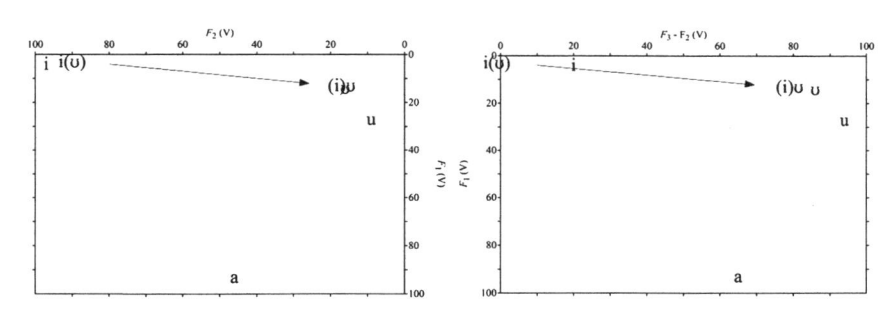

图 1.160　双峰方言男性发音人 iʊ 的 V 值

双峰方言女性发音人 iʊ 元音三维图见图 1.161、图 1.162。

· 113 ·

湘语语音的特征与类型研究

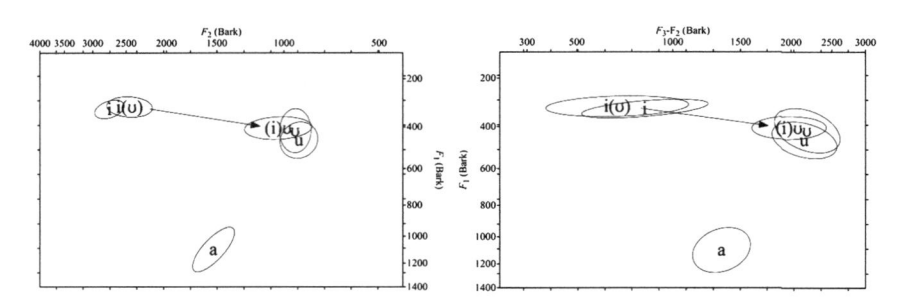

图 1.161　双峰方言女性发音人 iʊ 的 Bark 值

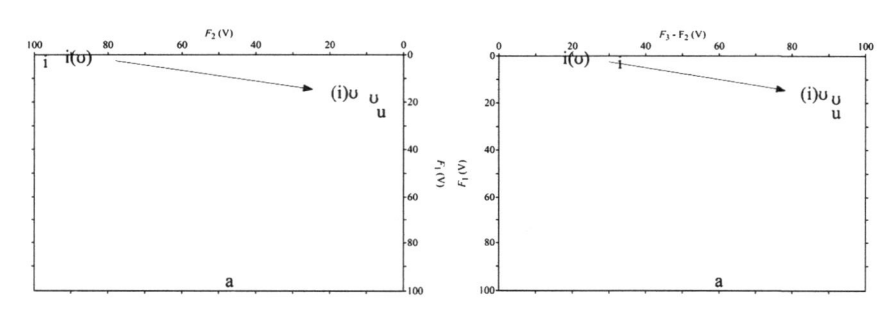

图 1.162　双峰方言女性发音人 iʊ 的 V 值

双峰方言男性、女性发音人 iʊ 元音共振峰数据见表 1.41。

表 1.41　　　　　双峰方言 iʊ 的共振峰数据

	i（ʊ）								（i）ʊ							
	Bark				V				Bark				V			
	F1	F2	F3	F3-F2	F1	F2	F3	F3-F2	F1	F2	F3	F3-F2	F1	F2	F3	F3-F2
男性	2.9	13.2	14.7	5.0	3	90	45	0	3.4	7.8	14.6	11.7	13	17	40	79
女性	3.2	14.3	16.0	6.7	1	88	59	21	4.1	8.7	15.6	12.8	16	16	46	86

iʊ 中的 i 比单元音 i 略后，男性发音人 iʊ 中的 ʊ 与单元音 ʊ 基本重合，女性发音人 iʊ 中的 ʊ 比单元音 ʊ 略前。iʊ 的实际音值可记为 iʊ。

第一章 长沙方言、双峰方言的元音

ue

双峰方言男性发音人 ue 元音三维图见图 1.163、图 1.164。

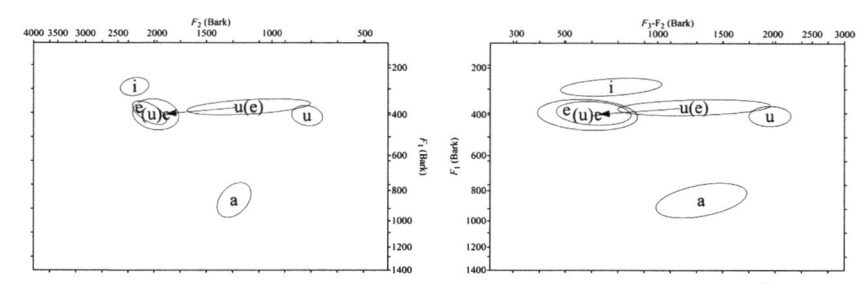

图 1.163 双峰方言男性发音人 ue 的 Bark 值

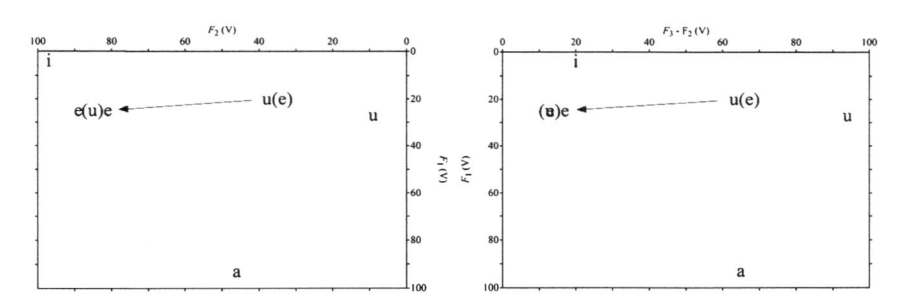

图 1.164 双峰方言男性发音人 ue 的 V 值

双峰方言女性发音人 ue 元音三维图见图 1.165、图 1.166。

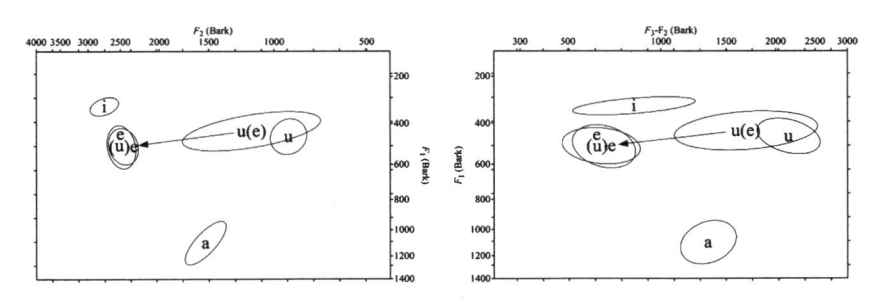

图 1.165 双峰方言女性发音人 ue 的 Bark 值

· 115 ·

湘语语音的特征与类型研究

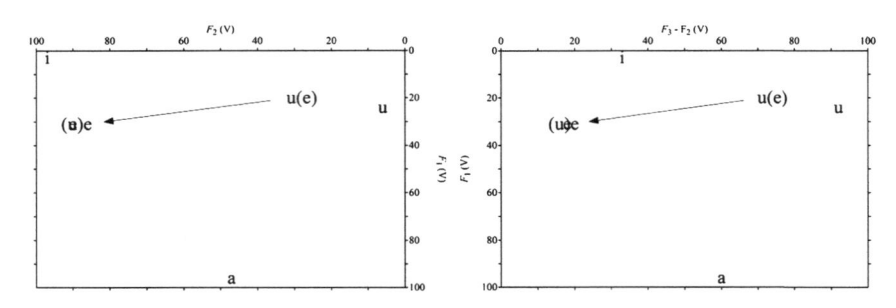

图 1.166　双峰方言女性发音人 ue 的 V 值

双峰方言男性、女性发音人 ue 元音共振峰数据见表 1.42。

表 1.42　　　　　　　　　双峰方言 ue 的共振峰数据

	u（e）								（u）e						
	Bark				V				Bark				V		
	F1	F2	F3	F3-F2	F1	F2	F3	F3-F2	F1	F2	F3	F3-F2	F1	F2	F3	F3-F2
男性	3.8	9.2	14.5	10.6	20	35	40	66	4.1	12.8	14.8	6.2	25	84	48	14
女性	4.4	9.6	15.4	11.7	20	28	37	74	5.0	14.3	15.9	6.3	31	89	56	17

ue 中的 u 比单元音 u 要前一些，大致位于标准元音 u 与 ʉ 之间，ue 中的 e 跟单元音 e 基本重合。ue 的实际音值可记为 ue。

io

双峰方言男性发音人 io 元音三维图见图 1.167、图 1.168。

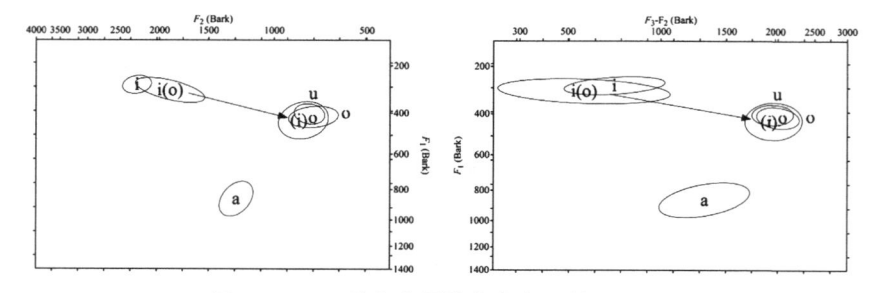

图 1.167　双峰方言男性发音人 io 的 Bark 值

第一章 长沙方言、双峰方言的元音

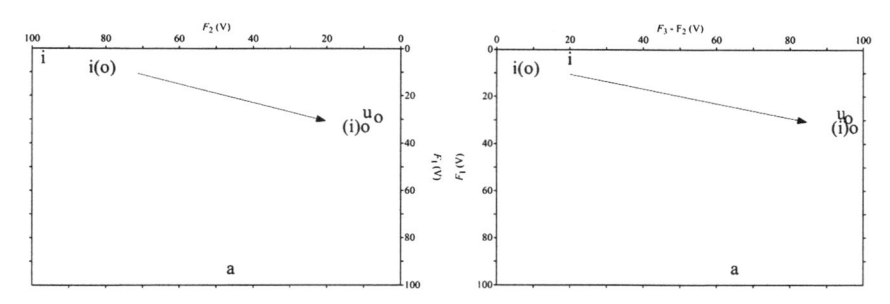

图 1.168 双峰方言男性发音人 io 的 V 值

双峰方言女性发音人 io 元音三维图见图 1.169、图 1.170。

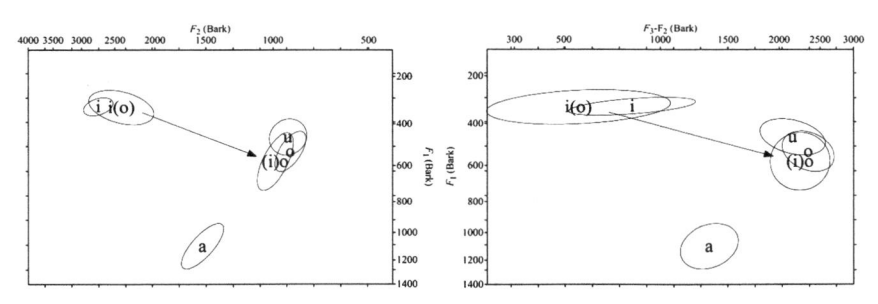

图 1.169 双峰方言女性发音人 io 的 Bark 值

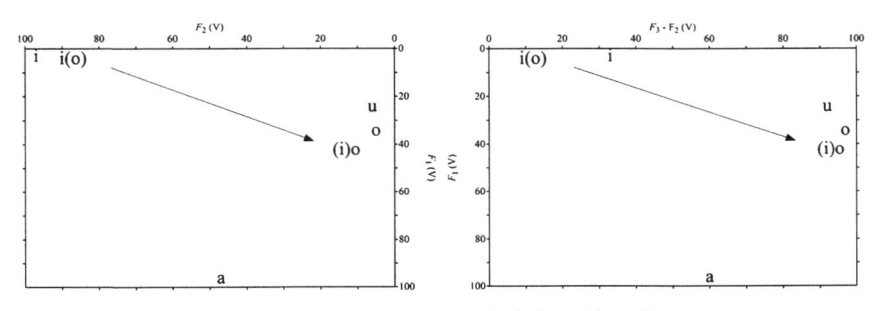

图 1.170 双峰方言女性发音人 io 的 V 值

双峰方言男性、女性发音人 io 元音共振峰数据见表 1.43。

湘语语音的特征与类型研究

表 1.43　　　　　　　　　双峰方言 io 的共振峰数据

	i (o)				V			(i) o			V		
	Bark							Bark					
	F1	F2	F3	F3-F2	F1	F2	F3	F3-F2	F1	F2	F3	F3-F2	F1	F2	F3	F3-F2
男性	3.2	12.6	14.4	5.7	8	81	33	8	4.4	7.4	15.3	13.0	33	12	74	95
女性	3.4	14.1	15.6	5.8	4	87	46	12	5.7	8.5	16.1	13.6	42	13	63	93

io 中的 i 比单元音 i 要后一些，io 中的 o 比单元音 o 略低、略前，接近标准元音 o。io 的实际音值可记为 io。

iə

双峰方言男性发音人 iə 元音三维图见图 1.171、图 1.172。

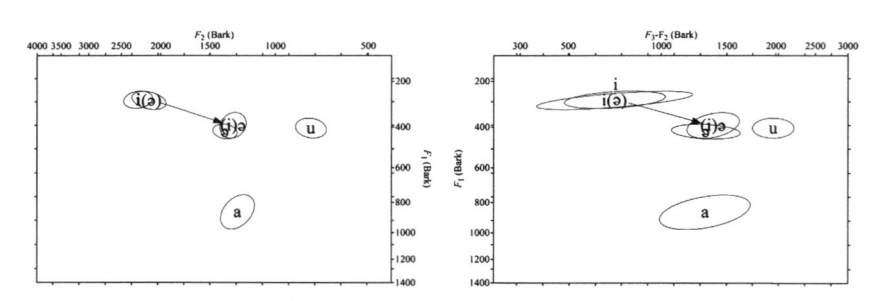

图 1.171　双峰方言男性发音人 iə 的 Bark 值

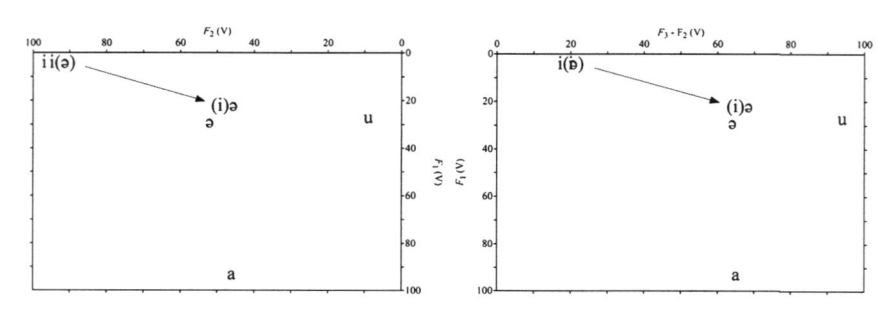

图 1.172　双峰方言男性发音人 iə 的 V 值

第一章 长沙方言、双峰方言的元音

双峰方言女性发音人 iə 元音三维图见图 1.173、图 1.174。

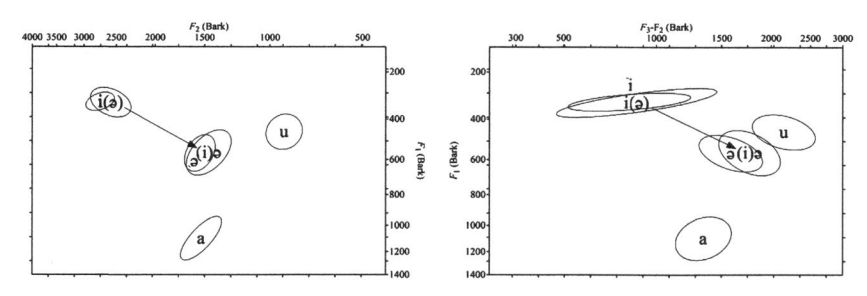

图 1.173 双峰方言女性发音人 iə 的 Bark 值

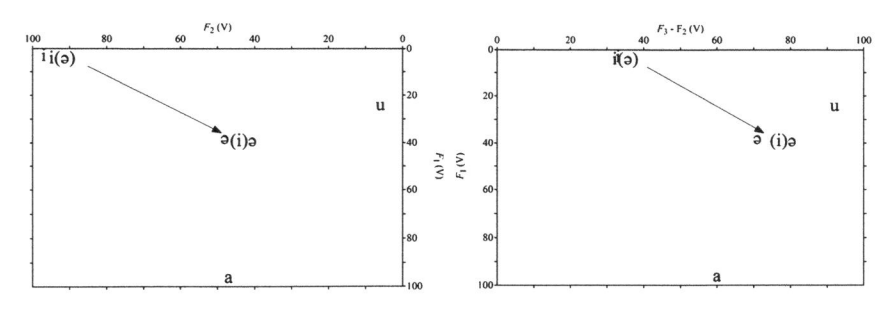

图 1.174 双峰方言女性发音人 iə 的 V 值

双峰方言男性、女性发音人 iə 元音共振峰数据见表 1.44。

表 1.44 双峰方言 iə 的共振峰数据

	i (ə) Bark				V				(i) ə Bark				V			
	F1	F2	F3	F3-F2	F1	F2	F3	F3-F2	F1	F2	F3	F3-F2	F1	F2	F3	F3-F2
男性	3.0	13.4	15.4	6.7	4	92	73	20	3.9	10.1	14.9	10.6	22	48	56	66
女性	3.4	14.6	16.7	7.9	4	92	84	35	5.5	10.8	16.1	12.1	39	43	64	78

湘语语音的特征与类型研究

iə 中的 i 比单元音 i 要略后，iə 中的 ə 较为接近单元音 ə，女性发音人的 ə 比男性发音人低，前者 ə 的实际音值接近 ɤ，后者介于 ə、ɤ 之间。iə 的实际音值可记为 i̠ə。

ui

双峰方言男性发音人 ui 元音三维图见图 1.175、图 1.176。

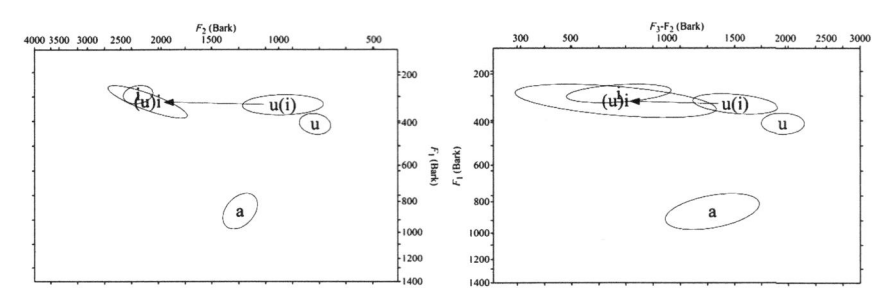

图 1.175　双峰方言男性发音人 ui 的 Bark 值

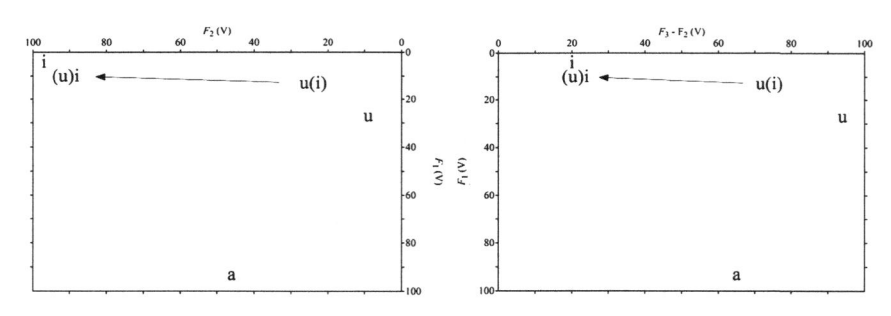

图 1.176　双峰方言男性发音人 ui 的 V 值

双峰方言女性发音人 ui 元音三维图见图 1.177、图 1.178。

第一章 长沙方言、双峰方言的元音

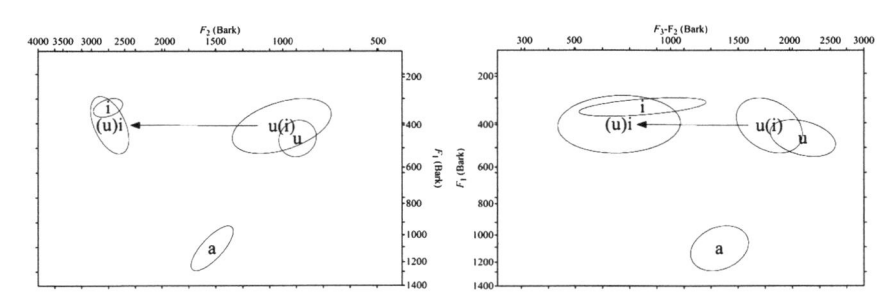

图 1.177 双峰方言女性发音人 ui 的 Bark 值

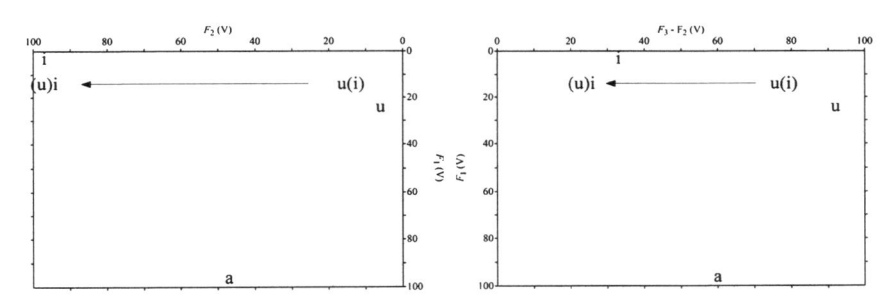

图 1.178 双峰方言女性发音人 ui 的 V 值

双峰方言男性、女性发音人 ui 元音共振峰数据见表 1.45。

表 1.45　　　　　　　双峰方言 ui 的共振峰数据表

	u（i）								（u）i							
	Bark				V				Bark				V			
	F1	F2	F3	F3-F2	F1	F2	F3	F3-F2	F1	F2	F3	F3-F2	F1	F2	F3	F3-F2
男性	3.4	8.3	14.5	11.2	13	24	37	74	3.2	13.3	15.4	6.7	10	91	75	21
女性	4.0	8.5	15.1	12.1	14	14	27	78	4.0	15.0	16.6	6.8	14	97	82	23

ui 中的 u 比单元音 u 高一些、前一些，实际音值接近标准元音 u。ui 中的 i 比单元音 i 略低。ui 的实际音值可记为 ui。

· 121 ·

三 双峰方言 CVG 型音节中的元音 V 的声学分析

(一) 双峰方言 CVG 型音节中的元音 V 的共振峰频率分析

əu

双峰方言男性发音人 əu 元音三维图见图 1.179、图 1.180。

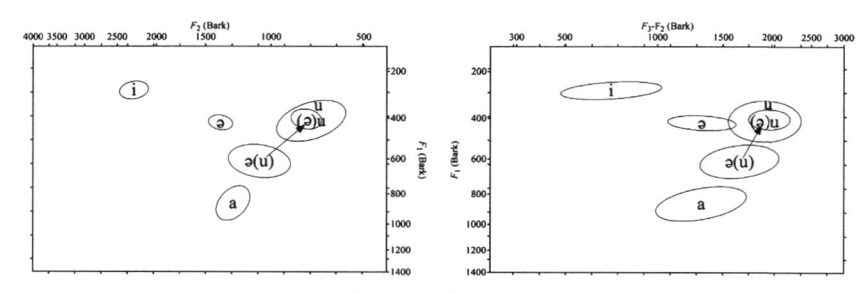

图 1.179 双峰方言男性发音人 əu 的 Bark 值

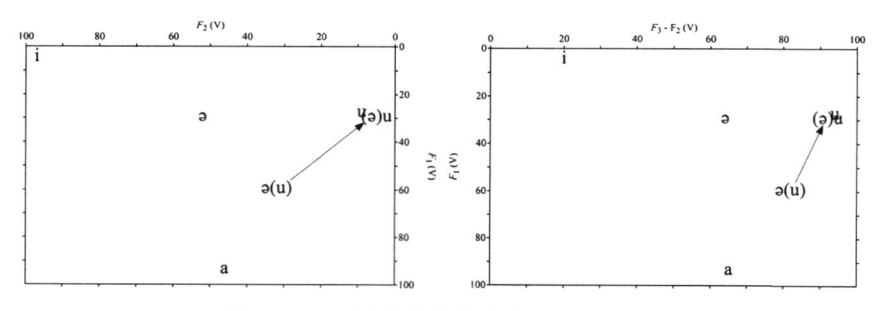

图 1.180 双峰方言男性发音人 əu 的 V 值

双峰方言女性发音人 əu 元音三维图见图 1.181、图 1.182。

第一章 长沙方言、双峰方言的元音

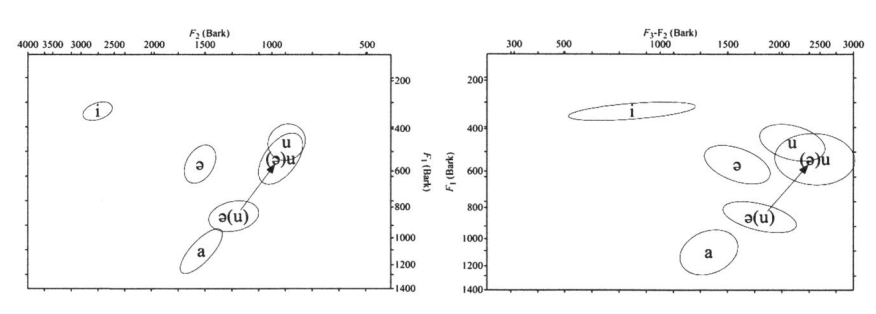

图 1.181 双峰方言女性发音人 əu 的 Bark 值

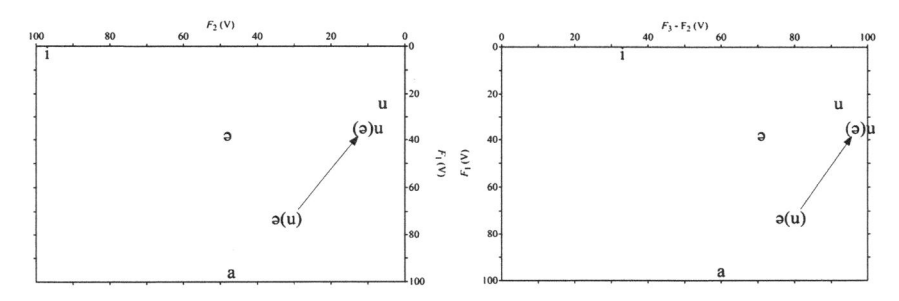

图 1.182 双峰方言女性发音人 əu 的 V 值

双峰方言男性、女性发音人 əu 元音共振峰数据见表 1.46。

表 1.46 双峰方言 əu 的共振峰数据

	ə（u）							（ə）u						
	Bark				V				Bark				V		
	F1	F2	F3	F3-F2	F1	F2	F3	F3-F2	F1	F2	F3	F3-F2	F1	F2	F3	F3-F2
男性	5.8	8.9	15.2	11.9	59	32	67	82	4.2	6.9	15.0	12.8	29	5	59	92
女性	7.6	9.9	15.8	12.2	73	32	50	79	5.3	8.2	16.4	14.1	35	10	73	98

əu 中的 ə 离单元音 ə 较远，实际音值位于 ɐ、ɔ 之间，男性发音人 əu 中的 ə 比女性发音人的略高。əu 中的 u 比标准元音 u 略低，接近标准元音 ʊ。əu 的实际音值可记为 ɒʊ。

（二）双峰方言 CGV 型、CVG 型音节中的元音 V 的时长分析

图 1.183、图 1.184 是 GV 型和 VG 型元音的绝对时长图，纵坐标

湘语语音的特征与类型研究

的单位为秒（s）。

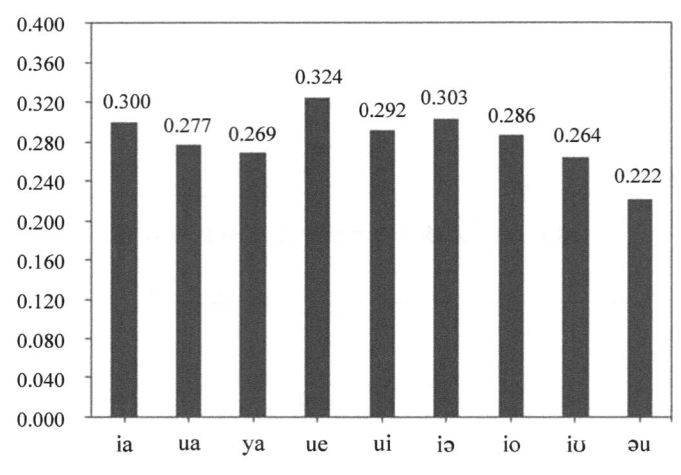

图1.183 双峰方言男性GV、VG元音绝对时长

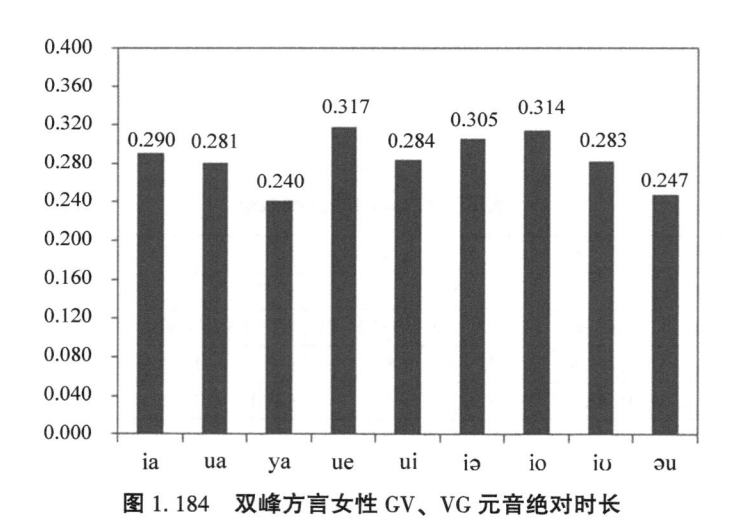

图1.184 双峰方言女性GV、VG元音绝对时长

从图1.183、图1.184看来，ya、əu的时长较小。ue的时长较大。

双峰方言GV型元音及VG型元音的相对时长，详见图1.185、图1.186。

第一章　长沙方言、双峰方言的元音

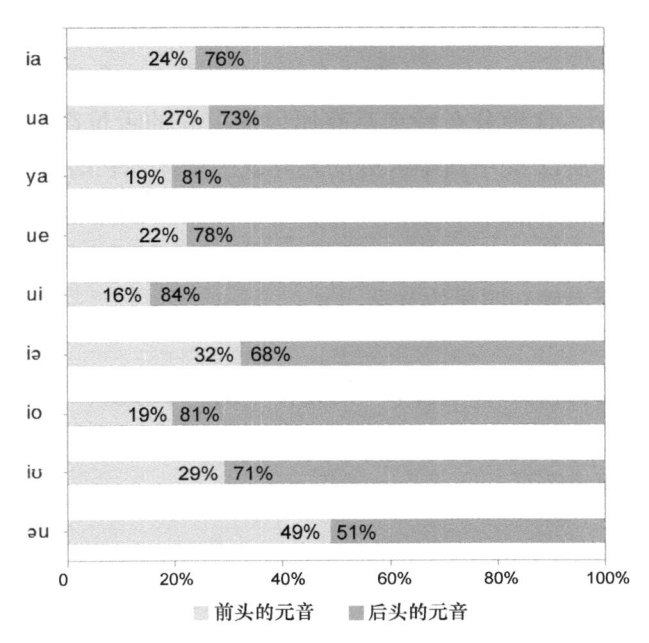

元音	前头的元音	后头的元音
ia	24%	76%
ua	27%	73%
ya	19%	81%
ue	22%	78%
ui	16%	84%
iə	32%	68%
io	19%	81%
iʊ	29%	71%
əu	49%	51%

图 1.185　双峰方言男性 GV 型、VG 型元音的相对时长

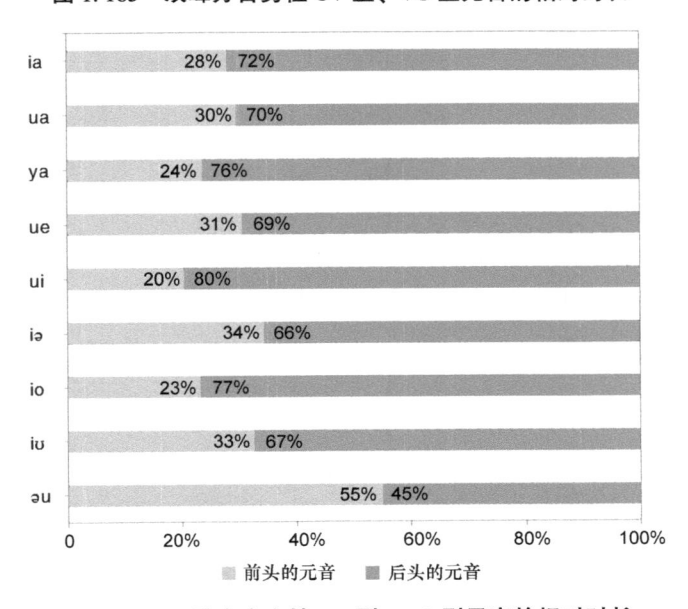

元音	前头的元音	后头的元音
ia	28%	72%
ua	30%	70%
ya	24%	76%
ue	31%	69%
ui	20%	80%
iə	34%	66%
io	23%	77%
iʊ	33%	67%
əu	55%	45%

图 1.186　双峰方言女性 GV 型、VG 型元音的相对时长

· 125 ·

| 湘语语音的特征与类型研究

　　双峰方言 VG 型元音只有 əu 一个，其时长分布结构规律是 V、G 大致各占一半，V 比 G 稍长。在 8 个 GV 型元音中，介音最短、主要元音最长的是 ui。这种分布特点是有原因的，ui 的舌位高低相差不大，都是高元音，所以 ui 中两个部分的差异就主要体现在时长上，说者在交际中拉大 G 和 V 的时长差异，听者容易感知。也就是说，当舌位不足以产生听觉上的明显差异时，从发音生理上，还可以借助另一手段：从时间上让听者感知明显的差异。

四　双峰方言 CVN 型音节中的元音 V 的声学分析

　　下面先进行双峰方言 CVN 型音节中的元音 V 的共振峰频率分析，时长分析见第 148 页。

　　　ã

　　双峰方言男性发音人 ã 元音三维图见图 1.187、图 1.188。

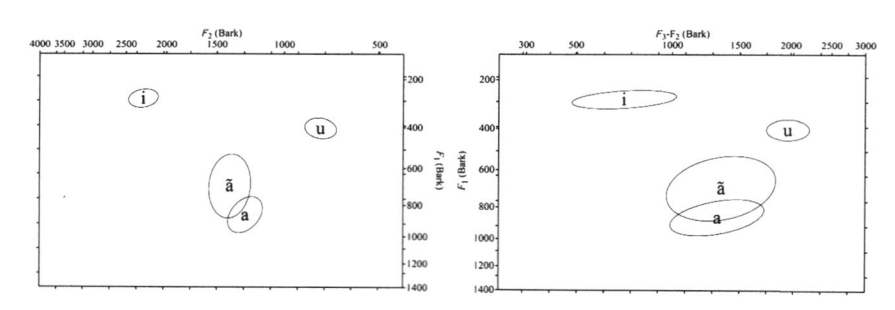

图 1.187　双峰方言男性发音人 ã 的 Bark 值

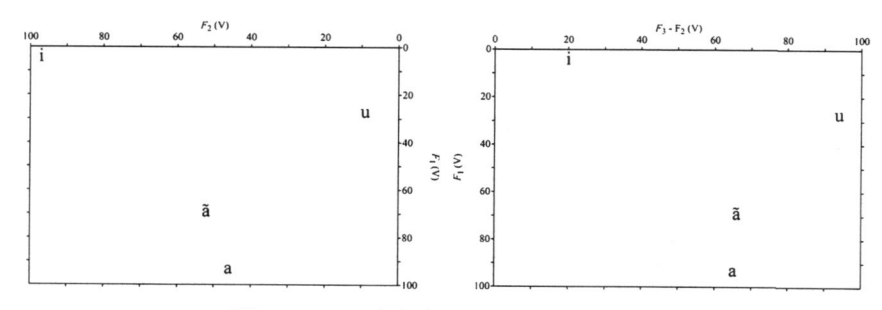

图 1.188　双峰方言男性发音人 ã 的 V 值

第一章 长沙方言、双峰方言的元音

双峰方言女性发音人 ã 元音三维图见图 1.189、图 1.190。

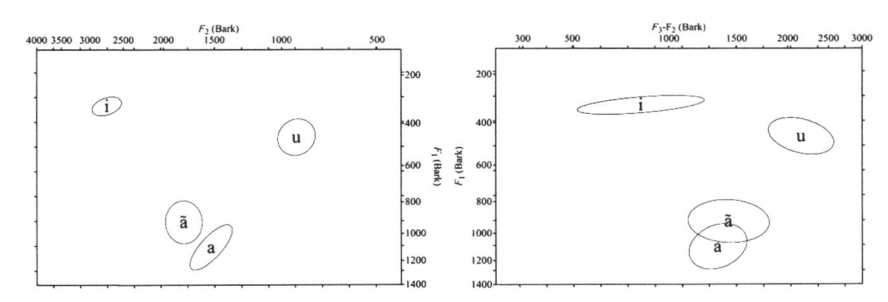

图 1.189 双峰方言女性发音人 ã 的 Bark 值

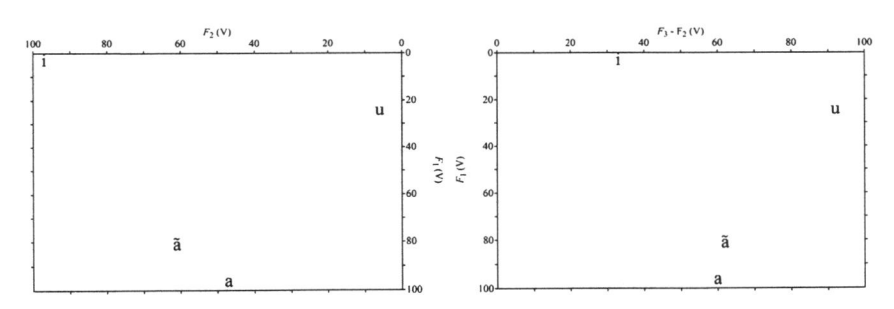

图 1.190 双峰方言女性发音人 ã 的 V 值

双峰方言男性、女性发音人 ã 元音共振峰数据见表 1.47。

表 1.47　　　　　　双峰方言 ã 的共振峰数据

	ã							
	Bark				V			
	F1	F2	F3	F3-F2	F1	F2	F3	F3-F2
男性	6.4	10.4	15.1	10.6	69	52	65	66
女性	8.1	12.1	16.0	10.5	81	61	60	62

ã 中的 a 比单元音 a 高一些，男性发音人的实际音值接近标准元音 ɐ，女性发音人的实际音值比标准元音 ɐ 略前。ã 的实际音值可记为ɐ̃。

· 127 ·

ɒ̃

双峰方言男性发音人ɒ̃元音三维图见图1.191、图1.192。

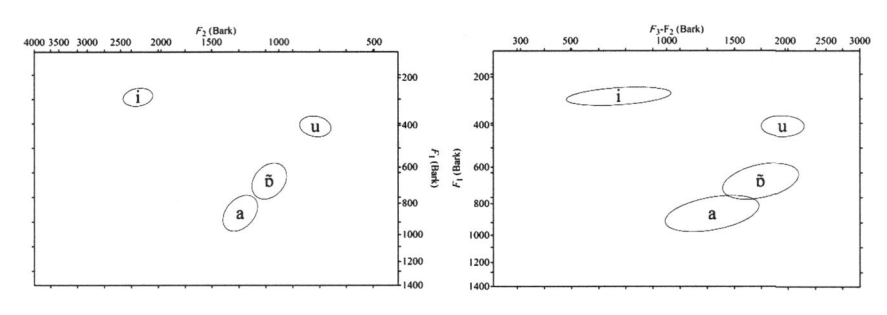

图1.191 双峰方言男性发音人ɒ̃的Bark值

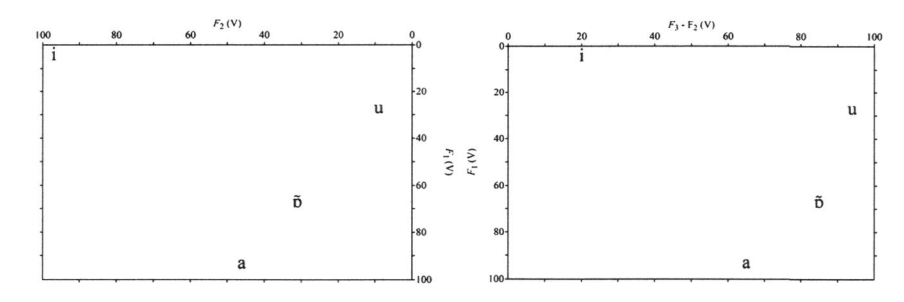

图1.192 双峰方言男性发音人ɒ̃的V值

双峰方言女性发音人ɒ̃元音三维图见图1.193、图1.194。

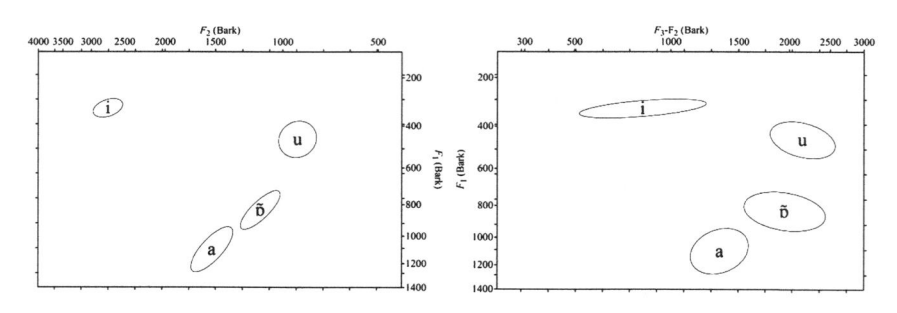

图1.193 双峰方言女性发音人ɒ̃的Bark值

第一章 长沙方言、双峰方言的元音

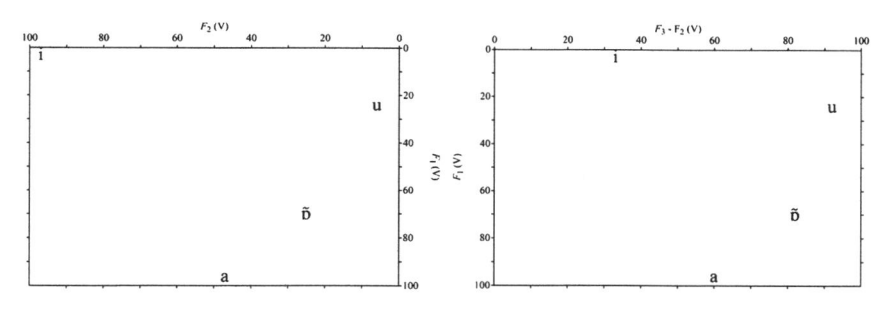

图 1.194 双峰方言女性发音人 õ 的 V 值

双峰方言男性、女性发音人 õ 元音共振峰数据见表 1.48。

表 1.48　　　　　　　双峰方言 õ 的共振峰数据

	õ							
	Bark				V			
	F1	F2	F3	F3-F2	F1	F2	F3	F3-F2
男性	6.3	8.9	15.3	12.2	67	31	74	85
女性	7.5	9.3	15.8	12.6	70	25	51	82

õ 中的 ɒ 的实际音值接近标准元音 ɒ，õ 的实际音值可记为 ɒ̃。

值得注意的是，õ 与 ã 在单元音层面不存在对立，而在鼻化元音层面存在对立。即"东"[tã⁵⁵] ≠ "张"[tõ⁵⁵]，"恩"[ã⁵⁵] ≠ "汪"[õ⁵⁵]。

ĩ

双峰方言男性发音人 ĩ 元音三维图见图 1.195、图 1.196。

· 129 ·

| **湘语语音的特征与类型研究**

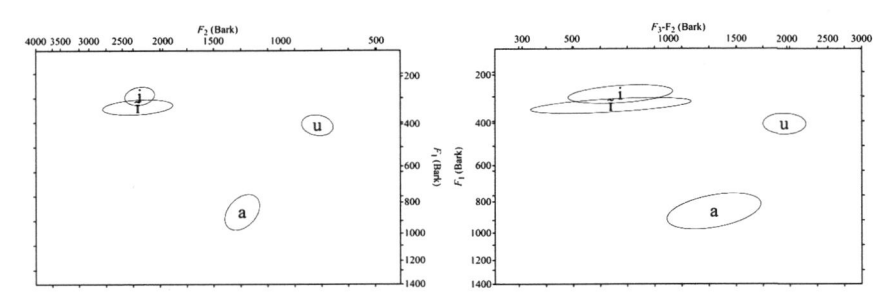

图 1.195　双峰方言男性发音人 ĩ 的 Bark 值

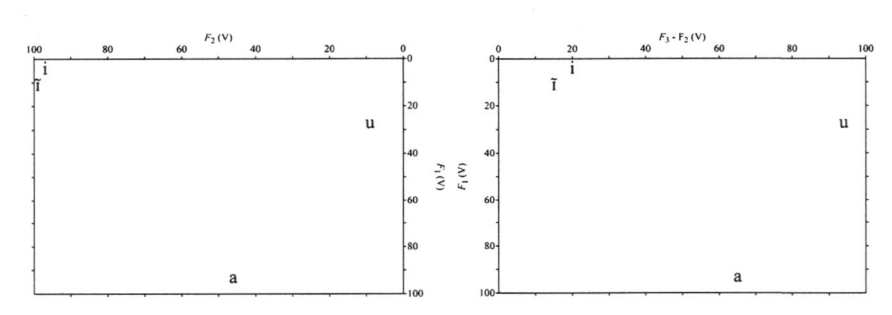

图 1.196　双峰方言男性发音人 ĩ 的 V 值

双峰方言女性发音人 ĩ 元音三维图见图 1.197、图 1.198。

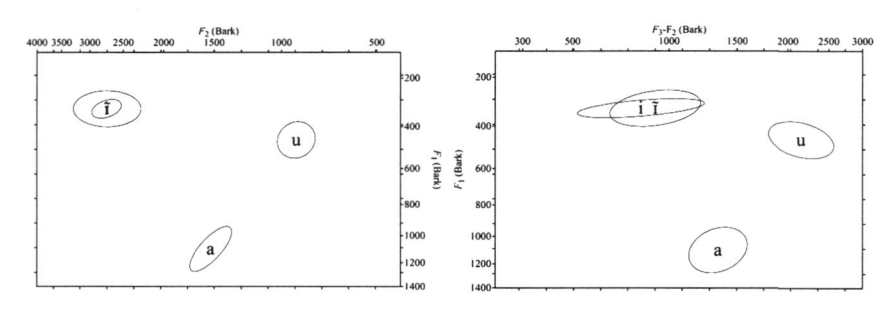

图 1.197　双峰方言女性发音人 ĩ 的 Bark 值

第一章 长沙方言、双峰方言的元音

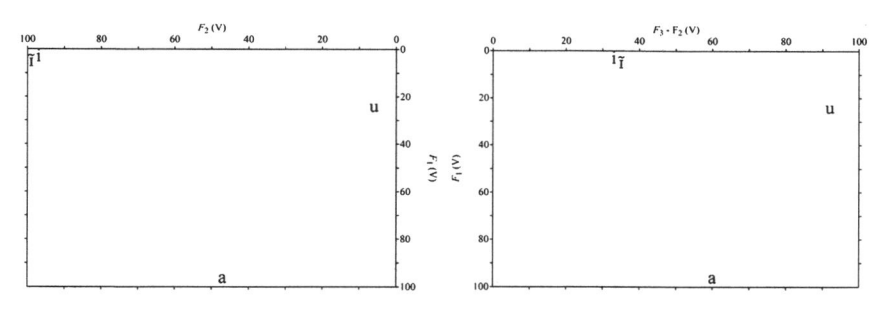

图 1.198 双峰方言女性发音人 ĩ 的 V 值

双峰方言男性、女性发音人 ĩ 元音共振峰数据见表 1.49。

表 1.49　　　　　双峰方言 ĩ 的共振峰数据

	ĩ							
	Bark				V			
	F1	F2	F3	F3-F2	F1	F2	F3	F3-F2
男性	3.4	13.9	15.7	6.3	11	99	91	15
女性	3.4	15.0	17.0	8.1	5	99	93	35

ĩ 在声学图上与单元音 i 基本重合，ĩ 的实际音值可记为 ĩ。

五　双峰方言 CGVN 型音节中的元音 V 的声学分析

下面先进行双峰方言 CGVN 型音节中的元音 V 的共振峰频率分析，时长分析见第 148 页。

iã

双峰方言男性发音人 iã 元音三维图见图 1.199、图 1.200。

· 131 ·

湘语语音的特征与类型研究

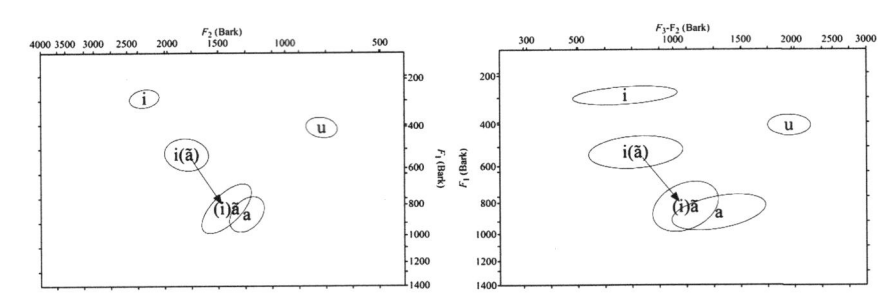

图 1.199　双峰方言男性发音人 iã 的 Bark 值

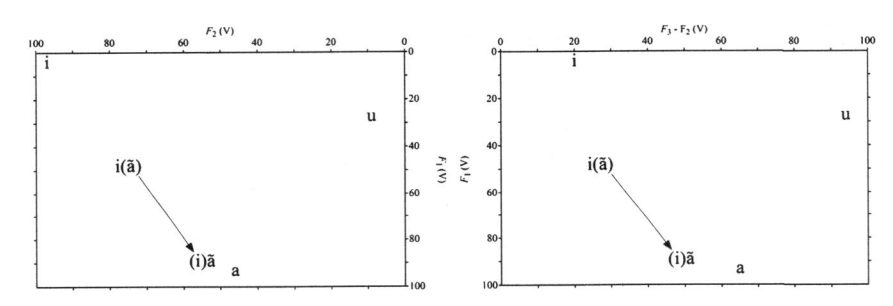

图 1.200　双峰方言男性发音人 iã 的 V 值

双峰方言女性发音人 iã 元音三维图见图 1.201、图 1.202。

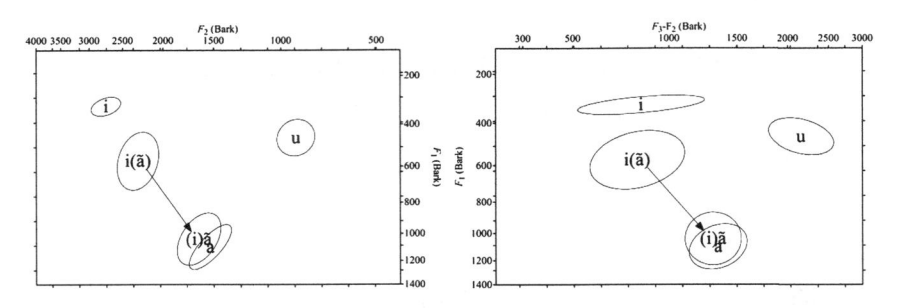

图 1.201　双峰方言女性发音人 iã 的 Bark 值

第一章 长沙方言、双峰方言的元音

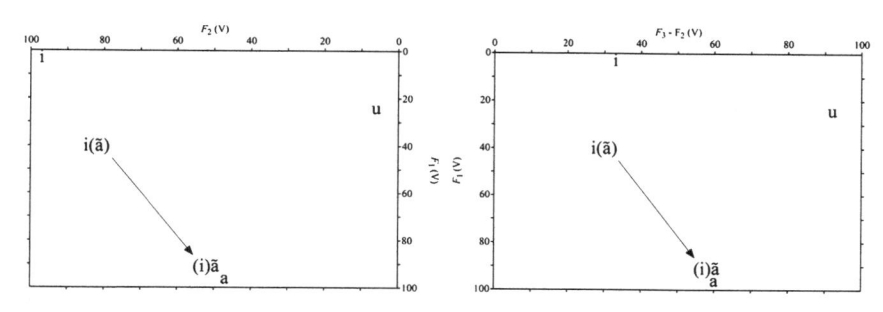

图 1.202 双峰方言女性发音人 iā 的 V 值

双峰方言男性、女性发音人 iā 元音共振峰数据见表 1.50。

表 1.50　　　　　双峰方言 iā 的共振峰数据

	i (ā)							(i) ā						
	Bark			V				Bark			V			
	F1	F2	F3	F3-F2	F1	F2	F3	F3-F2	F1	F2	F3	F3-F2	F1	F2	F3	F3-F2
男性	5.2	12.1	14.7	7.3	48	75	46	27	7.4	10.6	14.5	9.1	89	55	36	49
女性	5.6	13.8	15.9	7.4	40	82	56	30	8.7	11.5	15.4	10.1	91	52	39	58

iā 中的 i 比单元音 i 低很多，也后一些，实际音值比标准元音 e 略低。iā 中的 a 比单元音 a 略高、略前，接近标准元音 ᴀ。iā 的实际音值可记为 eÃ。

iə̃

双峰方言男性发音人 iə̃ 元音三维图见图 1.203、图 1.204。

湘语语音的特征与类型研究

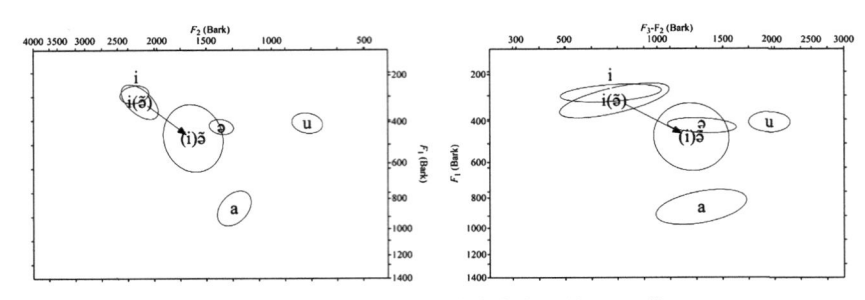

图 1.203　双峰方言男性发音人 iɜ̃ 的 Bark 值

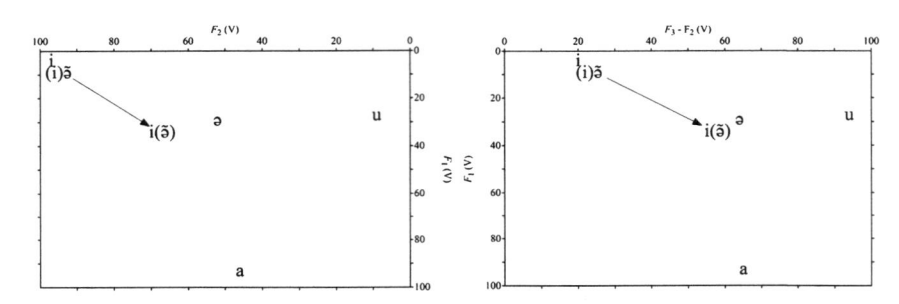

图 1.204　双峰方言男性发音人 iɜ̃ 的 V 值

双峰方言女性发音人 iɜ̃ 元音三维图见图 1.205、图 1.206。

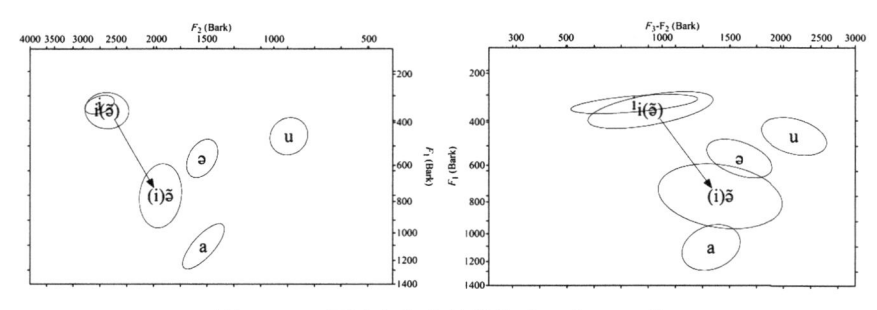

图 1.205　双峰方言女性发音人 iɜ̃ 的 Bark 值

第一章 长沙方言、双峰方言的元音

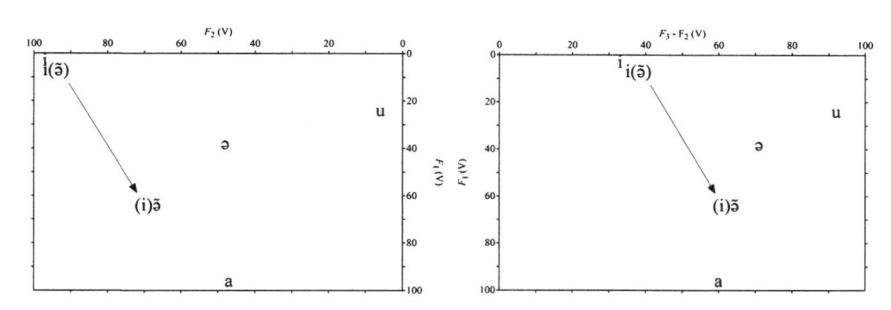

图1.206 双峰方言女性发音人iə̃的V值

双峰方言男性、女性发音人iə̃元音共振峰数据见表1.51。

表1.51　　　　　　双峰方言iə̃的共振峰数据

	i (ə̃)								(i) ə̃							
	Bark				V				Bark				V			
	F1	F2	F3	F3-F2	F1	F2	F3	F3-F2	F1	F2	F3	F3-F2	F1	F2	F3	F3-F2
男性	3.2	13.6	15.6	7.0	9	95	85	23	4.6	11.5	15.4	9.9	34	67	75	58
女性	3.6	14.7	16.8	8.2	7	94	91	38	7.1	12.7	16.5	10.6	64	69	77	62

iə̃中的i接近单元音i。iə̃中的ə比单元音ə要低，略靠前，男性ə的实际音值位于标准元音e、ɜ之间，女性ə的实际音值位于标准元音ɛ、ɜ之间。iə̃的实际音值可记为iə̃。

uə̃

双峰方言男性发音人uə̃元音三维图见图1.207、图1.208。

· 135 ·

湘语语音的特征与类型研究

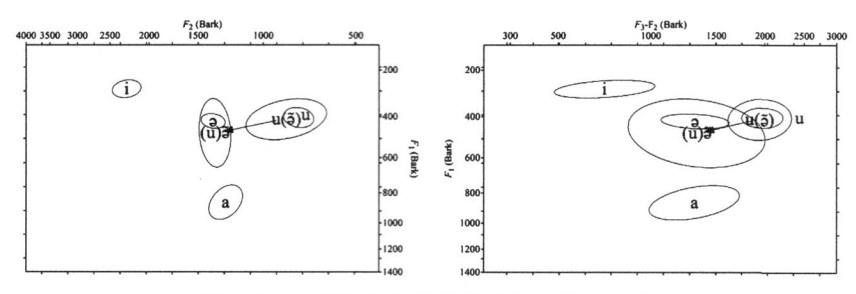

图 1.207　双峰方言男性发音人 uə̃ 的 Bark 值

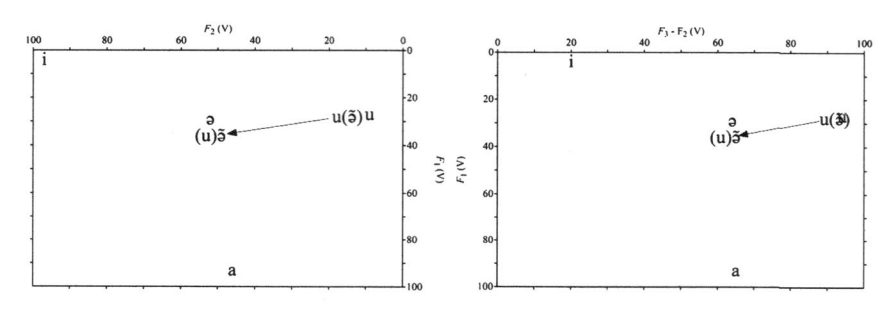

图 1.208　双峰方言男性发音人 uə̃ 的 V 值

双峰方言女性发音人 uə̃ 元音三维图见图 1.209、图 1.210。

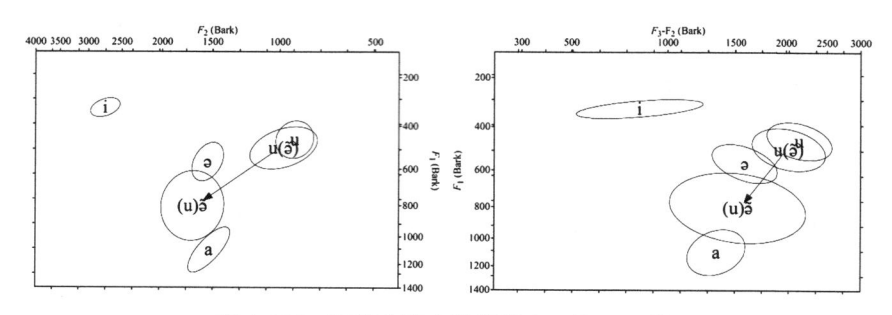

图 1.209　双峰方言女性发音人 uə̃ 的 Bark 值

第一章　长沙方言、双峰方言的元音

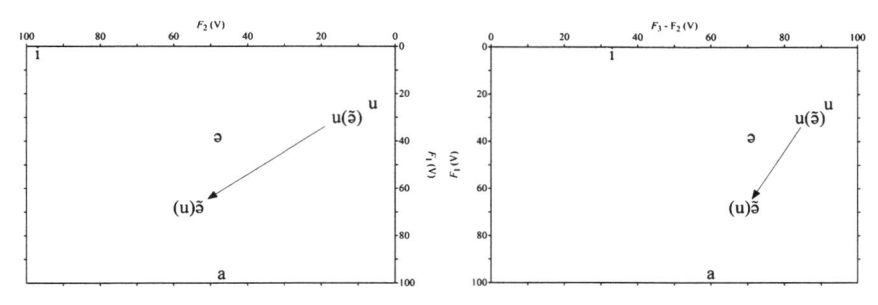

图 1.210　双峰方言女性发音人 uə̃ 的 V 值

双峰方言男性、女性发音人 uə̃ 元音共振峰数据见表 1.52。

表 1.52　　　　　　　　双峰方言 uə̃ 的共振峰数据

	u（ə̃）							（u）ə̃						
	Bark				V			Bark				V		
	F1	F2	F3	F3-F2	F1	F2	F3	F3-F2	F1	F2	F3	F3-F2	F1	F2	F3	F3-F2
男性	4.2	7.6	15.3	12.8	28	15	71	92	4.6	10.4	14.9	10.3	36	52	53	62
女性	5.0	8.4	15.6	13.0	30	13	46	87	7.3	11.7	16.1	11.2	68	56	64	69

uə̃ 中的 u 接近单元音 u，其中女性的略前、略低。男性 uə̃ 中的 ə 接近单元音 ə，女性 uə̃ 中的 ə 比单元音 ə 低很多，实际音值接近标准元音 ɜ。uə̃ 的实际音值可记为 uə̃ 或 uɜ̃。

yə̃

双峰方言男性发音人 yə̃ 元音三维图见图 1.211、图 1.212。

· 137 ·

湘语语音的特征与类型研究

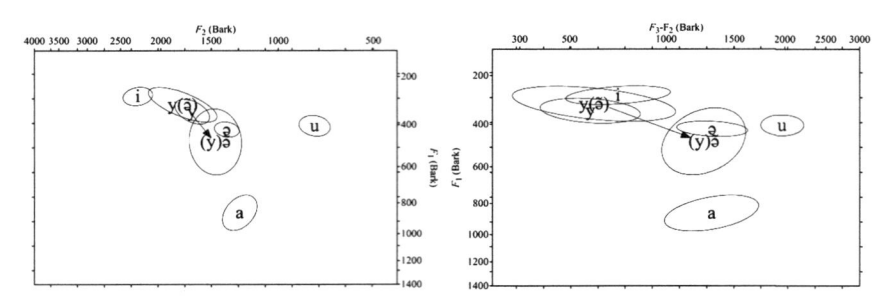

图 1.211　双峰方言男性发音人 yə̃ 的 Bark 值

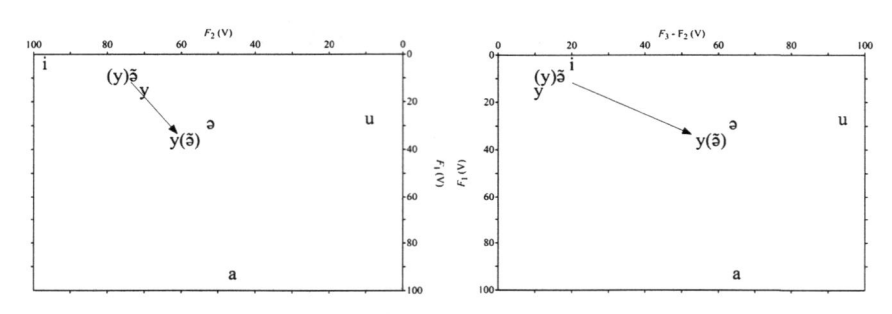

图 1.212　双峰方言男性发音人 yə̃ 的 V 值

双峰方言女性发音人 yə̃ 元音三维图见图 1.213、图 1.214。

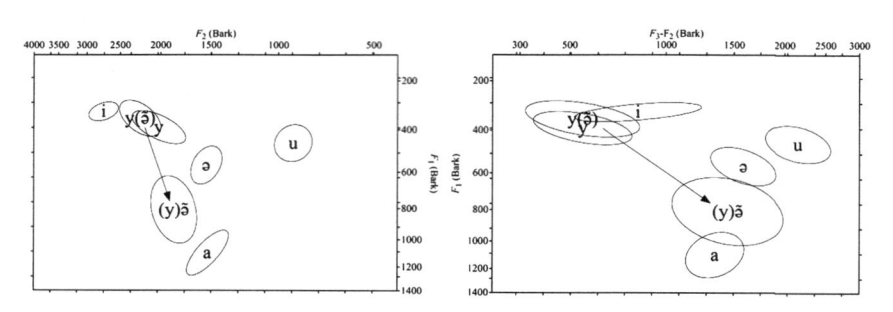

图 1.213　双峰方言女性发音人 yə̃ 的 Bark 值

第一章 长沙方言、双峰方言的元音

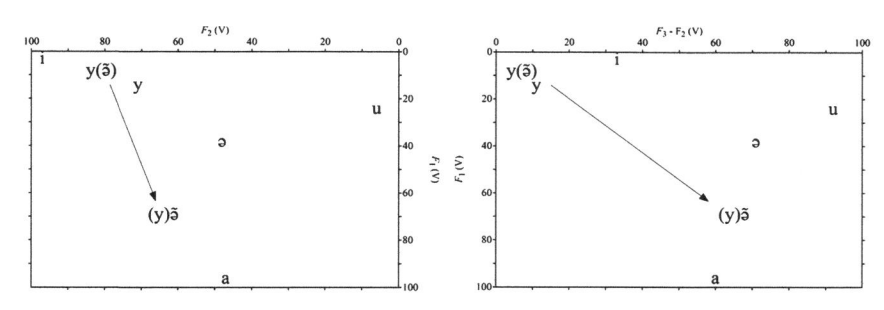

图 1.214 双峰方言女性发音人 yə̃ 的 V 值

双峰方言男性、女性发音人 yə̃ 元音共振峰数据见表 1.53。

表 1.53 双峰方言 yə̃ 的共振峰数据

	y (ə̃)								(y) ə̃						
	Bark				V				Bark				V			
	F1	F2	F3	F3-F2	F1	F2	F3	F3-F2	F1	F2	F3	F3-F2	F1	F2	F3	F3-F2
男性	3.2	12.2	14.3	6.2	9	76	30	14	4.6	10.9	15.0	9.9	36	59	60	58
女性	3.6	13.7	15.2	5.4	8	81	28	7	7.4	12.4	16.3	10.8	69	64	71	65

yə̃ 中的 y 比单元音 y 略高、略前，实际音值为标准元音 y。男性 yə̃ 中的 ə 比单元音 ə 略低、略前，女性 yə̃ 中的 ə 比单元音 ə 低很多，实际音值位于标准元音 ɛ、ɜ 之间。yə̃ 的实际音值可记为 yə̃ 或 yɜ̃。

iõ

双峰方言男性发音人 iõ 元音三维图见图 1.215、图 1.216。

湘语语音的特征与类型研究

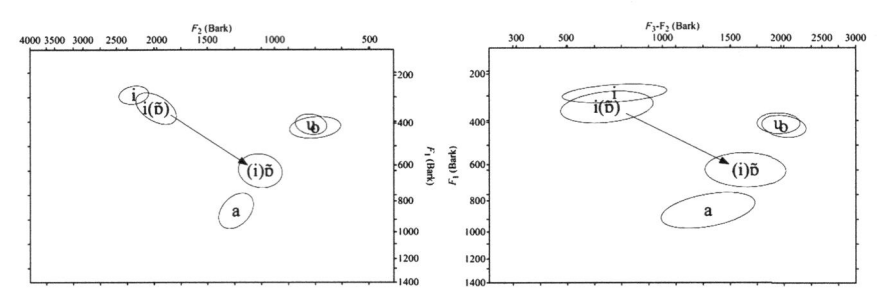

图 1.215　双峰方言男性发音人 iõ 的 Bark 值

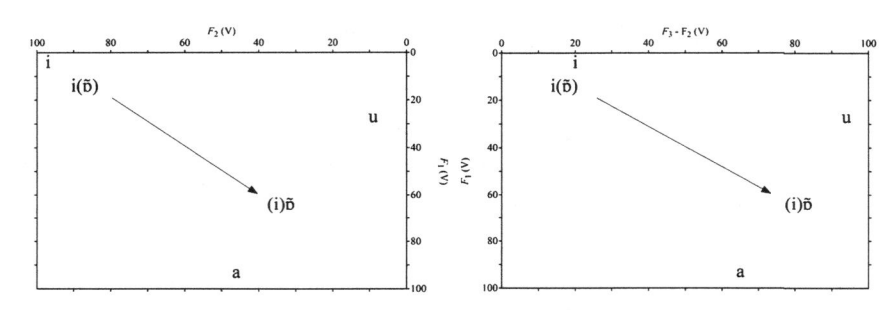

图 1.216　双峰方言男性发音人 iõ 的 V 值

双峰方言女性发音人 iõ 元音三维图见图 1.217、图 1.218。

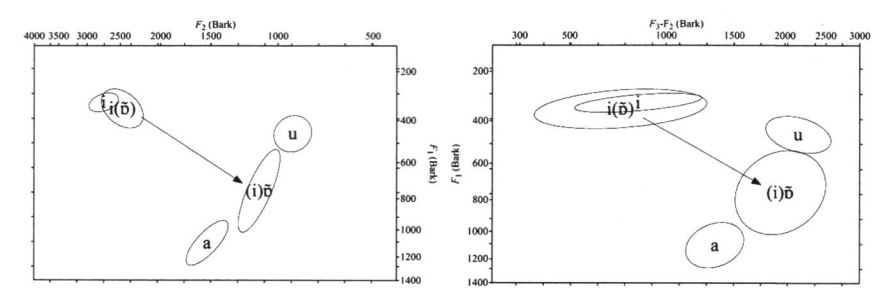

图 1.217　双峰方言女性发音人 iõ 的 Bark 值

· 140 ·

第一章 长沙方言、双峰方言的元音

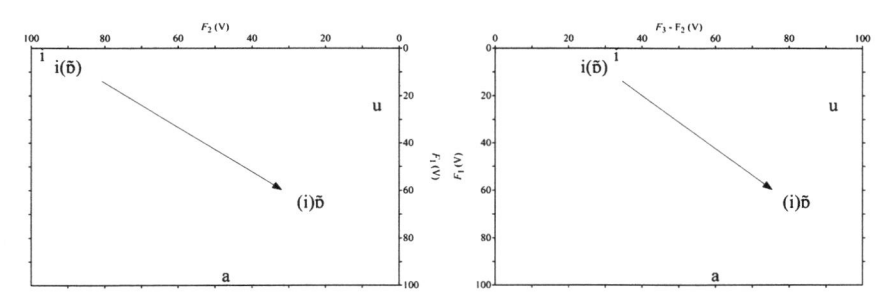

图1.218 双峰方言女性发音人iɒ̃的V值

双峰方言男性、女性发音人iɒ̃元音共振峰数据见表1.54。

表1.54　　　　　　　双峰方言iɒ̃的共振峰数据

	i（ɒ̃）								(i) ɒ̃							
	Bark				V				Bark				V			
	F1	F2	F3	F3-F2	F1	F2	F3	F3-F2	F1	F2	F3	F3-F2	F1	F2	F3	F3-F2
男性	3.5	13.0	15.0	6.5	14	87	56	17	6.0	9.0	15.1	11.8	64	34	68	81
女性	3.7	14.4	16.2	7.1	8	90	69	27	7.2	9.3	15.8	12.6	65	24	51	82

iɒ̃中的i比单元音i略低略后。iɒ̃中的ɒ实际音值接近标准元音ɒ。iɒ̃的实际音值可记为iɒ̃。

uĩ

双峰方言男性发音人uĩ元音三维图见图1.219、图1.220。

湘语语音的特征与类型研究

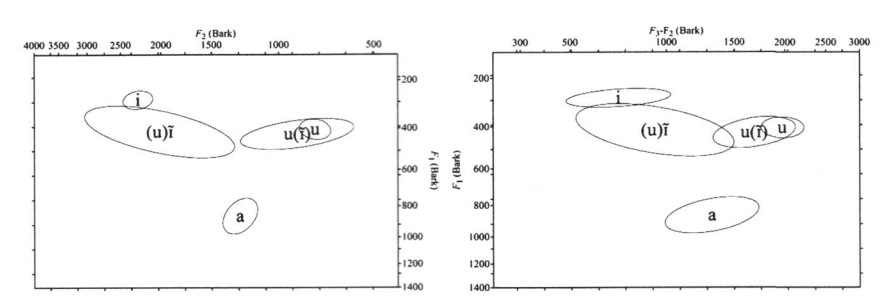

图 1.219　双峰方言男性发音人uĩ的 Bark 值

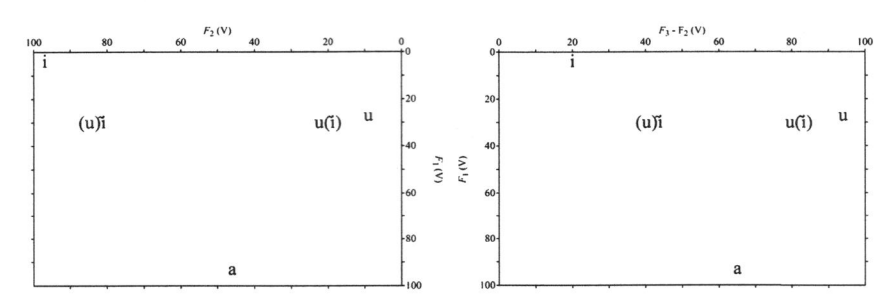

图 1.220　双峰方言男性发音人uĩ的 V 值

双峰方言男性发音人uĩ元音共振峰数据见表 1.55。

表 1.55　　　　　　　　双峰方言uĩ的共振峰数据

	u（ĩ）								（u）ĩ							
	Bark				V				Bark				V			
	F1	F2	F3	F3-F2	F1	F2	F3	F3-F2	F1	F2	F3	F3-F2	F1	F2	F3	F3-F2
男性	4.3	8.0	14.6	11.6	30	20	43	82	4.3	12.7	15.5	8.4	30	84	84	41

uĩ中的 u 比单元音 u 靠前。uĩ中的 i 比单元音 i 略低，略靠后，实际音值接近ɪ。uĩ的实际音值可记为uɪ̃。

另外，值得注意的是，所有的女性发音人和大部分男性发音人均将uĩ发成uaĩ，只有 2 名男性发音人有uĩ韵母。

· 142 ·

六 双峰方言 CVNGN 型音节中的元音 V 的声学分析

下面先进行双峰方言 CVNGN 型音节中的元音 V 的共振峰频率分析，时长分析见第 148 页。

ãĩ

双峰方言男性发音人 ãĩ 元音三维图见图 1.221、图 1.222。

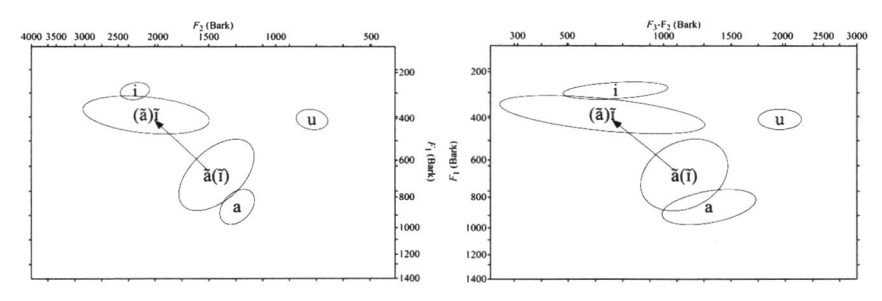

图 1.221 双峰方言男性发音人 ãĩ 的 Bark 值

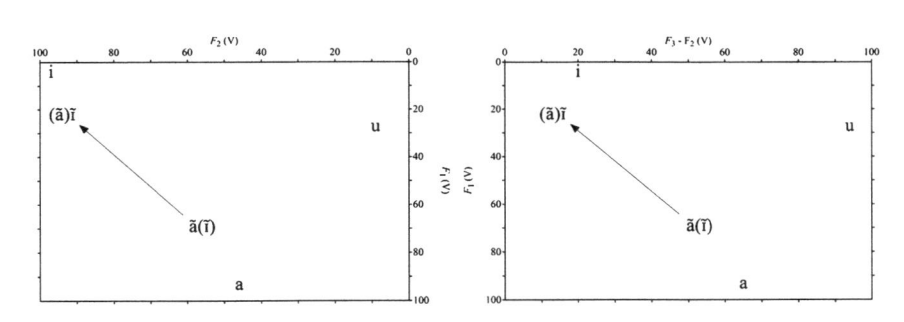

图 1.222 双峰方言男性发音人 ãĩ 的 V 值

双峰方言女性发音人 ãĩ 元音三维图见图 1.223、图 1.224。

湘语语音的特征与类型研究

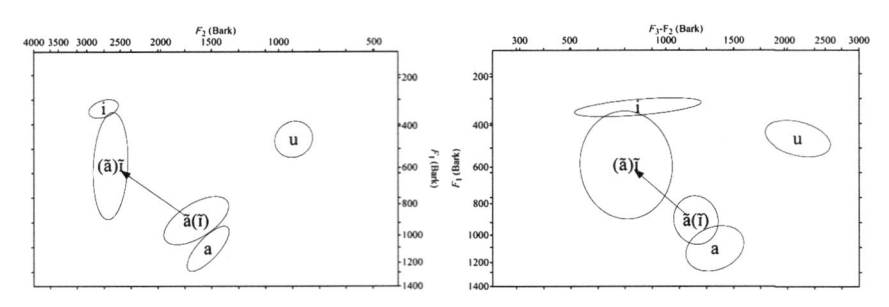

图 1.223 双峰方言女性发音人 ãĩ 的 Bark 值

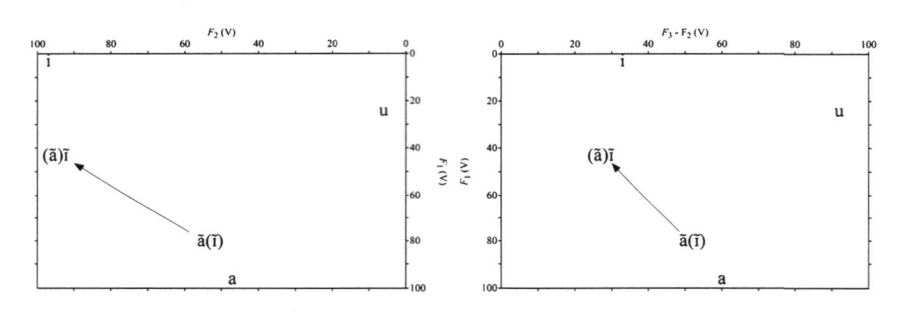

图 1.224 双峰方言女性发音人 ãĩ 的 V 值

双峰方言男性、女性发音人 ãĩ 元音共振峰数据见表 1.56。

表 1.56 　　　　　双峰方言 ãĩ 的共振峰数据

| | ã (ĩ) |||||||| (ã) ĩ ||||||||
| | Bark |||| V |||| Bark |||| V ||||
	F1	F2	F3	F3-F2	F1	F2	F3	F3-F2	F1	F2	F3	F3-F2	F1	F2	F3	F3-F2
男性	6.4	10.7	14.7	9.5	69	56	47	53	3.9	13.6	15.4	6.1	22	94	76	13
女性	7.9	11.5	15.2	9.6	80	53	26	52	5.8	14.7	16.5	7.2	43	95	75	27

ãĩ 中的 a 比单元音 a 高一些，略前，实际音值为标准元音 ɐ 略前。ãĩ 中的 i 比单元音 i 低很多，男性发音人 ãĩ 中的 i 实际音值接近 ĭ，女性发音人 ãĩ 中的 i 实际音值接近 e 偏前一点。ãĩ 的实际音值可记为 ɐĭ。

第一章　长沙方言、双峰方言的元音

七　双峰方言 CGVNGN 型音节中的元音 V 的声学分析

（一）双峰方言 CGVNGN 型音节中的元音 V 的共振峰频率分析

uãĩ

双峰方言男性发音人 uãĩ 元音三维图见图 1.225、图 1.226。

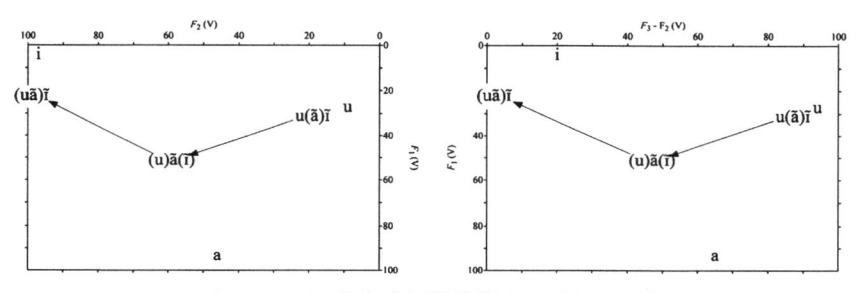

图 1.225　双峰方言男性发音人 uãĩ 的 Bark 值

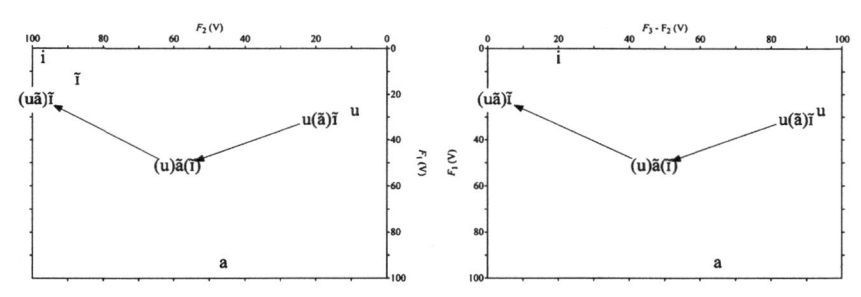

图 1.226　双峰方言男性发音人 uãĩ 的 V 值

双峰方言女性发音人 uãĩ 元音三维图见图 1.227、图 1.228。

湘语语音的特征与类型研究

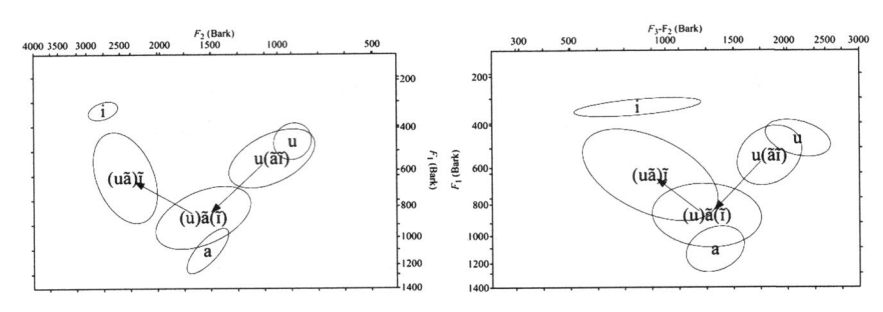

图1.227 双峰方言女性发音人uāĩ的Bark值

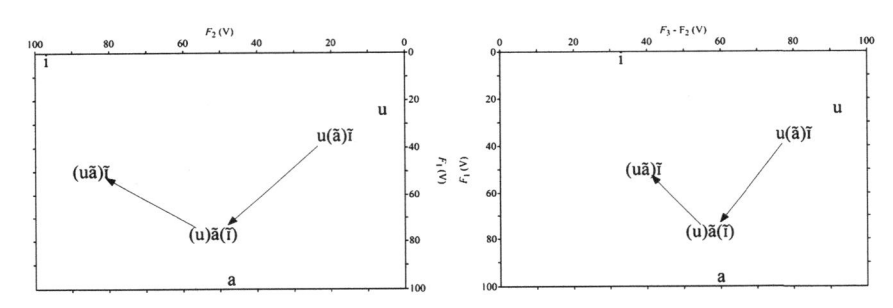

图1.228 双峰方言女性发音人uāĩ的V值

uāĩ中的u比单元音u略低、略前，男性发音人uāĩ中的a比单元音a高很多，ā实际音值接近标准元音ə，女性发音人uāĩ中的a比单元音a高一点，ā实际音值接近标准元音ɐ̃。男性发音人uāĩ中的ĩ比单元音i略低，实际音值接近标准元音i，女性发音人uāĩ中的ĩ比单元音i低很多，ĩ实际音值接近标准元音ɐ̃。uāĩ的实际音值大致可记为uə̃ĩ或uɐ̃ɐ̃。

双峰方言男性、女性发音人uāĩ元音共振峰数据见表1.57。

· 146 ·

第一章　长沙方言、双峰方言的元音

表1.57　双峰方言 uãĩ 的共振峰数据

	u(ãĩ) Bark F1	F2	F3	F3-F2	V F1	F2	F3	F3-F2	(u)ã(ĩ) Bark F1	F2	F3	F3-F2	V F1	F2	F3	F3-F2	(uã)ĩ Bark F1	F2	F3	F3-F2	V F1	F2	F3	F3-F2
男性	4.4	7.9	15.1	12.4	31	19	65	87	5.4	10.9	14.5	8.9	51	59	40	47	4.0	13.9	15.2	5.0	22	99	71	2
女性	5.3	8.9	15.4	12.3	35	19	37	80	7.9	11.4	15.5	10.2	77	52	40	57	6.3	14.0	16.4	8.3	50	85	76	39

湘语语音的特征与类型研究

（二）双峰方言 CVN 型、CGVN 型、CVNGN 型、CGVNGN 型音节中的元音 V 的时长分析

图 1.229、图 1.230 是 GV 型和 VG 型元音的绝对时长图，纵坐标的单位为秒（s）。

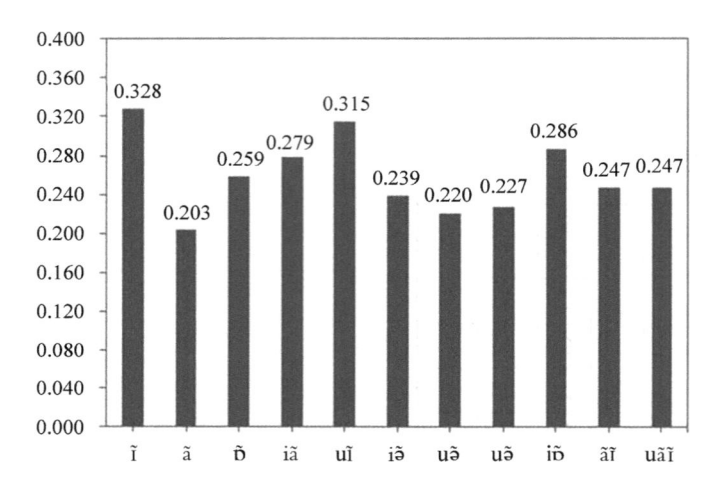

图 1.229　双峰方言男性 VN 型、GVN 型、VNGN 型、GVNGN 型元音时长

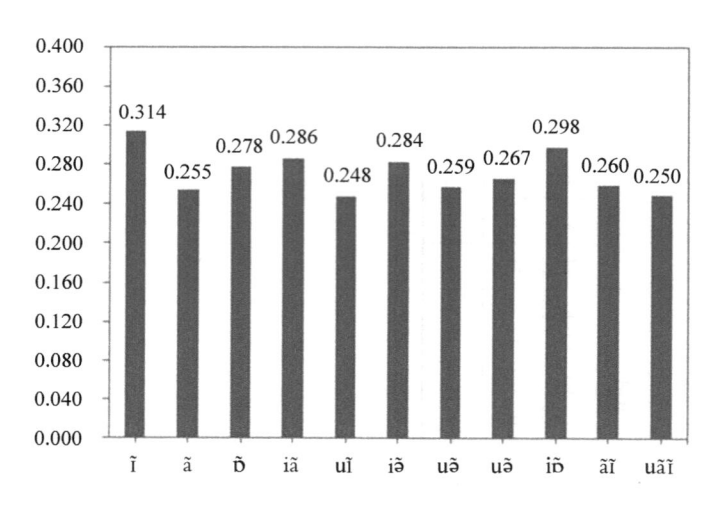

图 1.230　双峰方言女性 VN 型、GVN 型、VNGN 型、GVNGN 型元音时长

第一章 长沙方言、双峰方言的元音

从图 1.229、图 1.230 看来，ã、uẽ 的时长较小。ĩ、iɒ̃的时长较大。

VN 型元音ĩ、ã、ɒ̃前无介音，后无韵尾，无法画出相对时长图。我们对其他的鼻化、鼻尾元音画出内部各成分的相对时长图见图 1.231、图 1.232。

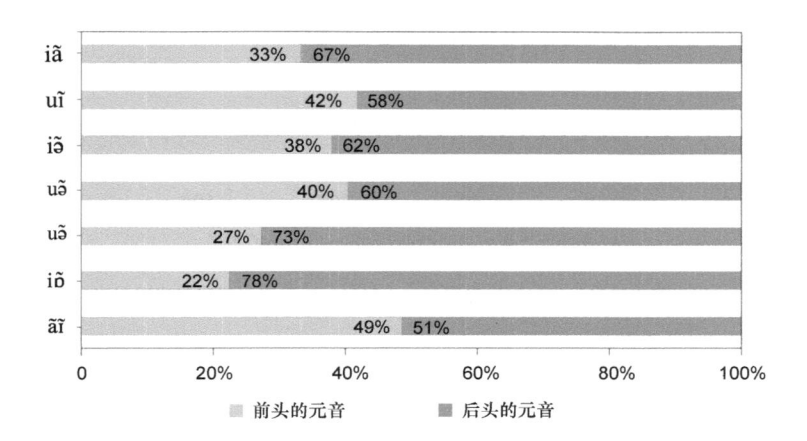

	前头的元音	后头的元音
iã	33%	67%
uĩ	42%	58%
iə̃	38%	62%
uə̃	40%	60%
uẽ	27%	73%
iɒ̃	22%	78%
ãĩ	49%	51%

图 1.231　双峰方言男性 GVN 型、VNGN 型元音的相对时长

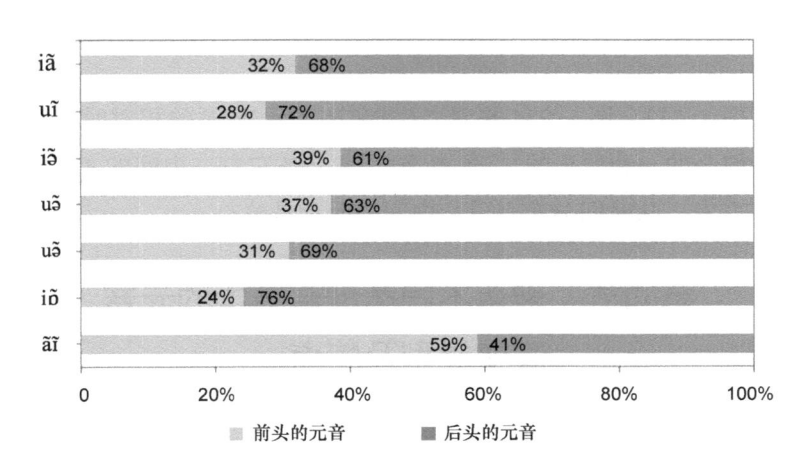

	前头的元音	后头的元音
iã	32%	68%
uĩ	28%	72%
iə̃	39%	61%
uə̃	37%	63%
uẽ	31%	69%
iɒ̃	24%	76%
ãĩ	59%	41%

图 1.232　双峰方言女性 GVN 型、VNGN 型元音的相对时长

· 149 ·

湘语语音的特征与类型研究

VNGN 型元音只有 ãĩ 一个，其时长类似于 VG 型元音 ai 的时长分布，作为主要元音的 ã 的时长大于 ĩ。在 GVN 型元音中，前头 G 的时长大于后头的 VN，两者的时长接近 3∶7 或 4∶6。结合长沙方言的情况，我们发现长沙方言、双峰方言 GVN 型元音中 G 的相对时长比 GV 型元音中 G 的相对时长相对要大。也就是说，鼻化双元音中介音的相对时长比普通双元音中介音的相对时长要大一些。

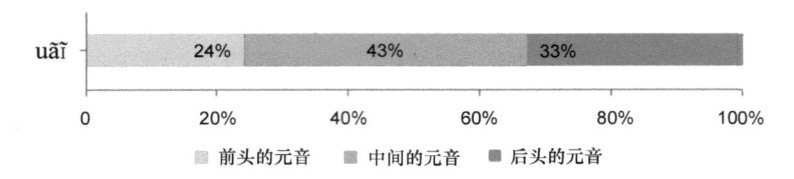

图 1.233　双峰方言男性 GVNGN 型元音的相对时长

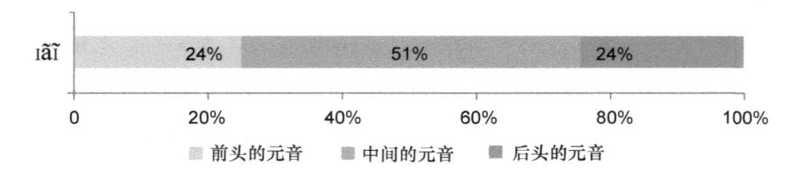

图 1.234　双峰方言女性 GVNGN 型元音的相对时长

从图 1.233、图 1.234 来看，GVNGN 型元音 uãĩ 的相对时长分布情况是，前头的 u 和后头的 ĩ，各占 20% 或 30% 左右，中间的 ã，占 40% 或 50% 左右。从时间分布上看，中间的元音是核心。

第四节　湘语不同类型音节中的元音演变类型及特点

一　CV 型音节中韵母的两个演化历程

一是 $V>^GV>V_2G_2$。（V_2 是 ^GV 中的 G 演变的，下标 2 表示这个 V 不同于演变起点处的 V。G_2 是由 ^GV 中的 V 演变的，下标 2 表示这个 G 不

第一章 长沙方言、双峰方言的元音

同于 ^GV 阶段的 G。)

从长沙方言的语音实际来看，帮组、端组、精组拼遇摄合口一等时，遇摄原来念 u，已经变成读 əu 了，如"土"念 [tʰəu332]。

二是 V>^GV>GV。

从双峰方言的语音实际来看，CV 型音节中的韵母 V 的演变历程之一是，由 V 变为 GV，具体的是：V>^GV>GV，即 V 元音前头增生滑音 G。当然，滑音可能有一个由弱到强的过程。即 ^GV>GV。

双峰方言咸摄开口一等、山摄开口一等的少数字，如"南"的韵母，由原来的读音 ã，变成 iã 了，其他大多数字没变。

单元音高顶出位也包含在 V>^GV>GV 的演变当中。

V>^GV>V_2G_2 和 V>^GV>GV 这种音变有两个特征，一是往往与声母的演变紧密联系，例如 k 演变为 tɕ 时，元音前头往往增生 i。二是增生的 G 多是 i。

二 CVG 型音节中韵母的演化历程

CVG 型音节中的韵母 VG 的演变历程之一是，由 VG 变为 V，具体的是：VG>V^G>V，即韵母尾部的 G 慢慢弱化（时长变短，共振峰向 V 靠近），最后丢失。

不同的湘方言点，这种语音演变，可能处在不同的阶段。从语音实际来看，有的湘语方言点，如长沙方言，VG 正处于 VG>V^G>V 阶段中的 V^G 过程。例如，长沙方言的 ai，动程非常小，跟单元音 a 已经很接近了。有的湘语方言点，如武冈方言，VG 已经完成或者接近完成了 VG>V^G>V 阶段中的 V 过程。有的发音人蟹摄原有的 ai 音，已经念 a 或者动程很小，接近单元音 a。

分析到这里，我们得追问一下，为什么是 VG>V^G>V，而不是 VG>^{V}G>V_2（即 GV 中的 V 消失之后，G 升为主元音 V_2，下标 2 表示不同于原来 VG 中的 V）？元音在于 VG 中 V 和 V 有着不同的特征。典型的 VG 结构，整个发音过程处于滑动当中，即从 V 滑向 G。一方面，在声

· 151 ·

学上，V 和 G 共振峰没有明显断层，往往是平滑过渡，以至于很难划分两者的界限。另一方面，VG 中的 V，在发音生理上，舌位较低，开口度较大；在声学上，有着相对较大的音强；在听觉上，有着较响的听觉印象。这些特征导致 V 的特征容易保留，发音稳定。而 G 则往往发音不到位，不到位的程度又因人而异，这种不稳定导致其容易发生变化。

总之，语音变化，应该可以找到发音、声学、听觉上的客观基础，而不是随意的。

当然，这种演变多与元音系统的连锁演变有关（如推链、拉链），也就是说，这种演变往往是由其他地方的演变带动的，它自身很难充当演变的起点而引发其他后续演变。详情见第三章的分析。

三 C（G）VN 型音节中韵母的演化历程

C（G）VN 型音节中的韵母有以下的演变历程：（G）VN>（G）$\tilde{v}^N$>（G）$\tilde{v}$>（G）V。

这个音变反映的是，有的鼻尾元音，元音鼻化同时鼻尾弱化，进一步鼻尾丢失，再进一步鼻化的元音鼻化消失，变成普通元音。

长沙方言、双峰方言有大量的鼻尾元音，鼻尾丢失，现在念鼻化元音，即处于演变的（G）$\tilde{v}$ 阶段。例如，长沙方言念"班"为［pã^{33}］，双峰方言念"张"为［tõ^{55}］。双峰方言有的元音更是进一步演变，鼻尾元音鼻尾丢失、元音鼻化之后，最后鼻化元音变成普通元音，也就是说整个演变过程都完成了。如双峰方言念"班"为［piã^{55}］。

四 CVGN 型音节中韵母的演化历程

CVGN 型音节中韵母有以下的演化历程：GVN>GV$_2$NG$_2$N。

这种演变是在原来的介音与主要元音之间增加一个主要元音，而原来的主要元音则变成韵尾。例如，双峰方言的"砖""冤"等字的韵母，原来读 u$\tilde{i}$，现在不少发音人又有了 uã$\tilde{i}$ 的念法，即在 u 和 $\tilde{i}$ 之间增加了一个鼻化元音 ã 作主要元音，原来的主要元音 $\tilde{i}$，则变成了韵尾。

第二章　湘语元音的类型*

第一节　湘语方言点元音一览表

本章考察湘语 5 个方言片共 44 个方言点的元音，请见表 2.1。

表 2.1　　　　　　　　　湘语的元音数据

方言片	方言点	元音	元音系统的类型	音位材料来源及有关音值的说明
长益片	安化梅城	ɿ、i、u、y、a、o、e、ɔ	偏后型元音三角	a 比央元音ᴀ略后一点。（孙益民 2004）
	长沙①	ɿ、ʅ、i、u、y、a、o、ɔ	偏后型元音三角	ᴀ 比较靠后，实际音值是 ɑ，并带有圆唇色彩。（贝先明 2008）
	浏阳镇头	ɿ、ʅ、i、u、y、a、o、e、æ	偏后型元音三角	a 的音值接近 ɑ。（贝先明 2012 年调查）
	汨罗城关	ɿ、ʅ、i、u、y、a、ɒ、o、e、ɛ	偏后型元音四角	ɒ 的实际音值略高，接近于 ɔ。（刘玮娜 2006）
	汨罗长乐	ɿ、ʅ、i、u、y、a、ø、ɑ、o	典型的元音四角	ɑ 接近于 ɔ。（陈山青 2006）

---

* 本章有关内容来自贝先明《湘语元音系统的类型及历史成因》，《语言研究集刊》2013 年第 10 辑。

① 如果县市地名后无下标小地名，则表示该方言点的音系是城关、市区的音系。下同。

续表

方言片	方言点	元音	元音系统的类型	音位材料来源及有关音值的说明
长益片	南县	ɿ、i、u、y、a、o、ɤ	偏后型元音三角	a 比平均A更偏后一点，近似ɑ。（杨时逢1974）
	宁乡花明楼	ɿ、ʅ、i、u、y、a、ɔ、ɛ、ʊ	偏后型元音四角	a 介于A、ɑ之间。（谷素萍2002）
	桃江	ɿ、i、u、y、a、o、ɔ、ɛ、ɯ	偏后型元音四角	a 介于A、ɑ之间。（张盛裕、汪平、沈同1988）
	望城铜官	ɿ、i、u、y、a、o、ə	偏后型元音三角	a 比A偏后。（吴友纯2008）
	湘潭	ɿ、ʅ、i、u、y、ɒ、o、e、æ	偏后型元音四角	（曾毓美1993）
	湘阴	ɿ、ʅ、i、u、y、a、o、ə	典型的元音三角	a 接近A。（宋淑琴2006）
	益阳	ɿ、i、u、y、a、o、ə	典型的元音三角	（崔振华1998）
	沅江四季红	ɿ、i、u、y、a、o、ə	偏后型元音三角	a 实际音值较央A偏后。（臧志文2007）
	岳阳	ɿ、i、u、y、a、o、e	偏后型元音三角	a 比平均A更偏后，近似ɑ。（杨时逢1974）
娄邵片	安化东坪	ɿ、i、u、y、a、o、e	偏后型元音三角	a 舌位稍高稍后，唇形略圆，处于ɒ与ɔ之间。（孙益民2004）
	城步	ɿ、i、u、y、a、o、ə	偏后型元音三角	a 比平均A更偏后，近似ɑ。（杨时逢1974）
	衡山后山	ɿ、ʅ、i、u、y、a、o、e、ɯ	典型的元音四角	（陈新潮2004）
	会同	ɿ、ʅ、i、u、y、o、e	偏后型元音三角	a、ia、ua中的a比平均A更偏后，近似ɑ。（杨时逢1974）

第二章　湘语元音的类型

续表

方言片	方言点	元音	元音系统的类型	音位材料来源及有关音值的说明
娄邵片	涟源桥头河	ɿ、i、u、y、a、e、ə、o、ʊ	偏后型元音三角	a 在单韵母中的实际音值为ɑ。（陈晖 2006）
	隆回桃洪	ɿ、ʅ、i、u、y、ɒ、ʊ、ɛ	偏后型元音四角	（张蓓蓓 2005）
	娄底	ɿ、i、u、y、a、e、o、ɤ	偏后型元音三角	a 在单韵母中的实际音值为ɑ。（陈晖 2006）
	邵阳	ɿ、i、u、y、a、o、ɛ	偏后型元音四角	a 接近标准元音ɑ。（储泽祥 1998）
	双峰永丰	ɿ、ʅ、i、u、y、a、e、ə、o、ʊ	典型的元音三角	（贝先明 2008）
	双峰花门	ɿ、ʅ、i、u、y、a、æ、o、ɤ、e、ʊ	偏后型元音四角	a 的实际音值介于ᴀ、ɑ 之间。（袁先锋 2005）
	武冈	ɿ、i、u、y、a、o、ə、ɑ	典型的元音四角	ɑ 稍圆唇。（湖南省地方志编纂委员会 2001）
	湘乡	ɿ、ʅ、i、u、y、a、o	典型的元音三角	a 舌位接近ᴀ。（湖南省地方志编纂委员会 2001）
	新化①	ɿ、ʅ、i、u、y、a、e、o、æ、ɔ	典型的元音三角	（贝先明 2008）
	新宁	ɿ、i、u、y、a、o、ɛ	典型的元音三角	a 的实际音值为ᴀ。（欧阳芙蓉 2008）
	新邵坪上	ɿ、i、u、y、a、ɒ、o、e	典型的元音四角	a 发音时舌位靠前，接近ᴀ。ɒ 发音时舌位靠后，唇形比较圆。（陈红丽 2008）
	株洲龙泉	ɿ、ʅ、i、u、y、ɒ、o、e、æ	偏后型元音四角	（卢小群 2001）

---

① 贝先明认为新化方言是湘语和赣语接触产生的混合方言，详情请参看贝先明《方言接触中的语音格局》，博士学位论文，南开大学，2008 年。因为该方言与湘语有着密切的联系，此处也拿来分析。

· 155 ·

湘语语音的特征与类型研究

续表

方言片	方言点	元音	元音系统的类型	音位材料来源及有关音值的说明
衡州片	衡东_{高湖}	ɿ、i、u、y、A、o、E、æ、ɔ	典型的元音三角	（孙叶林 2009）
	衡山_{前山}	ɿ、i、u、y、ɑ、æ、o、e、ɯ	偏后型元音四角	æ和ɑ舌位一前一后形成对立，æ单独做韵母也可以读a。e舌位偏低，读ɛ或者E。（彭泽润 1999）
	衡阳	ɿ、i、u、y、a、e、o	偏后型元音三角	a比平均A更偏后，是ɑ。（杨时逢 1974）
辰溆片	辰溪	ɿ、i、u、y、a、o、e	偏后型元音三角	a比平均A更偏后，近似ɑ。（杨时逢 1974）
	泸溪_{浦市}	ɿ、i、u、y、a、o、ʊ、æ、ɚ	典型的元音三角	a实际音值为A。（瞿建慧 2005）
	溆浦	ɿ、ʅ、i、u、y、a、ɒ、ʊ、ɛ、ɤ、ɚ	典型的元音四角	（贺凯林 1999）
永州片	祁东	ɿ、ʅ、i、u、y、a、o、ɛ、ɚ	偏后型元音四角	（彭婷 2005）
	祁阳	ɿ、i、u、y、a、e、o、æ	典型的元音三角	a单独作韵母，是A。（李维琦 1998）
	东安_{花桥}	ɿ、i、u、y、a、o、e	偏后型元音三角	a比A略后，ai、uai中的a接近A。（谢奇勇 2003）
	道县_{寿雁}	ɿ、i、u、y、a、ɤ、o、ɔ、ɯ	典型的元音三角	a实际发音舌位趋央，接近A。（贺凯林 2003）
	江华_{白芒营}	ɿ、i、u、y、a、o、ɤ	典型的元音三角	（谢奇勇 2003）
	江永	i、u、y、a、ø、ɯ	典型的元音三角	ø的音值接近œ。（黄雪贞 1993）
	冷水滩_{普利桥}	ɿ、i、u、y、a、o、e	偏后型元音三角	a比A略后，ai、uai中的a接近A。（谢奇勇 2003）
	新田_{茂家}	ɿ、i、u、y、a、o、e	典型的元音三角	a音值接近A。（谢奇勇 2003）

第二节 湘语元音的类型

我们根据元音的声学分布而不是音系归纳,将元音格局的类型分为典型的元音四角、非典型的元音四角、典型的元音三角和非典型的元音三角四种类型。依据表 2.1,总结出湘语的元音格局类型情况如下。

一 元音四角

(一) 典型的元音四角

典型的元音四角的四个元音分别是 i/y—ɯ/u—a/Œ—ɑ/ɒ。详见图 2.1、图 2.2。

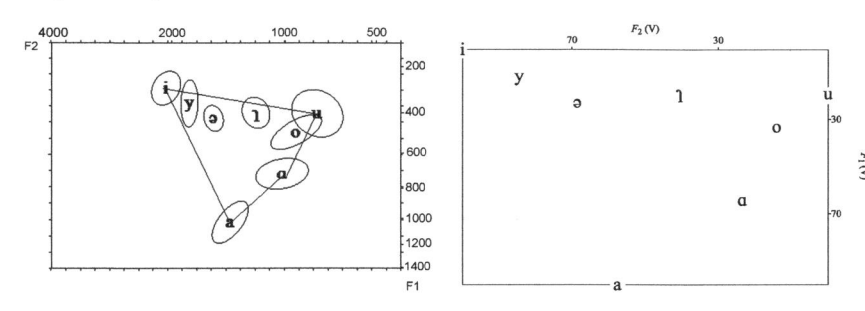

图 2.1 武冈方言元音 Bark 值　　图 2.2 武冈方言元音 V 值

典型的元音四角类型的湘语有汨罗_{长乐}、武冈、新邵_{坪上}、溆浦。从世界上其他语言来看,匈牙利语、美式英语[1]、瑞典语的元音是典型的元音四角。[2]

(二) 非典型的元音四角

非典型的元音四角可以分为偏前型元音四角和偏后型元音四角。

---

[1] 美式英语的元音四角为 i-u-æ-ɑ,在元音图上,æ 和 ɑ 几乎在同一高度。因此,我们将美式英语元音归纳为典型的元音四角。

[2] 孙雪用声学实验的方法,考察了 26 种语言(其中香港话属于汉语,其他的均为非汉语)。孙雪:《国际音标符号系统之元音声学特征分析》,博士学位论文,南开大学,2009 年,第 124—148 页。

湘语语音的特征与类型研究

（1）偏前型元音四角：偏前型元音四角的四个元音分别是 i/y—ɯ/u—a/Œ—ɔ/ʌ。如图 2.3。

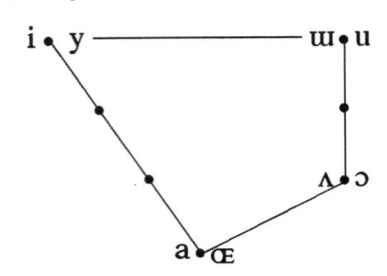

图 2.3 偏前型元音四角示意

从本次考察的结果看，尚未发现偏前型元音四角类型的湘语。

Björn Lindblom 根据听觉模型测量图发现，元音 i、u 之间的距离大约是元音 i、a 之间距离或者 i、ɔ 之间距离的一半[①]。因此，在缺乏 a 元音的音系中，我们把 ɔ/ʌ 作为元音四角的一个角，也是可行的。从世界上其他语言来看，保加利亚语、依格博语的元音是偏前型元音四角。[②]

（2）偏后型元音四角：偏后型元音四角的四个元音分别是 i/y—ɯ/u—æ/ɛ/œ—ɑ/ɒ。如图 2.4、图 2.5。

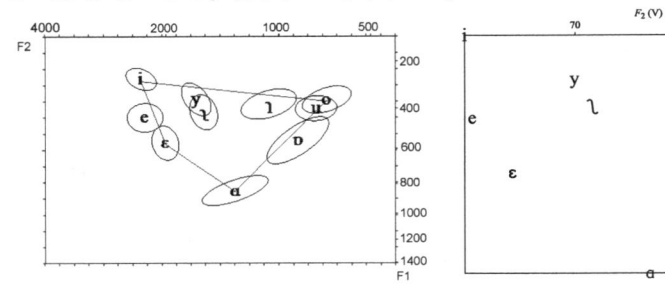

图 2.4 汨罗城关方言元音 Bark 值　　图 2.5 汨罗城关方言元音 V 值

---

① 根据 Björn Lindblom 的研究，i、ɔ 之间的距离甚至还稍大于 i、a 之间的距离。详情请参看 Björn Lindblom, Phonetic Universals in Vowel Systems, Experimental Phonology, Orlando, Florida: Academic Press, Inc., 1986.

② 孙雪：《国际音标符号系统之元音声学特征分析》，博士学位论文，南开大学，2009 年，第 124—148 页。

第二章　湘语元音的类型

偏后型元音四角类型的湘语有汨罗城关、宁乡花明楼、桃江、湘潭、隆回桃洪、邵阳、双峰花门、株洲龙泉、衡山前山、祁东。从世界上其他语言来看，波斯语的元音是偏后型元音四角。①

二　元音三角

（一）典型的元音三角

典型的元音三角的三个元音分别是 i/y—ɯ/u—ᴀ。如图2.6、图2.7所示。

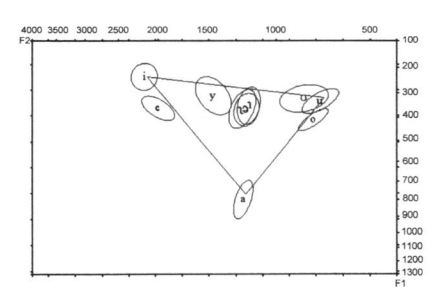

图2.6　双峰永丰方言元音 Bark 值　　**图2.7　双峰永丰方言元音 V 值**

典型的元音三角是汉语方言尤其是官话方言的特征。根据时秀娟②的实验分析，我们发现在17个官话方言中，除兰州话（属于兰银官话）、昆明话（属于西南官话）为偏后型元音四角，成都话、武汉话（以上属于西南官话）、南京话（属于江淮官话）属于偏后型元音三角之外，北京话（属于北京官话）、哈尔滨话（东北官话）、青岛话（胶辽官话）、天津话、济南话（以上属于冀鲁官话）、郑州话、西安话、西宁话（以上属于中原官话）、乌鲁木齐话、银川话（以上属于兰银官话）、贵阳话（以上属于西南官话）、合肥话（属于江淮官话）均为典

---

① 孙雪：《国际音标符号系统之元音声学特征分析》，博士学位论文，南开大学，2009年，第124—148页。

② 时秀娟：《汉语方言的元音格局》，中国社会科学出版社2010年版。

| 湘语语音的特征与类型研究

型的元音三角系统。典型的元音三角形方言占 17 个官话方言的 70.6%。在 21 个非官话方言（不包括湘语）中，除苏州话、温州话（属于吴语区）、广州话（属于粤语）为偏后型元音四角之外，太原话、平遥话、呼和浩特话（以上属于晋语区）、上海话、杭州话（以上属于吴语区）、屯溪话、歙县话（以上属于徽语区）、南昌话（赣语）、梅县话、桃园话（以上属于客家话区）、香港话、南宁话（以上属于粤语）、建瓯话、福州话、厦门话、汕头话、台北话、海口话（以上属于闽语）均为典型的元音三角系统。典型的元音三角形方言占 21 个非官话方言（不包括湘语）的 71.4%。

但是，典型的元音三角却不是湘语元音系统的普遍和典型特征。在本研究考察的 44 个湘语中，属于典型的元音三角类型的湘语有湘阴、益阳、双峰_{永丰}、湘乡、新化、新宁、衡东、泸溪、祁阳、道县_{寿雁}、江华_{白芒营}、江永_{城关}、新田_{茂家}，只占总数的 29.5%。其中湘阴、衡东跟湘东赣语区相接，泸溪与湘西官话区相邻，道县_{寿雁}、江华_{白芒营}、江永_{城关}、新田_{茂家}位于湘语与湘西南官话的双方言区，在过去多被认为是湘南土话或平话。双峰、湘乡、祁阳等地的行政区划及归属在历史上有多次调整。新化更是由于受历史上江西移民的影响，表现为混合方言的性质[1]。

非湘语的汉语方言中，不属于典型元音三角的汉语方言有三个特点，一是这些方言多分布在湘语周围，例如，西南官话、吴语、粤语。二是这些方言在历史上很可能与湘语有很密切的关系[2]（这个特点与第

---

[1] 贝先明：《方言接触中的语音格局》，博士学位论文，南开大学，2008 年。贝先明：《方言接触中的声调表现》，《中国语言学报》（*Journal of Chinese Linguistics*）2015 年第 1 期；贝先明、石锋：《方言接触中的元音表现》，《中国语言学报》（*Journal of Chinese Linguistics*）2011 年第 2 期。

[2] 有些论著论述过周边方言与湘语的关系，如桥本万太郎（1985：31）认为"吴语和湘语曾经明显地构成同一个方言地区，很可能后来在客家南下时从中间分割开了"。又如李新魁等（1995：12）认为"现代粤方言与古代楚方言确有密切的关系，……另一种可能是粤方言本来就是楚方言的一支"。

第二章 湘语元音的类型

一个特点有关）。三是这些方言的元音系统多是偏后型（含偏后型元音四角和偏后型元音三角），这一点与很多湘语点是一致的。总之，这些不属于典型元音三角的汉语方言，似乎都或多或少跟湘语有着某种联系。

从世界上其他语言来看，阿拉伯语、克罗地亚语、希伯来语、日语、捷克语、阿姆哈拉语、加利西亚语、加泰罗尼亚语、斯洛文尼亚语、朝鲜语、泰语、信德语、印地语、爱尔兰语、德语、葡萄牙语、土耳其语、法语、荷兰语的元音系统是典型的元音三角，占所考察的非汉语语言总数的76%。其中，葡萄牙语的元音接近偏前型元音四角、土耳其语接近偏后型元音四角、法语接近偏后型元音四角、荷兰语接近偏前型元音三角。[①]

（二）非典型的元音三角

非典型的元音三角可以分为偏前型元音三角和偏后型元音三角。

（1）偏前型元音三角：偏前型元音三角的三个元音分别是 i/y—ɯ/u—a/Œ。如图2.8所示。

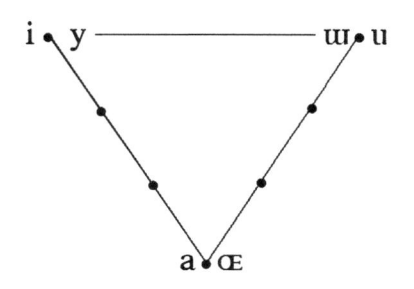

图2.8 偏前型元音三角示意图

本次考察没有发现偏前型元音三角类型的湘语。从世界上其他语言

---

① 孙雪：《国际音标符号系统之元音声学特征分析》，博士学位论文，南开大学，2009年，第124—148页。

湘语语音的特征与类型研究

来看，荷兰语接近①偏前型元音三角。②

（2）偏后型元音三角：偏后型元音三角的三个元音分别是 i/y—ɯ/u—ɑ/ɒ。如图 2.9、图 2.10 所示。

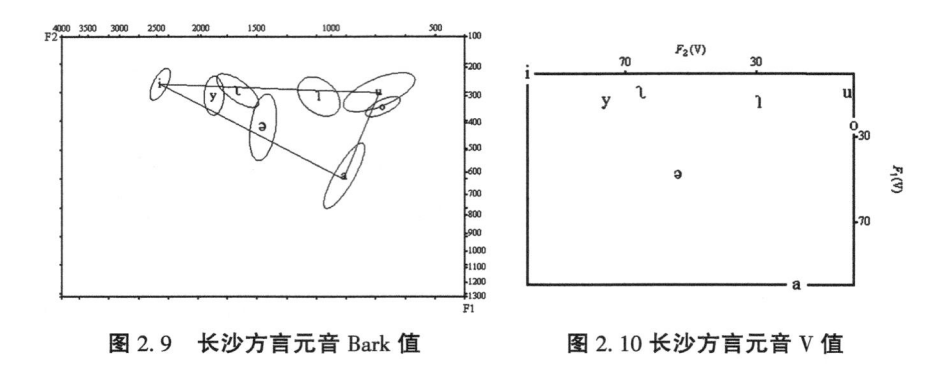

图 2.9　长沙方言元音 Bark 值　　　图 2.10 长沙方言元音 V 值

偏后型元音三角类型的湘语有安化梅城、长沙、浏阳镇头、南县、望城铜官、沅江四季红、岳阳、安化东坪、城步、会同、涟源桥头河、娄底、衡阳、辰溪、东安花桥、冷水滩普利桥。在孙雪③考察的 25 种非汉语语言中，没有发现偏后型元音三角。

第三节　湘语元音格局的历史成因

湘语元音格局的两种类型（元音三角、元音四角）是如何产生的？经历过何种语音演变？与汉语历史音韵有何联系？下文试作分析。

中古时期，汉语元音系统是元音四角。其中，果摄一等为 ɑ，假摄二等主要元音为 a。另外，遇摄一等主要元音为 o。蟹开一二等为复元音，其中二等主要元音为前元音。（见董同龢、邵荣芬、蒲立本、周法

---

① 荷兰语的 a 的靠前性不明显。
② 孙雪：《国际音标符号系统之元音声学特征分析》，博士学位论文，南开大学，2009 年，第 124—148 页。
③ 孙雪：《国际音标符号系统之元音声学特征分析》，博士学位论文，南开大学，2009 年。

第二章 湘语元音的类型

高、郑张尚芳、潘悟云的构拟系统，可参看潘悟云①）

中古以后，与其他汉语各大方言相类似，湘语果摄字元音发生了高化（ɑ>o）②，果摄的主流读音有 o（如长沙、衡山_前山_、涟源、蓝田、邵阳、武冈、益阳等）、ʊ（娄底、泸溪、宁乡_花明楼_、双峰_花门_、双峰_永丰_、湘乡、溆浦等）。

湘语果摄的高化带来两个连锁反应：

一是推动遇摄一等也相应发生高化演变（o>u>əu），遇摄一等帮组、见组、晓组和影组念 u，遇摄模韵端组、精组、泥来组念 u（城步_城内_、衡阳、蓝田、隆回_桃洪_、祁阳、武冈等）或由高化而进一步裂化为 əu（长沙、娄底、泸溪、宁乡_花明楼_、韶山、桃江、湘潭、新化、溆浦、益阳、株洲等，双峰_永丰_连见组、晓组、影组也是念 əu）。

二是拉动假摄二等字主要元音 a 后化（部分湘语进一步圆唇化、高化），读音为 ɑ（衡山_前山_、武冈等）、ɒ（湘潭、溆浦等）、ɔ（涟源、蓝田等）、o（双峰_花门_等），填补果摄高化后留下的空当，假摄二等字主要元音后化在不同的湘方言上产生不同的影响，第一种影响是假摄二等字主要元音 a 后化以后，蟹摄一二等仍然念复元音。因此，部分湘语的元音系统就表现为目前的偏后型元音三角：i/y—ɯ/u—ɑ/ɒ（如长沙话）。第二种影响是假摄二等字主要元音 a 后化以后，留下 a 的空当，

---

① 潘悟云：《汉语历史音韵学》，上海教育出版社 2000 年版，第 83—88 页。
② 果摄元音后高化符合 Labov（1994：116）所论述的"长元音高化"的原则。但是"长元音高化"的观点还只是描写，没能做到真正的解释。朱晓农（2005）认为长元音链式高化的原因在于"说者启动：滑向初始"，具体就是，"长而低的元音 a 容易高化的原因在于它难以长时间维持大张口、低压舌状态。当 a 拖长到一定时候，说者会出于省力和'时间错配' mis-timing，在最后阶段调音器官会自然地回复或滑向最自然、最无标记的混元音这一初始状态。所谓'时间错配'是指发音（发声和调音）器官在协同发音的时间上没配合好。按说应该发声先停止，然后调音器官恢复初始态。但如果发声还没完全停止之前，调音器官先恢复初始态，那么就会产生一个 aə 或 a↑滑音的过渡状态。"朱晓农（2005）描写并解释了汉语历史上第一次长元音链移式高化大转移（发生在《切韵》以前）。本文论述的是汉语（以湘语为例子）历史上第二次长元音链移式高化大转移（发生在《切韵》以后）。

进一步拉动蟹摄一二等的复元音单化（单化同时应该还伴随着低化），[①]来填补 a 的空当。因此，部分湘语的元音系统就表现为目前的典型元音四角：i/y—ɯ/u—a/Œ—ɑ/ɒ（如武冈方言），或者偏后型元音四角：i/y—ɯ/u—æ/ɛ/œ—ɑ/ɒ（如湘潭方言）。

整个过程如图 2.11 所示：

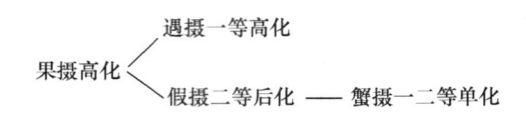

果摄高化 ⟨ 遇摄一等高化
　　　　　 假摄二等后化 —— 蟹摄一二等单化

图 2.11　湘语元音演变关系图

综上，语音链变是现代湘语元音系统的历史动因。单元音高化的推链式演变（果摄高化后推动假摄高化）导致大部分湘语的元音系统是偏后型（含偏后型元音三角和偏后型元音四角）。此后，一些湘语双元音单化的拉链式演变（假摄高化后拉动蟹摄一二等复元音单化），又导致这些方言产生元音四角。所以，现代湘语元音四角的系统不是中古元音四角的保留，而是语音演变的结果。

第四节　有关湘语元音类型的几点思考

通过前面有关湘语元音类型的考察，我们有以下五点思考。

---

① 蟹摄一二等复元音单化并低化符合 Labov 所论述的"短元音低化"的原则。详情请参看 William Labov, *Principles of Linguistic change: Internal Factors*, Blackwell publishing, 1994. 然而"短元音低化"的观点仍然没能做到真正的解释。朱晓农认为《切韵》之前歌部 * ai 的演变（ai>a）是"听着启动：不足改正"，具体地说，该歌部 * ai 时，这个 i 当然不是一个到位的 i，而只是表示一种舌位向上向中央滑动的趋向，后半截时向中央（向 i 的方向）滑动是说者的语言目标（linguistic target），即说者有意为之（是否音位性的要看整体处理），但听者有可能把它当作发长 a 时自然的回归初始态，因为语言中发长 a 时有发成 aə 或 a↑ 的自然倾向。这是一种"不到位的改正" hypo-correction。这样的音变是由听者发动的，他把说者有意为之的发音 ai 当成长 a 的无意的、伴随的 a↑，于是他自作主张地错改成长 a。详情请参看朱晓农《元音大转移和元音高化链移》，《民族语文》2005 年第 1 期。笔者认为朱晓农的这个解释也适合《切韵》之后湘语蟹摄一二等复元音单化并低化的演变。

第二章　湘语元音的类型

一、以往的元音格局类型分析，往往是一个层次上的分析法：元音三角、元音四角。本文采用三个层次上的分析法。如图 2.12 所示：

```
           ┌ 元音四角 ┌ 典型的元音四角        ┌ 偏前型元音四角
           │          └ 非典型的元音四角 ──┤
元音类型 ──┤                                 └ 偏后型元音四角
           │          ┌ 典型的元音三角        ┌ 偏前型元音三角
           └ 元音三角 ┤                     ──┤
                      └ 非典型的元音三角      └ 偏后型元音三角
```

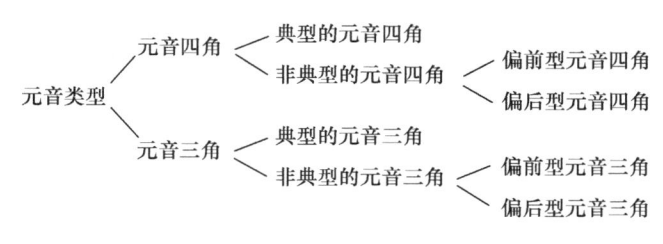

图 2.12　元音系统类型

与一个层次上的分析法相比，这种分析法以声学分析为出发点，同时结合音系整体情况，分类更为细致，更利于进一步观察元音共时的表现和分析元音历时的演变。

二、湘语元音格局的主要类型是偏后型的元音三角、偏后型的元音四角。其次是典型的元音三角、典型的元音四角。从元音的类型来看，湘语存在较多的后圆唇元音。湘语元音格局和元音类型的这种特征在其他方言区中较少见到。

三、从来源来看，现代湘语的偏后型的元音三角、偏后型的元音四角、典型的元音四角的形成原因之一是湘语历史上果摄、假摄、蟹摄（还涉及遇摄）的语音链变（含推链和拉链），而不是中古元音四角的存留。而少数湘方言点典型的元音三角可能跟湘语与其他方言的深度接触有关。

四、从发展来看，在周边方言尤其是官话的影响下，湘语的元音类型正经历着从元音四角到元音三角的演变。具体来说，即典型的元音四角、偏后型的元音四角先变成偏后型的元音三角，再发展成典型的元音三角。元音三角和元音四角的判断主要依靠顶点元音情况，但是其形成与发展却与非顶点元音紧密相连，因为在发展中，顶点元音和非顶点元音往往可以互相转化。

五、语音格局（声调格局、元音格局、辅音格局、语调格局等）

的类型特征可以作为方言分区的重要依据之一。从本次考察的 44 个方言点来看，在形成偏后型的元音三角、偏后型的元音四角历史过程中，元音的链变所带来的后元音高化，娄邵片比长益片更为明显。而在跟周边方言接壤的某些湘方言点，或者历史上江西移民迁入较为集中的某些湘方言点，其元音类型是另一种状态，表现为典型的元音三角。

第三章 长沙方言、双峰方言的辅音

第一节 辅音声学实验研究的理论与方法

本章主要考察长沙方言、双峰方言辅音中的塞音、擦音、近音、鼻音、边音。辅音声学分析使用 Praat 语音软件。采用以下方法：

一是频带能量分析。将待考察的辅音部分（塞音考察爆破段，擦音和近音都考察全段）通过快速傅立叶变换（FFT）技术，生成功率谱（spectrum）。我们在 0—10000Hz 的频率范围内，以 500Hz 为一个频率区间，分成 20 个频带区间，对每个区间分别提取平均能量。各频带区间跟频率范围的对应如表 3.1。

表 3.1　　　　　　　频带区间跟频率范围对应表

频带区间	对应的频率范围（Hz）	频带区间	对应的频率范围（Hz）
1	0—500	11	5001—5500
2	501—1000	12	5501—6000
3	1001—1500	13	6001—6500
4	1501—2000	14	6501—7000
5	2001—2500	15	7001—7500
6	2501—3000	16	7501—8000
7	3001—3500	17	8001—8500
8	3501—4000	18	8501—9000

续表

频带区间	对应的频率范围（Hz）	频带区间	对应的频率范围（Hz）
9	4001—4500	19	9001—9500
10	4501—5000	20	9501—10000

由于辅音频带能量随机变动较大，我们进行归一化处理。归一化按照辅音的发音方法分类进行，分成塞音、擦音、塞擦音三类（其中近音放到擦音一类中去考察，鼻音、边音则用共振峰进行分析），同一类辅音放在一起归一化。我们依据石锋、冉启斌、王萍[①]提出的元音 V 值、声调 T 值公式，提出辅音的 C 值公式，如下：

$$C = (Ex-Emin)/(Emax-Emin) \times 100$$

公式中 Emax 是某类辅音（如所有塞音）各测量点频带能量平均值中的最大值，Emin 是某类辅音（如所有塞音）各测量点频带能量平均值中的最小值，Ex 是某测量点频带能量的平均值。通过计算得到某个辅音某测量点频带能量归一化后的 C 值。如果是基于大样本的数据，则可以用以下基于统计分析的 C 值公式：

$$C = [Ex-E(min-SDmin)]/[E(max+SDmax)-E(min-SDmin)] \times 100$$

公式中 E（max+SDmax）是某类辅音（如所有塞音）各测量点频带能量平均值中的最大值加上最大值的标准差，E（min-SDmin）是某类辅音（如所有塞音）各测量点频带能量平均值中的最小值减去最小值的标准差，Ex 是某测量点频带能量的平均值。通过计算得到某个辅

---

① 石锋、冉启斌、王萍：《论语音格局》，《南开语言学刊》2010 年第 1 期。

音某测量点频带能量归一化后的 C 值。

能量的提取分两种方法，一种以 $Pa^2 \cdot s$ 为单位，另一种以 dB 为单位。基于 $Pa^2 \cdot s$ 单位的计算涉及时间，C 值变动很敏感，适合观察频带能量的峰值。基于 dB 单位的计算适于观察整个辅音能量变动的趋势。我们将这两种测量方法得到的频带能量都作出频带能量图，基于 $Pa^2 \cdot s$ 单位归一化的图放在左边，基于 dB 单位的归一化的图放在右边，见图 3.1。此外，在频带能量归一化计算时，我们没有将第一个频带（0—500Hz）的数据考虑进去。

C 值的优点是计算简单，可比性强，能很大程度上获得辅音之间相对关系的共性特征，便于不同语言或方言及不同发音人之间的语音比较，也方便进行统计分析。基于统计分析的 C 值公式适合于多个发音人的大样本数据统计，也适合单个发音人的大样本（即多次发音）数据统计。

跟元音 V 值的归一化一样，辅音 C 值同样遵循"先各人归一化，再所有人（或男女分组）平均"，也就是每个人都单独计算自己的 C 值，然后男性、女性分组计算 C 值的平均值。

二是谱重心分析（centre of gravity），谱重心的单位为 Hz。

三是时长分析，包括塞音爆破段时长、送气段时长、嗓音起始时间（VOT）、擦音时长、鼻音时长、边音时长等在内。

四是共振峰频率分析，主要是鼻音、边音的共振峰频率分析。

第二节　长沙方言辅音的声学分析

一　长沙方言塞音的声学分析

（一）长沙方言塞音的频谱分析

p

长沙方言男性、女性发音人 p 的频带能量图分别见图 3.1、图 3.2。

湘语语音的特征与类型研究

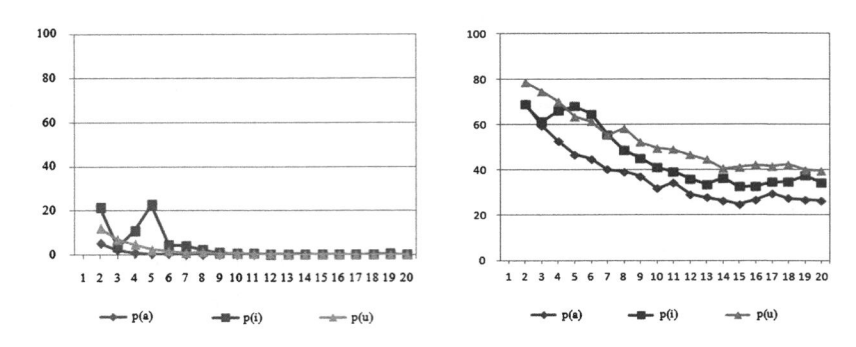

图 3.1　长沙方言男性发音人 p 的频带能量

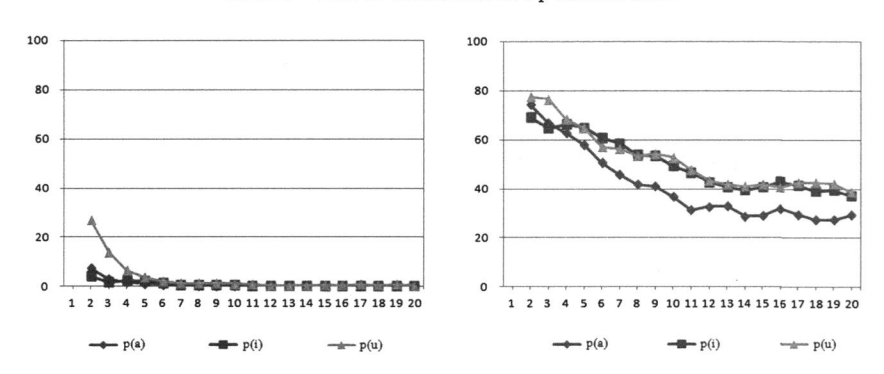

图 3.2　长沙方言女性发音人 p 的频带能量

长沙方言男性、女性发音人 p 的频率数据见表 3.2。

表 3.2　　　　　　　　　　长沙方言 p 的频率数据

	辅音	能量峰值点所在频率范围（Hz）	基于 dB 单位计算出来的能量峰值点的 C 值	谱重心（Hz）
男性	p（a）	500—1000	70	872
	p（i）	500—1000	69	1104
	p（u）	500—1000	79	1111
女性	p（a）	500—1000	74	750
	p（i）	500—1000	69	1408
	p（u）	500—1000	78	963

第三章 长沙方言、双峰方言的辅音

p 的频带能量曲线是一条下降的曲线，能量峰值点位于 500—1000Hz 的范围内，p（i）的谱重心较高，男性发音人的为 1104Hz，女性发音人的为 1408Hz，p（a）的谱重心较低，男性发音人的为 872Hz，女性发音人的为 750Hz。

p^h

长沙方言男性、女性发音人 p^h 的频带能量图分别见图 3.3、图 3.4。

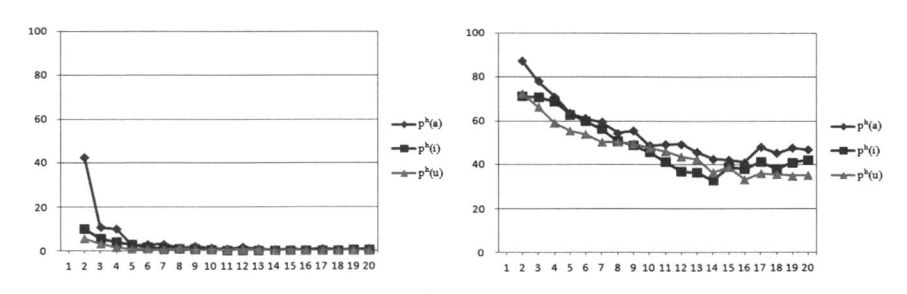

图 3.3　长沙方言男性发音人 p^h 的频带能量

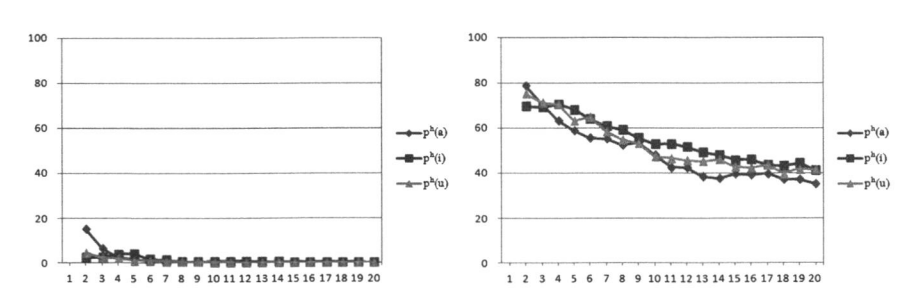

图 3.4　长沙方言女性发音人 p^h 的频带能量

长沙方言男性、女性发音人 p^h 的频率数据见表 3.3。

湘语语音的特征与类型研究

表 3.3　　　　　　　　　　长沙方言 p^h 的频率数据

	辅音	能量峰值点所在频率范围（Hz）	基于 dB 单位计算出来的能量峰值点的 C 值	谱重心（Hz）
男性	p^h（a）	500—1000	87	782
	p^h（i）	1000—1500	74	1219
	p^h（u）	500—1000	72	1005
女性	p^h（a）	500—1000	79	798
	p^h（i）	1500—2000	70	1050
	p^h（u）	500—1000	75	1352

　　p^h 的频带能量曲线[1]跟 p 的相似，也是一条下降的曲线，除男性发音人的 p^h（i）的能量峰值点位于 1000—1500Hz 范围内以及女性发音人的 p^h（i）的能量峰值点位于 1500—2000Hz 范围内之外，其他的都位于 500—1000Hz 的范围内。p^h（i）的谱重心在男性发音人塞音中较高，为 1219Hz，p^h（u）的谱重心在女性发音人塞音中较高，为 1352Hz。p^h（a）的谱重心相对较低，男性发音人的为 782Hz，女性发音人的为 798Hz。

　　t

　　长沙方言男性、女性发音人 t 的频带能量图分别见图 3.5、图 3.6。

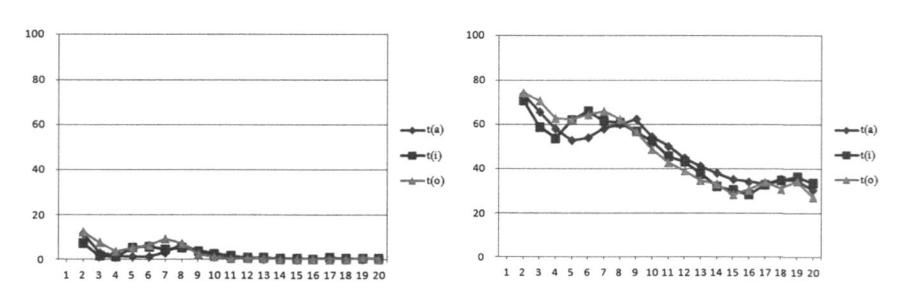

图 3.5　长沙方言男性发音人 t 的频带能量

---

[1] 本章长沙方言、双峰方言的送气塞音的送气段均没有纳入频带能量分析。

第三章　长沙方言、双峰方言的辅音

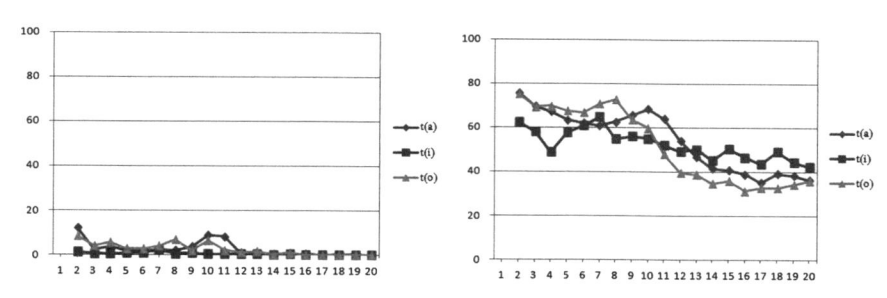

图 3.6　长沙方言女性发音人 t 的频带能量

长沙方言男性、女性发音人 t 的频率数据见表 3.4。

表 3.4　　　　　　　长沙方言 t 的频率数据

	辅音	能量峰值点所在频率范围（Hz）	基于 dB 单位计算出来的能量峰值点的 C 值	谱重心（Hz）
男性	t（a）	500—1000，4000—4500	74，62	1201，2766
	t（i）	500—1000，2500—3000	71，66	1424，2334
	t（o）	500—1000，3000—3500	74，66	1111，2212
女性	t（a）	500—1000，4500—5000	76，68	1340，2683
	t（i）	500—1000，3000—3500	62，65	1101，4817
	t（o）	500—1000，3500—4000	75，73	1227，2499

　　t 的频带能量曲线是一条总体下降的曲线，不过在曲线中部靠前的区域有突起，在 500—1000Hz 范围内出现第一个能量峰值点，在 2500—5000Hz 范围内出现第二个能量峰值点，第二个峰值点的能量基本小于第一个点。谱重心分布在 1000—1500Hz 以及 2000—5000Hz 的范围内。t（a）和 t（i）的谱重心较高，t（i）的谱重心相对较低。

t^h
　　长沙方言男性、女性发音人 t^h 的频带能量图分别见图 3.7、图 3.8。

湘语语音的特征与类型研究

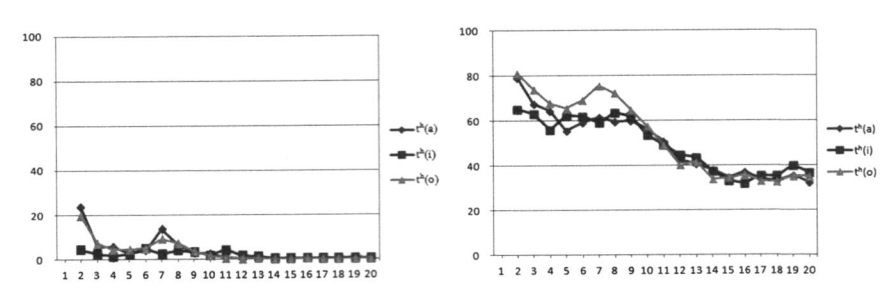

图 3.7　长沙方言男性发音人 t ʰ 的频带能量

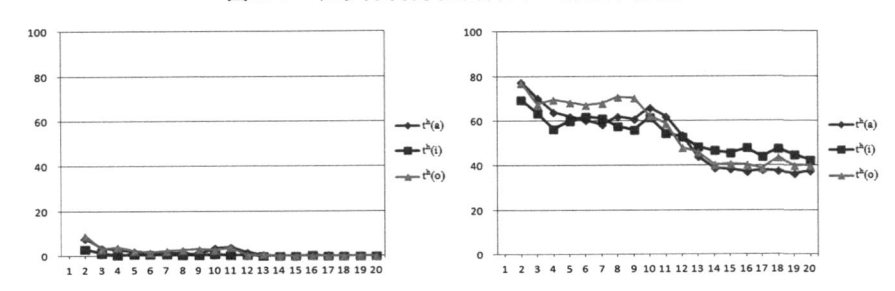

图 3.8　长沙方言女性发音人 t ʰ 的频带能量

长沙方言男性、女性发音人 t ʰ 的频率数据见表 3.5。

表 3.5　　　　　　　　　　长沙方言 t ʰ 的频率数据

	辅音	能量峰值点所在频率范围（Hz）	基于 dB 单位计算出来的能量峰值点的 C 值	谱重心（Hz）
男性	t ʰ（a）	500—1000, 3000—3500	79, 62	1293
	t ʰ（i）	500—1000, 3500—4000	65, 64	1334, 2764
	t ʰ（o）	500—1000, 3000—3500	81, 76	1504
女性	t ʰ（a）	500—1000, 4500—5000	78, 66	1267, 2125
	t ʰ（i）	500—1000, 2500—3000	70, 62	3477
	t ʰ（o）	500—1000, 3500—4000	77, 71	1097, 2833

　　t ʰ 的频带能量曲线跟 t 类似，也是一条总体下降的曲线，曲线中部靠前的区域有突起。在 500—1000Hz 范围内出现第一个能量峰值点，在 2500—5000Hz 范围内出现第二个能量峰值点，第二个峰值点的能量小于第

第三章 长沙方言、双峰方言的辅音

一个峰值点。谱重心分布在 1000—1500Hz 以及 2000—3500Hz 的范围内。

k

长沙方言男性、女性发音人 k 的频带能量图分别见图 3.9、图 3.10。

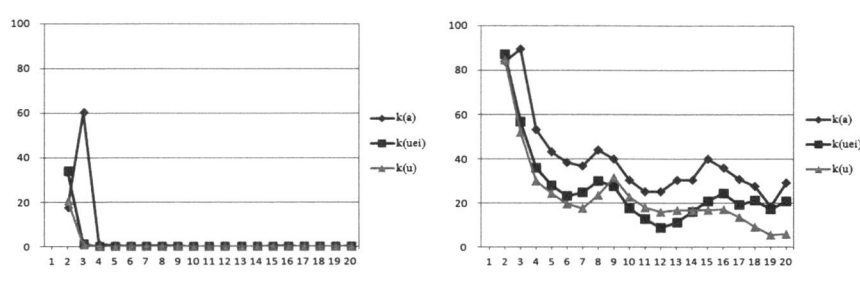

图 3.9　长沙方言男性发音人 k 的频带能量

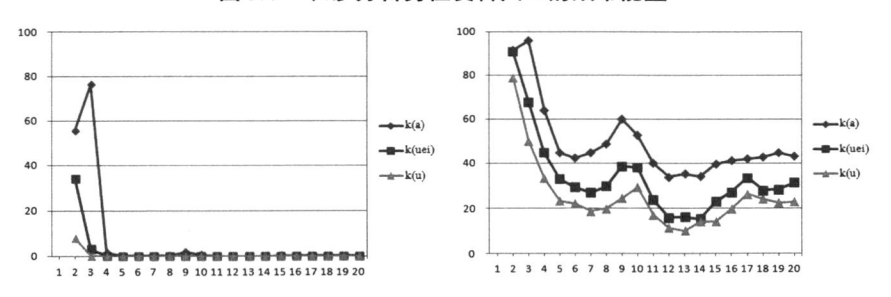

图 3.10　长沙方言女性发音人 k 的频带能量

长沙方言男性、女性发音人 k 的频率数据见表 3.6。

表 3.6　　　　　　　　长沙方言 k 的频率数据

	辅音	能量峰值点所在频率范围（Hz）	基于 dB 单位计算出来的能量峰值点的 C 值	谱重心（Hz）
男性	k（a）	1000—1500，3500—4000，7000—7500	84，44，40	1159
	k（uei）	500—1000，3500—4000，7500—8000	87，30，24	753
	k（u）	500—1000，4000—4500，7500—8000	85，31，17	650

湘语语音的特征与类型研究

续表

	辅音	能量峰值点所在频率范围（Hz）	基于 dB 单位计算出来的能量峰值点的 C 值	谱重心（Hz）
女性	k（a）	1000—1500，4000—4500，9000—9500	92，60，45	1225
	k（uei）	500—1000，4000—4500，8000—8500	91，39，33	916
	k（u）	500—1000，4500—5000，8000—8500	79，29，26	642，3296

k 的频带能量曲线大致是一条下降的曲线，在曲线中部、后部分别有突起，大致呈 w 形。在 500—1500Hz 范围内出现第一个能量峰值点，在 3500—5000Hz 范围内出现第二个能量峰值点，在 7000—9500Hz 范围内出现第三个能量峰值点。三个峰值点的能量从前到后逐渐变小。谱重心分布在 500—1500Hz 以及 3000—3500Hz 的范围内。

k^h

长沙方言男性、女性发音人 k^h 的频带能量图分别见图 3.11、图 3.12。

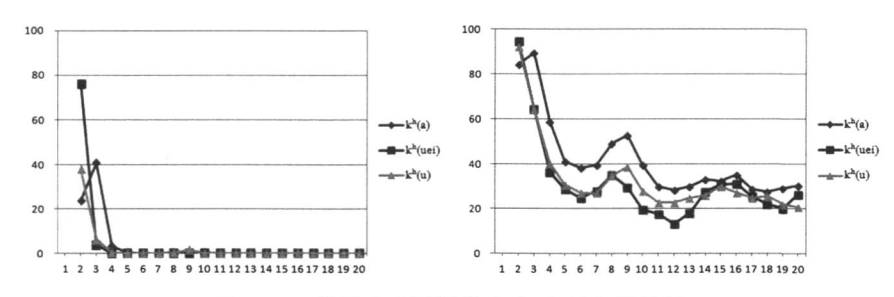

图 3.11　长沙方言男性发音人 k^h 的频带能量

第三章 长沙方言、双峰方言的辅音

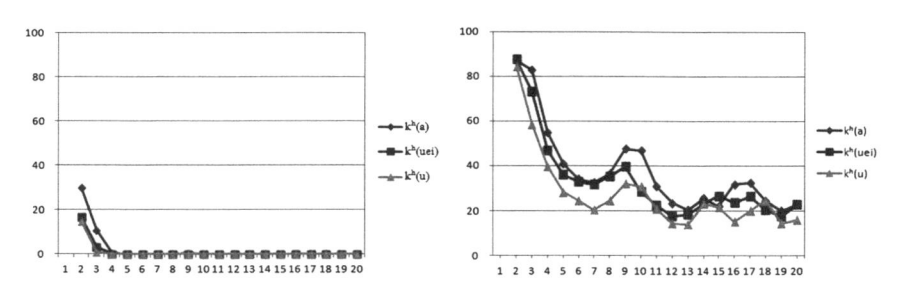

图 3.12 长沙方言女性发音人 k^h 的频带能量

长沙方言男性、女性发音人 k^h 的频率数据见表 3.7。

表 3.7　　　　　　　　长沙方言 k^h 的频率数据

	辅音	能量峰值点所在频率范围（Hz）	基于 dB 单位计算出来的能量峰值点的 C 值	谱重心（Hz）
男性	k^h（a）	1000—1500, 4000—4500, 7500—8000	89, 53, 35	1136
	k^h（uei）	500—1000, 3500—4000, 7500—8000	95, 35, 31	767
	k^h（u）	500—1000, 4000—4500, 7000—7500	92, 39, 30	694
女性	k^h（a）	500—1000, 4000—4500, 8000—8500	87, 47, 32	1075
	k^h（uei）	500—1000, 4000—4500, 7000—7500	87, 40, 27	944
	k^h（u）	500—1000, 4000—4500, 8500—9000	84, 32, 25	829

k^h 的频带能量曲线大致是一条下降的曲线，在曲线中部、后部分别有突起。在 500—1500Hz 范围内出现第一个能量峰值点，在 3500—4500Hz 范围内出现第二个能量峰值点，在 7000—9000Hz 范围内出现第三个能量峰值点。三个峰值点的能量从前到后逐渐变小。谱重心分布在 500—1500Hz 的范围内。

（二）长沙方言塞音频带能量的个性与共性

长沙方言共有双唇塞音 p、p^h 和齿龈塞音 t、t^h 及软腭塞音 k、k^h 三类，三类塞音的个性有二。

首先，从第一个能量峰值点的 C 值来看，双唇塞音 p、p^h 及齿龈塞音 t、t^h 的第一个能量峰值点的 C 值小于软腭塞音 k、k^h，前者一般在 80 以下，后者一般在 80 以上；其次，从能量峰值点的数量来说，双唇塞音 p、p^h 的能量峰值点一般为 1 个，齿龈塞音 t、t^h 的一般为 2 个，软腭塞音 k、k^h 的一般为 3 个，整条曲线呈 w 形。

另外，从谱重心的分布规律来看，双唇塞音 p、p^h 的谱重心一般分布在 500—1000Hz 的范围，齿龈塞音 t、t^h 的谱重心大多有两个分布范围：1000—1500Hz 以及 2000—3500Hz，个别的谱重心有在 4000Hz 以上的。软腭塞音 k、k^h 的谱重心跟双唇塞音的大致一样，即在 500—1000Hz 内，个别的有超过 1000Hz 的。

三类塞音也存在共性，即频带能量曲线均大致为下降的曲线，如果存在两个或三个能量峰值点的，低频区域能量峰值点的能量大于高频区域能量峰值点的能量。

（三）长沙方言塞音的时长分析

表 3.8　　　　　　　**长沙方言塞音的绝对时长数据**　　　　（单位：秒）

塞音	男性发音人塞音时长		女性发音人塞音时长	
	爆破段时长	送气段时长	爆破段时长	送气段时长
p	0.016		0.014	
p^h	0.007	0.089	0.007	0.086
t	0.016		0.022	
t^h	0.009	0.073	0.008	0.078
k	0.028		0.025	
k^h	0.015	0.091	0.020	0.083

第三章　长沙方言、双峰方言的辅音

从表3.8来看，塞音 p、p^h、t、t^h 爆破段的时长较短，如 p^h，男性发音人、女性发音人均为7ms。而 k、k^h 爆破段的时长较长，如男性发音人的 k，时长为28ms。送气段时长是 t^h 的较小，而 p^h、k^h 的较大。

二　长沙方言擦音的声学分析

（一）长沙方言擦音的频谱分析

f

长沙方言男性、女性发音人 f 的频带能量图分别见图3.13、图3.14。

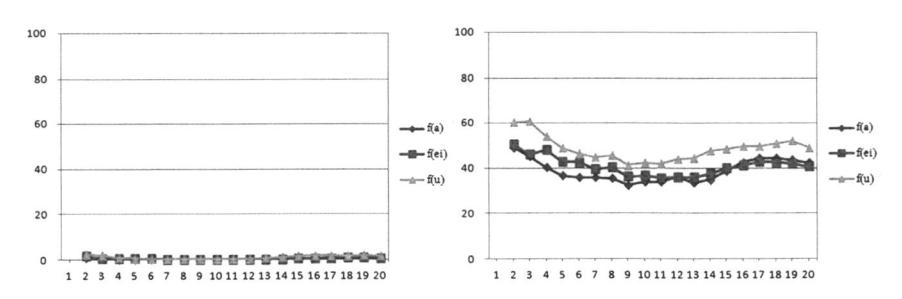

图3.13　长沙方言男性发音人 f 的频带能量

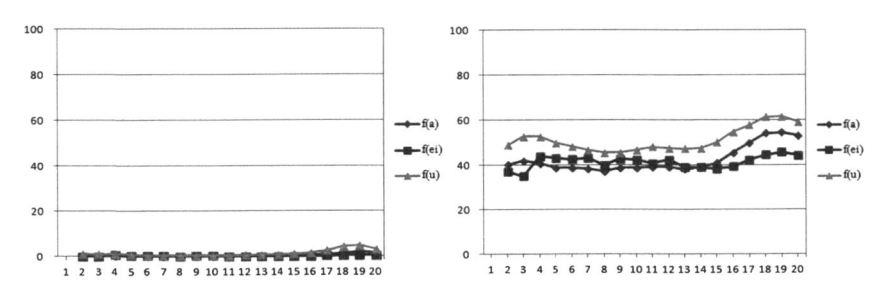

图3.14　长沙方言女性发音人 f 的频带能量

长沙方言男性、女性发音人 f 的频率数据见表3.9。

湘语语音的特征与类型研究

表 3.9　　　　　　　　　　长沙方言 f 的频率数据

	辅音	能量峰值点所在频率范围（Hz）	基于 dB 单位计算出来的能量峰值点的 C 值	谱重心（Hz）
男性	f（a）	500—1000	49	5680
	f（ei）	500—1000	50	4260
	f（u）	500—1000	60	4688
女性	f（a）	9000—9500	55	7812
	f（ei）	9000—9500	46	6458
	f（u）	9000—9500	62	6936

f 的频带能量曲线是一条起伏程度较小的水平曲线，能量在各频段内变动不大。男性发音人的能量峰值点位于 500—1000Hz，女性发音人的峰值点位于 9000—9500Hz。基于 dB 单位计算出来的能量峰值点的 C 值在 45—65 的范围内变动。男性发音人的谱重心分布在 4000—6000Hz，女性发音人的谱重心相对高一些，分布在 6000—8000Hz。

s

长沙方言男性、女性发音人 s 的频带能量图分别见图 3.15、图 3.16。

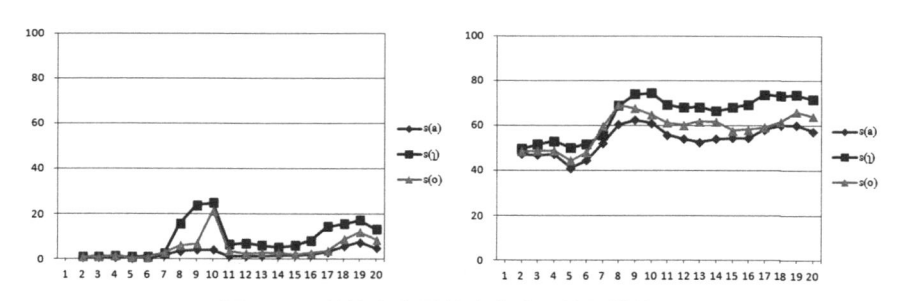

图 3.15　长沙方言男性发音人 s 的频带能量

· 180 ·

第三章　长沙方言、双峰方言的辅音

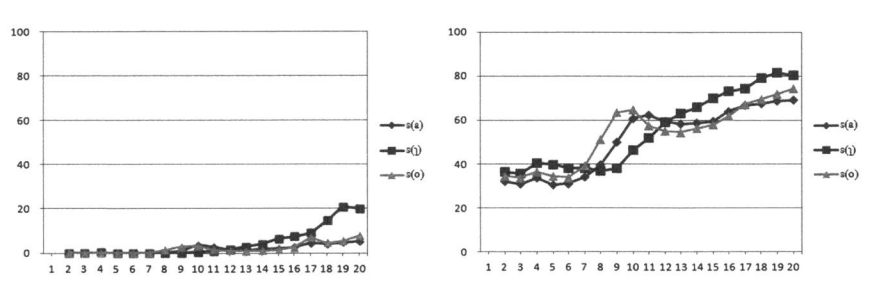

图 3.16　长沙方言女性发音人 s 的频带能量

长沙方言男性、女性发音人 s 的频率数据见表 3.10。

表 3.10　　　　　　　　　长沙方言 s 的频率数据

	辅音	能量峰值点所在频率范围（Hz）	基于 dB 单位计算出来的能量峰值点的 C 值	谱重心（Hz）
男性	s（a）	4000—4500，9000—9500	62，60	6455
	s（ɿ）	4500—5000，9000—9500	74，74	6999
	s（o）	3500—4000，9000—9500	69，66	6003
女性	s（a）	5000—5500，9500—10000	62，69	9110
	s（ɿ）	9000—9500	82	9520
	s（o）	4500—5000，9500—10000	65，74	9582

　　s 的频带能量曲线是一条上升的曲线，在曲线中部、后部一般有突起。男性发音人在 4000—5000Hz、9000—9500Hz 两个范围内分别有一个能量峰值点，女性发音人在 4500—5500Hz、9000—10000Hz 两个范围内分别有一个能量峰值点（除 sɿ 外）。基于 dB 单位计算出来的能量峰值点的 C 值在 60—90 的范围内变动。男性发音人的谱重心分布在 6000—7000Hz，女性发音人的谱重心相对高一些，分布在 9000—10000Hz。

　　长沙方言老派（主要是老年人）的声母系统中有擦音 ʂ，我们的发音人已经不念 ʂ 了，而是念 s。我们也让发音人读老派念 ʂ 声母的例

· 181 ·

| 湘语语音的特征与类型研究

字，用来分析其声学实验结果是否跟 s 一样。图 3.17、图 3.18 和表 3.11 是实验结果。

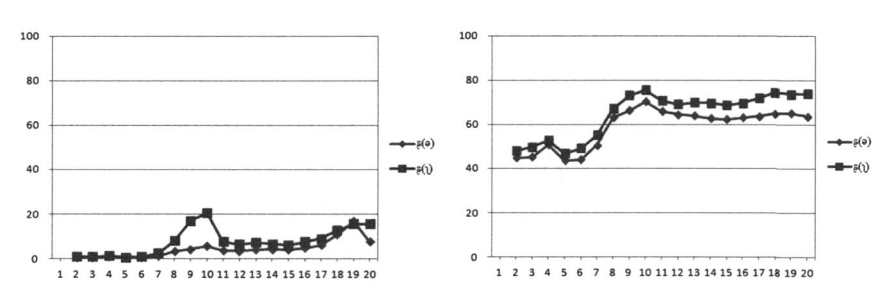

图 3.17　长沙方言男性发音人念老派 ʂ 例字的频带能量

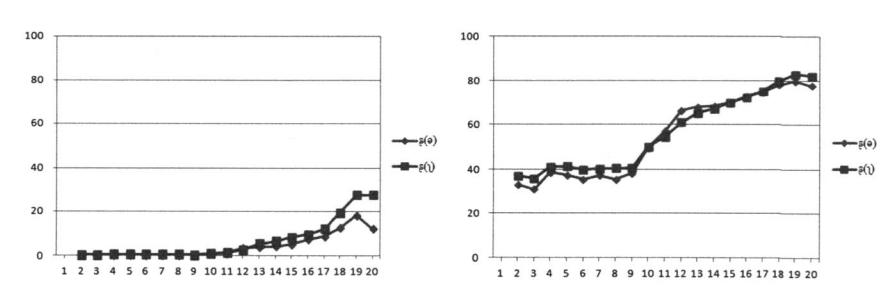

图 3.18　长沙方言女性发音人念老派 ʂ 例字的频带能量

从实验结果来看，这些字的声母的频带能量曲线是一条上升的曲线，在曲线中部、后部有时候有突起。能量峰值点的分布范围、谱重心的分布范围基本上跟 s 一样，实验结果证实了人耳听辨的结果。我们发音人没有老派语音 ʂ 的念法。

表 3.11　　　　长沙方言发音人念老派 ʂ 例字的频率数据

	辅音	能量峰值点所在频率范围（Hz）	基于 dB 单位计算出来的能量峰值点的 C 值	谱重心（Hz）
男性	ʂ（ə）	4500—5000，8500—9000	70，65	6356
	ʂ（ʅ）	4500—5000，8500—9000	76，75	6918

· 182 ·

第三章　长沙方言、双峰方言的辅音

续表

	辅音	能量峰值点所在频率范围（Hz）	基于 dB 单位计算出来的能量峰值点的 C 值	谱重心（Hz）
女性	ʂ（ə）	9000—9500	80	9213
	ʂ（ʅ）	9000—9500	83	9216

ɻ[①]

长沙方言男性、女性发音人 ɻ 的频带能量图分别见图 3.19、图 3.20。

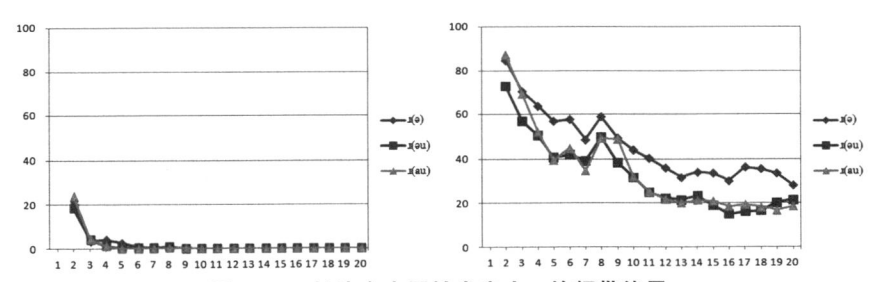

图 3.19　长沙方言男性发音人 ɻ 的频带能量

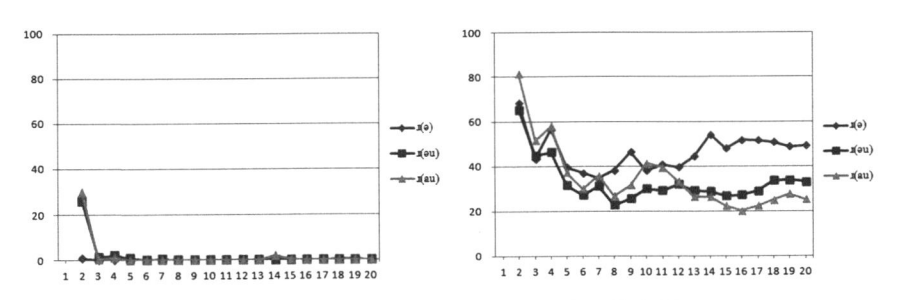

图 3.20　长沙方言女性发音人 ɻ 的频带能量

长沙方言男性、女性发音人 ɻ 的频率数据见表 3.12。

---

① ɻ 的性质为近音，为了便于比较，我们将其跟擦音放在一起论述。本章所说擦音，均包含近音。

· 183 ·

湘语语音的特征与类型研究

表 3.12　　　　　　　　　长沙方言 ɹ 的频率数据

	辅音	能量峰值点所在频率范围（Hz）	基于 dB 单位计算出来的能量峰值点的 C 值	谱重心（Hz）
男性	ɹ（ə）	500—1000	85	330
	ɹ（əu）	500—1000	73	330
	ɹ（au）	500—1000	88	348
女性	ɹ（ə）	500—1000	68	396
	ɹ（əu）	500—1000	65	358
	ɹ（au）	500—1000	81	467

ɹ 的频带能量曲线是一条下降的曲线。能量峰值点位于 500—1000Hz。基于 dB 单位计算出来的能量峰值点的 C 值在 60—90 的范围内变动，半数在 80 以上。谱重心基本位于在 300—400Hz［女性发音人 ɹ（au）的声母除外，为 467Hz］。ɹ 的谱重心表现出浊音谱重心的特点，即分布在较低的频域内（500Hz 以下）。

ɕ

长沙方言男性、女性发音人 ɕ 的频带能量图分别见图 3.21、图 3.22。

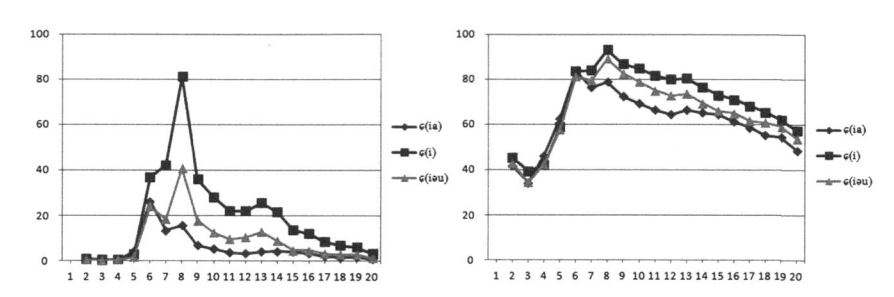

图 3.21　长沙方言男性发音人 ɕ 的频带能量

第三章　长沙方言、双峰方言的辅音

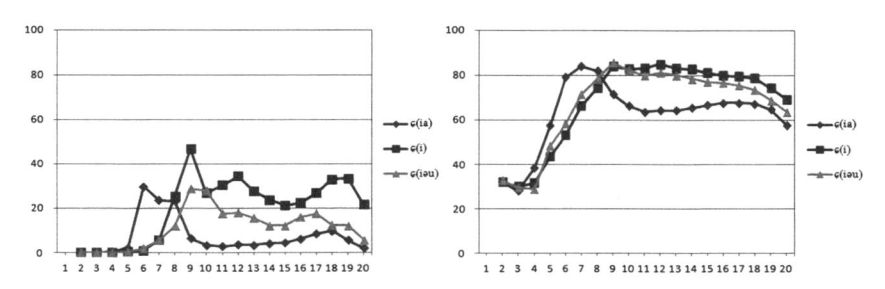

图 3.22　长沙方言女性发音人 ɕ 的频带能量

长沙方言男性、女性发音人 ɕ 的频率数据见表 3.13。

表 3.13　　　　　　　长沙方言 ɕ 的频率数据

	辅音	能量峰值点所在频率范围（Hz）	基于 dB 单位计算出来的能量峰值点的 C 值	谱重心（Hz）
男性	ɕ（ia）	3500—4000	79	4287
	ɕ（i）	3500—4000	93	4749
	ɕ（iəu）	3500—4000	89	4544
女性	ɕ（ia）	3000—3500	84	4991
	ɕ（i）	4000—4500	84	6281
	ɕ（iəu）	4000—4500	85	5916

ɕ 的频带能量曲线是一条先急升后缓降的曲线，在曲线中部有明显的突起，整条曲线大致呈 ʌ 形（可称为倒 v 形）。能量峰值点分布在 3500—4500Hz。基于 dB 单位计算出来的能量峰值点的 C 值基本在 80—100 内变动。谱重心基本分布在 4000—6000Hz，女性发音人 ɕ（i）的谱重心略高，为 6281Hz。

x

长沙方言男性、女性发音人 x 的频带能量图分别见图 3.23、图 3.24。

湘语语音的特征与类型研究

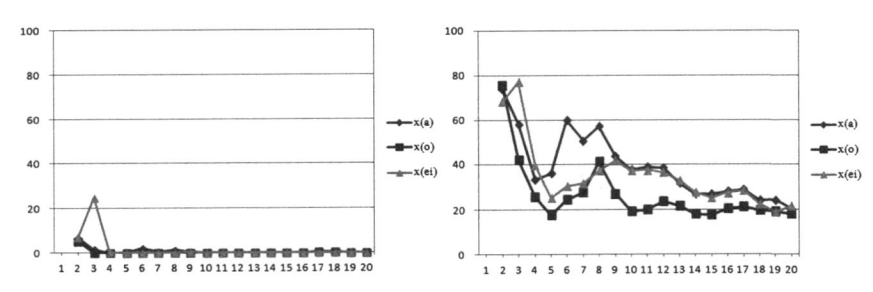

图 3.23　长沙方言男性发音人 x 的频带能量

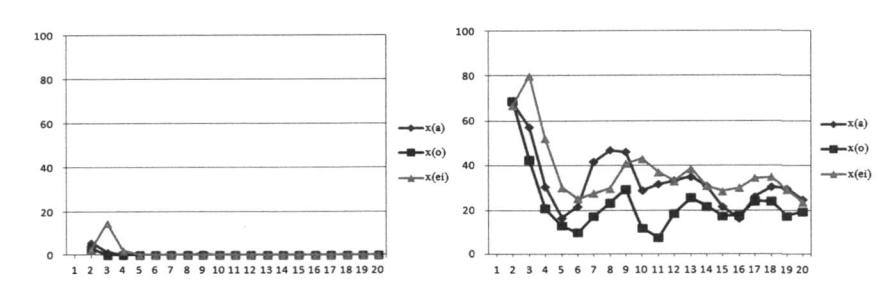

图 3.24　长沙方言女性发音人 x 的频带能量

长沙方言男性、女性发音人 x 的频率数据见表 3.14。

表 3.14　　　　　　　　长沙方言 x 的频率数据

	辅音	能量峰值点所在频率范围（Hz）	基于 dB 单位计算出来的能量峰值点的 C 值	谱重心（Hz）
男性	x（a）	500—1000	74	1758
	x（o）	500—1000	75	1376
	x（ei）	1000—1500	77	1042
女性	x（a）	500—1000	68	1810
	x（o）	500—1000	69	987
	x（ei）	1000—1500	80	1233

x 的频带能量曲线是一条先急速下降后缓慢起伏的曲线，在曲线中

· 186 ·

部（3000—5000Hz）有起伏，整条曲线大致呈 L 形。能量峰值点分布在 500—1500Hz。基于 dB 单位计算出来的能量峰值点的 C 值基本在 60—80 内变动。谱重心基本分布在 1000—2000Hz，女性发音人 x（o）的谱重心略低，为 987Hz。

（二）长沙方言擦音的区别

f：能量峰值点分布在低频区域或者高频区域，即 500—1000Hz 或者 9000—9500Hz。基于 dB 单位计算出来的能量峰值点的 C 值较小，在 45—65 内变动。谱重心分布在 4000—8000Hz。

s：一般有 2 个能量峰值点，一个分布在 4000—5500Hz，另一个分布在 9000—10000Hz。基于 dB 单位计算出来的能量峰值点的 C 值变化也大，在 60—90 的范围内变动。谱重心分布在 6000—10000Hz。

ɹ：能量峰值点位于 500—1000Hz。基于 dB 单位计算出来的能量峰值点的 C 值在 60—90 内变动，半数在 80 以上。谱重心基本位于在 300—400Hz 的低频范围内。

ɕ：能量峰值点分布在 3500—4500Hz。基于 dB 单位计算出来的能量峰值点的 C 值基本在 80—100 内变动。谱重心基本分布在 4000—6000Hz。

x：能量峰值点分布在 500—1500Hz。基于 dB 单位计算出来的能量峰值点的 C 值基本在 60—80 内变动。谱重心基本分布在 1000—2000Hz。

如果将上述数据规律进行一个排列，大致是：

能量峰值点分布频率：s>ɕ>x、ɹ，f 的能量峰值点不明显，分布在低频区域或者高频区域。

基于 dB 单位计算出来的能量峰值点的 C 值：ɕ> ɹ、s、x>f

谱重心：s>f>ɕ>x> ɹ

（三）长沙方言擦音的时长分析

表 3.15　　　　长沙方言擦音的绝对时长数据　　　（单位：秒）

擦音	男性发音人擦音时长	女性发音人擦音时长
f	0.149	0.147
s	0.194	0.188
ɹ	0.081	0.064
ɕ	0.186	0.179
x	0.127	0.129

根据表 3.15，我们得到图 3.25。

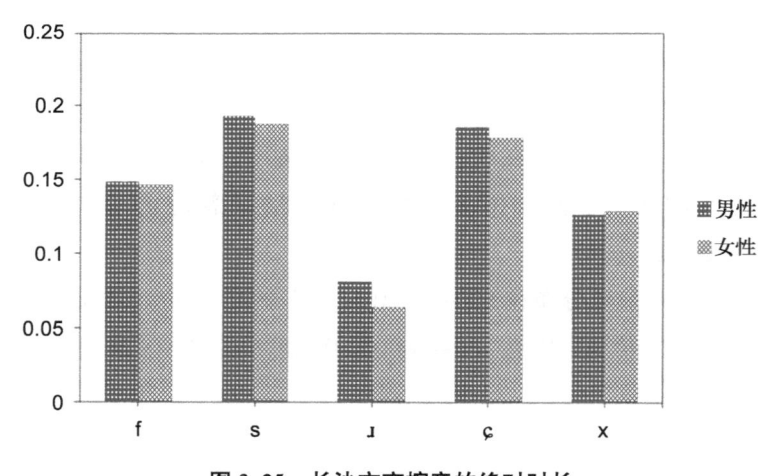

图 3.25　长沙方言擦音的绝对时长

无论是男性发音人还是女性发音人，时长较长的擦音是 s、ɕ，时长较短的擦音是 ɹ。擦音按时长从大到小排列为：s > ɕ > f > x > ɹ。中部发音部位的 s、ɕ 时长较大，靠前的发音部位的 f 和靠后的发音部位的 x 的时长次之，近音 ɹ 的时长最小。

三 长沙方言鼻音、边音的声学分析

(一) 长沙方言鼻音、边音的共振峰频率分析

我们对长沙方言的鼻音、边音进行共振峰频率分析，依照画元音声学图的方法，将鼻音、边音的共振峰画出 Bark 三维图和 V 值三维图。

长沙方言男性发音人鼻音、边音的三维图见图 3.26、图 3.27。

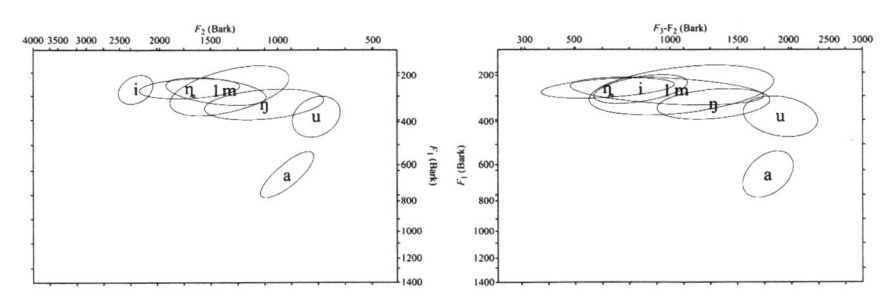

图 3.26　长沙方言男性发音人鼻音、边音的 Bark 值

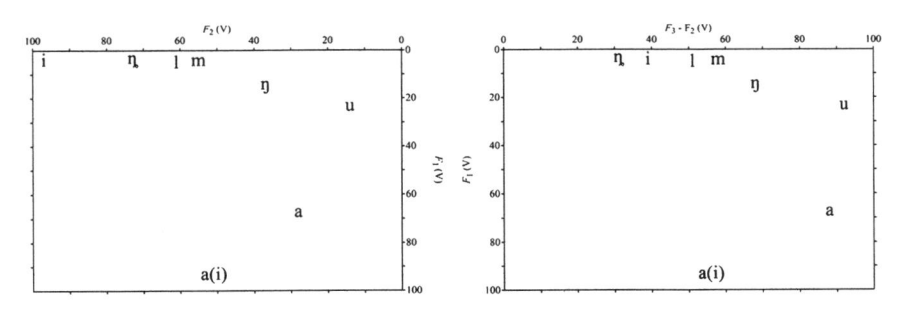

图 3.27　长沙方言男性发音人鼻音、边音的 V 值

长沙方言女性发音人鼻音、边音的三维图见图 3.28、图 3.29。

| 湘语语音的特征与类型研究

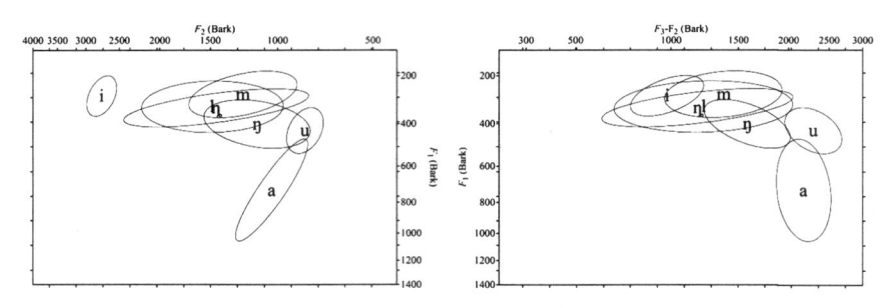

图 3.28 长沙方言女性发音人鼻音、边音的 Bark 值

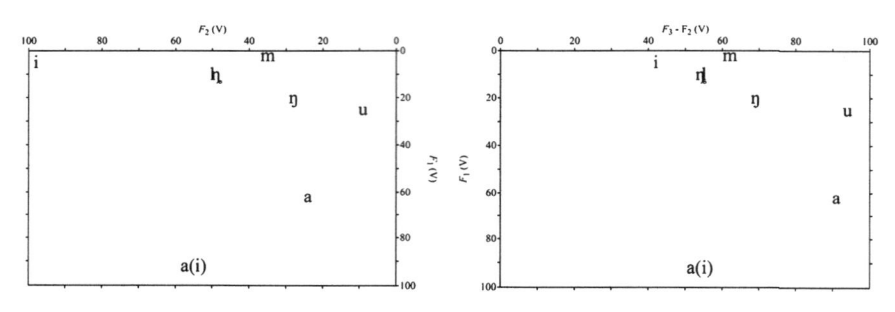

图 3.29 长沙方言女性发音人鼻音、边音的 V 值

从 F_1 来看，长沙方言的鼻音、边音的 F_1 都很小，只有 ŋ 稍大。从 F_2 来看，长沙方言的鼻音、边音按 F_2 从大到小排列，男性为 ȵ>l>m>ŋ，女性为 ȵ、l>m>ŋ，女性的 ȵ、l 基本重合。

长沙方言男性、女性发音人鼻音的共振峰数据见表 3.16。

· 190 ·

第三章 长沙方言、双峰方言的辅音

表3.16 长沙方言鼻音的共振峰数据

	m							ȵ							ŋ						
	Bark			V				Bark			V				Bark			V			
	F1	F2	F3	F3-F2	F1	F2	F3	F3-F2	F1	F2	F3	F3-F2	F1	F2	F3	F3-F2	F1	F2	F3	F3-F2	F1	F2	F3	F3-F2
男性	2.8	10.4	14.4	9.2	4	55	37	58	2.7	11.9	14.2	6.6	3	73	31	31	3.3	9.0	14.2	10.2	14	37	30	68
女性	2.9	9.9	14.8	10.6	2	35	12	62	3.4	11.1	15.1	9.8	10	49	20	54	4.0	9.2	15.0	11.3	20	28	16	69

湘语语音的特征与类型研究

长沙方言男性、女性发音人边音的共振峰数据见表 3.17。

表 3.17　　　　　　　长沙方言边音的共振峰数据

	l							
	Bark				V			
	F1	F2	F3	F3-F2	F1	F2	F3	F3-F2
男性	2.8	10.9	14.4	8.5	5	61	37	51
女性	3.4	11.1	15.2	9.9	10	50	25	55

（二）长沙方言鼻音、边音的时长分析

表 3.18 是长沙方言鼻音、边音的绝对时长表，图 3.30 和图 3.31 是根据表 3.18 绘制的。

表 3.18　　　　　长沙方言鼻音、边音的绝对时长　　　（单位：秒）

	时长			
	l	m	ȵ	ŋ
男性	0.061	0.068	0.055	0.064
女性	0.056	0.069	0.056	0.064

长沙方言的鼻音、边音时长相差较小，彼此两个音之间的时长之差不超过 15 毫秒。m、ŋ 略长，l、ȵ 略短。

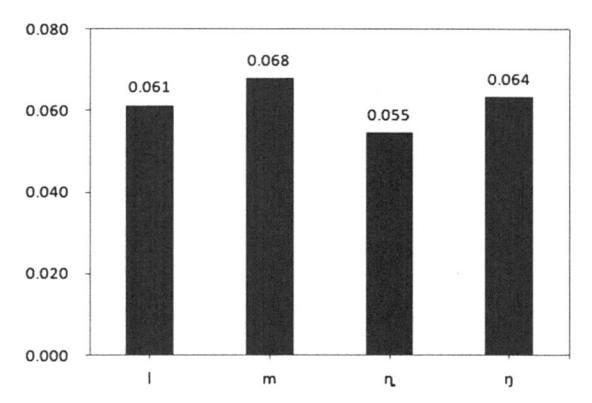

图 3.30　长沙方言男性发音人鼻音、边音的绝对时长

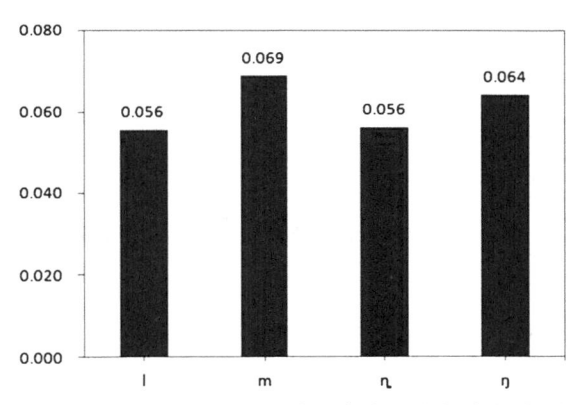

图 3.31　长沙方言女性发音人鼻音、边音的绝对时长

第三节　双峰方言辅音的声学分析

一　双峰方言塞音的声学分析

（一）双峰方言塞音的频谱分析

p

双峰方言男性、女性发音人 p 的频带能量图分别见图 3.32、图 3.33。

湘语语音的特征与类型研究

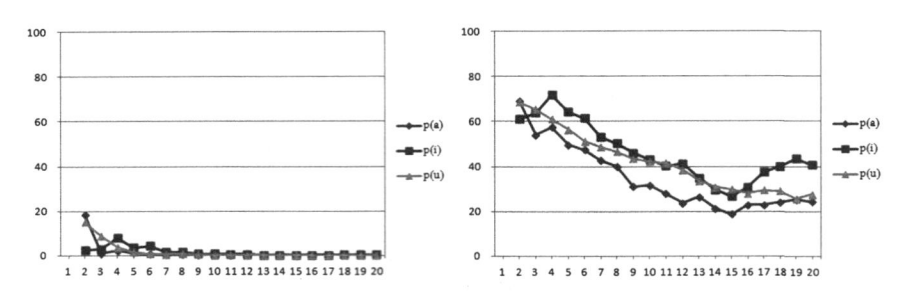

图 3.32　双峰方言男性发音人 p 的频带能量

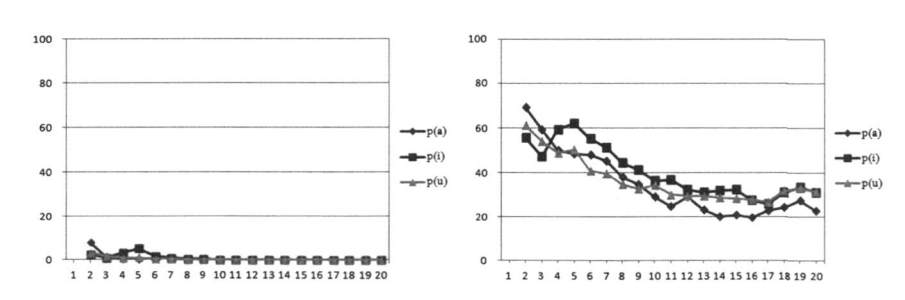

图 3.33　双峰方言女性发音人 p 的频带能量

双峰方言男性、女性发音人 p 的频率数据见表 3.19。

表 3.19　　　　　　　　　双峰方言 p 的频率数据

	辅音	能量峰值点所在频率范围（Hz）	基于 dB 单位计算出来的能量峰值点的 C 值	谱重心（Hz）
男性	p（a）	500—1000	69	1121
	p（i）	1500—2000，9000—9500	72，44	1600
	p（u）	500—1000	69	1222
女性	p（a）	500—1000	69	1066
	p（i）	2000—2500	62	1060
	p（u）	500—1000	61	1100

　　p 的频带能量曲线是一条下降的曲线，能量峰值点基本位于 500—

· 194 ·

第三章　长沙方言、双峰方言的辅音

1000Hz 的范围内，个别测量点的位于 1000—2500Hz。男性发音人 p(i) 另外在 9000—9500Hz 还有一个能量峰值点。谱重心分布在 1000—1600Hz。

p^h

双峰方言男性、女性发音人 p^h 的频带能量图分别见图 3.34、图 3.35。

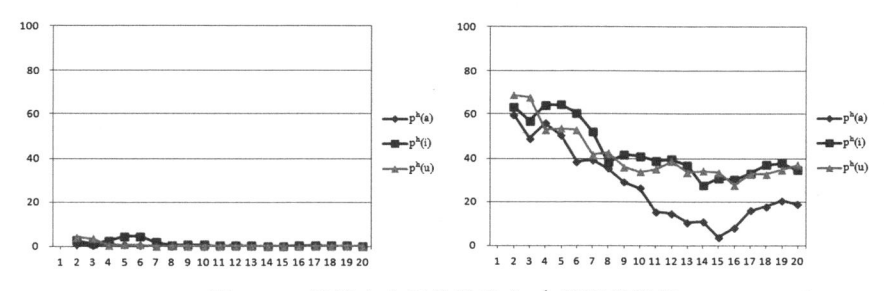

图 3.34　双峰方言男性发音人 p^h 的频带能量

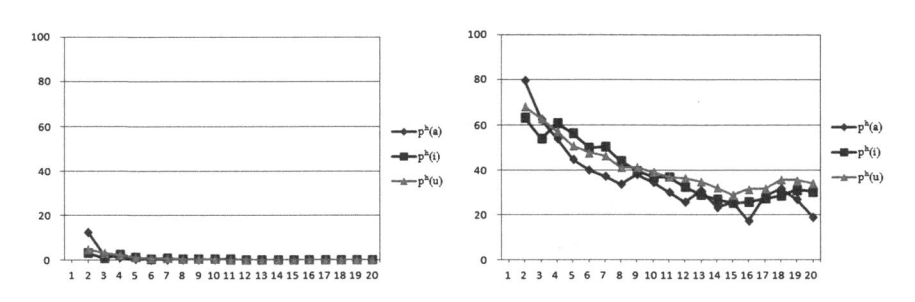

图 3.35　双峰方言女性发音人 p^h 的频带能量

双峰方言男性、女性发音人 p^h 的频率数据见表 3.20。

湘语语音的特征与类型研究

表 3.20　　　　　　　　双峰方言 p^h 的频率数据

	辅音	能量峰值点所在频率范围（Hz）	基于 dB 单位计算出来的能量峰值点的 C 值	谱重心（Hz）
男性	p^h（a）	500—1000，9000—9500	60，21	920
	p^h（i）	2000—2500，9000—9500	64，38	1230
	p^h（u）	500—1000	69	1266
女性	p^h（a）	500—1000	80	634
	p^h（i）	500—1000	63	1013
	p^h（u）	500—1000	68	1438

p^h 的频带能量曲线是一条下降的曲线，能量峰值点基本位于 500—1000Hz，男性发音人 p^h（a）、p^h（i）在 9000—9500Hz 分别还有一个能量峰值点，不过能量较小。谱重心分布在 500—1500Hz。

b

双峰方言男性、女性发音人 b 的频带能量图分别见图 3.36、图 3.37。

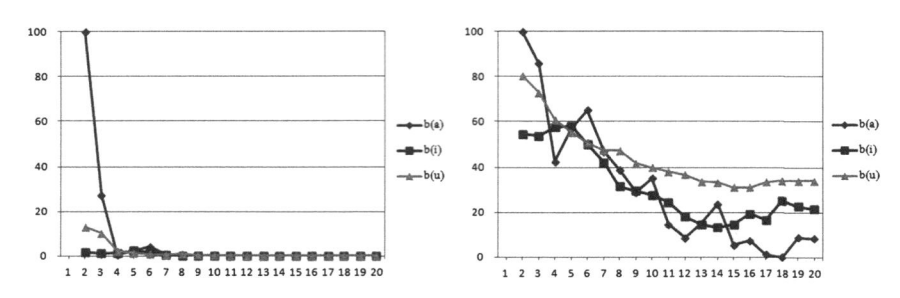

图 3.36　双峰方言男性发音人 b 的频带能量

第三章 长沙方言、双峰方言的辅音

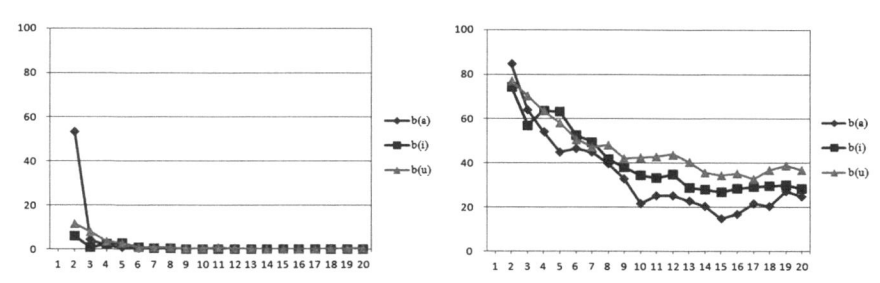

图 3.37 双峰方言女性发音人 b 的频带能量

双峰方言男性、女性发音人 b 的频率数据见表 3.21。

表 3.21　　　　　　　　　双峰方言 b 的频率数据

	辅音	能量峰值点所在频率范围（Hz）	基于 dB 单位计算出来的能量峰值点的 C 值	谱重心（Hz）
男性	b（a）	500—1000	100	397
	b（i）	2000—2500，8500—9000	58，25	471
	b（u）	500—1000	80	421
女性	b（a）	500—1000	85	594
	b（i）	500—1000	75	527
	b（u）	500—1000	77	583

b 的频带能量曲线是一条下降的曲线，由于 b 是带声的浊塞音，因此起点能量较高[1]，整条曲线的下降程度较大。能量峰值点基本位于 500—1000Hz，男性发音人 b（i）在 8500—9000Hz 还有一个能量峰值点。谱重心分布在 300—600Hz。谱重心频率较低，一般是低于 500Hz，个别的略高，但基本不超过 1000Hz，这是浊音的特点。

---

[1] 这里的起点其实是第二点，即 500—1000Hz 的测量点，我们的归一化没有将 0—500Hz 纳入考察范围，如果将双峰方言带声浊塞音、带声浊擦音、带声浊塞擦音的 0—500Hz 的频带纳入归一化计算，则浊辅音的该频带能量将不但是各自频带能量曲线上的最高点，而且要比不带声清辅音在 0—500Hz 的频带高很多。

湘语语音的特征与类型研究

t

双峰方言男性、女性发音人 t 的频带能量图分别见图 3.38、图 3.39。

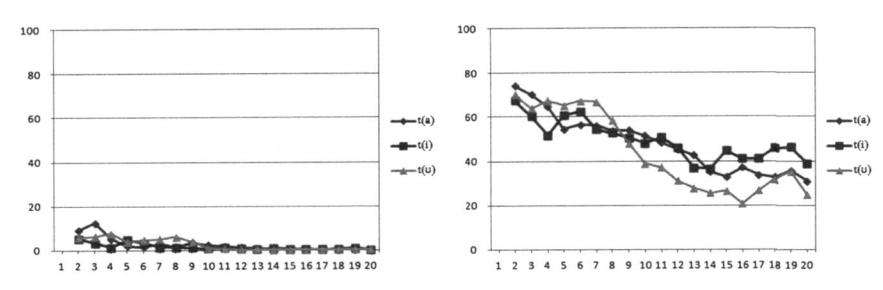

图 3.38　双峰方言男性发音人 t 的频带能量

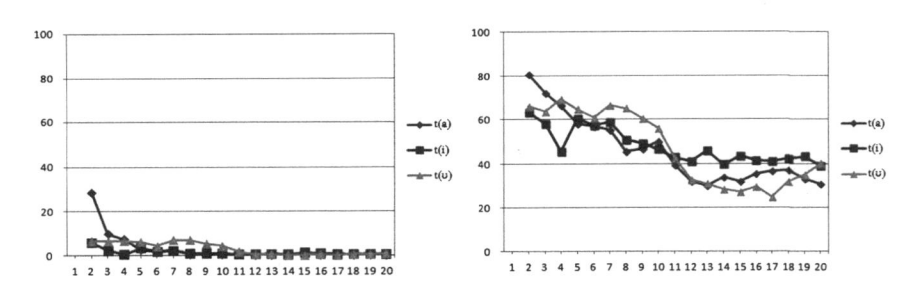

图 3.39　双峰方言女性发音人 t 的频带能量

双峰方言男性、女性发音人 t 的频率数据见表 3.22。

表 3.22　　　　　　　双峰方言 t 的频率数据

	辅音	能量峰值点所在频率范围（Hz）	基于 dB 单位计算出来的能量峰值点的 C 值	谱重心（Hz）
男性	t（a）	500—1000	74	1427，2737
	t（i）	500—1000，2500—3000	67，62	1744，3161
	t（ʊ）	500—1000	70	1510，2381

第三章 长沙方言、双峰方言的辅音

续表

	辅音	能量峰值点所在频率范围（Hz）	基于dB单位计算出来的能量峰值点的C值	谱重心（Hz）
女性	t（a）	500—1000	81	1272，2272
	t（i）	500—1000，2000—2500	63，60	2891
	t（ʊ）	1500—2000，1500—2000	69，67	1785，2270

　　t的频带能量曲线是一条下降的曲线，能量峰值点多数位于500—1000Hz，少数点位于1500—3000Hz。谱重心分布在1000—2000Hz以及2000—3500Hz。t（i）的谱重心比t（a）、t（ʊ）的高。

t^h

　　双峰方言男性、女性发音人t^h的频带能量图分别见图3.40、图3.41。

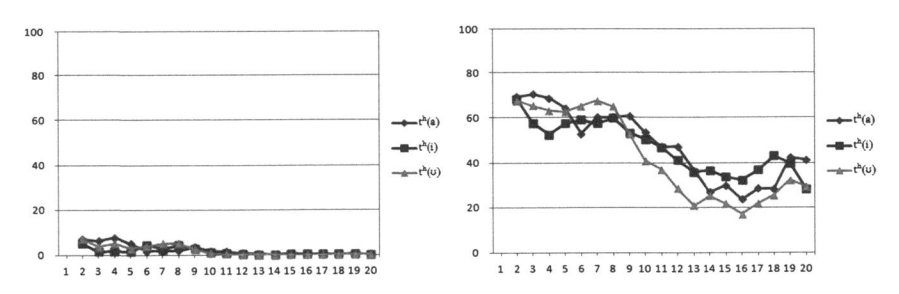

图3.40　双峰方言男性发音人t^h的频带能量

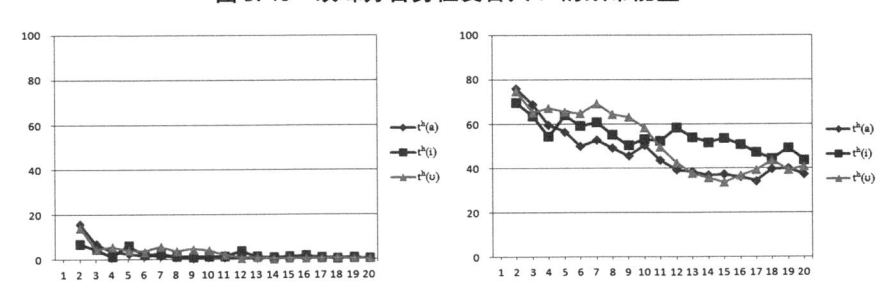

图3.41　双峰方言女性发音人t^h的频带能量

湘语语音的特征与类型研究

双峰方言男性、女性发音人 t^h 的频率数据见表3.23。

表3.23　　　　　　　双峰方言 t^h 的频率数据

	辅音	能量峰值点所在频率范围（Hz）	基于 dB 单位计算出来的能量峰值点的 C 值	谱重心（Hz）
男性	t^h（a）	1000—1500，4000—4500，9000—9500	71，61，42	1458，2468
	t^h（i）	500—1000，3500—4000，8500—9000	69，60，43	1580，2829
	t^h（ʊ）	500—1000，3000—3500，9000—9500	68，68，32	1776
女性	t^h（a）	500—1000	76	1177，2237
	t^h（i）	500—1000	70	2929
	t^h（ʊ）	500—1000	75	1931，2324

t^h 的频带能量曲线是一条下降的曲线，能量峰值点多数位于500—1000Hz，男性发音人在3000—4500Hz 及 8500—9500Hz 分别出现峰值点，其中8500—9500Hz 的峰值点小于3000—4500Hz。谱重心分布在1000—2000Hz 以及 2000—3000Hz。在2000—3000Hz 范围，t^h（i）的谱重心比 t^h（a）、t^h（ʊ）的高。

d

双峰方言男性、女性发音人 d 的频带能量图分别见图 3.42、图 3.43。

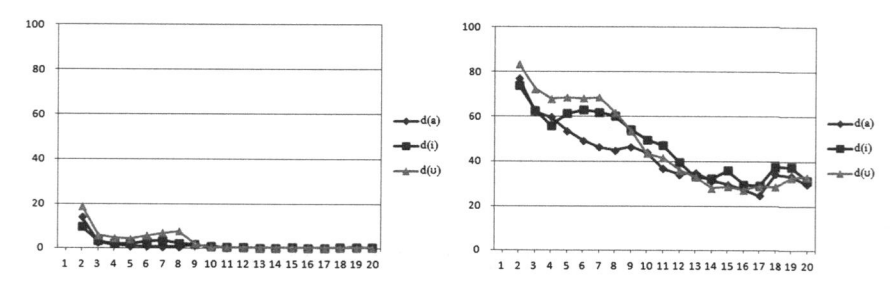

图 3.42　双峰方言男性发音人 d 的频带能量

第三章 长沙方言、双峰方言的辅音

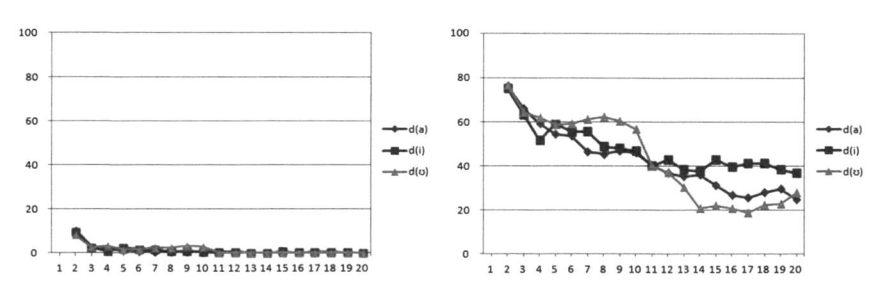

图 3.43 双峰方言女性发音人 d 的频带能量

双峰方言男性、女性发音人 d 的频率数据见表 3.24。

表 3.24 双峰方言 d 的频率数据

	辅音	能量峰值点所在频率范围（Hz）	基于 dB 单位计算出来的能量峰值点的 C 值	谱重心（Hz）
男性	d（a）	500—1000	77	499
	d（i）	500—1000，2500—3000，8500—9000	74，63	697
	d（ʊ）	500—1000，3000—3500	84，69	661
女性	d（a）	500—1000	76	776
	d（i）	500—1000	75	955
	d（ʊ）	500—1000，3500—4000	77，62	955

d 的频带能量曲线跟 b 的类似，也是一条下降的曲线，能量峰值点多数位于 500—1000Hz，少数在 2500—4000Hz 出现峰值点。谱重心基本分布在 500—1000Hz。低频率的谱重心分布，这一点跟 b 一样。但 d 的谱重心基本比 b 的略微高一些。

· 201 ·

湘语语音的特征与类型研究

k

双峰方言男性、女性发音人 k 的频带能量图分别见图 3.44、图 3.45。

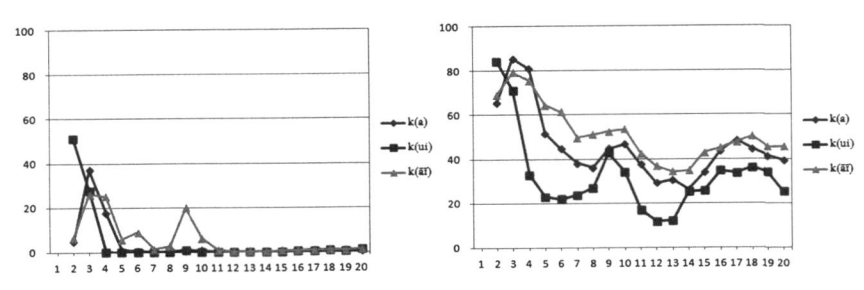

图 3.44 双峰方言男性发音人 k 的频带能量

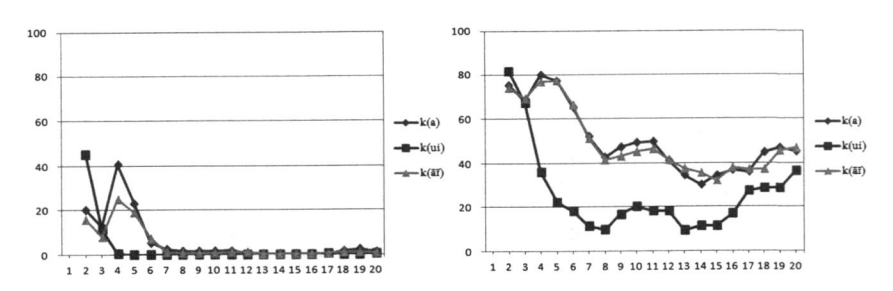

图 3.45 双峰方言女性发音人 k 的频带能量

双峰方言男性、女性发音人 k 的频率数据见表 3.25。

表 3.25　　　　　　　　双峰方言 k 的频率数据

	辅音	能量峰值点所在频率范围（Hz）	基于 dB 单位计算出来的能量峰值点的 C 值	谱重心（Hz）
男性	k（a）	500—1000，4500—5000，8000—8500	86，47，49	1732，2615
	k（ui）	1000—1500，4000—4500，8500—9000	85，43，36	1419，3059
	k（ãĩ）	1000—1500，4500—5000，8500—9000	79，54，50	2399

第三章　长沙方言、双峰方言的辅音

续表

	辅音	能量峰值点所在频率范围（Hz）	基于 dB 单位计算出来的能量峰值点的 C 值	谱重心（Hz）
女性	k（a）	1500—2000, 5000—5500, 9000—9500	80, 50, 47	2285
	k（ui）	500—1000, 4500—5000, 9500—10000	82, 20, 36	1284
	k（ãĩ）	2000—2500, 5000—5500, 9500—10000	77, 47, 47	2253

　　k 的频带能量曲线大致是一条下降的曲线，在曲线中部、后部分别有突起，大致呈 w 形。在 500—2500Hz 出现第一个能量峰值点，大部分在 1000Hz 以上。在 4000—5500Hz 出现第二个能量峰值点，在 8000—10000Hz 出现第三个能量峰值点。第一个峰值点的能量最大。谱重心分布在 1000—2000Hz 以及 2000—3500Hz。

　　k^h

　　双峰方言男性、女性发音人 k^h 的频带能量图分别见图 3.46、图 3.47。

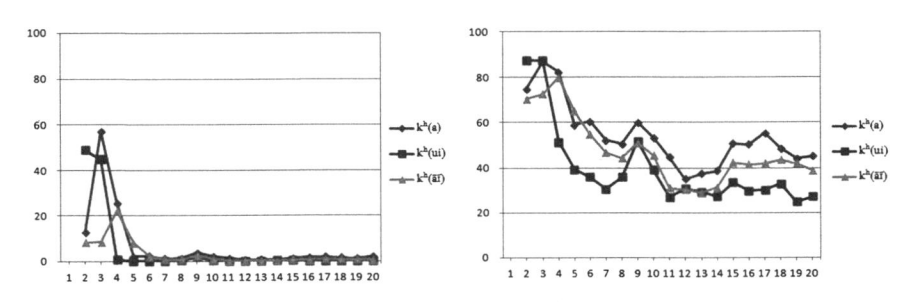

图 3.46　双峰方言男性发音人 k^h 的频带能量

湘语语音的特征与类型研究

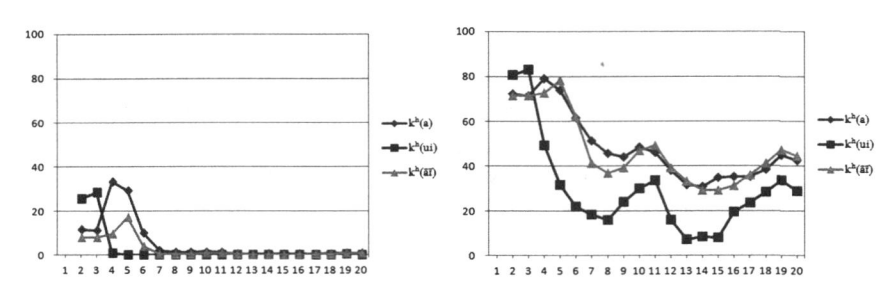

图 3.47　双峰方言女性发音人 kʰ 的频带能量

双峰方言男性、女性发音人 kʰ 的频率数据见表 3.26。

表 3.26　　　　　　　　双峰方言 kʰ 的频率数据

	辅音	能量峰值点所在频率范围（Hz）	基于 dB 单位计算出来的能量峰值点的 C 值	谱重心（Hz）
男性	kʰ（a）	1000—1500, 4000—4500, 8000—8500	87, 60, 55	1831, 3017
	kʰ（ui）	500—1000, 4000—4500, 7000—7500	88, 52, 34	1171
	kʰ（ãĩ）	1500—2000, 4000—4500, 8500—9000	80, 51, 43	1479, 2305
女性	kʰ（a）	1500—2000, 4500—5000, 9000—9500	79, 48, 45	1820, 2300
	kʰ（ui）	1000—1500, 5000—5500, 9000—9500	83, 33, 33	1327
	kʰ（ãĩ）	2000—2500, 5000—5500, 9000—9500	78, 49, 47	1920, 2322

　　kʰ 的频带能量曲线大致是一条下降的曲线，在曲线中部、后部分别有突起，大致呈 w 形。在 500—2500Hz 出现第一个能量峰值点，大部分点在 1000Hz 以上。在 4000—5500Hz 出现第二个能量峰值点，在 8000—9500Hz 出现第三个能量峰值点。第一个峰值点的能量最大，第二、三个峰值点的能量依次减小。谱重心基本分布在 1000—2000Hz 以及 2000—3000Hz。

第三章　长沙方言、双峰方言的辅音

g

双峰方言男性、女性发音人 g 的频带能量图分别见图 3.48、图 3.49。

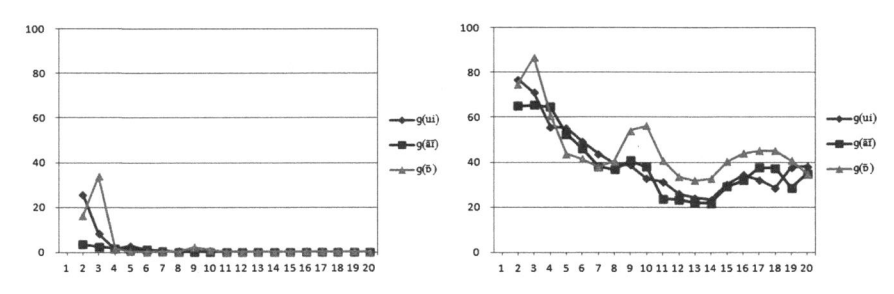

图 3.48　双峰方言男性发音人 g 的频带能量

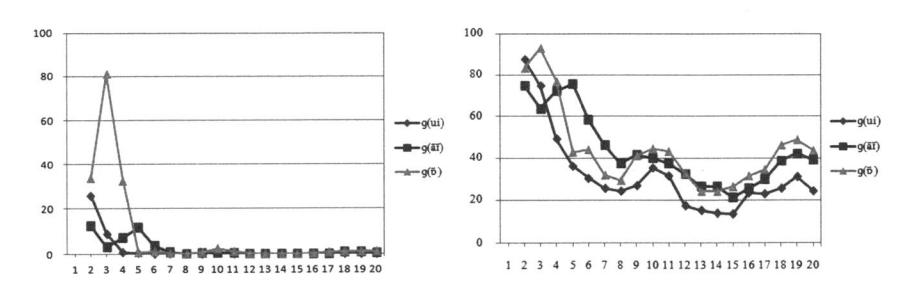

图 3.49　双峰方言女性发音人 g 的频带能量

双峰方言男性、女性发音人 g 的频率数据见表 3.27。

表 3.27　　　　　　　　双峰方言 g 的频率数据

	辅音	能量峰值点所在频率范围（Hz）	基于 dB 单位计算出来的能量峰值点的 C 值	谱重心（Hz）
男性	g（ui）	500—1000，9500—10000	77，38	579
	g（ãĩ）	1000—1500，4000—4500，8000—8500	65，41，38	1161
	g（D̃）	1000—1500，4500—5000，8000—8500	87，56，45	1037

· 205 ·

续表

	辅音	能量峰值点所在频率范围（Hz）	基于 dB 单位计算出来的能量峰值点的 C 值	谱重心（Hz）
女性	g（ui）	500—1000, 4500—5000, 9000—9500	88, 35, 31	656
	g（ãĩ）	2000—2500, 4000—4500, 9000—9500	75, 42, 42	1231
	g（ṽ）	1000—1500, 4500—5000, 9000—9500	93, 45, 49	1537

　　g 的频带能量曲线大致是一条下降的曲线，在曲线中部［除男性发音人的 g（ui）之外］、后部分别有突起，大致呈 w 形。在 500—2500Hz 出现第一个能量峰值点，大部分点在 1000Hz 以上。在 4000—5000Hz 出现第二个能量峰值点，在 8000—10000Hz 出现第三个能量峰值点。第一个峰值点的能量最大。谱重心基本分布在 500—1500Hz。g 的谱重心比 b、d 的高一些。

　　（二）双峰方言塞音频带能量的个性与共性

　　双峰方言共有双唇塞音 p、p^h、b 和齿龈塞音 t、t^h、d 及软腭塞音 k、k^h、g 三类，三类塞音的个性有二：

　　首先，从第一个能量峰值点的 C 值来看，双唇塞音 p、p^h 及齿龈塞音 t、t^h 的第一个能量峰值点的 C 值多数小于软腭塞音 k、k^h，前者一般在 80 以下，后者一般在 80 以上。浊塞音似乎没有这个规律。其次，从能量峰值点的数量来说，双唇塞音 p、p^h、b 的能量峰值点一般为 1 个，齿龈塞音 t、t^h、d 一般规律不明显，1 个和 2 个的都有，软腭塞音 k、k^h、g 的一般为 3 个，整条曲线呈 w 形。

　　另外，从谱重心的分布规律来看，双唇清塞音 p、p^h 的谱重心一般分布在 500—1500Hz，齿龈清塞音 t、t^h 及软腭清塞音 k、k^h 的谱重心大多有两个分布范围：1000—2000Hz 以及 2000—3500Hz。双唇浊塞音 b 的谱重心一般为 300—600Hz，齿龈浊塞音 d 的谱重心一般为 500—1000Hz，有所升高。软腭浊塞音 g 谱重心一般在 500—1500Hz，有突破 1000Hz 的表现。浊塞音随着发音部位的后移，谱重心逐渐升高，从

500Hz 以下（主要是 b）升高到 1000Hz 以上（主要是 g）。

三类塞音也存在共性，一是频带能量曲线均大致为下降的曲线，如果存在 2 个或 3 个能量峰值点的，低频区域能量峰值点的能量一般大于高频区域能量峰值点的能量。

（三）双峰方言塞音的时长分析

双峰方言男性、女性发音人清塞音的绝对时长数据见表 3.28。

表 3.28　　　　　　　　双峰方言清塞音的绝对时长数据

塞音	男性发音人塞音时长		女性发音人塞音时长	
	爆破段时长（单位：秒）	送气段时长（单位：秒）	爆破段时长（单位：秒）	送气段时长（单位：秒）
p	0.018		0.012	
p^h	0.008	0.062	0.006	0.065
t	0.018		0.014	
t^h	0.009	0.061	0.008	0.067
k	0.034		0.022	
k^h	0.016	0.062	0.014	0.058

塞音 p、p^h、t、t^h 爆破段的时长较短，如男性发音人的 p^h 为 6ms。而 k、k^h 爆破段的时长较长，如男性发音人的 k，时长为 34ms。送气段时长相差不大，都在 60ms 左右。

双峰方言男性、女性发音人浊塞音 VOT 数据见表 3.29。

表 3.29　　　　　　　　双峰方言浊塞音 VOT 数据

塞音	男性发音人浊塞音 VOT（单位：秒）	女性发音人浊塞音 VOT（单位：秒）
b	−0.068	−0.071
d	−0.070	−0.060
g	−0.071	−0.058

| 湘语语音的特征与类型研究

男性发音人 b、d、g 的 VOT 相差不大，均在 -70ms 左右。女性发音人 b 的 VOT 绝对值较大，d、g 的绝对值较小。

二 双峰方言擦音的声学分析

(一) 双峰方言擦音的频谱分析

s

双峰方言男性、女性发音人 s 的频带能量图分别见图 3.50、图 3.51。

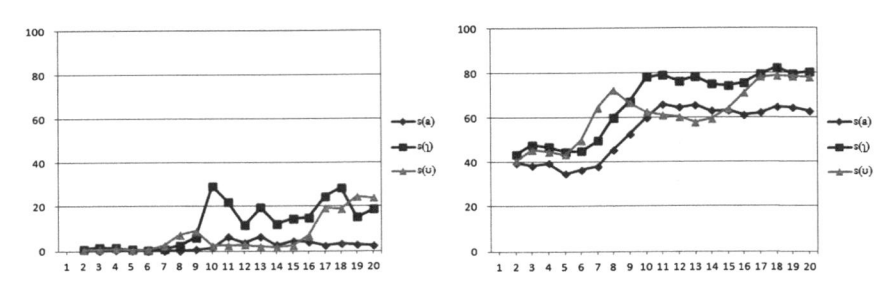

图 3.50 双峰方言男性发音人 s 的频带能量

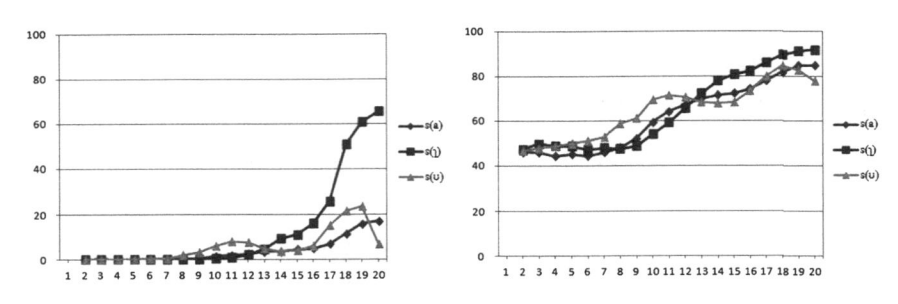

图 3.51 双峰方言女性发音人 s 的频带能量

双峰方言男性、女性发音人 s 的频率数据见表 3.30。

第三章 长沙方言、双峰方言的辅音

表 3.30　　　　　　　　双峰方言 s 的频率数据

	辅音	能量峰值点所在频率范围（Hz）	基于 dB 单位计算出来的能量峰值点的 C 值	谱重心（Hz）
男性	s（a）	5000—5500，8500—9000	66，65	7225
	s（ʅ）	3500—4000，85000—9000	79，82	7717
	s（ʊ）	5000—5500，8500—9000	72，79	7664
女性	s（a）	9000—9500	85	9054
	s（ʅ）	9500—10000	92	9228
	s（ʊ）	5000—5500，8500—9000	72，85	8777

　　s 的频带能量曲线是一条上升的曲线，在曲线中部、后部一般有突起。男性发音人在 3500—5500Hz、8500—9000Hz 两个范围内分别有一个能量峰值点，女性发音人的 s（ʊ）在 5000—5500Hz 有一个能量峰值点，此后所有曲线逐渐上升，在 8500Hz—9000Hz 有能量峰值点。无论是男性还是女性，高频范围内的能量峰值点能量都大于中频范围内的能量。基于 dB 单位计算出来的能量峰值点的 C 值在 60—100 内变动。男性发音人的谱重心分布在 7000—8000Hz，女性发音人的谱重心相对高一些，分布在 8500—9500Hz。

ʂ

　　双峰方言男性、女性发音人 ʂ 的频带能量图分别见图 3.52、图 3.53。

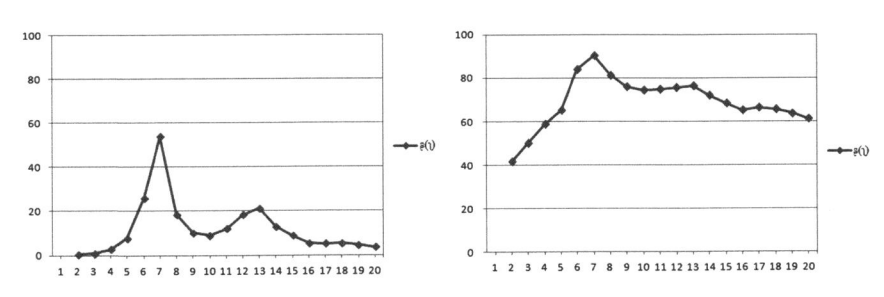

图 3.52　双峰方言男性发音人 ʂ 的频带能量

| 湘语语音的特征与类型研究

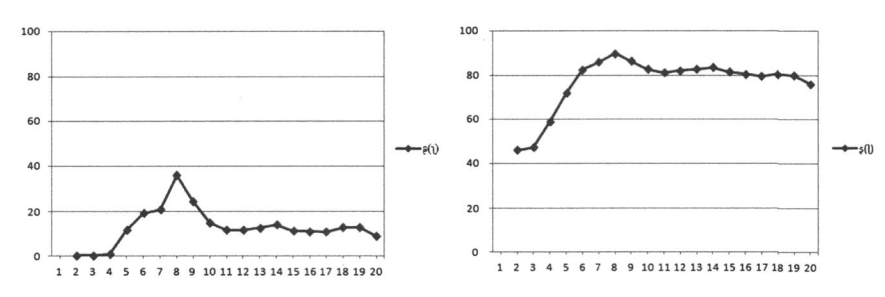

图 3.53　双峰方言女性发音人 ʂ 的频带能量

双峰方言男性、女性发音人 ʂ 的频率数据见表 3.31。

表 3.31　　　　　　　　双峰方言 ʂ 的频率数据表

	辅音	能量峰值点所在频率范围（Hz）	基于 dB 单位计算出来的能量峰值点的 C 值	谱重心（Hz）
男性	ʂ(ʅ)	3000—3500	90	4375
女性	ʂ(ʅ)	3500—4000	90	5535

双峰方言的 ʂ 只和元音 ʅ 相拼。ʂ 频带能量曲线先急速上升，后缓慢下降，在曲线中部一般有突起，整条曲线呈"ʌ"形（即倒 v 形）。男性发音人在 3000—3500Hz 有一个能量峰值点，女性发音人在 3500—4000Hz 有一个能量峰值点。基于 dB 单位计算出来的能量峰值点的 C 值为 90。谱重心分布在 4000—6000Hz，女性发音人的谱重心相对高一些。

ɕ

双峰方言男性、女性发音人 ɕ 的频带能量图分别见图 3.54、图 3.55。

第三章　长沙方言、双峰方言的辅音

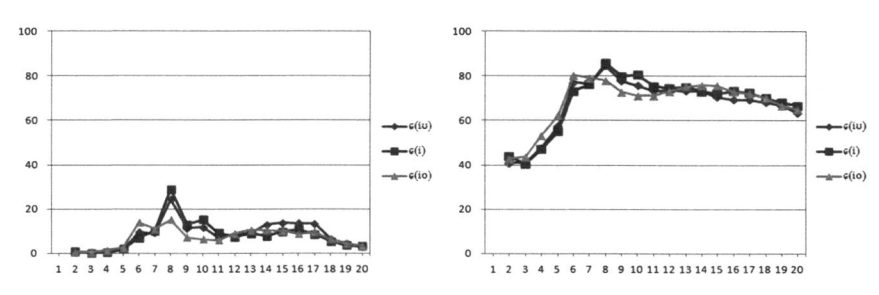

图 3.54　双峰方言男性发音人 ç 的频带能量

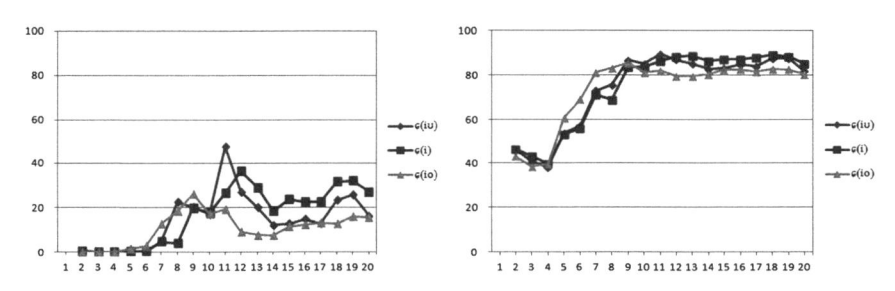

图 3.55　双峰方言女性发音人 ç 的频带能量

双峰方言男性、女性发音人 ç 的频率数据见表 3.32。

表 3.32　　　　　　　　　　双峰方言 ç 的频率数据

	辅音	能量峰值点所在频率范围（Hz）	基于 dB 单位计算出来的能量峰值点的 C 值	谱重心（Hz）
男性	ç（iʊ）	3500—4000	85	5209
	ç（i）	3500—4000	86	5431
	ç（io）	2500—3000	80	5209
女性	ç（iʊ）	5000—5500	90	6637
	ç（i）	6000—6500	89	7088
	ç（io）	4000—4500	86	6417

ç 的频带能量曲线是一条先急速上升后基本保持平缓的曲线，在曲线中部一般有突起，曲线呈"厂"形。男性发音人在 2500—4000Hz 有

湘语语音的特征与类型研究

一个能量峰值点，女性发音人在 4000—6500Hz 有一个能量峰值点。基于 dB 单位计算出来的能量峰值点的 C 值在 80—90 内变动。男性发音人的谱重心分布在 5000—5500Hz，女性发音人的谱重心相对高一些，分布在 6000—7500Hz。

ʐ

双峰方言男性、女性发音人 ʐ 的频带能量图分别见图 3.56、图 3.57。

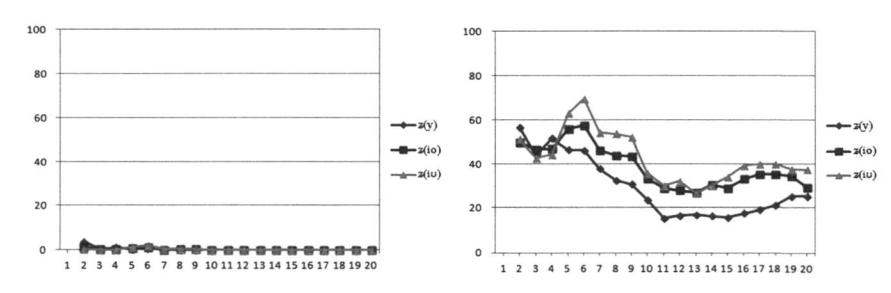

图 3.56　双峰方言男性发音人 ʐ 的频带能量

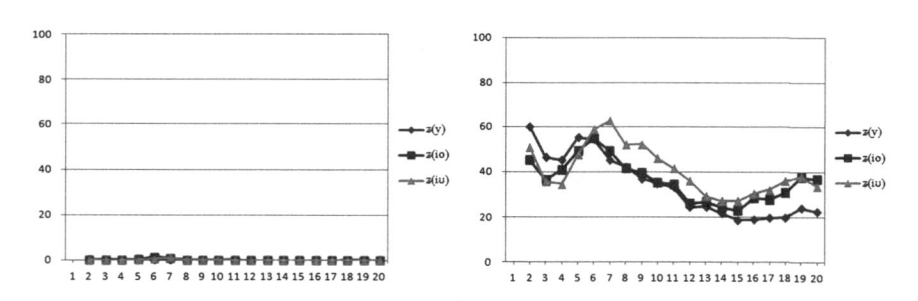

图 3.57　双峰方言女性发音人 ʐ 的频带能量

双峰方言男性、女性发音人 ʐ 的频率数据见表 3.33。

第三章 长沙方言、双峰方言的辅音

表 3.33　　　　　　双峰方言 ʑ 的频率数据

	辅音	能量峰值点所在频率范围（Hz）	基于 dB 单位计算出来的能量峰值点的 C 值	谱重心（Hz）
男性	ʑ（y）	500—1000, 1500—2000	57, 52	239
	ʑ（io）	500—1000, 2500—3000	50, 58	395
	ʑ（iʊ）	500—1000, 2500—3000	51, 70	303
女性	ʑ（y）	500—1000, 2000—2500	60, 55	108
	ʑ（io）	500—1000, 2500—3000	45, 55	274
	ʑ（iʊ）	500—1000, 3000—3500	51, 63	338

ʑ 的频带能量曲线是一条在前部有两个突起的下降的曲线。男性发音人在 500—3000Hz 有两个能量峰值点，其中一个在 500—1000Hz 的低频（因为我们画所有辅音时都省去了 0—500Hz 的能量情况，实际上更高的峰值在 500Hz 以下，这是浊辅音的频带能量特征）。女性发音人在 500—4000Hz 有两个能量峰值点，其中一个也是在 500—1000Hz 的低频。基于 dB 单位计算出来的能量峰值点的 C 值在 40—70 变动。男性发音人、女性发音人的谱重心均低于 500Hz。

x

双峰方言男性、女性发音人 x 的频带能量图分别见图 3.58、图 3.59。

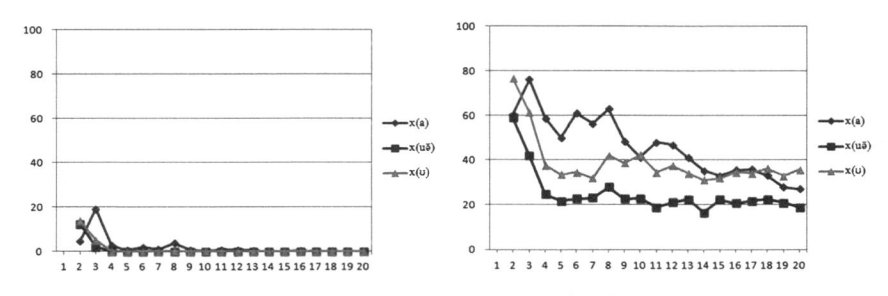

图 3.58　双峰方言男性发音人 x 的频带能量

· 213 ·

湘语语音的特征与类型研究

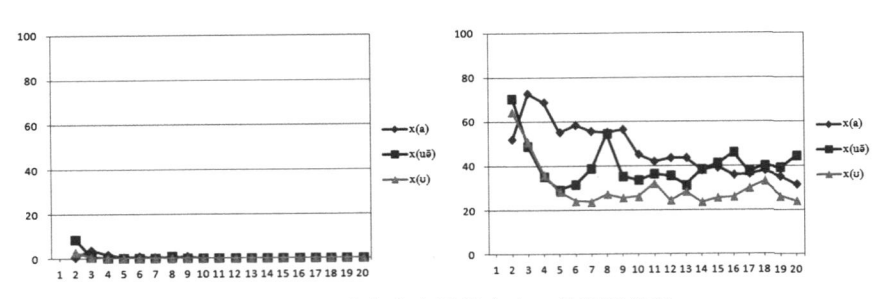

图 3.59 双峰方言女性发音人 x 的频带能量

双峰方言男性、女性发音人 x 的频率数据见表 3.34。

表 3.34　　　　　　　　双峰方言 x 的频率数据

	辅音	能量峰值点所在频率范围（Hz）	基于 dB 单位计算出来的能量峰值点的 C 值	谱重心（Hz）
男性	x（a）	1000—1500	76	2378
	x（uə̃）	500—1000	59	1673
	x（ʊ）	500—1000	77	1514
女性	x（a）	1000—1500	73	2181
	x（uə̃）	500—1000	70	2075
	x（ʊ）	500—1000	64	1184

x 的频带能量曲线是一条平缓下降的曲线，能量峰值点在曲线前部。男性发音人和女性发音人在 500—1500Hz 都有一个能量峰值点，此后一直是微小的起伏。基于 dB 单位计算出来的能量峰值点的 C 值基本在 50—80 变动。谱重心分布在 1000—2500Hz。

ɣ

双峰方言男性、女性发音人 ɣ 的频带能量图分别见图 3.60、图 3.61。

第三章　长沙方言、双峰方言的辅音

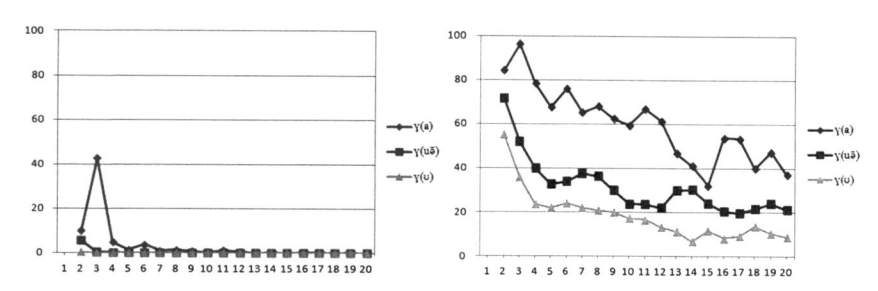

图 3.60　双峰方言男性发音人 ɣ 的频带能量

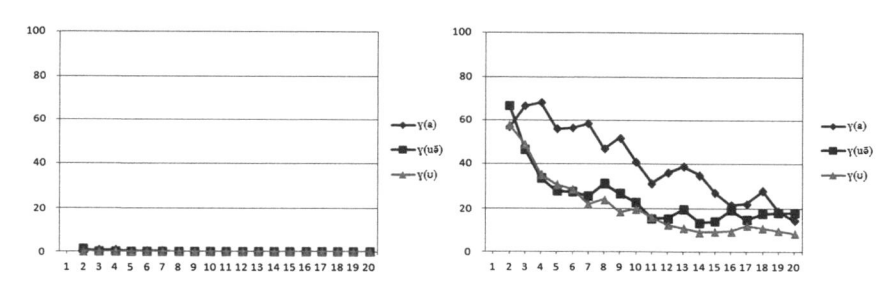

图 3.61　双峰方言女性发音人 ɣ 的频带能量

双峰方言男性、女性发音人 ɣ 的频率数据见表 3.35。

表 3.35　　　　　　　　双峰方言 ɣ 的频率数据

	辅音	能量峰值点所在频率范围（Hz）	基于 dB 单位计算出来的能量峰值点的 C 值	谱重心（Hz）
男性	ɣ（a）	1000—1500	96	—①
	ɣ（uɔ̃）	500—1000	72	576
	ɣ（ʊ）	500—1000	55	—
女性	ɣ（a）	1500—2000	68	—
	ɣ（uɔ̃）	500—1000	67	316
	ɣ（ʊ）	500—1000	57	—

---

① 表中的"-"表示由于 ɣ 清化或其他问题，没有可用的数据。

· 215 ·

湘语语音的特征与类型研究

ɣ 的频带能量曲线是一条下降较为急速的曲线，能量峰值点在曲线前部。男性发音人和女性发音人在 500—2000Hz 都有一个能量峰值点，此后基本是下降走势。基于 dB 单位计算出来的能量峰值点的 C 值基本在 50—100（多数是 50—80）变动。谱重心分布在 300—600Hz。

（二）双峰方言擦音的区别

s 的能量峰值点基本位于 8500—10000Hz。基于 dB 单位计算出来的能量峰值点的 C 值在 60—100 变动。谱重心分布在 7000—10000Hz。

ʂ 的能量峰值点位于 3000—4000Hz。基于 dB 单位计算出来的能量峰值点的 C 值为 90。谱重心在 4000—6000Hz。

ɕ 的能量峰值点分布在 3500—6500Hz。基于 dB 单位计算出来的能量峰值点的 C 值在 80—90 变动。谱重心基本分布在 5000—7500Hz。

ẓ 的能量峰值点分布在 1500—3500Hz（更大的能量峰值点应该在 500Hz 以下，不过实验结果没有在图中体现）。基于 dB 单位计算出来的能量峰值点的 C 值在 50—70 内变动。谱重心基本分布在 100—400Hz，是带声浊音的典型表现。

x 的能量峰值点分布在 500—1500Hz。基于 dB 单位计算出来的能量峰值点的 C 值基本在 60—80 内变动。谱重心基本分布在 1000—2500Hz。

ɣ 的能量峰值点大部分分布在 500—1000Hz（更大的能量峰值点应该在 500Hz 以下，不过实验结果没有在图中体现），少部分分布在 1000Hz—2000Hz。基于 dB 单位计算出来的能量峰值点的 C 值在 50—100 内（多数是 50—80 内）变动。谱重心基本分布在 300—600Hz，是带声浊音的典型表现。

如果将上述数据规律进行一个排列，大致是：

能量峰值点分布频率高低：s > ɕ > ʂ > ẓ > ɣ、x

基于 dB 单位计算出来的能量峰值点的 C 值大小：ʂ > ɕ > x > ẓ，s 与 ɣ 的 C 值分布比较发散，没有明确的集中区。

第三章　长沙方言、双峰方言的辅音

谱重心频率高低：s > ɕ > ʂ > x > ɣ > ʑ。

擦音能量峰值所在的频率范围（频带）跟辅音发音部位的对应关系大致是：发音部位越靠前，能量峰值所在的频率范围（频带）越高，反之，发音部位越靠后，能量峰值所在的频率范围（频带）越低。[①] 长沙方言的擦音也大致表现出这种规律。这体现了发音生理背后的空气动力学原理。

擦音谱重心高低跟辅音发音部位的对应关系大致是：发音部位越靠前，谱重心越高，反之，发音部位越靠后，谱重心越低。但是谱重心的这种表现没有前述能量峰值所在的频率范围（频带）对应发音部位那么整齐，个别音例如 f 可能不太符合。

（三）双峰方言擦音的时长分析

表 3.36　　　　　**双峰方言擦音的绝对时长数据**　　　　（单位：秒）

擦音	男性发音人擦音时长	女性发音人擦音时长
s	0.192	0.185
ʂ	0.214	0.200
ɕ	0.203	0.190
ʑ	0.096	0.084
x	0.139	0.118
ɣ	0.093	0.087

[①] ɕ 的能量峰值所在的频率范围（频带）比 ʂ 高，似乎不符合这个规律。其实，ɕ 的主动发音部位（舌面前部）比 ʂ（舌尖后部）的靠后，但是 ɕ 的被动发音部位（龈腭交界处）比 ʂ（硬腭）的靠前。我们认为，辅音的被动发音部位比主动发音部位更为稳定，更能体现辅音的发音特点。所以，ɕ、ʂ 的能量峰值所在的频率范围（频带）跟辅音发音部位的对应关系仍是符合这个规律的。情况较为特殊的可能是 f，在整个考察频率范围内，f 的能量分布非常均匀，变化不大。其能量峰值一般接近最低频带区（500—1000Hz）或/和接近最高频带区（9000—9500Hz），其中接近最高频带区的能量峰值符合这个规律。通过观察长沙方言 f 的表现便可知。

根据表 3.33，我们得到图 3.56。

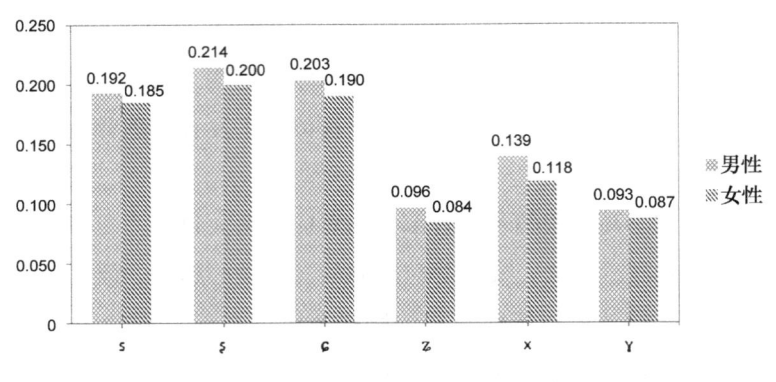

图 3.62 双峰方言擦音的绝对时长

无论是男性发音人还是女性发音人，时长较长的擦音是 ʂ、ɕ、s，时长较短的擦音是 ʐ、ɣ。擦音时长按从大到小排列为：ʂ > ɕ > s > x > ʐ、ɣ。中部发音部位的清擦音 ʂ、ɕ、s 时长较长，靠后的发音部位的清擦音 x 的时长次之，浊擦音 ʐ、ɣ 的时长最小。

湘语擦音的时长跟发音部位及发音方法有关，清擦音的时长一般大于浊擦音，中部发音部位（如齿龈、龈后等）的擦音时长比靠前的发音部位（唇齿等）和靠后的发音部位（软腭等）的擦音时长要大。

三 双峰方言鼻音、边音的声学分析

(一) 双峰方言鼻音、边音的共振峰频率分析

双峰方言男性发音人鼻音、边音三维图见图 3.63、图 3.64。

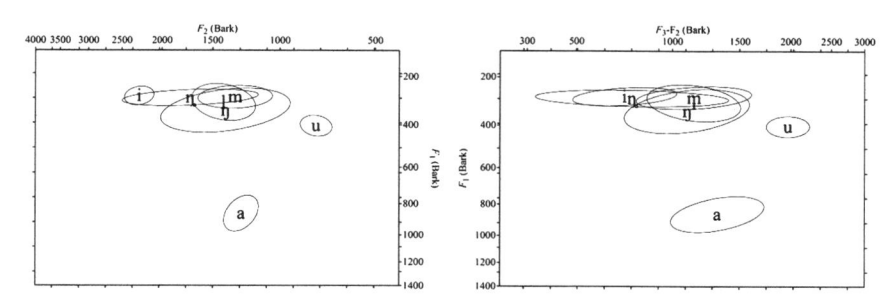

图 3.63 双峰方言男性发音人鼻音、边音的 Bark 值

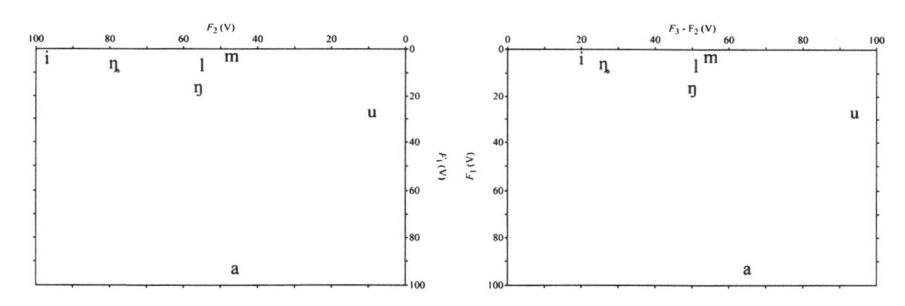

图 3.64 双峰方言男性发音人鼻音、边音的 V 值

双峰方言女性发音人鼻音、边音三维图见图 3.65、图 3.66。

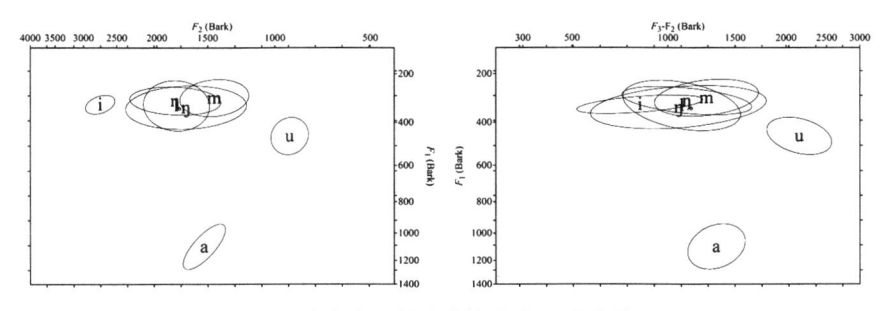

图 3.65 双峰方言女性发音人鼻音、边音的 Bark 值

湘语语音的特征与类型研究

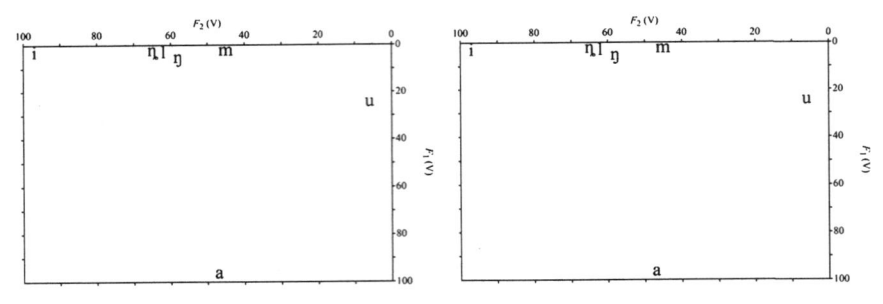

图 3.66　双峰方言女性发音人鼻音、边音的 V 值

从 F_1 来看，l、m、ȵ、ŋ 几个辅音的 F_1 都比较小，只有男性的 ŋ 的 F_1 稍大。鼻音、边音以及其他浊辅音，F_1 都比较小，这是语音的普遍特征。从 F_2 来看，按 F_2 从大到小排列，男性是 ȵ > l、ŋ > m，女性是 ȵ、l、ŋ > m。

双峰方言男性、女性发音人鼻音的共振峰数据见表 3.37。

第三章 长沙方言、双峰方言的辅音

表3.37 双峰方言鼻音的共振峰数据

	m							ȵ							ŋ						
	Bark				V			Bark				V			Bark				V		
	F1	F2	F3	F3-F2	F1	F2	F3	F3-F2	F1	F2	F3	F3-F2	F1	F2	F3	F3-F2	F1	F2	F3	F3-F2	F1	F2	F3	F3-F2
男性	2.9	10.1	14.5	9.7	3	47	31	55	3.1	12.4	14.8	7.4	6	79	52	26	3.6	10.7	14.6	9.4	16	56	38	50
女性	3.2	10.8	15.0	9.9	2	45	22	54	3.3	12.4	15.8	9.6	2	65	52	53	3.5	11.9	15.2	8.8	5	58	31	45

· 221 ·

湘语语音的特征与类型研究

双峰方言男性、女性发音人边音的共振峰数据见表3.38。

表3.38　　　　　　　　双峰方言边音的共振峰数据

	l							
	Bark				V			
	F1	F2	F3	F3-F2	F1	F2	F3	F3-F2
男性	3.2	10.7	14.6	9.5	7	55	39	51
女性	3.4	12.2	15.4	9.0	3	62	37	46

（二）双峰方言鼻音、边音的时长分析

表3.39是双峰方言鼻音、边音的绝对时长表，图3.67和图3.68是根据表3.39绘制的。

表3.39　　　　　双峰方言鼻音、边音的绝对时长表　　　（单位：秒）

	时长			
	l	m	ȵ	ŋ
男性	0.063	0.067	0.074	0.065
女性	0.065	0.063	0.072	0.068

双峰方言 l、m、ȵ、ŋ 的时长相差很小，无论是男性发音人还是女性发音人，各自的4个音之间，时长相差都不超过15毫秒。跟长沙方言不一样的是，双峰方言 ȵ 的时长在这4个音中是最长的，而长沙方言 ȵ 的时长在那4个音中是最短的。

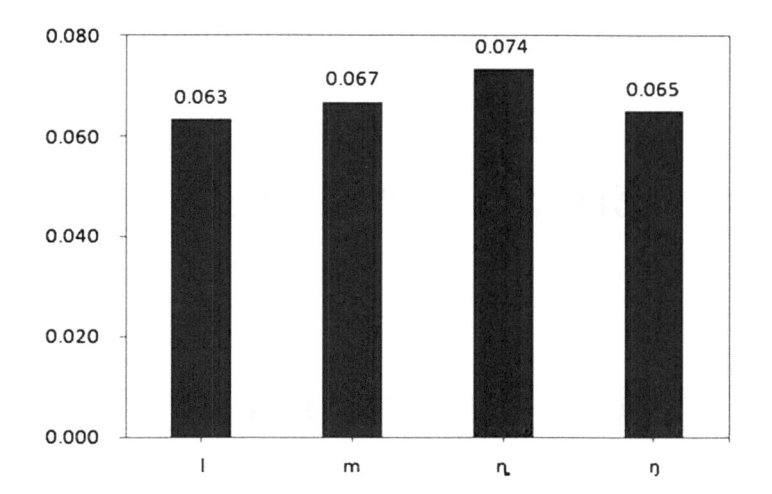

图 3.67 双峰方言男性发音人鼻音、边音的绝对时长

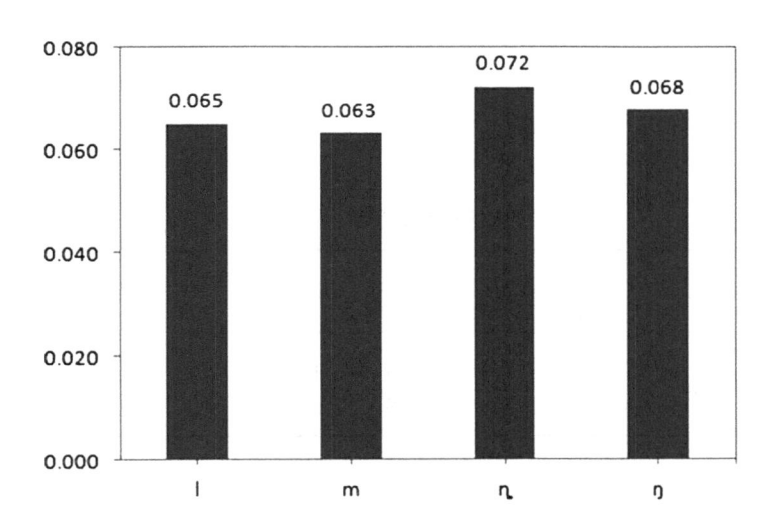

图 3.68 双峰方言女性发音人鼻音、边音的绝对时长

第四章 湘语辅音的类型

第一节 湘语方言点辅音一览表

本章考察湘语 5 个方言片共 44 个方言点的辅音,请见表 4.1。根据实际发音以及语音的系统性,将没有浊塞音的方言点的浊擦音全部调整为同部位的近音,[①] 放到"其他"一栏中。这种调整涉及以下方言点:安化_(梅城)、南县、桃江、望城_(铜官)、湘阴、益阳、岳阳、会同、娄底、江华、江永。

表 4.1　　　　　　　　湘语方言点擦音一览表

方言片	方言点	辅音				音系来源及备注
		塞音	擦音	塞擦音	其他	
长益片	安化_(梅城)	p、pʰ、t、tʰ、k、kʰ	f、s、ɕ、x	ts、tsʰ、tɕ、tɕʰ	m、ŋ、ŋ̍、l、ɹ、ø	f 有点像 ɸ。z 只能与 ɿ 相拼。(孙益民,2004)

[①] 朱晓农认为浊擦音比较难发,因为它要克服一对矛盾。一方面,发浊音要求喉下气压大于口腔气压至少 2—4 厘米水银柱;另一方面,发噪音要求口腔气压大于外面大气压。也就是说,发浊音要求口内气压尽可能地小,而发摩擦要求口内气压尽可能地大。由于外部大气压不变,一般说话时喉下气压也就大于大气压 5%,所以,除非增加肺部压力,也就是说话时更累,否则要把口腔内的气压调节到恰到好处的确有些困难。因此,结果常常是顾此失彼,或者保住了浊声而减弱了摩擦,变成了近音,或者保住了摩擦而失去了浊声,变成了清擦音。鉴于浊擦音难发,如果没有浊塞音而保留浊擦音更少见,因此我们将前人所记没有浊塞音的方言点的浊擦音全部调整为同部位的近音。朱晓农:《语音学》,商务印书馆 2010 年版。

第四章　湘语辅音的类型

续表

方言片	方言点	辅音				音系来源及备注
		塞音	擦音	塞擦音	其他	
长益片	长沙	p、pʰ、t、tʰ、k、kʰ	f、s、ɕ、x	ts、tsʰ、tɕ、tɕʰ	m、n、ŋ、l、ɹ、ø	l 的鼻化度很高，有变体 n、l̃。f 摩擦较轻，接近 ɸ。（贝先明，本次调查、实验）
	浏阳 镇头	p、pʰ、t、tʰ、k、kʰ	f、s、ʂ、ɕ、x	ts、tsʰ、tʂ、tʂʰ、tɕ、tɕʰ	m、nŋ、l、ʋ、ɹ、ø	l 有变体 n、l̃。f 摩擦较轻，接近 ɸ。（贝先明，2012）
	汨罗 城关	p、pʰ、t、tʰ、ț、țʰ、k、kʰ	f、s、ʂ、ɕ、x①	ts、tsʰ、tʂ、tʂʰ、tɕ、tɕʰ	m、n、ȵ、ŋ、l、ø②	f 有时读成 ɸ。tɕ、tɕʰ、ɕ 偏后。ț、țʰ 在洪音前实际音值接近 t、tʰ。（刘玮娜，2006）
	汨罗 长乐	p、pʰ、t、tʰ、k、kʰ	f、s、ʂ、ɕ、x③	ts、tsʰ、tʂ、tʂʰ、tɕ、tɕʰ	m、ȵ、ŋ、l、ø	tʂ、tʂʰ、ʂ 发音部位偏前。ɕ 拼齐齿呼接近 ç。（陈山青，2006）
	南县	p、pʰ、t、tʰ、k、kʰ	ɸ、s、ɕ、x	ts、tsʰ、tɕ、tɕʰ	m、n、ȵ、ŋ、ɹ、ø	ɸ 摩擦较弱。n 有时读成 l。x 的摩擦很弱，有 h 的倾向。（杨时逢，1974）

---

① 汨罗城关方言的 ts、tsʰ、s 与 tʂ、tʂʰ、ʂ 呈互补分布，tʂ、tʂʰ、ʂ 只与 ɹ、uei 两个韵母相拼，而 ts、tsʰ、s 不与这两个韵母相拼。

② 汨罗城关方言 n、l 两个音位呈互补分布，n 只拼 iã、iɛ̃、iɔ̃ 三个韵母，而 l 不拼这三个韵母。

③ 汨罗长乐方言的 ts、tsʰ、s 与 tʂ、tʂʰ、ʂ 呈互补分布，tʂ、tʂʰ、ʂ 只与 ɹ 相拼，而 ts、tsʰ、s 不与 ɹ 相拼。

· 225 ·

湘语语音的特征与类型研究

续表

方言片	方言点	辅音 塞音	辅音 擦音	辅音 塞擦音	辅音 其他	音系来源及备注
长益片	宁乡花明楼	p、pʰ、t、tʰ、k、kʰ	f、s、ʂ、ɕ、x	ts、tsʰ、tʂ、tʂʰ、tɕ、tɕʰ	m、n、ŋ、ɳ、l、ø	n、l 互补分布，前者与鼻化韵母、鼻尾韵母相拼，后者不与这些韵母相拼。（谷素萍，2002）
长益片	桃江	p、pʰ、t、tʰ、k、kʰ	f、s、ɕ、x	ts、tsʰ、tɕ、tɕʰ	m、ŋ、l、ɹ、ø	p、t、ts、tɕ、k 逢阳平和阳去有时略带浊流，实际音值近乎 pʰ、tʰ、tsʰ、tɕʰ、kʰ，但无辨字作用。z 逢阴平、上声和阴去浊音成分减弱。（张盛裕、汪平、沈同，1988）
长益片	望城铜官	p、pʰ、t、tʰ、k、kʰ	f、s、ɕ、x	ts、tsʰ、tɕ、tɕʰ	m、n、ŋ、l、ɹ、ø	f 实际音值近于 ɸ。（吴友纯，2008）
长益片	湘潭①	p、pʰ、b、t、tʰ、d、k、kʰ、g	ɸ、s、ʂ、ɕ、h、fi	ts、tsʰ、dz、tʂ、tʂʰ、dʐ、tɕ、tɕʰ、dʑ	m、n、ŋ、ɲ、ø	n 有时读为ĩ。（曾毓美，1993）
长益片	湘阴	p、pʰ、t、tʰ、k、kʰ	f、s、ʂ、ɕ、x	ts、tsʰ、tʂ、tʂʰ、tɕ、tɕʰ	m、n、ŋ、l、ɹ、ø	（宋淑琴，2006）
长益片	益阳	p、pʰ、t、tʰ、k、kʰ	f、s、ɕ、x	ts、tsʰ、tɕ、tɕʰ	m、n、ŋ、l、ɹ、ø	（崔振华，1998）

---

① 我们通过声学实验，发现湘潭方言的浊塞音是弛声塞音。

第四章 湘语辅音的类型

续表

方言片	方言点	辅音				音系来源及备注
^	^	塞音	擦音	塞擦音	其他	^
长益片	沅江 四季红	p、pʰ、b、t、tʰ、d、k、kʰ、g	ɸ、s、ɕ、x、ɣ	ts、tsʰ、dz、tɕ、tɕʰ	m、n、ŋ、l、∅	ɸ 有时读成 f。 l 有时读成 n。 （臧志文，2007）
^	岳阳	p、pʰ、t、tʰ、kʰ	f、s、ɕ、h	ts、tsʰ、tɕ、tɕʰ	m、n、ŋ、ɻ、∅	p、t 似乎带点浊音色彩。 n 读 n 或 l 不定，有时也读ĩ。 f 摩擦少，有时读成 ɸ。 h 有点小舌摩擦的性质。 （杨时逢，1974）
娄邵片	安化 东坪	p、pʰ、b、t、tʰ、d、k、kʰ	f、v、s、z、ɕ、x、ɣ	ts、tsʰ、tɕ、tɕʰ、dʑ	m、n、ŋ、l、∅	f、v 是轻微的唇齿擦音，听起来有点像 ɸ、β。 （孙益民，2004）
^	城步	p、pʰ、b、t、tʰ、d、k、kʰ、g	f、v、s、z、ɕ、h	ts、tsʰ、dz、tɕ、tɕʰ、dʑ	m、n、ŋ	b、d、g 浊而不送气。 f 摩擦较少，有时很像 ɸ。 v 摩擦很弱，倾向 u。 n 偶尔也读 l。 （杨时逢，1974）
^	衡山 后山	p、pʰ、b、t、tʰ、d、k、kʰ、g	ɸ、β、s、ʂ、z、ɕ、ʐ、x、ɣ	ts、tsʰ、dz、tʂ、tʂʰ、dʐ、tɕ、tɕʰ、dʑ	m、n、ŋ、l、∅	（陈新潮，2004）
^	会同	p、pʰ、t、tʰ、k、kʰ	f、s、ʂ、ɕ、h	ts、tsʰ、tʂ、tʂʰ、tɕ、tɕʰ	m、n、ŋ、ɻ、∅	f 的唇齿现象不显明，摩擦也不强。 n 是一个变值音位，读 n 的机会比较多。 h 摩擦不强。 （杨时逢，1974）

· 227 ·

湘语语音的特征与类型研究

续表

方言片	方言点	辅音				音系来源及备注
		塞音	擦音	塞擦音	其他	
娄邵片	涟源桥头河	p、pʰ、t、tʰ、ʈ、ʈʰ、k、kʰ	s、ʂ、ɕ、x	ts、tsʰ、tɕ、tɕʰ	m、ȵ、ŋ、l、ø	（陈晖，2006）
	隆回桃洪①	p、pʰ、b、t、tʰ、d、k、kʰ、g	f、v、s、z、ʂ、ʃ、ʒ、x、ɣ	ts、tsʰ、dz、tʂ、tʂʰ、dʐ、tʃ、tʃʰ、dʒ	m、ŋ、l、ø	b、v、d、ɖ、z、dz、dʐ、ʒ、g、ɣ浊感不强。l少数情况读n，不区别意义。tʂ、tʂʰ、dʐ、ʂ只和ɿ相拼。tʃ、tʃʰ、dʒ、ʃ、ʒ拼齐齿呼、撮口呼时接近tɕ、tɕʰ、dʑ、ɕ、ʑ。（张蓓蓓，2005）
	娄底	p、pʰ、t、tʰ、ȶ、ȶʰ、k、kʰ	s、ɕ、x	ts、tsʰ、tɕ、tɕʰ	m、n、ȵ、ŋ、l、ɥ、ø	t、tʰ有舌面色彩，部分人读成tɕ、tɕʰ。n、l呈互补分布，n只出现在鼻化韵、鼻尾韵前，l只出现在元音尾韵、开尾韵前。（陈晖，2006）
	邵阳②	p、pʰ、b、t、tʰ、d、k、kʰ、g	f、v、s、z、ɕ、ʑ、x、ɣ	ts、tsʰ、dz、tɕ、tɕʰ、dʑ	m、n、ȵ、ŋ	n可以自由变读为l，但一般都读n。（储泽祥，1998）

---

① 我们通过声学实验，发现隆回桃洪方言的浊塞音为带声不送气浊塞音，详情见贝先明《湘语浊塞音的声学特征》，《语言研究》2017 年第 3 期。

② 我们通过声学实验，发现邵阳方言的浊塞音为弛声塞音。

第四章 湘语辅音的类型

续表

方言片	方言点	辅音				音系来源及备注
		塞音	擦音	塞擦音	其他	
娄邵片	双峰永丰	p、pʰ、b、t、tʰ、d、k、kʰ、g	s、ʂ、ɕ、z̩、x、ɣ	ts、tsʰ、dz、tʂ、tʂʰ、dʐ、tɕ、tɕʰ、dʑ	m、n̩、ŋ、l、ø	tʂ、tʂʰ、dʐ、ʂ只拼ʅ。z̩与ɣ呈互补分布，z̩与齐齿呼、撮口呼相拼，ɣ与开口呼、合口呼相拼。（贝先明，本次实验）
	双峰花门	p、pʰ、b、t、tʰ、d、k、kʰ、g	s、ʂ、ɕ、z̩、x、ɣ①	ts、tsʰ、dz、tʂ、tʂʰ、dʐ、tɕ、tɕʰ、dʑ	m、n̩、ŋ、l、ø	l有自由变体n。（袁先锋，2005）
	武冈②	p、pʰ、b、t、tʰ、d、k、kʰ、g	f、v、s、z、ɕ、ʑ、h、ɦ	ts、tsʰ、dz、tɕ、tɕʰ、dʑ	m、n、ȵ、ŋ、l、ø③	v有时浊度较弱。（湖南省地方志编纂委员会，2001）
	湘乡	p、pʰ、b、t、tʰ、d、k、kʰ、g	ɸ、β、s、ʂ、ɕ、x、ɣ④	ts、tsʰ、dz、tʂ、tʂʰ、dʐ、tɕ、tɕʰ、dʑ	m、n、ȵ、ŋ、l、ø	n、l是条件变体，n与鼻化韵、鼻尾韵相拼，l与非鼻化韵、非鼻尾韵相拼。（湖南省地方志编纂委员会，2001）

① 双峰花门方言的tʂ、tʂʰ、dʐ、ʂ只拼ʅ。z̩与ɣ呈互补分布，z̩与齐齿呼、撮口呼相拼，ɣ与开口呼、合口呼相拼。

② 我们通过声学实验，发现武冈方言的浊塞音为带声不送气浊塞音，详见贝先明《湘语浊塞音的声学特征》，《语言研究》2017年第3期。

③ 根据我们本次的调查，武冈方言的n、l发音基本没差别，没有辨义作用，所以没有必要分列两个音位，定一个l即可。

④ 湘乡方言的tʂ、tʂʰ、dʐ、ʂ只拼ʅ。

湘语语音的特征与类型研究

续表

方言片	方言点	辅音 塞音	辅音 擦音	辅音 塞擦音	辅音 其他	音系来源及备注
娄邵片	新化①	p、pʰ、t、tʰ、k、kʰ	f、s、ʂ、ɕ、x	ts、tsʰ、tʂ、tʂʰ、tɕ、tɕʰ	m、ȵ、ɯ、l、ø	(贝先明,本次实验)
娄邵片	新宁	p、pʰ、b、t、tʰ、d、k、kʰ、g	f、v、s、z、ɕ、x、ɣ	ts、tsʰ、dz、tɕ、tɕʰ、dʑ	m、ȵ、ŋ、l、ø	l 有自由变体 n、l,多数情况下读 l。(欧阳芙蓉,2008)
娄邵片	新邵坪上	p、pʰ、bʰ、t、tʰ、dʰ、k、kʰ	f、v、s、z、ɕ、ʑ、x、ɣ	ts、tsʰ、tɕ、tɕʰ	m、n、ŋ、l、ø②	bʰ、dʰ 送气明显,有浊感。(陈红丽,2008)
娄邵片	株洲龙泉	p、pʰ、b、t、tʰ、d、k、kʰ、g	ɸ、s、ʂ、ɕ、h、fi	ts、tsʰ、dz、tʂ、tʂʰ、dʐ、tɕ、tɕʰ、dʑ	m、n、ȵ、ŋ	n、l 不分,基本归入 n。(卢小群,2001)
衡州片	衡东高湖	p、pʰ、t、tʰ、ȶ、ȶʰ、k、kʰ	f、s、ɕ、x	ts、tsʰ、tɕ、tɕʰ	m、ȵ、ŋ、l、ø	l 有时变读为 n,不区别意义。ȶ、ȶʰ 只在 io 前出现。(孙叶林,2009)
衡州片	衡山前山	p、pʰ、t、tʰ、ȶ、ȶʰ、k、kʰ	f、s、ɕ、x	ts、tsʰ、tɕ、tɕʰ	m、ȵ、ŋ、l、ø	(彭泽润,1999)
衡州片	衡阳	p、pʰ、t、tʰ、k、kʰ	f、s、ɕ、h	ts、tsʰ、tɕ、tɕʰ	m、n、ŋ	f 摩擦很弱。n 在洪音前大都是 n,细音前有时读 l。h 摩擦不强。(杨时逢,1974)

---

① 贝先明认为新化方言是湘语和赣语接触产生的混合方言,详情请参看贝先明《方言接触中的语音格局》,博士学位论文,南开大学,2008 年。但是新化方言跟湘语联系密切,所以此处暂且拿来分析。经过我们的分析,新化方言不存在浊塞音,所谓的"送气浊塞音"其实是送气清塞音。详情见贝先明《湘语浊塞音的声学特征》,《语言研究》,2017 年第 3 期。

② 新邵坪上方言 n、l 两个音位呈互补分布,n 只拼 ən、in、ã、iã、iẽ、õ、iõ 这些鼻尾韵及鼻化韵,l 不拼这些韵母。

第四章 湘语辅音的类型

续表

方言片	方言点	辅音				音系来源及备注
		塞音	擦音	塞擦音	其他	
辰溆片	辰溪	p、pʰ、b、 t、tʰ、d、 k、kʰ、g	f、s、z、 ɕ、h	ts、tsʰ、dz、 tɕ、tɕʰ、dʑ	m、n、ȵ、 ŋ、l、ø	b、d 发音较重， g 浊音不太强。 f、h 摩擦较弱。 (杨时逢，1974)
辰溆片	泸溪浦市	p、pʰ、b、 t、tʰ、d、 k、kʰ、g	f、v、s、 z、ʂ、ʐ、 ɕ、ʑ、x①	ts、tsʰ、dz、 tʂ、tʂʰ、dʐ、 tɕ、tɕʰ、dʑ	m、n、ŋ	b、d、g、dz、 dʐ、dʑ 浊音重而 明显。 tʂ、tʂʰ、dʐ、ʂ、 ʐ 发音部位偏前， 且只出现在 ɿ 前。 (瞿建慧，2005)
辰溆片	溆浦	p、pʰ、b、 t、tʰ、d、 k、kʰ、g	f、v、s、 z、ʂ、ʐ、 ɕ、h②	ts、tsʰ、dz、 tʂ、tʂʰ、dʐ、 tɕ、tɕʰ、dʑ	m、ȵ、ŋ、 l、ø	v 只有轻微摩擦。 浊音声母基本保 留在阳平调，浊 音比较明显。 与齐齿呼相拼的 l，有人读为 ɬ， 无辨义作用。 (贺凯林，1999)
永州片	祁东③	p、pʰ、b、 t、tʰ、d、 k、kʰ、g	f、v、s、 z、ʃ、ʒ、 ɕ、x、 ɣ	ts、tsʰ、dz、 tʃ、tʃʰ、dʒ、 tɕ、tɕʰ、dʑ	m、ʋ、l、ø	ʋ 只与 u 相拼。 l 拼-n 尾韵母时， 稍微鼻化。 tʃ、tʃʰ、dʒ、ʃ、ʒ 只与 ɿ、y 相拼。 (彭婷，2005)

---

① 泸溪浦市方言的 tʂ、tʂʰ、dʐ、ʂ、ʐ 只拼 ɿ。
② 溆浦方言的 tʂ、tʂʰ、dʐ、ʂ、ʐ 只拼 ɿ。
③ 我们通过声学实验，发现祁东风石堰方言的浊塞音是弛声塞音，详见贝先明《湘语浊塞音的声学特征》，《语言研究》2017 年第 3 期。

湘语语音的特征与类型研究

续表

方言片	方言点	辅音 塞音	辅音 擦音	辅音 塞擦音	辅音 其他	音系来源及备注
永州片	祁阳①	p、pʰ、b、t、tʰ、d、k、kʰ、g	f、v、s、z、ʃ、ʒ、ɕ、x、ɣ②	ts、tsʰ、dʑ、tʃ、tʃʰ、dʒ、tɕ、tɕʰ	m、ʋ、n、ȵ、ŋ、l、ø	（贝先明，本次实验）
永州片	东安花桥	p、pʰ、b、t、tʰ、d、k、kʰ、g	f、v、s、z、ɕ、ʑ、x、ɣ	ts、tsʰ、tɕ、tɕʰ	m、n、ȵ、ŋ、l、ø	n、l文读时洪混细分，白读时洪音也分。dʑ、z多数情况需要分立，少数情况为自由变体关系。（谢奇勇，2003）
永州片	道县寿雁	p、pʰ、t、tʰ、k、kʰ	s、ɕ、x	ts、tsʰ、tɕ、tɕʰ	m、n、ŋ、l、ø	n在细音前是ȵ。（贺凯林，2003）
永州片	江华白芒营	p、pʰ、t、tʰ、k、kʰ	f、s、ɕ、x	ts、tsʰ、tɕ、tɕʰ	m、n、ŋ、l、ɹ、ø	n、l在洪音、细音前都能区别，n在细音前倾向ȵ，但不构成对立。（谢奇勇，2003）
永州片	江永	p、pʰ、t、tʰ、k、kʰ	f、s、ɕ、h	ts、tsʰ、tɕ、tɕʰ	m、n、ȵ、ŋ、l、ʋ、ø	n、ȵ只在i、ie两韵前对立。（黄雪贞，1993）
永州片	冷水滩普利桥	p、pʰ、b、t、tʰ、d、k、kʰ、g	f、v、s、z、ɕ、ʑ、x、ɣ	ts、tsʰ、dʑ、tɕ、tɕʰ	m、n、ȵ、ŋ、l、ø	b、d有时是送气的bʰ、dʰ，但不构成对立。n、l洪混细分。（谢奇勇，2003）

---

① 祁阳方言的浊塞音详见贝先明《湘语浊塞音的声学特征》，《语言研究》2017年第3期。

② 祁阳方言的 tʃ、tʃʰ、dʒ、ʃ、ʒ 只拼 ʅ。

续表

方言片	方言点	辅音				音系来源及备注
		塞音	擦音	塞擦音	其他	
永州片	新田茂家	p、pʰ、t、tʰ、k、kʰ	f、s、ɕ、x	ts、tsʰ、tɕ、tɕʰ	m、n、ȵ、ŋ、l、ø	n、l 在洪音、细音前都区别明显。n 在细音前有 ȵ 色彩。（谢奇勇，2003）

第二节 湘语塞音的类型

一 湘语塞音的发音部位类型

双唇塞音

44个方言点中，每个方言点至少有2个双唇塞音，即 p、pʰ，其中21个方言点有3个双唇塞音（湘潭、沅江四季红、安化东坪、城步、衡山后山、隆回桃洪、邵阳、双峰永丰、双峰花门、武冈、湘乡、新宁、株洲龙泉、辰溪、泸溪浦市、溆浦、祁东、祁阳、东安花桥、冷水滩普利桥等20个方言点有 p、pʰ、b，新邵坪上方言的 p、pʰ、bʰ 有待验证），有3个双唇塞音的方言点约占总方言点数量的48%。

齿龈塞音

44个方言点中，每个方言点至少有2个齿龈塞音，即 t、tʰ，其中21个方言点有3个齿龈塞音（湘潭、沅江四季红、安化东坪、城步、衡山后山、隆回桃洪、邵阳、双峰永丰、双峰花门、武冈、湘乡、新宁、株洲龙泉、辰溪、泸溪浦市、溆浦、祁东、祁阳、东安花桥、冷水滩普利桥等20个方言点有 t、tʰ、d，新邵坪上方言的 t、tʰ、dʰ 有待验证），有3个塞音的方言约占总方言点数量的48%。

软腭塞音

44个方言点中，每个方言点至少有2个齿龈塞音，即 k、kʰ，其中19个方言点有3个齿龈塞音（湘潭、沅江四季红、城步、衡山后山、隆

湘语语音的特征与类型研究

回_桃洪、邵阳、双峰_永丰、双峰_花门、武冈、湘乡、新宁、株洲_龙泉、辰溪、泸溪_浦市、溆浦、祁东、祁阳、东安_花桥、冷水滩_普利桥有 k、kʰ、g），有 3 个塞音的方言占总方言点数量的 43%。

卷舌塞音①

44 个方言点中有卷舌塞音的方言很少，长益片的汨罗_长乐、娄邵片的涟源_桥头河和娄底 3 个方言点有 2 个卷舌塞音，即 ʈ、ʈʰ，娄邵片的衡山_后山方言有 3 个卷舌塞音，即 ʈ、ʈʰ、ɖ。

龈腭塞音

44 个方言点中只有长益片的汨罗_城关、衡州片的衡东_高湖和衡山_前山共 3 个方言点有 2 个龈腭塞音，即 ȶ、ȶʰ。

综上，从发音部位来看，湘语中主要的塞音类型为 3 种：双唇塞音、齿龈塞音、软腭塞音，这三种类型的塞音是常见的塞音。另外，个别方言有卷舌塞音或龈腭塞音。汉语其他的方言有卷舌塞音或龈腭塞音的也比较少，北京方言就没有。

从发音部位来看，湘语的塞音普遍的是三分格局（双唇塞音-齿龈塞音-软腭塞音），个别的是四分格局（双唇塞音-齿龈塞音-软腭塞音-卷舌或龈腭塞音）。

二　湘语塞音的调音方法类型

湘语中的塞音除了可以从发音部位上分类，还可以从调音方法上分类。湘语塞音的调音方法主要是送气、不送气。

送气与不送气在湘语清塞音中存在十分整齐的对应性，44 个方言点的不送气清塞音（p、t、k、ȶ、ʈ）都存在相应的送气清塞音（pʰ、

---

① 湘语中所谓的"卷舌音"，实际上是翘舌音。由于湘语没有真正的卷舌音，不会引起术语冲突，全文使用术语"卷舌音"来指"翘舌音"。从发音部位来看，卷舌音的主动发音器官是舌尖，被动发音器官是硬腭。因为 c、cʰ、ɟ、ɟʰ、ɕ、ɲ 等辅音的被动发音器官也是硬腭（主动发音器官为舌面），所以文章还是用卷舌音来称呼 ʈ、ʈʰ、ɖ、ɖʰ、tʂ、tʂʰ、dʐ、dʐʰ、ɳ、ʂ、ʐ、ɻ 等辅音。

t^h、k^h、$ʈ^h$、$ȶ^h$），除新邵₍坪上₎方言有待核实之外，送气与不送气在湘语的浊塞音中却没有一个对应项，有不送气浊塞音（b、d、g等）的部分方言点（如双峰₍永丰₎方言）都没有相应的送气浊塞音。

三 湘语塞音的发声方法类型

除了可以从发音部位、调音方法上分类，湘语中的塞音还可以从发声方法上分类。湘语塞音的发声方法主要有清声、浊声、弛声[①]。

先看清塞音，44个方言点都有p、p^h、t、t^h、k、k^h这6个清塞音，个别方言还有ʈ、ʈ（如涟源₍桥头河₎方言）或ȶ、$ȶ^h$（如衡山₍前山₎方言）。

再看浊塞音，在44个方言点中，有21个方言点存在浊塞音。从方言片来看，浊塞音主要集中在娄邵片、辰溆片和永州片，长益片只有个别方言有，如湘潭方言。衡州片的3个方言点都没有浊塞音。从声学特征来看，湘语音系学上的浊塞音，涉及多种类型，有带声浊塞音（如双峰₍永丰₎方言），有弛声浊塞音（如祁东₍风石堰₎方言），个别方言（如新邵₍坪上₎）的送气浊塞音有待核实。

综合调音方法和发声方法，湘语的塞音有二分格局（不送气清塞音-送气清塞音），如长沙方言的塞音，还有三分格局（不送气清塞音-送气清塞音-不送气浊声塞音，如双峰₍永丰₎方言；不送气清塞音-送气清塞音-不送气弛声塞音，如祁东₍风石堰₎；个别方言的不送气清塞音-送气清塞音-送气带声塞音格局，有待考证，例如新邵₍坪上₎，而新化方言我们发现不是部分研究者所记那样的不送气清塞音-送气清塞音-送气带声塞音格局，而是长沙方言的那样的二分格局）。上述情况可见表4.2。

---

① "弛声"这个术语来源于朱晓农（2010），不同的学者使用不同的术语。过去一般称为"浊送气""清音浊流""气化""气声"等。

湘语语音的特征与类型研究

表 4.2　　　　　　　　　　湘语塞音格局类型

	塞音格局类型	方言点	经过我们的实验分析
三分格局	不送气清塞音-送气清塞音-不送气浊声塞音（p-pʰ-b 类型）	城步、双峰永丰、双峰花门、武冈、湘乡（以上属娄邵片）、辰溪、泸溪浦市、溆浦（以上属辰溆片）	双峰永丰、武冈
	不送气清塞音-送气清塞音-不送气弛化塞音（p-pʰ-pʰ 类型）	湘潭、沅江四季红（以上属长益片）、安化东坪、衡山后山、隆回桃洪、邵阳、新宁、株洲龙泉（以上属娄邵片）、祁东、祁阳①、东安花桥、冷水滩普利桥（以上属永州片）	祁东凤石堰、祁阳浯溪、邵阳、湘潭
二分格局	不送气清塞音-送气清塞音（p-pʰ 类型）	安化梅城、长沙、浏阳镇头、汨罗城关、汨罗长乐、南县、宁乡花明楼、桃江、望城铜官、湘阴、益阳、岳阳（以上属长益片）、会同、涟源桥头河、娄底、新化（以上属娄邵片）、衡东高湖、衡山前山、衡阳（以上属衡州片）、道县寿雁、江华白芒营、江永、新田茂家（以上属永州片）	长沙、娄底、新化县城

另外，新邵坪上方言暂不知道其浊音是浊声塞音还是弛声塞音或者已经清化，所以没有填入表 4.2。

塞音在调音方法和发声方法的二分还是三分，可以区别不同湘语方言片的依据。长益片、衡州片主要是二分格局，娄邵片、辰溆片主要是三分格局，永州片则兼有二分格局、三分格局两种类型，两种类型不分上下，反映了永州片湘语语音的驳杂、混合特征。

---

① 祁阳浯溪方言除了弛声浊塞音，还有少数字念带声浊塞音。详见贝先明《湘语浊塞音的声学特征》，《语言研究》2017 年第 3 期。

四 湘语塞音的数量类型

从塞音的数量来看，塞音最多的为 12 个，是衡山_{后山}方言；最少的为 6 个，如长沙方言。前者塞音数量是后者的 2 倍。44 个方言点的塞音平均个数约为 7.8 个，16 个方言点塞音数量低于均值，28 个方言点超过均值。

塞音数量跟方言片的对应规律是，长益片多数方言点塞音数量低于均值（7.8），娄邵片、衡州片、辰溆片多数高于均值（7.8），永州片则是一半低于均值，一半高于均值。

表 4.3　　　　　　　　湘语塞音数量统计

塞音	p	p^h	t	t^h	k	k^h	b	d	g	ʈ	$ʈ^h$	b^h	d^h	ʈ	$ʈ^h$	ɖ
有该塞音的方言点个数	44	44	44	44	44	44	19	19	18	4	4	1（存疑）	1（存疑）	3	3	1

由表 4.3 可知，分布的方言点个数在 30 个以上的擦音分别是双唇清塞音 p、p^h，齿龈清塞音 t、t^h，软腭清塞音 k、k^h。这三组塞音都是清声，而且分布在三个相距较远的发音部位，从较前部位的双唇到较后部位的软腭。

第三节　湘语擦音的类型

一　湘语擦音的发音部位类型

双唇擦音

在 44 个方言点中，南县、湘潭、沅江_{四季红}、株洲_{龙泉} 4 个方言点有双唇擦音 ɸ，衡山_{后山}、湘乡 2 个方言点有双唇擦音 ɸ、β。这些方言点都分布在长益片、娄邵片。双唇擦音在湘语分布较少，有的可能还不稳定，例如据臧志文的描写，沅江~四季红~的 ɸ 有时读成 f。①

唇齿擦音

在 44 个方言点中，33 个方言点有唇齿清擦音 f，其中 13 个方言点还有对应的唇齿浊擦音 v。没有唇齿擦音 f 或 v 的方言，相应的字有的是念双唇擦音等，例如湘潭方言，"飞"念 [ɸəi³⁴]；有的是念双唇塞音，例如道县~寿雁~方言，"飞"念 [pʰɔ⁴³]；有的是念软腭擦音、双唇塞音等，例如双峰~永丰~方言，"飞"念 [xui⁵⁵]。

齿龈擦音

在 44 个方言点中，全部有齿龈清擦音 s，s 是湘语最常见的擦音。14 个方言点有齿龈浊擦音 z，约占方言点总数的 32%。

卷舌擦音

在 44 个方言点中，有 17 个方言点有卷舌清擦音 ʂ，分别是衡山~后山~、新化、泸溪~浦市~、溆浦、浏阳~镇头~、汨罗~城关~、汨罗~长乐~、宁乡~花明楼~、湘潭、湘阴、会同、涟源~桥头河~、隆回~桃洪~、双峰~永丰~、双峰~花门~、湘乡、株洲~龙泉~，约占方言点总数的 39%。其中衡山~后山~、泸溪~浦市~、溆浦 3 个方言点还有对应的卷舌浊擦音 ʐ。

龈后擦音

湘语中的龈后擦音较少见。在 44 个方言点中，只有隆回~桃洪~、祁东、祁阳 3 个方言点有龈后擦音 ʃ、ʒ。祁东方言、祁阳方言 ʃ、ʒ 的组合度很低，祁东方言的 ʃ、ʒ 只拼 ɿ、y，而 ɕ、ʑ 不拼 ɿ、y，ʃ、ʒ 与 ɕ、ʑ 呈互补分布。祁阳方言中的 ʃ、ʒ 只拼 ɿ，而 ɕ、ʑ 不拼 ɿ，ʃ、ʒ 与 ɕ、ʑ 同样呈互补分布。

龈腭擦音

在 44 个方言点中，只有隆回~桃洪~方言没有龈腭擦音 ɕ、ʑ，ɕ 是除 s 之外湘语最常见的擦音。据张蓓蓓②的描写，龈后擦音 ʃ、ʒ 拼齐齿呼、

---

① 臧志文：《沅江市四季红话作为移民方言的语音研究》，硕士学位论文，湖南师范大学，2007 年。
② 张蓓蓓：《隆回县桃洪镇话和六都寨话的语音比较研究》，硕士学位论文，湖南师范大学，2005 年。

撮口呼时，实际读音接近龈腭擦音 ɕ、ʑ。虽然 33 个方言点有 ɕ，但是其中只有 12 个方言点有 ʑ。

软腭擦音

在 44 个方言点中，有 34 个方言点存在软腭擦音 x，其中 14 个有相应的浊擦音 ɣ。

喉擦音

从分布上看，湘语的喉擦音与软腭擦音不构成对立。10 个有喉擦音 h 的方言（其中 3 个有相应的喉浊擦音 ɦ），都没有软腭擦音。从数量上看，有软腭擦音的方言多于有喉擦音的方言。

从发音部位上看，湘语擦音的发音涉及双唇、唇齿、齿龈、卷舌①、龈后、龈腭、软腭、喉 8 个部位，理论上湘语擦音最多有八分格局。实际上，湘语擦音最多的是五分格局，例如湘潭方言就是五分格局（双唇擦音-齿龈擦音-卷舌擦音-龈腭擦音-喉擦音，分别是 ɸ - s - ʂ - ɕ - h、ɦ）。湘语擦音最少的是三分格局，只有娄底、道县寿雁是三分格局（齿龈擦音-龈腭擦音-软腭擦音，分别是 s-ɕ-x）。在 44 个方言点中，三分格局、四分格局、五分格局分别有 2 个、26 个、16 个，比例为 1∶13∶8。

二 湘语擦音的发声方法类型

湘语中的擦音除了可以从发音部位上分类，还可以从发声方法上分类。湘语擦音的发声方法主要是清声、浊声。

在 44 个方言点中，有 22 个点的擦音存在清浊对立，有浊擦音的方言点数量占总方言点数量的 50%。不过，清浊对立的情况有些不一样，有的方言是所有清擦音都有对应的浊擦音。例如武冈方言，清擦音有 f、s、ɕ、h 共 4 个，浊擦音有 v、z、ʑ、ɦ 共 4 个，清浊擦音对应整齐。而有的方言虽有几个清擦音，但却只有一个浊擦音，例如辰溪方言，清擦音有 f、s、ɕ、h 共 4 个，浊擦音却有 z 这一个。

---

① 卷舌音真正的被动发音部位是硬腭。

湘语语音的特征与类型研究

从方言片来看，擦音存在清浊二分格局的方言主要位于娄邵片、辰溆片，以及长益片个别的方言点。

三 湘语擦音的数量类型

从擦音的数量来看，擦音最多的为 10 个，是祁东方言；最少的为 3 个，是娄底方言和道县_{寿雁}方言。前者擦音数量是后者的 3 倍多。44 个方言点的擦音平均个数约为 5.8 个，24 个方言点塞音数量低于均值，20 个方言点超过均值。

擦音数量跟方言片的对应规律是，长益片、衡州片、辰溆片三片多数方言点擦音数量低于均值（5.8），娄邵片、永州片两片部分方言点和长益片的湘潭方言擦音数量高于均值（5.8），娄邵片、永州片两片部分方言点一半低于均值，一半高于均值。

表 4.4　　　　　　湘语擦音数量统计

擦音	s	ɕ	x	f	ʂ	z	ɣ	v	ʑ	h	ɸ	ʒ	ʐ	ʃ	ɦ	β
有该擦音的方言点个数	44	34	34	33	17	14	14	12	11	10	6	4	3	3	3	2

根据表 4.4 可知，分布的方言点个数在 30 个以上的擦音分别是齿龈清擦音 s、龈腭清擦音 ɕ、软腭清擦音 x、唇齿清擦音 f。这四个擦音都是清声，而且分布在四个相距较远的发音部位，从较前部位的唇齿到较后部位的软腭。

第四节　湘语塞擦音的类型

一 湘语塞擦音的发音部位类型

齿龈塞擦音

44 个方言点中，每个方言点至少有 2 个齿龈塞擦音，即 ts、tsʰ，其中19个方言点有3个齿龈塞擦音（湘潭、沅江四季红、城步、衡山后山、隆回桃洪、邵阳、双峰永丰、双峰花门、武冈、湘乡、新宁、株洲龙泉、辰溪、泸溪浦市、溆浦、祁东、东安花桥、冷水滩普利桥等19个方言点有 ʦ、ʦʰ、ʣ）。有3个齿龈塞擦音的方言点数量占总方言点数量的43%。

卷舌塞擦音

在44个方言点中，只有16个方言点有2个卷舌塞擦音，即 tʂ、tʂʰ，其中9个方言点有3个卷舌塞擦音（湘潭、衡山后山、隆回桃洪、双峰永丰、双峰花门、湘乡、株洲龙泉、泸溪浦市、溆浦9个方言点有 tʂ、tʂʰ、dʐ）。

龈后塞擦音

齿龈塞擦音在湘语中分布的方言点较少，在44个方言点中，只有隆回桃洪、祁东、祁阳方言有 ʧ、ʧʰ、ʤ。

龈腭塞擦音

在44个方言点中，除隆回桃洪方言之外，其他43个方言点都有2个龈腭塞擦音，即 tɕ、tɕʰ。其中溆浦、湘潭、沅江四季红、安化东坪、城步、衡山后山、邵阳、双峰永丰、双峰花门、武冈、湘乡、新宁、株洲龙泉、辰溪、泸溪浦市、祁东、东安花桥、冷水滩普利桥18个方言点有 tɕ、tɕʰ、dʑ共3个塞擦音。

从发音部位上看，湘语塞擦音的发音涉及齿龈、卷舌①、龈后、龈腭4个部位，理论上湘语塞擦音最多有四分格局。实际上，湘语塞擦音最多的是三分格局，有齿龈塞擦音-卷舌塞擦音-龈腭塞擦音三分格局的，如双峰永丰方言的 ʦ、ʦʰ、ʣ-tʂ、tʂʰ、dʐ-tɕ、tɕʰ、dʑ。有齿龈塞擦音-龈后塞擦音-龈腭塞擦音三分格局的，如祁东方言的 ʦ、ʦʰ、ʣ-ʧ、ʧʰ、ʤ-tɕ、tɕʰ、dʑ。还有齿龈塞擦音-卷舌塞擦音-龈后塞擦音三分

---

① 卷舌音真正的发音部位是硬腭。此处用卷舌称呼，因为还有别的辅音（如 c、cʰ、ç 等）的被动发音部位也是硬腭。

湘语语音的特征与类型研究

格局的，如隆回_{桃洪}方言的 ts、tsʰ、dz-tʂ、tʂʰ、dʐ-tʃ、tʃʰ、dʒ。除了三分格局，湘语的塞擦音还有二分格局的，都是齿龈塞擦音-龈腭塞擦音这种类型的，例如长沙方言的 ts、tsʰ-tɕ、tɕʰ。

表 4.5 　　　　　　　　　湘语塞擦音格局类型

	塞擦音格局类型	方言点	备注
三分格局	齿龈-卷舌-龈腭 (ts-tʂ-tɕ 类型)	浏阳_{镇头}、汨罗_{城关}、汨罗_{长乐}、宁乡_{花明楼}、湘潭、湘阴（以上属长益片）、衡山_{后山}、会同、双峰_{永丰}、双峰_{花门}、湘乡、新化、株洲_{龙泉}（以上属娄邵片）、泸溪_{浦市}、溆浦（以上属辰溆片），共 15 个	汨罗_{城关}、汨罗_{长乐}、双峰_{永丰}、双峰_{花门}、湘乡、泸溪_{浦市}、溆浦 7 个方言点各自的 3 组塞擦音中，ts-tʂ 组是互补的。该组严格意义上的三分格局只有 8 个方言点。
	齿龈-龈后-龈腭 (ts-tʃ-tɕ 类型)	祁东、祁阳（以上属永州片），共 2 个	祁东方言 3 组塞擦音中，ts-tʃ 组是互补的。该组严格意义上的三分格局只有 1 个方言点。
	齿龈-卷舌-龈后 (ts-tʂ-tʃ 类型)	隆回_{桃洪}（以上属娄邵片），共 1 个	隆回_{桃洪} 3 组塞擦音中，ts-tʂ 组是互补的。该种严格意义上的三分格局不存在。
二分格局	齿龈-龈腭 (ts-tɕ 类型)	安化_{梅城}、长沙、南县、桃江、望城_{铜官}、益阳、沅江_{四季红}、岳阳（以上属长益片）、安化_{东坪}、城步、涟源_{桥头河}、娄底、邵阳、武冈、新宁、新邵_{坪上}（以上属娄邵片）、衡东_{高湖}、衡山_{前山}、衡阳（以上属衡州片）、辰溪（以上属辰溆片）、东安_{花桥}、道县_{寿雁}、江华_{白芒营}、江永、冷水滩_{普利桥}、新田_{茂家}（以上属永州片），共 26 个	

在 44 个方言点中，塞擦音二分格局的方言个数、塞擦音三分格局的方言点个数分别有 26 个、18 个，比例为 13∶9。如果将三分格局中

· 242 ·

那些存在两组塞擦音互补现象的方言减去，将其加入二分格局，二分格局、三分格局则为 35∶9。

综上，湘语塞擦音格局的主要类型是二分格局，具体是 ts–tɕ 类型。次要类型是三分格局，具体是 ts–tʂ–tɕ 系列。其中长益片、娄邵片在二分格局、三分格局均有分布，无明显格局，衡州片主要属于二分格局。

二 湘语塞擦音的发声方法类型

湘语中的塞擦音除了可以从发音部位上分类，还可以从发声方法上分类。湘语塞擦音的发声方法主要是清声、浊声。

在 44 个方言点中，有 21 个的塞擦音存在清浊对立，有浊塞擦音的方言点数量占总方言点数量的 48%。不过，清浊对立的情况有些不一样，有的方言是每个部位的清塞擦音都有对应的浊塞擦音，例如双峰_{永丰}方言，清塞擦音有 ts、tsʰ、tʂ、tʂʰ、tɕ、tɕʰ 6 个，浊塞擦音有 dz、dʐ、dʑ 3 个，清浊塞擦音对应整齐。而有的方言虽有几个部位清塞擦音，但却只有一个部位的浊塞擦音与之对应，例如安化_{东坪}方言，清塞擦音有 ts、tsʰ、tɕ、tɕʰ 4 个，涉及齿龈、龈腭两个发音部位，而浊塞擦音却有龈腭部位的 dʑ，没有齿龈部位的 z。

从方言片来看，塞擦音存在清浊二分格局的方言主要位于娄邵片、辰溆片，以及个别的长益片。

三 湘语塞擦音的数量类型

从塞擦音的数量来看，塞擦音最多的为 9 个，如双峰_{永丰}方言；最少的为 4 个，如长沙方言。前者擦音数量是后者的 2 倍多。44 个方言点的塞擦音平均个数约为 6.0 个，18 个方言点塞音数量低于均值，10 个方言点超过均值，还有 16 个方言点约等于均值。

塞擦音数量跟方言片的对应规律不强，不似塞音和擦音那样强。

湘语语音的特征与类型研究

表4.6 湘语塞擦音数量统计

塞擦音	ts	tsʰ	tɕ	tɕʰ	dz	dʑ	tʂ	tʂʰ	dʐ	tʃ	tʃʰ	dʒ
有该塞擦音的方言点个数	44	44	43	43	19	19	16	16	9	3	3	3

由表4.6可知，分布的方言点个数在30个以上的塞擦音分别是齿龈清塞擦音 ts 与 tsʰ、龈腭清塞擦音 tɕ 与 tɕʰ。这四个塞擦音都是清声，另外两组塞擦音 tʂ 与 tʂʰ、tʃ 与 tʃʰ，每个塞擦音的分布没超过44个方言点的半数。

第五节 湘语鼻音的类型

本节讨论的鼻音特指鼻音声母，不包括鼻音韵尾。

一 湘语鼻音的发音部位类型

双唇鼻音

在44个方言点中，每个方言点都有双唇鼻音 m。这是湘语最普遍的鼻音声母。

齿龈鼻音

在44个方言点中，23个方言点都有齿龈鼻音 n，占方言点总数的52%。这23个方言点分别是：汨罗城关、南县、宁乡花明楼、湘潭、岳阳、城步、会同、娄底、邵阳、武冈、湘乡、新邵坪上、株洲龙泉、衡阳、辰溪、泸溪浦市、祁阳、东安花桥、道县寿雁、江华白芒营、江永、冷水滩普利桥、新田茂家。

卷舌鼻音①

在44个方言点中，只有涟源桥头河方言有卷舌鼻音 ɳ。不过，该方

---

① 卷舌音的被动发音器官其实是硬腭，此处用卷舌称呼，因为还有别的辅音（如 c、cʰ、ç 等）的被动发音部位也是硬腭。

言没有龈腭鼻音 ȵ，在音系处理上，将 ȵ 处理为 ɲ 也是一种可以考虑的方案。

龈腭鼻音

在 44 个方言点中，35 个方言点都有龈腭鼻音 ȵ，占方言点总数的 80%。这 35 个方言点分别是：安化_{梅城}、长沙、浏阳_{镇头}、汨罗_{城关}、汨罗_{长乐}、南县、宁乡_{花明楼}、桃江、望城_{铜官}、湘潭、湘阴、益阳、沅江_{四季红}、岳阳、安化_{东坪}、城步、衡山_{后山}、娄底、邵阳、双峰_{永丰}、双峰_{花门}、武冈、湘乡、新宁、新邵_{坪上}、株洲_{龙泉}、衡东_{高湖}、衡山_{前山}、辰溪、溆浦、祁阳、东安_{花桥}、江永、冷水滩_{普利桥}、新田_{茂家}。

软腭鼻音

在 44 个方言点中，除新化、新邵_{坪上}、祁东 3 个方言点之外，其余的 41 个方言点均有软腭鼻音 ŋ。有软腭鼻音的方言点数量占总方言点数量的 93%。

二 湘语鼻音的数量类型

从鼻音的数量来看，鼻音最多的为 4 个，如武冈方言；最少的为 1 个，是新化方言和祁东方言，它们都只有 m。前者鼻音数量是后者的 4 倍。44 个方言点的鼻音平均个数约为 3.3 个，27 个方言点塞音数量低于均值，17 个方言点超过均值。

鼻音数量跟方言片的对应规律不强，不似塞音和擦音那样强。

表 4.7　　　　　　　　　　湘语鼻音数量统计

鼻音	m	ŋ	ȵ	n	ɲ
有该鼻音的方言点个数	44	41	35	23	1

由表 4.7 可知，分布的方言点个数在 30 个以上的鼻音分别是双唇鼻音 m、软腭鼻音 ŋ、龈腭鼻音 ȵ。这三个鼻音的发音部位分别占据口腔的前、后、中的位置。

· 245 ·

三　湘语的高频辅音

在 44 个方言点中，如果某个辅音在其中的 22 个方言点中有分布（即在 50% 的方言点中有分布），我们称该辅音为高频辅音。根据上面的统计分析，湘语的高频辅音如表 4.8 所示。

表 4.8　　　　　　　　　　湘语高频辅音

辅音名称	辅音及在 44 个方言点中的分布数
塞音	p$^{(44)}$、p$^{h(44)}$、t$^{(44)}$、t$^{h(44)}$、k$^{(44)}$、k$^{h(44)}$
擦音	s$^{(44)}$、ɕ$^{(34)}$、x$^{(34)}$、f$^{(33)}$
塞擦音	ʦ$^{(44)}$、ʦ$^{h(44)}$、tɕ$^{(43)}$、tɕ$^{h(43)}$
鼻音	m$^{(44)}$、ŋ$^{(41)}$、n$^{(35)}$
边音	l$^{(35)}$

注：音标右上角括号中的数字为该音位分布的方言点的数量。

湘语的高频辅音共 18 个，其中塞音数量最多，有 6 个。擦音、塞擦音次之，均为 4 个。鼻音再次之，为 3 个。另外，还有 1 个边音。

这些高频辅音的特征有：(1) 都是常见的辅音，即标记性弱或无标记的辅音，在各大汉语方言中普遍存在。(2) 除鼻音外，都是清声辅音。(3) 除边音（湘语只有 1 个边音）、塞擦音（软腭位置没有塞擦音）之外，每一类辅音都涉及口腔的前、中、后三种发音部位，一般是双唇、龈腭、软腭。

第六节　一些方言点容易相混的几组辅音

湘语区的一些人说的普通话不标准，会把"湖南"念成 [fu lan] 或 [fu lã] 之类的读音，常遭到普通话标准人士的善意提示——"你要学普通话，请先把自己的家乡'湖南'两个字的发音学好。"下面我

第四章 湘语辅音的类型

们将讨论与之相关的两个语音相混现象：n 与 l 相混，f 与 x 相混。

一 n、l 相混

这里讨论的 n、l 相混是指作声母的 n、l 相混。在 44 个方言点中，经核查，武冈方言中 n、l 实际上差异较小，也无辨义作用，不用分列，列一个 l 即可。除此之外，根据以往学者的研究，以下 13 个方言点存在 n、l 两个音位：汨罗_{城关}、宁乡_{花明楼}、娄底、湘乡、新邵_{坪上}、辰溪、祁阳、东安_{花桥}、道县_{寿雁}、江华_{白芒营}、江永、冷水滩_{普利桥}、新田_{茂家}。在这 13 个方言点中，n、l 分列两个音位，有的情况比较复杂，需要进一步甄别。具体如下：

娄底的 n、l 呈互补分布，n 只出现在鼻化韵、鼻尾韵前，l 只出现在元音尾韵、开尾韵前①。因此，将 n、l 中的任一个设立为音位，将另一个视作变体，也未尝不可。谷素萍②记录的宁乡_{花明楼}方言音系、湖南省地方志编纂委员会③记录的湘乡方言音系也是同样的情况。

我们进一步考察剩下的 10 个方言点，类似的现象仍然存在。汨罗_{城关}方言 n、l 两个音位呈互补分布，n 只拼 iã、iẽ、iɔ̃ 三个韵母，而 l 不拼这三个韵母。新邵_{坪上}方言 n、l 两个音位同样呈互补分布，n 只拼 ən、in、ã、iã、iẽ、õ、iõ 这些鼻尾韵及鼻化韵，l 不拼这些韵母。

这样一来，在 44 个方言点中，真正存在 n、l 对立的方言只有如下 8 个：辰溪、祁阳、东安_{花桥}、道县_{寿雁}、江华_{白芒营}、江永、冷水滩_{普利桥}、新田_{茂家}。在这 8 个方言点中，n、l 的情况仍然值得进一步分析，例如，根据谢奇勇的调查，东安_{花桥}方言 n、l 文读时洪混细分，白读时洪音也分。冷水滩_{普利桥}方言 n、l 洪混细分。④ 也就是说，8 个方言点中的 n、l 对立，有的方言只是在一定范围内对立，涉及范围远不及北京方言那

---

① 陈晖：《湘方言语音研究》，湖南师范大学出版社 2006 年版。
② 谷素萍：《宁乡花明楼话语音研究》，硕士学位论文，湖南师范大学，2002 年。
③ 湖南省地方志编纂委员会：《湖南省志·第二十五卷·方言志》，湖南人民出版社 2001 年版。
④ 谢奇勇：《湘南永州土话音韵比较研究》，博士学位论文，湖南师范大学，2003 年。

么大。

所以，44个方言点中，真正存在n、l对立，需要设立两个音位的方言只有8个，仅占方言点总数的18%。

接下来，我们要讨论两个问题：第一，在普遍没有n、l对立的情况下，这8个方言点中n、l对立产生的动因何在？第二，湘方言n、l不分的机制是什么？

辰溪位于湘西，那里也是西南官话与少数民族语言分布的地区，语言接触频繁。祁阳、东安_{花桥}、道县_{寿雁}、江华_{白芒营}、江永、冷水滩_{普利桥}、新田_{茂家}位于湘西南，那里是西南官话与湘南土话分布的地区，语言接触同样频繁。我们认为，这8个方言点n、l不分很可能是语言接触导致的。

n、l相混现象在湘语中十分常见，其原因主要有：

首先，湘语中的n很多时候不是标准的n，或者存在与l相近的一些变体。在有n音位无l音位的方言里，n音位语音存在着一些值得注意的现象。例如，湘潭方言的n有时读为ĩ。[1] 岳阳方言的n读n或l不定，有时也读ĩ。[2] 城步方言的n偶尔也读l。[3] 会同方言的n是一个变值音位，读n的机会比较多。[4] 邵阳方言的n可以自由变读为l，但一般都读n。[5] 株洲_{龙泉}方言的n与l不分，基本归入n[6]。衡阳方言的n在洪音前大都是n，细音前有时读l。[7]

其次，湘语中的l很多时候不是标准的l，而是带有鼻化色彩或者有类似于n的变体。在有l音位无n音位的方言里，l音位语音存在着一些值得注意的现象。长沙方言的l鼻化度很高，有变体n、ĩ（贝先

---

[1] 曾毓美：《湘潭方言同音字汇》，《方言》1993年第4期。
[2] 杨时逢：《湖南方言调查报告》，台北："中研院"历史语言研究所1974年印行。
[3] 杨时逢：《湖南方言调查报告》，台北："中研院"历史语言研究所1974年印行。
[4] 杨时逢：《湖南方言调查报告》，台北："中研院"历史语言研究所1974年印行。
[5] 储泽祥：《邵阳方言研究》，湖南教育出版社1998年版。
[6] 卢小群：《湖南株洲（龙泉）方言音系》，《株洲工学院学报》2001年第2期。
[7] 杨时逢：《湖南方言调查报告》，台北："中研院"历史语言研究所1974年印行。

第四章 湘语辅音的类型

明，本次实验，详情见第七章）。浏阳_{镇头}方言的 l 有变体 n、ĩ。① 沅江_{四季红}方言的 l 有时读成 n。② 双峰_{花门}方言的 l 有自由变体 n。③ 新宁方言的 l 有自由变体 n、l，多数情况下读 l。④ 衡东_{高湖}方言的 l 有时变读为 n，不区别意义。⑤ 祁东方言的 l 拼 -n 尾韵母时，稍微鼻化。⑥

再次，从理论上，有的方言只设立了一个音位 n 或 l，该音位一般有 2 个或以上的变体，这些变体多是呈互补分布，所以变体的发音即使产生了游移性，不稳定，例如 l 带上鼻化色彩，也不会发生辨义作用。

二 f、x 历史与现实中的相混现象及机制

中古音中的非、敷、奉三纽与晓、匣二纽在合口韵前，很多湘语方言点今读 f 或 x，以韵摄为条件，或分或合。这就是所谓的湘语 f、x 不分。例如，在长沙方言中，非、敷、奉、晓、匣这五纽拼遇摄合口都念 f，"扶"念 [fu^{223}]，"湖"念 [fu^{223}]，两字同音。这五纽拼通摄合口都念 x，"蜂"念 [xən^{33}]，"轰"念 [xən^{33}]，两字同音。

以上是历史上已完成的音变。在现代长沙方言中，还有少数字的声母仍然是 f 或 x 两可。例如：

横：[fən^{223}] 或 [xən^{223}]　　宦：[fã^{45}] 或 [xõ^{45}]

还：[fã^{223}] 或 [xai^{223}]　　昏：[fən^{33}] 或 [xuən^{33}]

不管是历史上已经发生的还是现在存在的语音相混现象，其背后都有一定的原因。我们认为，湘语 f、x 相混的原因主要有：

首先，从声学上看，湘语 f、x 有相近的声学表现。在所有擦音中，

---

① 贝先明：《普通话的声调格局和元音格局》，《武陵学刊》2012 年第 4 期。
② 臧志文：《沅江市四季红话作为移民方言的语音研究》，硕士学位论文，湖南师范大学，2007 年。
③ 袁先锋：《湖南省双峰县花门镇和永丰镇方言的语音比较研究》，硕士学位论文，湖南师范大学，2005 年。
④ 欧阳芙蓉：《湖南省新宁县方言语音研究》，硕士学位论文，湖南师范大学，2008 年。
⑤ 孙叶林：《湖南衡东高湖话同音字汇（上）》，《湘南学院学报》2009 年第 3 期。
⑥ 彭婷：《祁东方言语音语法研究》，硕士学位论文，贵州大学，2005 年。

湘语语音的特征与类型研究

f、x 在 0—8000Hz 的频率范围内，能量都较低，而且能量变化不大，不像 s、ʂ、ɕ 等擦音那样有明显的强频能量集中区。图 4.1、图 4.2 为长沙方言、新化方言的擦音语图。

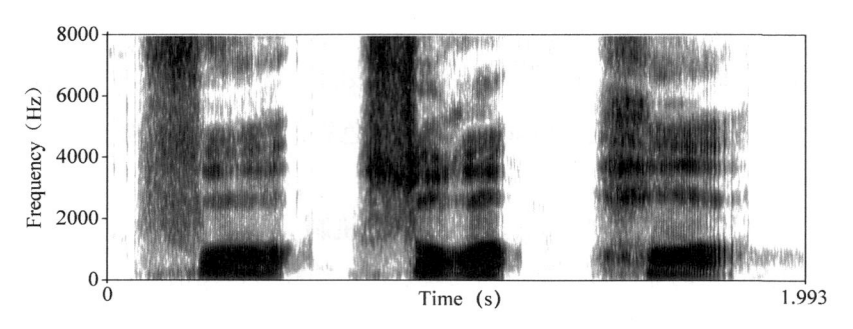

图 4.1 一位长沙男性发音人所发的"花"[fa^{33}]"纱"[sa^{33}] "哈"[xa^{33}]的宽带语图

语图的频率显示范围为 0—8000Hz，可以看到，在 6000Hz 以下，长沙方言 f、x 的能量较弱。尤其是 f，没有明显的共振峰，而 s 有较明显的共振峰，而且能量相比最强。

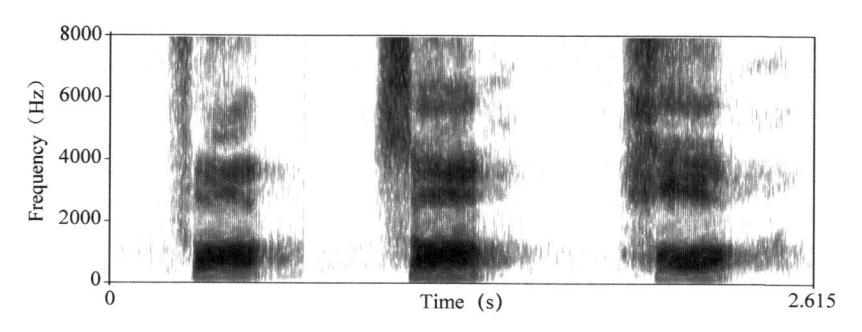

图 4.2 一位新化男性发音人所发的"花"[fa^{33}]"纱"[sa^{33}] "瞎"[xa^{33}]的宽带语图

第四章　湘语辅音的类型

语图的频率显示范围为 0—8000Hz，可以看到，在 8000Hz 以下，新化方言 f、x 的能量较弱，尤其是 f，而 s 的能量相比较强。

长沙方言与新化方言中 f、x 的声学特征相近而与 s 相去较远。相近的声学表现，导致 f、x 听感相去不远。

其次，湘语 f、x 相混是有语音条件的，在拼古合口韵的情况下，f 与 x 才相混。这与 u 的发音生理有关。f 的发音部位是上齿、下唇，x 的发音部位是软腭、舌面后，而 u 的发音同时涉及 x、f 的发音器官——软腭、舌面后部抬起，同时唇向前、向外展开。这样，当唇齿音跟 u 相拼时，由于发 u 使得软腭、舌面后部抬起，唇齿音容易发成软腭音。相应地，当软腭音跟 u 相拼时，由于发 u 使得双唇向前、向外展开，软腭音容易发成唇齿音。

不但唇齿音与软腭音有这样的相混现象，双唇音与软腭音也有类似的相混现象，原理相同。一些湘方言点，没有擦音 f 而有擦音 ɸ，原本应该读 f，都读了 ɸ。或者有擦音 f，但是 f 跟 ɸ 相似，这样一来，f、x 相混就变成 ɸ、x 相混或者 f、ɸ 相混了。

除了长沙方言、浏阳_{镇头}方言的 f 摩擦较轻，接近 ɸ，还有学者观察到如下方言点 f 与 ɸ 相近的现象：

安化_{梅城}方言的 f 有点像 ɸ。[1]

汨罗_{城关}方言的 f 有时读成 ɸ。[2]

望城_{铜官}方言的 f 实际音值近于 ɸ。[3]

岳阳方言的 f 摩擦少，有时读成 ɸ。[4]

安化_{东坪}方言的 f、v 是轻微的唇齿擦音，听起来有点像 ɸ、β。[5]

---

[1] 孙益民：《湘语长益片与娄邵片在安化县境内的分界》，硕士学位论文，湖南师范大学，2004 年。
[2] 刘玮娜：《湖南汨罗方言语音研究》，硕士学位论文，湖南师范大学，2006 年。
[3] 吴友纯：《湖南望城县铜官镇的语音研究》，硕士学位论文，湖南师范大学，2008 年。
[4] 杨时逢：《湖南方言调查报告》，台北："中研院"历史语言研究所 1974 年印行。
[5] 孙益民：《湘语长益片与娄邵片在安化县境内的分界》，硕士学位论文，湖南师范大学，2004 年。

湘语语音的特征与类型研究

城步方言的 f 摩擦较少，有时很像 ɸ。v 摩擦很弱，倾向 u。①

会同方言的 f 的唇齿现象不显明，摩擦也不强。②

衡阳方言的 f 摩擦很弱。③

辰溪方言的 f、h 摩擦较弱。④

还有的方言点，研究者直接取消唇齿擦音 f，设立发音相近的双唇擦音 ɸ。例如：南县方言（作者同时发现 ɸ、x 摩擦较弱）、⑤ 湘潭方言、⑥ 沅江_{四季红}方言（作者同时发现 ɸ 有时读成 f）、⑦ 衡山_{后山}方言、⑧ 湘乡方言⑨、株洲_{龙泉}方言。⑩

f、x 相混的机制不仅能解释 f、ɸ 相混的原因，还能解释一些方言点在零声母的合口呼韵母前会产生辅音 v 或者 ʋ，包括北京方言。

---

① 杨时逢：《湖南方言调查报告》，台北："中研院"历史语言研究所 1974 年印行。
② 杨时逢：《湖南方言调查报告》，台北："中研院"历史语言研究所 1974 年印行。
③ 杨时逢：《湖南方言调查报告》，台北："中研院"历史语言研究所 1974 年印行。
④ 杨时逢：《湖南方言调查报告》，台北："中研院"历史语言研究所 1974 年印行。
⑤ 杨时逢：《湖南方言调查报告》，台北："中研院"历史语言研究所 1974 年印行。
⑥ 曾毓美：《湘潭方言同音字汇》，《方言》1993 年第 4 期。
⑦ 臧志文：《沅江市四季红话作为移民方言的语音研究》，硕士学位论文，湖南师范大学，2007 年。
⑧ 陈新潮：《衡山方言夹山腔语音过渡性特征研究》，硕士学位论文，湖南师范大学，2004 年。
⑨ 湖南省地方志编纂委员会：《湖南省志·第二十五卷·方言志》，湖南人民出版社 2001 年版。
⑩ 卢小群：《湖南株洲（龙泉）方言音系》，《株洲工学院学报》2001 年第 2 期。

第五章 长沙方言、双峰方言的声调

第一节 声调声学实验研究的理论与方法

本章利用计算机语音分析软件 Praat 和本人编写的脚本（script），对发音人声调的基频和音长分别进行声学测量。Howie[1] 认为，声调的范围不是音节的全部带音部分，只限于音节中的元音及其后面的带音部分。因此，本次实验中声调基频和时长的测量不包括声母部分。声调的实质是音高随时间的变化情况。本文的声调声学图的横坐标是归一化的时长，纵坐标是相对化的音高，用 T 值表示。本文 T 值的计算过程是：对每个字音进行时长的归一化和自动测量，即把每个音节的基频曲线等时间间隔分成 8 段，提取 9 个测量点的基频赫兹数据，再根据石锋、冉启斌、王萍[2]提出的基于统计分析的 T 值公式：

T= {[lgx-lg（min-SDmin）]／[lg（max+SDmax）-lg（min-SDmin）]} ×5

进行音高的相对化，把基频赫兹数据转换成 T 值。min-SDmin 为各测

---

[1] Howie, John M. *Acoustical Studies of Mandarin Vowels and Tones*, London: Cambridge University Press, 1976.

[2] 石锋、冉启斌、王萍：《论语音格局》，《南开语言学刊》2010 年第 1 期。

湘语语音的特征与类型研究

量点基频平均值中的最小值减去该点全部数据的标准差，max+SDmax 为各测量点基频平均值中的最大值加上该点全部数据的标准差。x 为某测量点基频的平均值。T 值换算成五度值的方法是：T 值的 0 到 1 对应五度值的 1 度，1 到 2 对应五度值的 2 度，2 到 3 对应五度值的 3 度，3 到 4 对应五度值的 4 度，4 到 5 对应五度值的 5 度。T 值是对基频 Hz 值进行相对化的结果，其优点是计算简单，可比性强，能很大程度上获得声调之间相对关系的共性特征，便于不同语言或方言及不同发音人之间的语音比较，也方便进行统计分析。基于统计分析的 T 值公式适合于多个发音人的大样本数据统计，也适合单个发音人的大样本（即多次发音）数据统计。

声调的归一化跟元音、辅音的归一化一样，同样遵循"先各人归一化，再所有人（或男女分组）平均"的原则。即每个人单独求出自己的 T 值，然后男、女分组进行 T 值平均。

第二节　长沙方言的单字调

一　长沙方言单字调的音高分析

长沙方言男性、女性发音人单字调格局图分别见图 5.1、图 5.2。

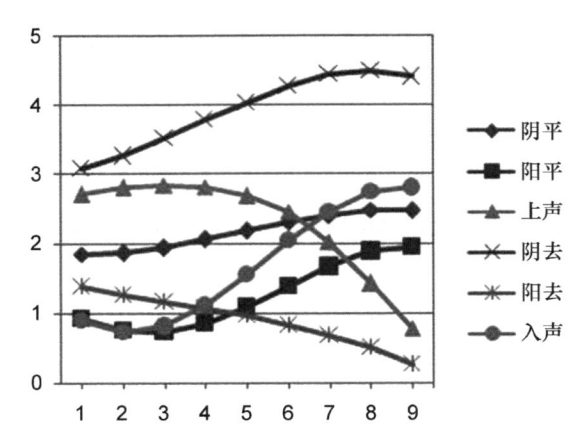

图 5.1　长沙方言男性发音人单字调格局

第五章 长沙方言、双峰方言的声调

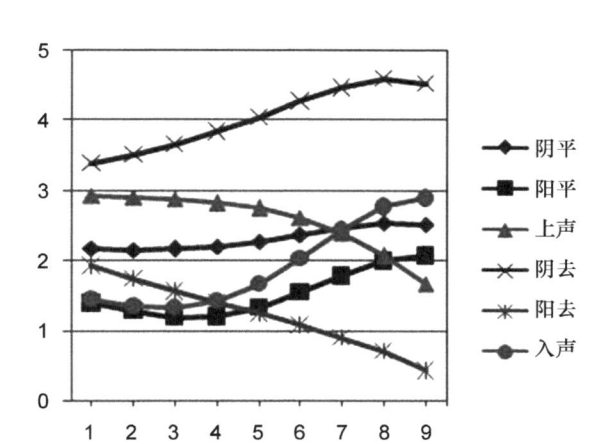

图 5.2 长沙方言女性发音人单字调格局

长沙方言男性、女性发音人单字调调类及调值情况见表 5.1。

表 5.1　　　　　　　　长沙方言单字调调类及调值

	阴平	阳平	上声	阴去	阳去	入声
男性	33	113	331	45	21	13
女性	33	223	332	45	21	24
男女平均	33	223	332	45	21	24

长沙方言男性发音人单字调的音高情况如下。

男性阴平：9 个测量点中，前 3 个测量点 T 值在 1.0—2.0，其余的 6 个测量点 T 值在 2.0—3.0。调尾微升，考虑到升的程度较小，不宜将其定为升调，所以五度值可记为 33。

男性阳平：9 个测量点中，前 4 个测量点 T 值在 0—1.0，其余的 5 个测量点 T 值在 1.0—2.0。调头有"凹"特征（整条曲线，T 值最小点为第 3 点）。五度值可以定为 113，定为 13 也可。

男性上声：9 个测量点中，前 7 个测量点 T 值在 2.0—3.0，第 8、9

· 255 ·

测量点 T 值分别在 1.0—2.0、0—1.0。整个声调曲线的走势前部分为平，后部分为降。五度值可以定为 331。上声调头的 3 比阴平的 3 要高一些，因此上声定为 442 也可以。

男性阴去：9 个测量点中，前 4 个测量点 T 值在 3.0—4.0，其余的 5 个测量点 T 值在 4.0—5.0。调尾部分有较小的"凸"特征。五度值可以定为 45。部分男性发音人的部分阴去字有假声的发声态，例如有一位发音人念"帝"时，止点基频达 342Hz。

男性阳去：9 个测量点中，前 4 个测量点 T 值在 1.0—2.0，其余的 5 个测量点 T 值在 0—1.0。五度值可以定为 21。

男性入声：9 个测量点中，前 3 个测量点 T 值在 0—1.0，第 4、5 测量点 T 值在 1.0—2.0，第 6、7、8、9 测量点 T 值在 2.0—3.0。五度值可以定为 13。为了显示跟阳平的区别度，男性入声也可以记为 14。

长沙方言男性发音人基频下限为 104Hz，上限为 261Hz。

长沙方言女性发音人声调的音高情况如下。

女性阴平：9 个测量点 T 值均在 2.0—3.0。跟男性发音人的情况相类似，调尾也有微升的趋势，五度值可记为 33。

女性阳平：9 个测量点中，前 8 个测量点 T 值在 1.0—2.0，第 9 测量点 T 值在 2.0—3.0。调头有"凹"特征（整条曲线，T 值最小点为第 3 点）。五度值可以定为 223。

女性上声：9 个测量点中，前 8 个测量点 T 值在 2.0—3.0，第 9 测量点 T 值在 1.0—2.0。整个声调曲线的走势跟男性发音人相类似，前部分为平，后部分为降。五度值可以定为 332。上声调头的 3 比阴平的 3 要高一些，因此上声定为 442 也可以。

女性阴去：9 个测量点中，前 4 个测量点 T 值在 3.0—4.0，其余的 5 个测量点 T 值在 4.0—5.0。调尾部分有较小的"凸"特征。五度值可以定为 45。部分女性发音人的部分阴去字有假声的发声态，例如有一位1978年出生的发音人所有阴去字止点的平均基频达到408Hz，一次读"霸"的最高基频高达559Hz。请看图5.3。

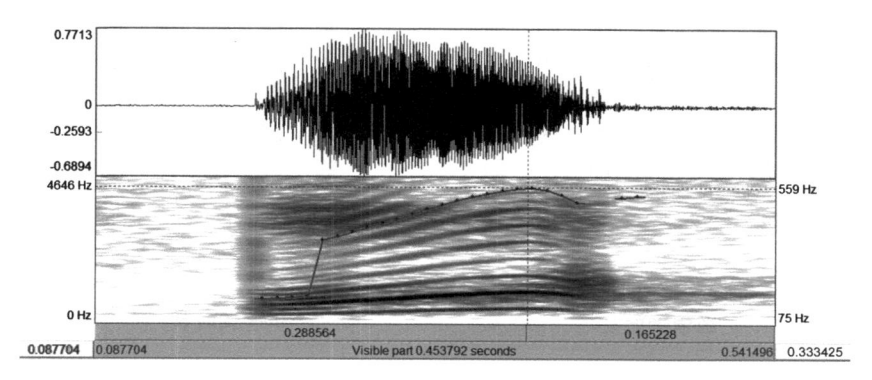

图5.3 一位长沙女性念"霸"的窄带语图和基频曲线

女性阳去：9个测量点中，前6个测量点T值在1.0—2.0，其余3个测量点T值在0—1.0。五度值可以定为21。

女性入声：9个测量点中，前5个测量点T值在1.0—2.0，其余4个测量点T值在2.0—3.0。五度值可以定为23。女性入声与女性阳平较为接近，两个声调只是在调尾有区别：入声的调尾稍高。为了显示跟阳平的区别度，女性入声也可以记为24。

长沙方言女性发音人基频下限为163Hz，上限为348Hz。

如果不考虑性别，男女T值平均之后，长沙方言单字调的五度值可以定为：阴平33，阳平223，上声332（定为442也可以），阴去45，阳去21，入声24。

二 长沙方言单字调的时长分析

长沙方言男性、女性单字调时长图见图5.4、图5.5。

湘语语音的特征与类型研究

图 5.4 长沙方言男性发音人单字调时长

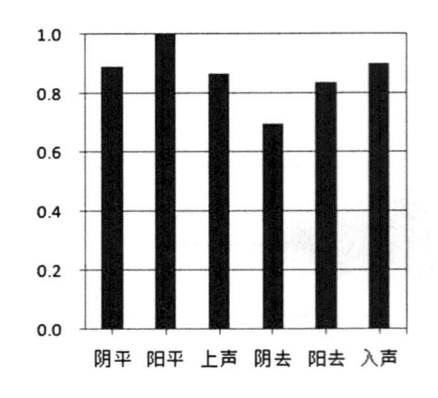

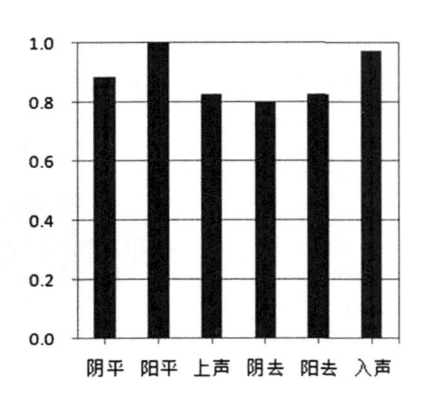

图 5.5 长沙方言女性发音人单字调时长

长沙方言单字调绝对时长、相对时长情况见表 5.2、表 5.3。

表 5.2　　　　　　长沙方言单字调绝对时长　　　　（单位：秒）

	阴平	阳平	上声	阴去	阳去	入声
男性	0.270	0.304	0.263	0.212	0.254	0.274
女性	0.201	0.228	0.188	0.181	0.189	0.222

表 5.3　　　　　　长沙方言单字调相对时长　　　　（单位：秒）

	阴平	阳平	上声	阴去	阳去	入声
男性	0.89	1.00	0.86	0.70	0.84	0.90
女性	0.88	1.00	0.83	0.80	0.83	0.97

各调类按照时长从大到小排列，男性发音人为：阳平>入声≈阴平>上声≈阳去>阴去，女性发音人为：阳平>入声>阴平>上声≈阳去>阴去。男女发音人的共性是，都是阳平最长，入声次之，阴去最短，阳去和上声次之。

时长最长的为阳平，可能与阳平调头有较长、较明显的"凹"特

· 258 ·

征有关，类似于曲折调时长一般会较长，"凹"处发音也会耗费一定的时间。最短的为阴去，可能与阴去音高极高（发音人的部分阴去字有念假声的现象）有关，阴去的调尾音高太高，这里不能轻易再继续上升了。

第三节 双峰方言的单字调

一 双峰方言单字调的音高分析

双峰方言男性、女性发音人单字调格局图分别见图5.6、图5.7。

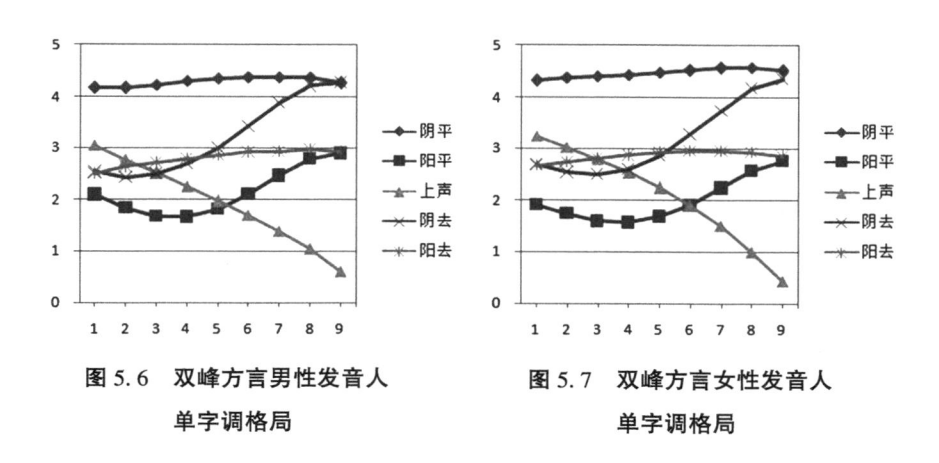

图5.6 双峰方言男性发音人单字调格局

图5.7 双峰方言女性发音人单字调格局

双峰方言男性、女性单字调调类及调值情况见表5.4。

表5.4　　　　　双峰方言单字调调类及调值

	阴平	阳平	上声	阴去	阳去
男性	55	23	41	35	33
女性	55	23	41	35	33
男女平均	55	23	41	35	33

双峰方言男性发音人声调的音高情况如下。

男性阴平：9个测量点T值均在4.0—5.0。调尾微升。五度值可记为55。

男性阳平：9个测量点中，第1、6、7、8、9测量点T值在2.0—3.0，其余的4个测量点T值在1.0—2.0。调头有"凹"特征（整条曲线，T值最小点为第4点）。五度值可以定为23。

男性上声：9个测量点中，第1测量点T值在3.0—4.0，第2、3、4测量点T值分别在2.0—3.0，第5、6测量点T值在1.0—2.0，第7、8、9测量点T值在0—1.0。五度值可以定为41，定为31也可。

男性阴去：9个测量点中，前4个测量点T值在2.0—3.0，第5测量点T值为3.0，第6、7测量点T值在3.0—4.0，第8、9测量点T值在4.0—5.0。调头部分有较小的"凹"特征。五度值可以定为45。

男性阳去：9个测量点T值均在2.0—3.0。整个声调曲线从前到后呈略升的趋势。五度值可以定为33。

双峰方言男性发音人基频下限为88Hz，上限为158Hz。

双峰方言女性发音人声调的音高情况如下。

女性阴平：9个测量点T值均在4.0—5.0。五度值可记为55。

女性阳平：9个测量点中，前6个测量点T值在1.0—2.0，其余的4个测量点T值在2.0—3.0。调头有"凹"特征（整条曲线，T值最小点为第4点）。五度值可以定为23。

女性上声：9个测量点中，第1、2测量点T值在3.0—4.0，第3、4、5测量点T值在2.0—3.0，第6、7测量点T值在1.0—2.0，第8、9测量点T值在0—1.0。五度值可以定为41。

女性阴去：9个测量点中，前5个测量点T值在2.0—3.0，第6、7测量点T值在3.0—4.0，第8、9测量点T值在4.0—5.0。调头部分有"凹"特征。五度值可以定为35。

女性阳去：9 个测量点 T 值均在 2.0—3.0。整个声调曲线从前到后呈略升的趋势。五度值可以定为 33。

双峰方言女性发音人基频下限为 165Hz，上限为 281Hz。

二 双峰方言单字调的时长分析

双峰方言男性、女性发音人单字调时长图分别见图 5.8、图 5.9。

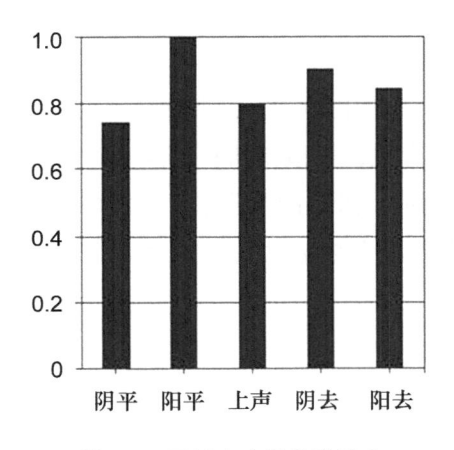

图 5.8 双峰方言男性发音人单字调时长

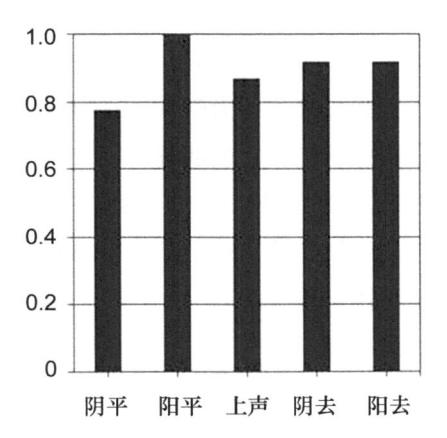

图 5.9 双峰方言女性发音人单字调时长

双峰方言单字调绝对时长、相对时长情况分别见表 5.5、表 5.6。

表 5.5　　　　　　双峰方言单字调绝对时长　　　　（单位：秒）

	阴平	阳平	上声	阴去	阳去
男性	0.213	0.285	0.228	0.259	0.242
女性	0.226	0.291	0.253	0.267	0.267

表 5.6　　　　　　　　双峰方言声调相对时长　　　　　　（单位：秒）

	阴平	阳平	上声	阴去	阳去
男性	0.75	1.00	0.80	0.91	0.85
女性	0.78	1.00	0.87	0.92	0.92

各调类按照时长从大到小排列，男性发音人为：阳平>阴去>阳去>上声>阴平，女性发音人为：阳平>阴去≈阳去>上声>阴平。男女发音人的共性是，都是阳平最长，阴去次之，阴平最短，上声次之。

时长最长的为阳平，其中的原因类似于长沙方言，那就是可能与阳平调头有较长、较明显的"凹"特征有关，类似于曲折调发音时长会较长，"凹"处发音也会耗费一定的时间。最短的为阴平，可能与阴平为高平调有关，一个高而平的调要维持总是较为费力，因此在时长上也不易持续较久。

第四节　长沙方言的双字调

一　长沙方言双字调的音高分析

长沙方言调类在本节图和表中均用数字表示，1、2、3、4、5、6分别表示阴平、阳平、上声、阴去、阳去、入声，入声在双字组的后字有两种情况，一种是接近本调升调调型的，另一种是变为平调的，分别用两根曲线表示。用"ab-c"格式来表示双字组的组成情况，"a""b"分别表示双字组中前字、后字的调类，"c"用"1""2"分别表示双字组中的前字或后字。例如"12-1"表示"阴平+阳平"组合的前字，"12-2"表示"阴平+阳平"组合的后字，以此类推。以下各图均分为两个分图，第一个分图与阴平、阳平、上声相关，第二个分图与阴去、阳去、入声相关。

第五章　长沙方言、双峰方言的声调

（一）前字阴平的调值（见图5.10）

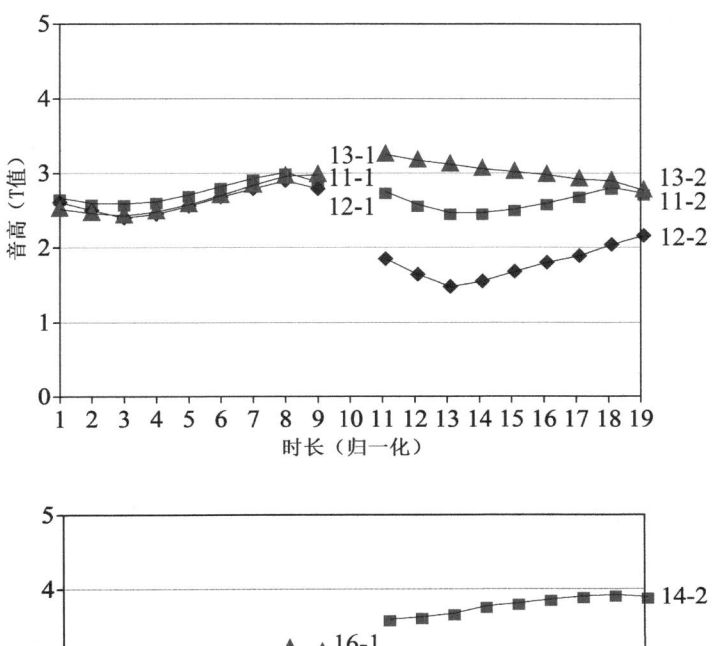

图 5.10　长沙方言前字阴平的声调

前字阴平的T值基本位于2、3之间，个别（如阴平+入声中的阴平）调尾略超过3。另外，阴平曲线不是呈水平的直线，而是在调头有"凹"的特征。阴平在各组合中的调值均可记为33，没有发生调值改变。

· 263 ·

湘语语音的特征与类型研究

（二）前字阳平的调值（见图 5.11）

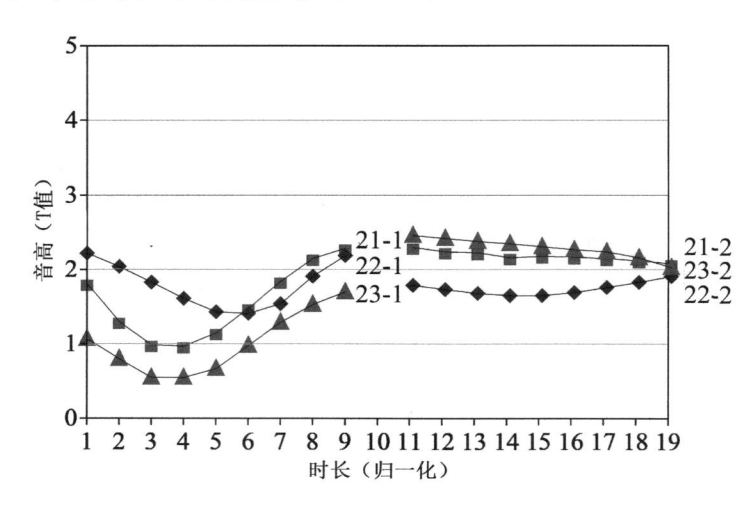

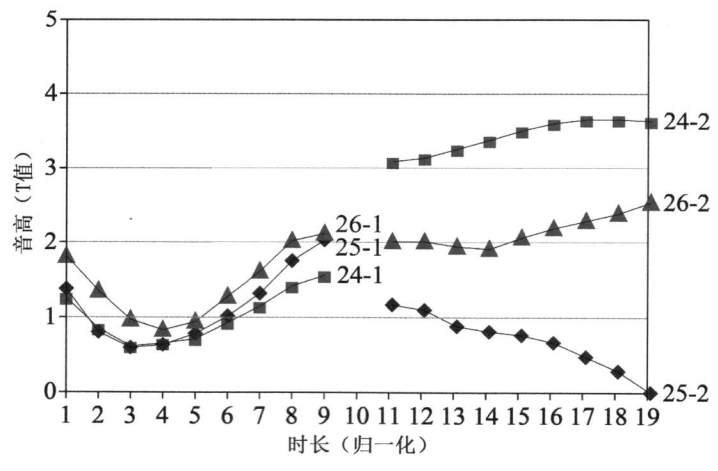

图 5.11 长沙方言前字阳平的声调

阳平单字调调值为 223，在双字调各种组合中，都变为曲折调。除了在"阳平+阳平"组合中，前字调值变为 323，其他组合中的前字均变为 213 或 212，本书统一记为 213。末尾的 3 其实位于 2、3 之间。

第五章　长沙方言、双峰方言的声调

（三）前字上声的调值（见图5.12）

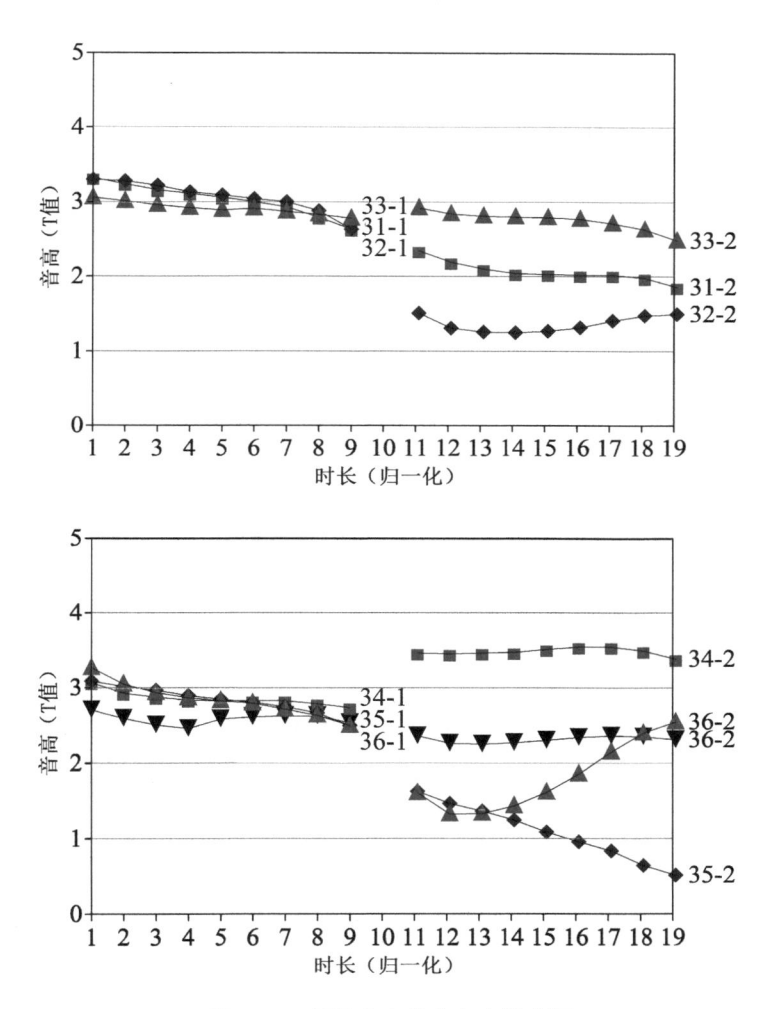

图 5.12　长沙方言前字上声的声调

上声单字调为332，调尾下降。但在双字组的前字位置，上声调尾的"降"被拉平，虽然各种组合中前字上声仍然还有"微降"的趋势，但是降幅很小，没有超过五度值的1度，几种组合中的前字上声曲线的T值在3、4的附近，可以记为44，也可以记为33。我们暂且记为33。

湘语语音的特征与类型研究

（四）前字阴去的调值（见图 5.13）

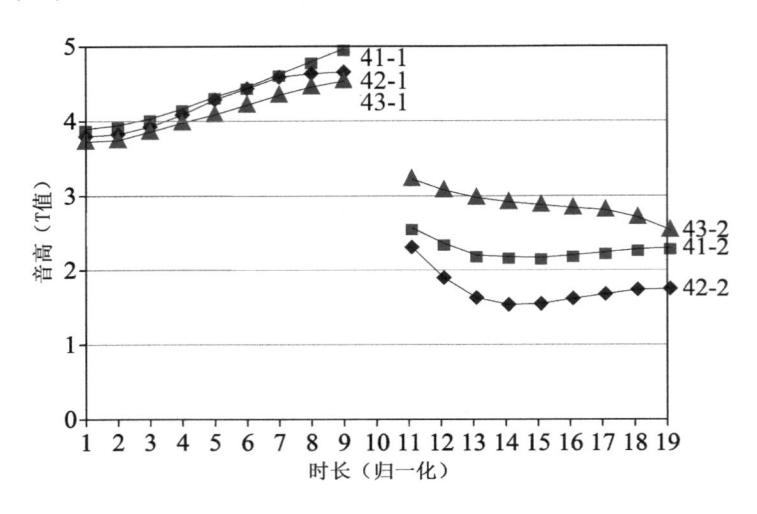

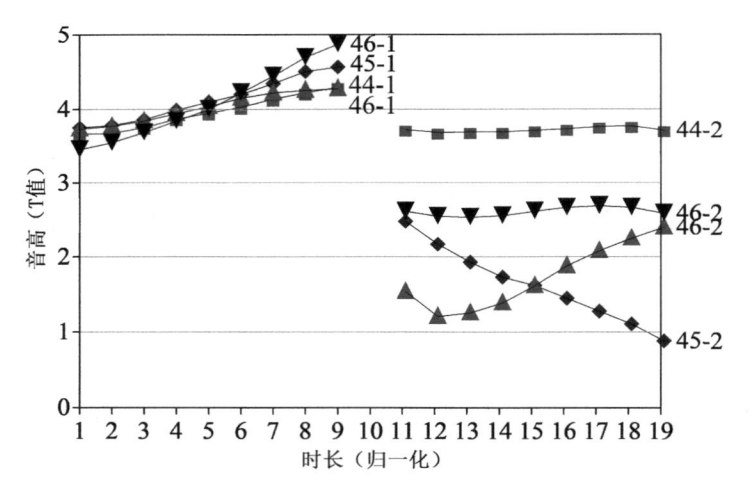

图 5.13 长沙方言前字阴去的声调

阴去在双字组前字位置仍然保持着单字时的调值 45，不过升的幅度略为平缓。

（五）前字阳去的调值（见图 5.14）

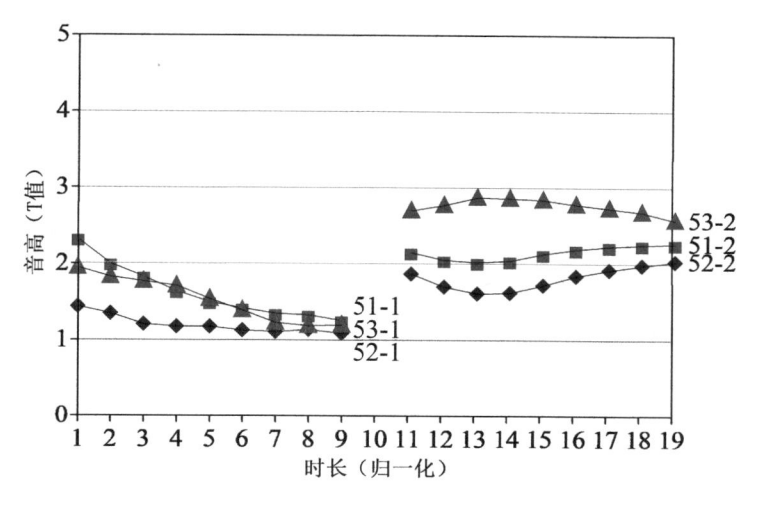

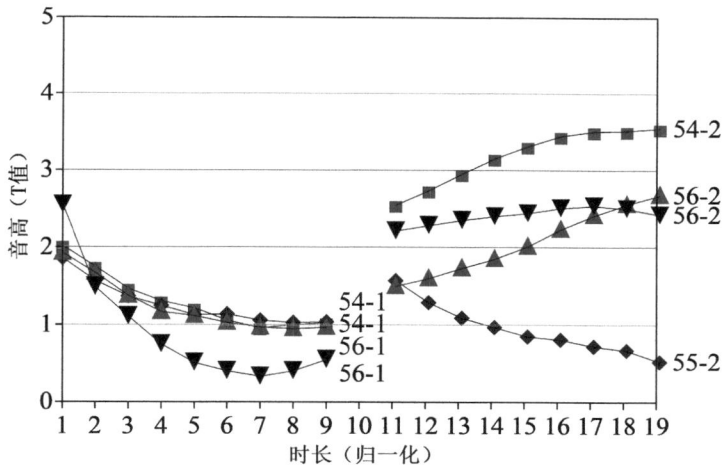

图 5.14　长沙方言前字阳去的声调

阳去在单字时念降调 21，在双字组合中，调尾有所提高，虽然还能看到降的情况，但是程度小了很多。除"阳去+入声"组合中的阳去念 21，跟单字调调值一致之外，其他各种组合中，前字阳去均念 22。

前字阳去调尾上声，调型基本变为平调的动因来自发音生理机制。

| 湘语语音的特征与类型研究

因为阳去调尾是长沙方言整个声调调域的下限（最低值），也就是说，前字为阳平的各种双字调组合中，后字的音高都要比阳去调尾高，出于同化作用，或者说是发音协同作用，阳去的调尾上升一些，跟后字调头的过渡就显得相对容易一些。

（六）前字入声的调值（见图 5.15）

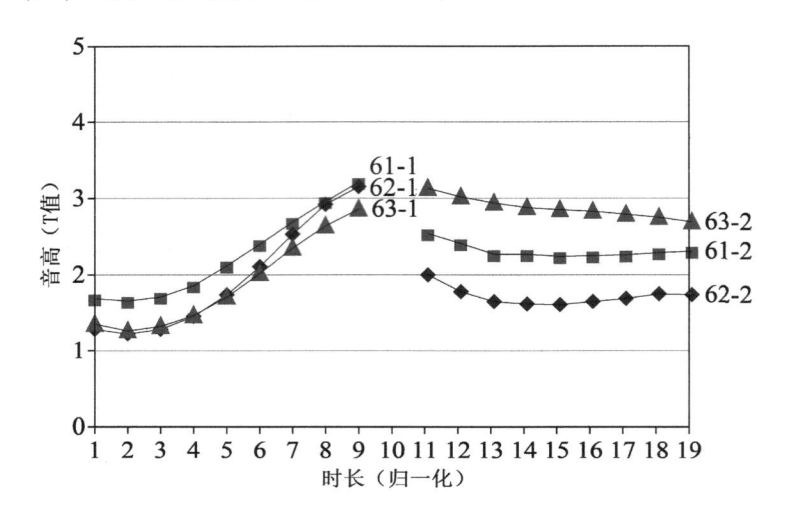

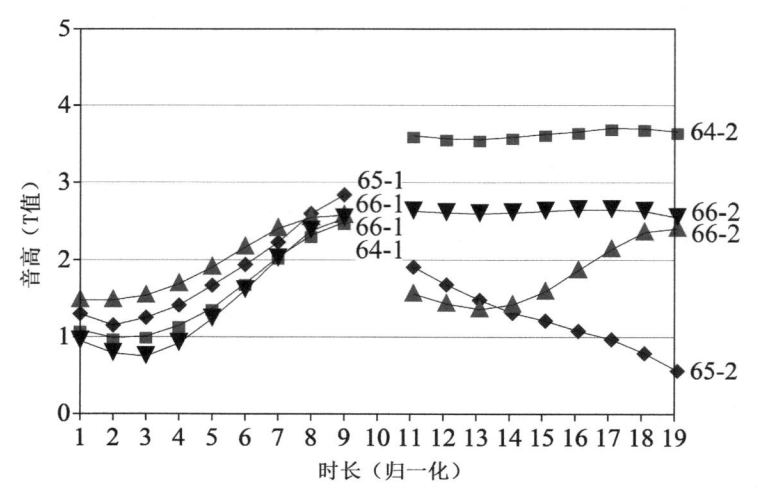

图 5.15　长沙方言前字入声的声调

第五章　长沙方言、双峰方言的声调

前字入声的五度值基本为 23 或接近 24，调值记为 23 或 24 都可以。为了显示跟阳平调尾的区别度以及跟单字调的对应，本书记为 24。

（七）后字阴平的调值（见图 5.16）

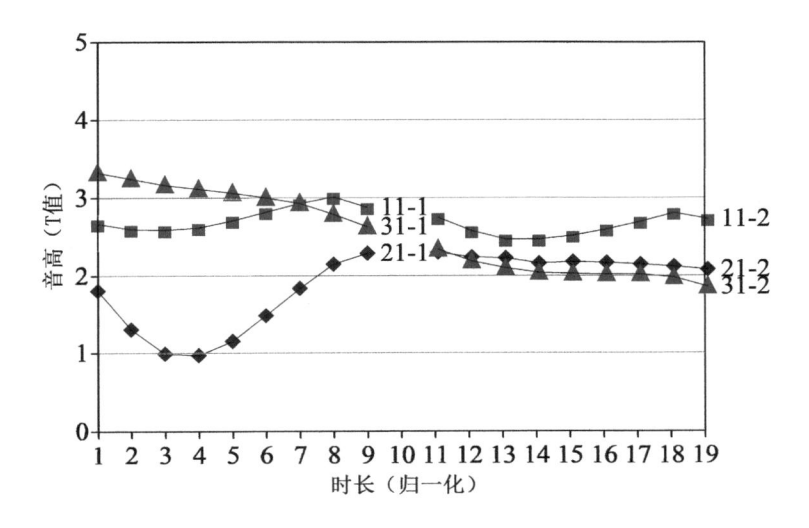

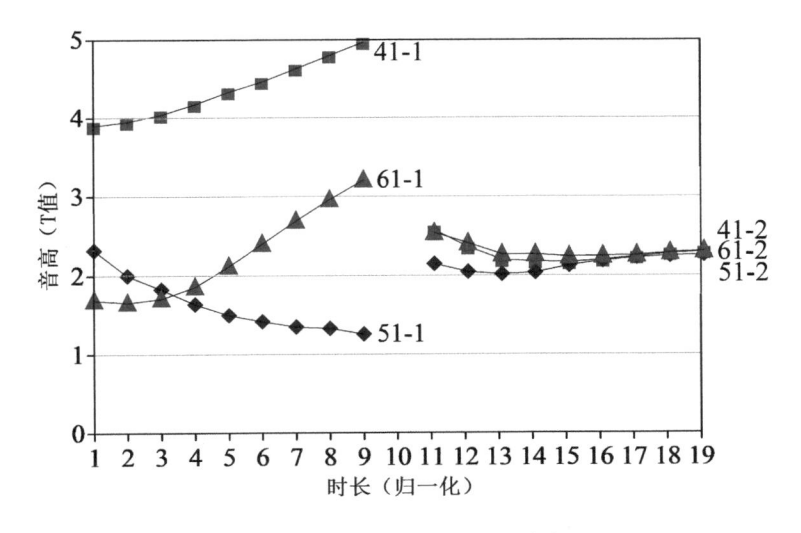

图 5.16　长沙方言后字阴平的声调

| 湘语语音的特征与类型研究

后字阴平调值除在"上声+阴平"组合中介于 22、33 之间，在其他组合中均念 33。我们统一记为 33，后字阴平基本不发生变调行为。

（八）后字阳平的调值（见图 5.17）

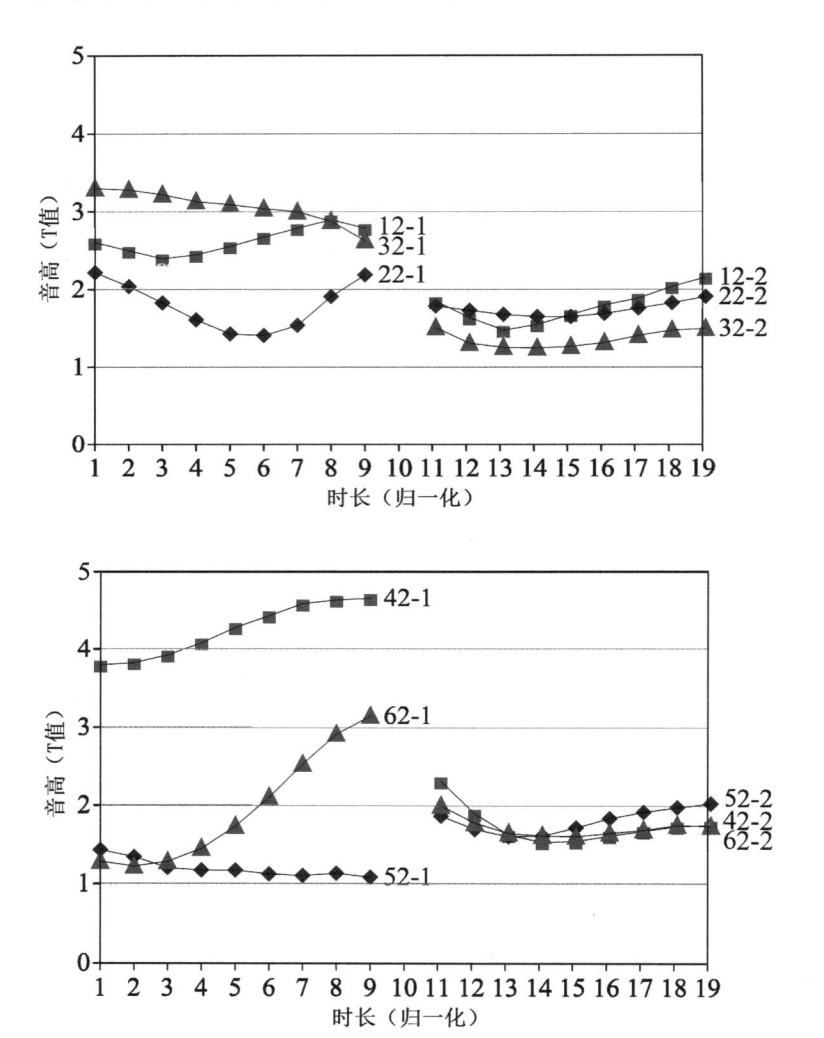

图 5.17 长沙方言后字阳平的声调

后字阳平在双字组合中，调值跟单字时不同，而跟双字组合的前字相同，大致可以记为 22，个别组合调头的"凹"特征较为明显，如"阴平+阳平""阴去+阳平"等，其他的基本上被拉平。"阴去+阳平"中的"阳平"调头起点较高，应该是发音生理机制导致的，因为前字阴去的止点音高很高。

（九）后字上声的调值（见图 5.18）

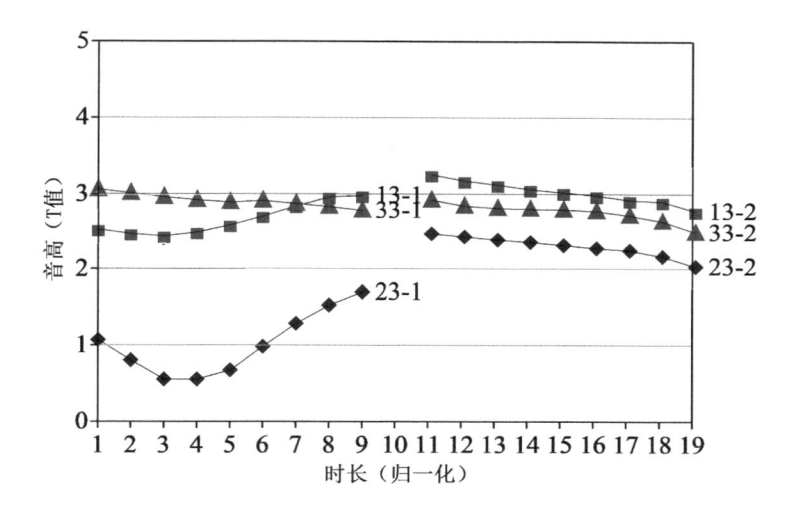

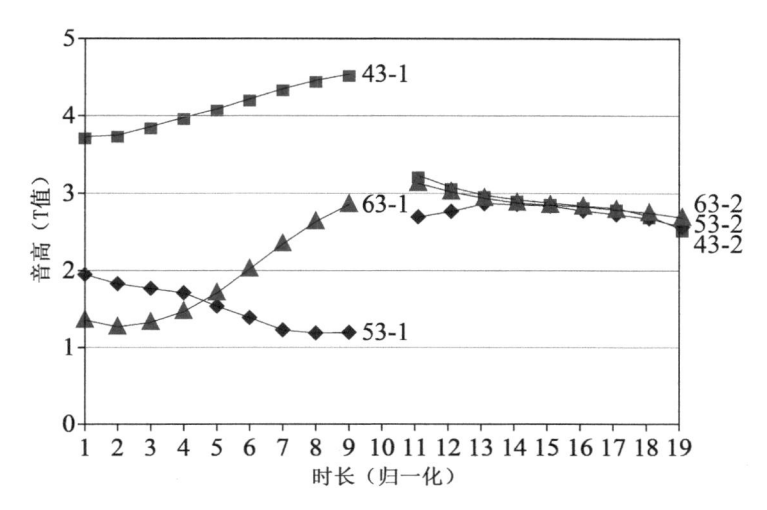

图 5.18 长沙方言后字上声的声调

湘语语音的特征与类型研究

跟前字一样,后字上声调尾的"降"被拉平,只保留"微降"的特征,降的幅度没有超过五度值的1度,几种组合中的后字上声可以记为44,也可以记为33。我们暂且记为33。

(十)后字阴去的调值(见图5.19)

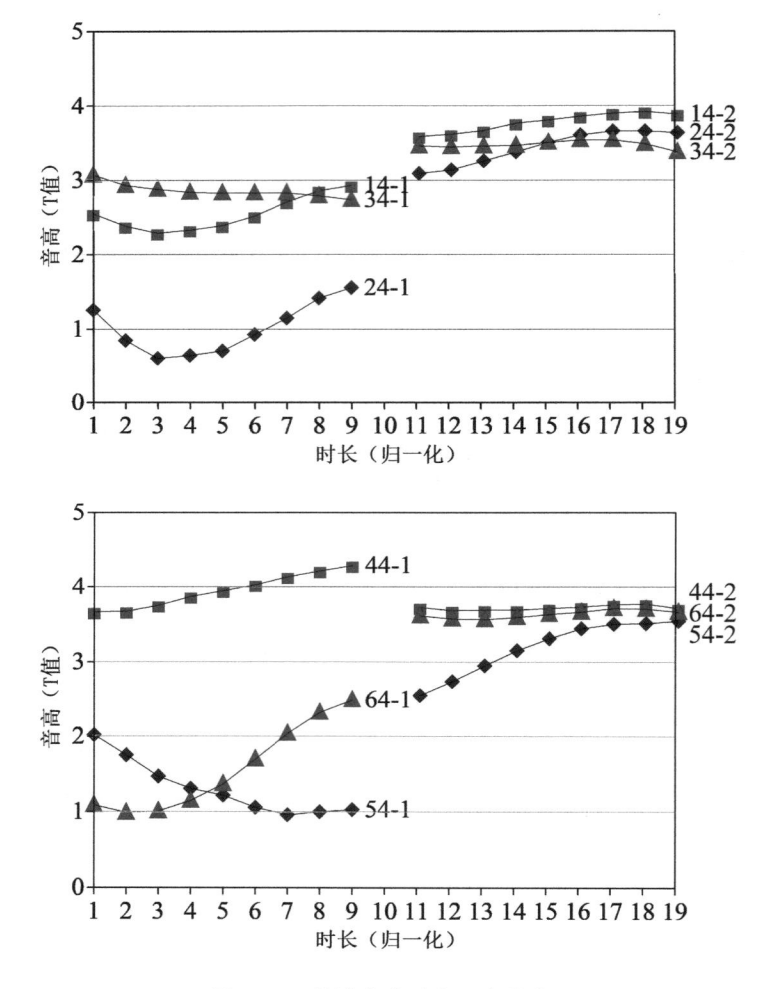

图 5.19 长沙方言后字阴去的声调

后字阴去跟前字阴去不同,发生了变调,基本由单字的45调值变为 44 调值。另外，"阳去+阴去"组合中的阴去变为 34，那是发音生理制约的结果，前面阳去止点音高太低，后面阴去起点音高太高，受到声带发音的制约，音高不易在短时间内发生大幅度变化，那就前字阳去止点音高升高一点，后字阴去起点音高降低一点，双向互动，顺利实现音高在前后字之间的过渡。

（十一）后字阳去的调值（见图 5.20）

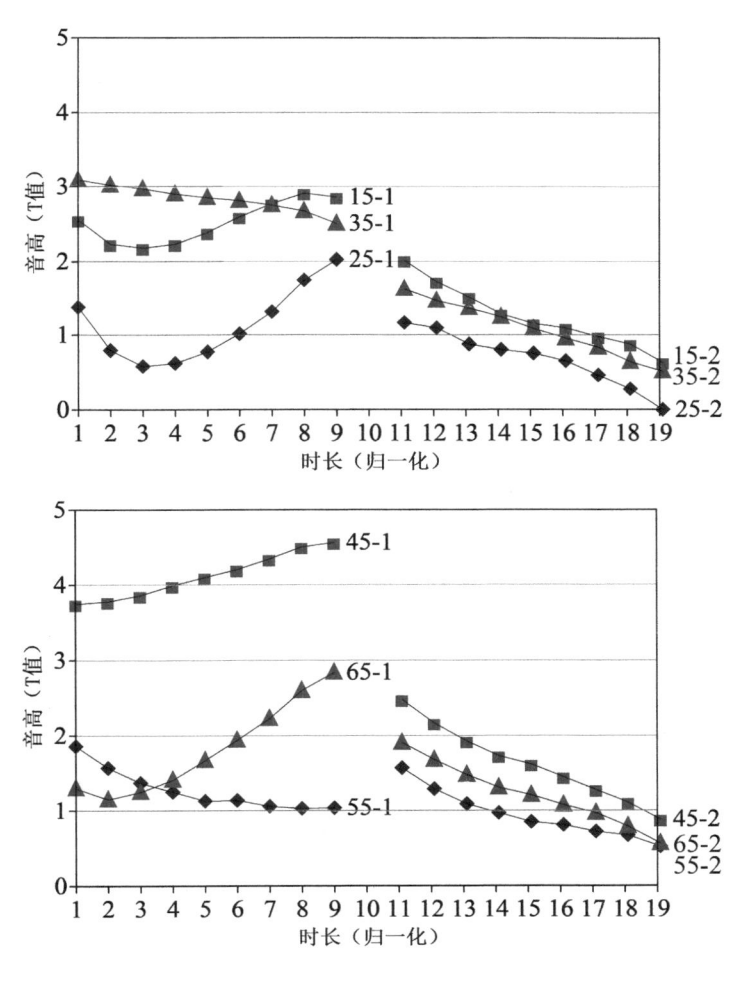

图 5.20 长沙方言后字阳去的声调

湘语语音的特征与类型研究

后字阳去基本不发生变调，保持单字调 21 调值的念法。"阴去+阳去"组合，由于前字止点音高太高，后字阳去的起点音高有所升高。

（十二）后字入声的调值（见图 5.21）

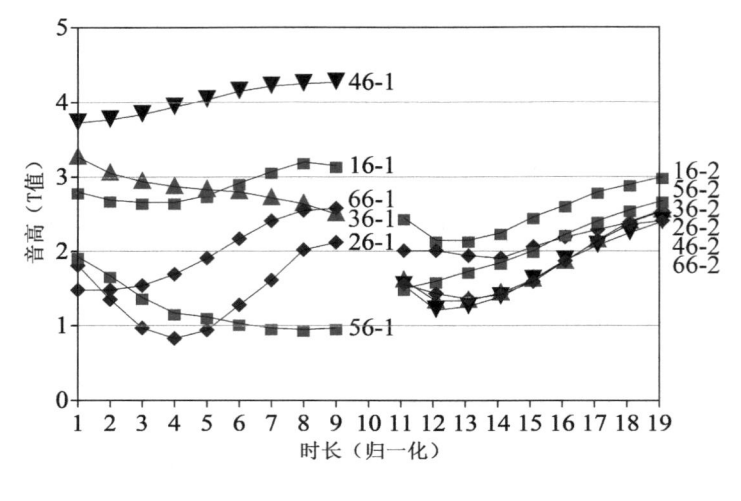

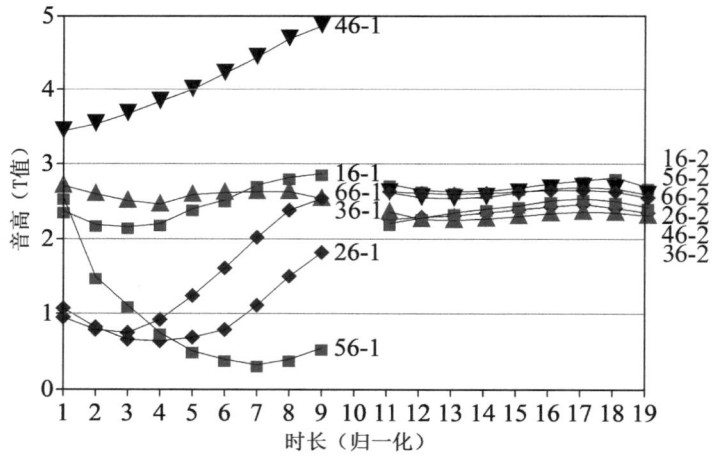

图 5.21 长沙方言后字入声的声调

在"上声+入声""阴去+入声""阳去+入声""入声+入声"组合中，后字入声有变调和不变调两种情况，但在"阴平+入声""阳平+入

第五章 长沙方言、双峰方言的声调

声"中，本次实验没有发现不变调的情况。

鲍厚星等认为，长沙方言入声作后字时在阴平、阳平、入声之后变读为44，在上声、阴去、阳去之后变读为22。同时认为入声一般在偏正结构中发生，在动宾、主谓等结构就不变读。[①] 李兵、刘彦妮认为入声仅在作后字时仅在并列与偏正结构中出现变调。[②] 所以，"阴平+入声""阳平+入声"中，本次实验没有发现不变调，可能是本次实验中该两种组合中缺乏动宾、主谓这样的结构。当然，也许还有另外的原因，可能少数字处于变调与不变调之间，也就是调值介于24和33之间，接近22和23之间，如图5.22所示，"中学"一次属于"阴平+入声"组合且为偏正结构，按理应该发生变调，但图中的"学"呈升调调型。但可能基频变化幅度不大，淹没在数据中。这个问题有待以后进一步研究。

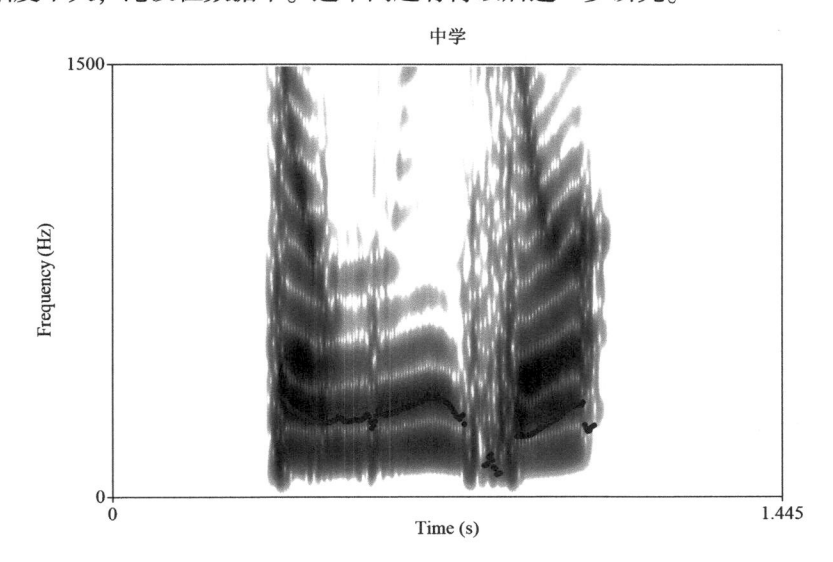

图5.22 一位发音人所发"中学"一词的窄带语图和
基频曲线叠加图

[①] 鲍厚星、崔振华、沈若云、伍云姬：《长沙方言研究》，湖南教育出版社1999年版，第22—23页。
[②] 李兵、刘彦妮：《长沙方言单字调及变调的实验语音学报告》，《湖南大学学报》（社会科学版）2006年第4期。

表 5.7　　　　　　　　　长沙方言双字调变调情况

后字 前字	阴平 33	阳平 223	上声 332	阴去 45	阳去 21	入声 24
阴平 33	33+33	33+22	33+33	33+44	33+21	33+33①
阳平 223	213+33	213（323）+22	213+33	213+44	213+21	213+33
上声 332	33+33	33+22	33+33	33+44	33+21	33+24 33+33
阴去 45	45+33	45+22	45+33	45+44	45+21（31）	45+24 45+33
阳去 21	22+33	22+22	22+33	22+44	22+21	22+24 22（21）+33
入声 24	24+33	24+22	24+33	24+44	24+21	24+24 24+33

注：表中数值有下划线的表示发生了变调，没有下划线的表示没有发生变调。表中有较多的 33 调值，阴平的前字和后字、上声的后字、部分入声的后字。其中上声后字 33 较高，接近 44，阴平前字及后字、部分入声的 33 较低。

综上，长沙方言双字组变调的情况如下。

阴平 33：前字和后字都不变调（调值基本保持为 33）。

阳平 223：前字和后字都变调，前字基本变为 213，后字基本变为 22。

上声 332：前字和后字都变调，基本变为 33。

阴去 45：前字不变调（调值基本保持为 45），后字变调，基本变为 44。

阳去 21：前字变调，基本变为 22，后字不变调（调值基本保持为 21）。

---

① 在"阴平+入声""阳平+入声"中，入声不是都发生了变调，有的处于变调与不变调中间，既不是念 33，也不是念 24，可能是接近 23。

第五章　长沙方言、双峰方言的声调

入声 24：前字不变调（调值基本保持为 24），后字部分不变，部分变调，发生变调的基本变为 33。

根据表 5.7，在 40 种组合中，（6 调×6 调 + 上声、阴去、阳去、入声后的入声有变调与不变调两种情况），8 种为前字变调，12 种组合为后字变调，12 种组合为前字后字都变调，8 种组合不变调。变调情况较为复杂，没有一种情况是占大多数的。

（十三）长沙方言双字变调音高的两条机制

第一条　中域化、平调化

根据上述变调现象，长沙方言双字调可以总结为一条"中域化"的变调原理。前字止点音高和后字起点如果相差较大，容易受到发音生理机制的制约，较低的音高往往会升高，较高的音高往往会降低，例如前字阴去、前字阳去，"阳去+阴去"中的阴去。这条原理在后字声母为零声母时表现尤其明显。阴平的调值为 33，不高不低，是最典型的中域调值，所以阴平无论是前字还是后字，都不发生变调。

除了前字阳平变为曲折调外，其他变调都是变为平调，而且各平调调值相差不大，没有 55 和 11，只有 22、33、44。这种变调也许代表一种趋势：长沙方言双字组后字的音高产生模式化——走向中域的平调模式。下节的调长分析也体现出类似的特点，即后字调长普遍比前字调长短，也有一种模式化的趋势——前长后短的模式。两者综合起来，显示出长沙方言双字组后字处在向轻声发展的阶段——后字轻声化。

第二条　前字变调的动因来自发音生理机制，后字变调的动因来自轻声化

阳平前字变为 213，上声前字变为 33，阳去前字变为 22。上声和阳去的降调都被拉平，而且是向调域中域拉平，不高不低，便于音高向后字过渡。从发音生理上讲，可以起到省力、不拗口的作用。至于阳平前字由 113 变为 213，可能是发音时调长加长导致的（后字时长变短，推动前字时长加长，后有详细论述）。

后字变调后的调值都为平调（或者 22，或者 33，或者 44），失去

湘语语音的特征与类型研究

升调、降调、曲折调在曲拱度上的区别作用，全凭高低度上加以区别。而 22、33、44 均不位于调域的两极，加上很多变调后时长变短，所以有轻声化趋势。

二 长沙方言双字调的时长分析

（一）绝对调长分析

图 5.23 和图 5.24 是长沙方言双字组绝对调长图，表 5.8 是长沙方言双字组绝对调长表，图表中的单位均为"秒"。图中的"6""7"分别代表不变调（念 24）和变调（念 33）的入声。

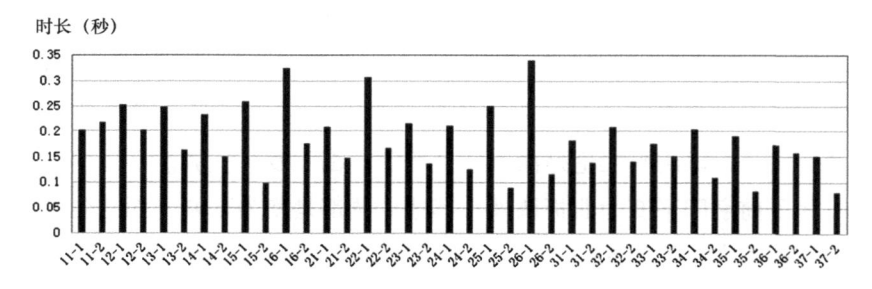

图 5.23 长沙方言双字组绝对调长（1）

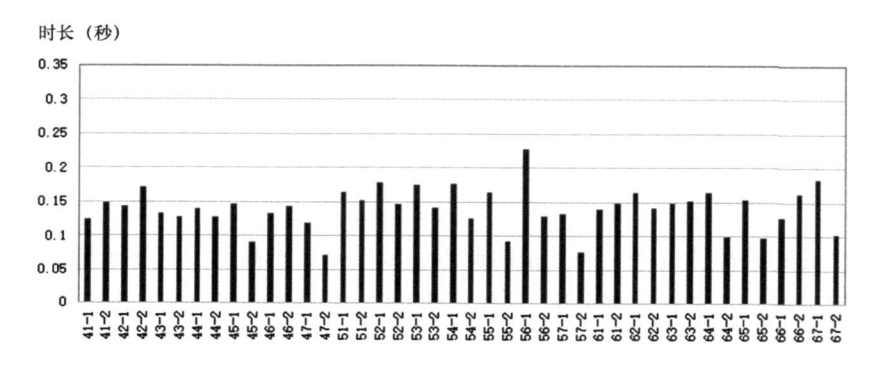

图 5.24 长沙方言双字组绝对调长（2）

第五章　长沙方言、双峰方言的声调

表 5.8　　　　长沙方言双字调绝对调长（按不同组合统计）　　（单位：秒）

前字＼后字	阴平	阳平	上声	阴去	阳去	入声
阴平	0.202—0.218	0.252—0.201	0.248—0.162	0.232—0.149	0.259—0.099	0.325—0.176
阳平	0.209—0.147	0.308—0.167	0.214—0.136	0.210—0.124	0.249—0.091	0.340—0.116
上声	0.181—0.138	0.208—0.141	0.176—0.152	0.204—0.110	0.191—0.083	0.173—0.159 0.151—0.082
阴去	0.124—0.149	0.143—0.172	0.133—0.128	0.139—0.128	0.146—0.091	0.133—0.144 0.118—0.072
阳去	0.164—0.152	0.178—0.146	0.175—0.141	0.176—0.126	0.164—0.093	0.228—0.13 0.132—0.076
入声	0.139—0.148	0.164—0.141	0.149—0.152	0.165—0.099	0.153—0.097	0.128—0.163 0.184—0.102

注："入声"表格里凡有两行数据的，第一行表示念 24 时的调长，第二行表示念 33 时的时长。

从上述图表看来，调长最长的是"阳平＋入声"中的阳平，为 0.340 秒，最短的为"阴去＋入声"中的变为 33 调值的入声，时长为 0.072 秒。两者相差较大，前者约为后者的 4.7 倍。

图 5.25 和图 5.26 是分别将前字、后字分开，画成两个图。

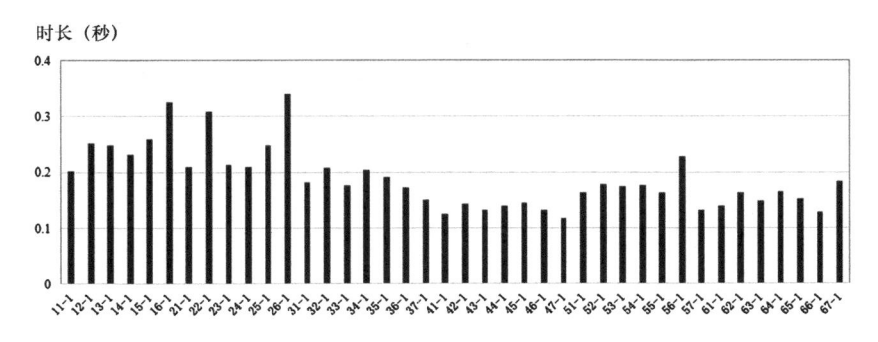

图 5.25　长沙方言双字组前字绝对调长

湘语语音的特征与类型研究

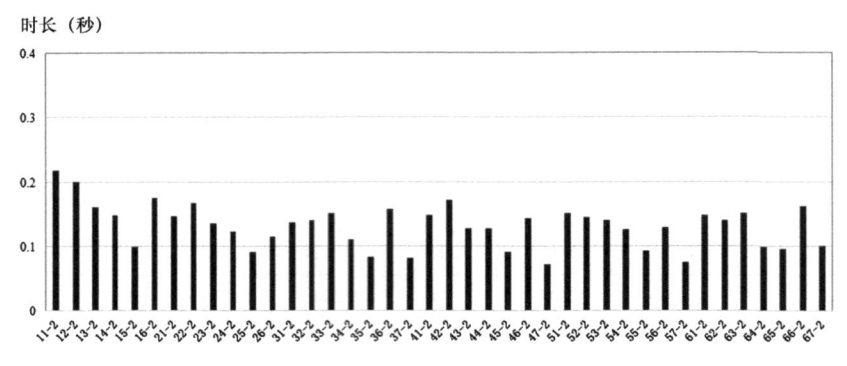

图 5.26 长沙方言双字组后字绝对调长

图 5.27 和图 5.28 是不考虑组合类型，将前字、后字分开，各自调长求均值，画成两个图，数据则见表 5.9。

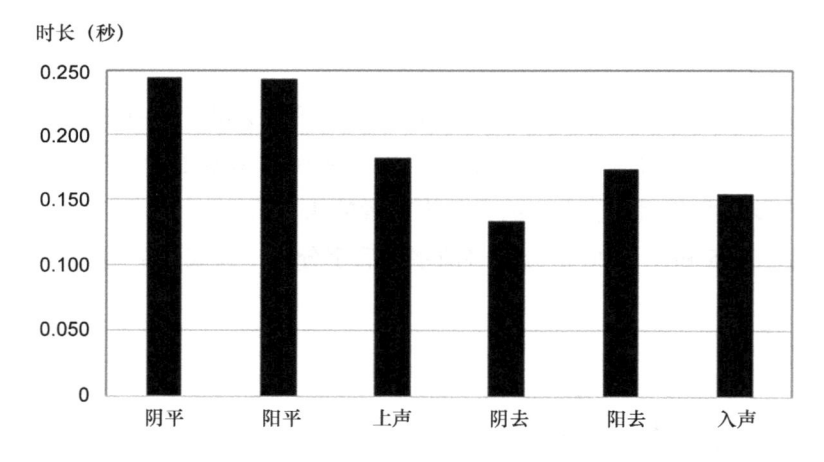

图 5.27 长沙方言双字调前字平均调长

第五章　长沙方言、双峰方言的声调

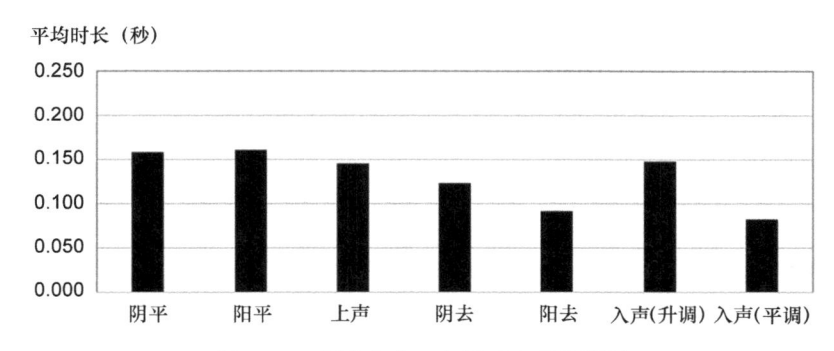

图 5.28　长沙方言双字调后字平均调长

表 5.9　　　　长沙方言双字调绝对调长（不分组合统计）　　　（单位：秒）

字位＼调类	阴平	阳平	上声	阴去	阳去	入声	平均
前字	0.246	0.244	0.183	0.134	0.174	0.155	0.189
后字	0.159	0.161	0.145	0.123	0.092	0.148（不变调） 0.083（变调）	0.130

前字调长从大到小排列为：阴平 ≈ 阳平 > 上声 > 阳去 > 入声 > 阴去，后字调长从大到小排列为：阴平 ≈ 阳平 > 上声 ≈ 不变调的入声 > 阴去 > 阳去 > 变调的入声，前后字共同之处在于阴平、阳平、上声的调长较长，不同之处在于前字的阴去较短，而后字则是变调的入声较短。另外，前字调长均值大于后字调长均值，约为 1.45（= 0.189/0.130）倍。

(二) 相对时长分析

绝对调长是一种带单位的物理量，具有一定的人际差异，不同发音人的绝对调长有差异。为了尽可能剔除调长的人际差异，提取语言学共性，下面采用相对调长数据来分析。在某一组合中，前字或后字的相对时长公式如下。

| 湘语语音的特征与类型研究

前（后）字的相对调长 = 前（后）字的绝对调长／[（前字绝对调长 + 后字绝对时长）／2]

例如，在"阴平+阳平"组合中，阴平的相对调长就等于阴平的绝对调长除以阴平、阳平绝对调长的均值。

表 5.10　　　　　　　　长沙方言双字调相对时长

前字＼后字	阴平	阳平	上声	阴去	阳去	入声
阴平	1.0：1.0	1.1：0.9	1.2：0.8	1.2：0.8	1.4：0.6	1.3：0.7
阳平	1.2：0.8	1.3：0.7	1.2：0.8	1.3：0.7	1.5：0.5	1.5：0.5
上声	1.1：0.9	1.2：0.8	1.1：0.9	1.3：0.7	1.4：0.6	1.0：1.0 1.3：0.7
阴去	0.9：1.1	0.9：1.1	1.0：1.0	1.0：1.0	1.2：0.8	1.0：1.0 1.2：0.8
阳去	1.0：1.0	1.1：0.9	1.1：0.9	1.2：0.8	1.3：0.7	1.3：0.7 1.3：0.7
入声	1.0：1.0	1.1：0.9	1.0：1.0	1.2：0.8	1.2：0.8	0.9：1.1 1.3：0.7

由表 5.10 可知，在 40 种情况中（36 种声调组合，其中"上声+入声""阴去+入声""阳去+入声""入声+入声"四种组合中，后字入声有变调与不变调两种情况），前字调长大于后字的有 29 种，占 72.5%；前字调长基本等于后字调长的有 8 种，占 20%；前字调长小于后字调长的有 3 种，占 7.5%。双字组基本呈现"前长后短"的模式。

我们对普通话中 12 对利用轻声、非轻声别义的单词进行了声调时长测量，这 12 对单词是"本事、大爷、地方、地下、东西、过去、精神、人家、生意、实在、兄弟、自在"，其声调时长数据见表 5.11。

表 5.11　　　　　　　普通话非轻声、轻声调长数据表

时长 词语	绝对时长（单位：秒）		相对时长	
	前字	后字	前字	后字
非轻声词	0.316	0.283	1.1	0.9
轻声词	0.345	0.132	1.4	0.6

从绝对调长来看，普通话非轻声二字组的前后字绝对调长之比约为 1.1（=0.316／0.283），轻声二字组的前后字绝对调长之比约为 2.6（=0.345／0.132）。长沙方言二字组前后字绝对调长之比 1.45（=0.189／0.130），介于普通话非轻声二字组和轻声二字组之间。

从相对调长来看，普通话非轻声二字组的前后字相对调长之比约为 1.1:0.9），轻声二字组的前后字相对调长之比约为 1.4:0.6。长沙方言二字组前后字相对调长之比大于等于 1.4:0.6 的，在 40 种组合中只有 4 种（见表 5.10），也就是说，绝大多数后字没有达到普通话轻声那么短。

三　长沙方言二字组轻声化特征

汉语轻声表现在音高、时长、音强、音质四个方面，其中音长是最关键的因素。从上述长沙方言双字调绝对时长和相对时长来看，长沙方言双字组合属于前长后短型，但是后字短的程度和频率远不如普通话二字轻声词语中的后字。也就是说，长沙方言双字组后字声调的时长介于非轻声和轻声时长之间，从时长的角度考虑，可以视为轻声化。

为什么是轻声化（即向轻声演变的过程当中）？为什么还不是轻声？原因有四，如下。

一是时长上，在 40 种二字组组合中，前字调长大于后字的有 29 种，占 72.5%（见表 5.10）。长沙话后字变调后，虽然多数表现为前字长后字短，但长短差别还未达到普通话轻声那样明显的程度。

二是音高上，长沙话后字变调后，后字音高（调值 22、33、44）

| 湘语语音的特征与类型研究

虽然不高,但也并不低。

三是音强上,在 40 种二字组组合中,前字平均幅度①强于后字的有 24 种(另有 13 种前字弱于后字,3 种前字后字平均幅度基本相等),占 60%(见表 5.12)。长沙话后字变调后,虽然多数表现为前字强后字弱,但强弱差别还未达到普通话轻声那样明显的程度。

表 5.12　　　　　　　长沙方言双字调相对平均幅度

前字＼后字	阴平	阳平	上声	阴去	阳去	入声
阴平	1.0∶1.1	1.0∶1.1	1.0∶1.0	1.0∶0.8	1.0∶0.5	1.0∶1.3
阳平	1.0∶0.7	1.0∶0.8	1.0∶1.3	1.0∶1.8	1.0∶1.8	1.0∶0.9
上声	1.0∶0.7	1.0∶0.6	1.0∶0.7	1.0∶0.9	1.0∶0.4	1.0∶0.8 1.0∶0.7
阴去	1.0∶0.6	1.0∶1.0	1.0∶0.8	1.0∶0.9	1.0∶0.9	1.0∶0.9 1.0∶1.5
阳去	1.0∶0.8	1.0∶2.4	1.0∶0.9	1.0∶1.2	1.0∶1.3	1.0∶1.1 1.0∶1.7
入声	1.0∶0.6	1.0∶0.8	1.0∶1.4	1.0∶0.9	1.0∶0.8	1.0∶1.0 1.0∶0.9

再看一个具体的例子。从图 5.29 可以看出,"积极"为"入声+入声"组合,前字"积"没有发生变调,仍念单字时的升调,后字"极"发生了变调,从单字时的升调变为平调,时长也较为缩短了一些。从音强曲线来看,无论从最高值(前字"积"的最大音强值约为 72 分贝,后字"极"的最大音强值约为 76 分贝)还是平均值(前字"积"的平均音强值约为 70 分贝,后字"极"的平均音强值约为 72 分贝)看,

---

① 某段语音的平均幅度 = 各采样点绝对值之和 /(采样率×时长),也就是,某段语音的平均幅度 = 各采样点绝对值之和 / 采样点的个数。计算方法请参看梁磊、石锋《普通话两字组的音量比分析》,《南开语言学刊》2010 年第 2 期。

第五章 长沙方言、双峰方言的声调

后字变调后音强并未减弱。

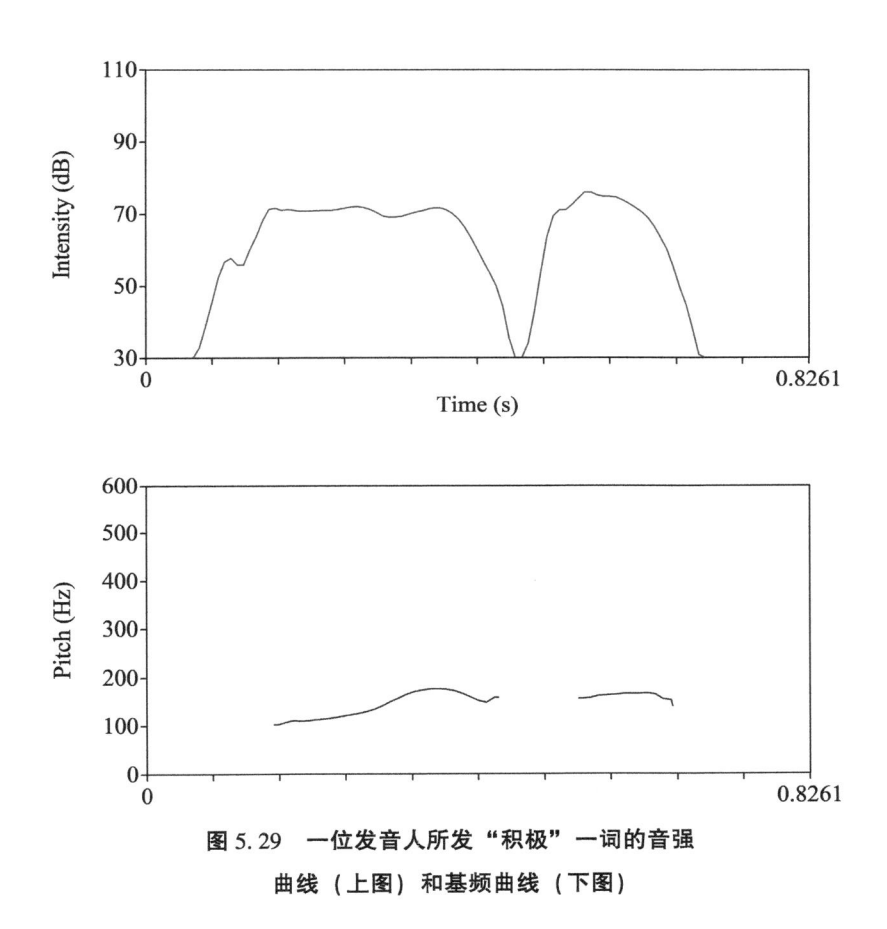

图 5.29 一位发音人所发"积极"一词的音强
曲线（上图）和基频曲线（下图）

既然轻声既表现在时长上，也表现在音强（可以平均幅度量化计算），而且跟这两者大致都呈正比例关系，我们再用幅度积①的方法综合音强和时长两个因素再来分析长沙方言二字组。

---

① 某段语音的平均幅度 = 平均幅度 × 时长。计算方法请参看梁磊、石锋《普通话两字组的音量比分析》，《南开语言学刊》2010 年第 2 期。

· 285 ·

湘语语音的特征与类型研究

表 5.13　　　　　　　　长沙方言双字调相对幅度积

前字＼后字	阴平	阳平	上声	阴去	阳去	入声
阴平	1.0∶1.2	1.0∶1.0	1.0∶0.8	1.0∶0.6	1.0∶0.3	1.0∶0.8
阳平	1.0∶0.7	1.0∶0.6	1.0∶1.1	1.0∶1.4	1.0∶1.1	1.0∶0.7
上声	1.0∶0.6	1.0∶0.5	1.0∶0.7	1.0∶0.7	1.0∶0.3	1.0∶0.9 / 1.0∶0.4
阴去	1.0∶0.7	1.0∶0.8	1.0∶0.9	1.0∶0.9	1.0∶0.6	1.0∶1.0 / 1.0∶1.1
阳去	1.0∶0.8	1.0∶1.8	1.0∶0.4	1.0∶1.0	1.0∶1.0	1.0∶0.8 / 1.0∶1.6
入声	1.0∶0.7	1.0∶0.7	1.0∶1.2	1.0∶0.8	1.0∶0.7	1.0∶1.5 / 1.0∶0.7

在 40 种二字组组合中，有 24 种有后字变调情况（包括仅有后字变调、前后字均变调两种情况），其中前字的幅度积大于后字的有 16 种，占 66.7%；后字的幅度积大于前字的有 6 种，占 25%；前后字幅度积大致相等的有 2 种，占 8.3%。由此看来，66.7% 的后字变调，后字的音量比前字小，再次说明，长沙方言后字变调有轻声化的特征。

四是音质上，长沙话后字变调后，其元音共振峰变化小，没有出现像普通话轻声音节中单元音央化、双元音单化等现象（叠音词除外）。

五是长沙话二字组基本没有产生轻声别义的现象，类似普通话中"东西""地道""兄弟"等靠轻声别义的词几乎没有。

综上，实验表明，长沙方言二字组，有 66.7% 的组合中，后字产生变调，这些变调中，大部分时长变短，音强变弱，音高中域化和平调化。我们认为，长沙方言二字组有轻声化的特点，但还没实现如普通话那样典型的轻声。

第六章 湘语声调的类型

第一节 湘语方言点调类、调值一览表

本章考察湘语 5 个方言片共 44 个方言点的声调情况,一览表请见表 7.1。如果原作者在归纳调位之后,对实际调值还有详细说明,表中一般采用实际调值。另外,对于"音系来源及备注"一栏中填着"(贝先明,本次实验)"的方言点,我们都进行了声学实验,具体声调格局图请看"附录 2"的"部分湘方言点声调的实验结果"。

第二节 湘语的调数类型

根据表 6.1,我们进行了湘语调数的统计分类,请看表 6.2。

湘语语音的特征与类型研究

表 6.1 湘语方言点调类、调值一览表

方言片	方言点	声调 阴平	阴平	阴上	阴去	阳去	阴入	阳入	音系来源及备注
长益片	安化 梅城	33	13	41	45	21	无		上声实际还没有降到1。（孙益民，2004）
	长沙	33	223	332	24(次阴去)	21	24		阴平起点与入声起点基本重合，阴去起点稍高。（贝先明，本次实验）
	浏阳 镇头	33	13	42	45	21	24		（贝先明，2012）
	汨罗 城关	33	13	51	45	21	无		（贝先明，本次实验）
	汨罗 长乐	33	13	24	45	21	43		上声调尾稍降，人声较短促。（陈山青，2006）
	南县	34	213	53	45	31	24		45是去声，31是阳去，只限于白话音的少数字。（杨时逢，1974）
	宁乡 花明楼	33	13	41	45	21	24		（谷素萍，2002）
	桃江	33	13	42	55	11	无		阴去有时调尾带有轻微的紧喉作用，调值略短一点儿。（张盛裕、汪平、沈同，1988）
	望城 铜官	33	13	41	45	21	24		（吴友纯，2008）
	湘潭	33	212	31	45	331	213		跟长沙方言一样，部分人的部分阴去字有假声发声现象。阴平调尾略升。（贝先明，2006）
	湘阴	34	13	52	45	21	无		（朱淑琴，2006）
	益阳	223	122	31	45	21	无		部分人的部分阴去字有假声发声现象。（贝先明，本次实验）
	沅江 四季红	33	13	21	45	112	无		（臧志文，2007）
	岳阳	33	14	52	45	31	55		入声短促。（杨时逢，1974）

· 288 ·

第六章 湘语声调的类型

续表

方言片	方言点	声调							音系来源及备注
		阴平	阳平	阴上	阳上	阴去	阳去	阴入	阳入	
	安化东坪	33	13	31		11		45		(孙益民, 2004)
	城步	34	21	31		35	22	13		(杨时逢, 1974)
	衡山后山	55	11	44		35	13	无		(陈新潮, 2004)
	会同	21	43	324		45	13	无		(杨时逢, 1974)
	涟源桥头河	44	223	52		45	31	33		入声部分字归入阴去, 部分念入声调 33, 与阴平调值相差不大。(贝先明, 本次实验)
娄邵片	隆回横洪	55	11	31		34	23	无		阴平调尾略降。阳平调于略降, 整条曲线呈凹形, 但起状没有超过1度。阴去、阳去调头不有 "凹" 特征。(贝先明, 本次实验)
	娄底	55	13	41		35	21	无		阳平调头不有"凹"特征。(贝先明, 本次实验)
	邵阳	55	33	41		325	214	无		入声部分归入阴去, 部分归入阳平, 归入阳平的音高比阴平略高。(贝先明, 本次实验)
	双峰永丰	55	23	41		35	33	无		阴平的止点与阴去的止点基本重合, 阳去的起点与阴平的止点基本重合。(贝先明, 本次实验)
	双峰花门	55	13	31		35	33	无		(袁先锋, 2005)
	武冈	44	12	32		35	14	无		(贝先明, 本次实验)

· 289 ·

湘语语音的特征与类型研究

续表

方言片	方言点	声调							音系来源及备注
		阴平	阳平	阴上	阳上	阴去	阳去	阴入	阳入	
娄邵片	湘乡	55	23	21		45	22		无	阴平中的古入声字比古平声字调值略高，但不易分辨。(贝先明，2001)
	新化①	33	12	21		45			24	(贝先明，2008)
	新宁	44	211	53		35	13		无	(欧阳芙蓉，2008)
	新邵㘷上	44	12	31		45	24		无	(陈红丽，2008)
	株洲龙泉	33	12	42		55	21		24	(卢小群，2001)
衡州片	衡东高湖	33	11	53		212			35	(孙叶林，2009)
	衡山前山	33	21	13		45	34		35	(彭泽润，1999)
	衡阳	45	22	43		13			无	(杨时逢，1974)
辰溆片	辰溪	45	13	53		113	14	55	无	阴平有时读成平调宽式记作44。(杨时逢，1974)
	泸溪浦市	35	24	42		35		55	无	阴去平调部分比较长，升调部分比较短。(瞿建慧，2005)
	溆浦	44	13	23		35		53	无	上声前段较平，后段略升。(贺凯林，1999)

① 我们认为新化方言是湘语和赣语接触产生的混合方言，因此该方言与湘语有着密切的联系，故此处也拿来分析。贝先明：《方言接触中的语音格局》，博士学位论文，南开大学，2008年。

第六章 湘语声调的类型

续表

方言片	方言点	声调							音系来源及备注
		阴平	阳平	阴上	阳上	阴去	阳去	阴入	阳入	
	祁东风石桥	33	121	451		3241	2141	331	241	阴平的调尾先略升后略降，阴去、阳去都是双折调，两者在后半部分的调值接近，加上上声的调值是 54，与 53 相近，故选择 42 作为人声的调值。另外，阴人、阳人字声调读后半部分的调值接近，部分阳入字声调读如阴入。（贝先明，本次实验）
	祁阳晋溪	334	221	454		534		214		（贝先明，本次实验）
永州片	东安花桥	33	13	54		35	24	42①		（谢奇勇，2003）
	道县寿雁	43	11	33		31	51	24		（贺凯林，2003）
	江华白芒营	55	31	11②	13	33	13	25		（谢奇勇，2003）
	江永	44	42	35		21	33	5		（黄雪贞，1993）
	冷水滩普利桥	24	13	54		33	35	42③		（谢奇勇，2003）
	新田茂家	324	13	54		33	21	无		（谢奇勇，2003）

① 谢奇勇认为东安花桥方言的人声调值是 53 或 42，由于作者没有说明这两个调值有何区别与联系，加上上声的调值是 54，与 53 相近，故选择 42 作为人声的调值。谢奇勇：《湘南土话音韵比较研究》，博士学位论文，湖南师范大学，2003 年。

② 谢奇勇认为江华白芒营方言的上声调值是 21 或 11，由于作者没有说明这两个调值有何区别与联系，加上阳平的调值是 31，与 21 相近，故选择 11 作为上声的调值。谢奇勇：《湘南永州土话音韵比较研究》，博士学位论文，湖南师范大学，2003 年。

③ 谢奇勇认为冷水滩方言的人声调值是 53 或 42，由于作者没有说明这两个调值有何区别与联系，加上上声的调值是 54，与 53 相近，故选择 42 作为人声的调值。谢奇勇：《湘南永州土话音韵比较研究》，博士学位论文，湘潭大学，2003 年。

· 291 ·

表6.2　　　　　　　　　　湘语声调调数类型

调类数	符合该调类数特征的方言数	具体的方言
4调	2	衡阳（以上属衡州片）、辰溪（以上属辰溆片）
5调	23	汨罗城关、桃江、湘阴、益阳、沅江四季红（以上属长益片）、安化东坪、衡山后山、会同、隆回桃洪、娄底、邵阳、双峰永丰、双峰花门、武冈、湘乡、新化、新宁、新邵坪上（以上属娄邵片）、衡东高潮（以上属衡州片）、泸溪浦市、溆浦（以上属辰溆片）、祁阳梧溪、新田茂家（以上属永州片）
6调	17	安化梅城、长沙、浏阳镇头、汨罗长乐、南县、宁乡花明楼、望城铜官、湘潭、岳阳（以上属长益片）、城步、涟源桥头河、株洲龙泉（以上属娄邵片）、衡山前山（以上属衡州片）、东安花桥、道县寿雁、江华白芒营、冷水滩普利桥（以上属永州片）
7调	2	祁东凤石堰、江永（以上属永州片）

在44个方言点中，湘语调数的类型有4调、5调、6调、7调共4种。其中4调只涉及衡阳、辰溪这2个方言，7调只涉及祁东凤石堰、江永2个方言。5调、6调类型的是湘语的主流调数类型，在44个方言点中，分别有23、17个方言，分别占44个方言点总数的52%、39%。从调数类型与方言片的对应来看，娄邵片以5调型为主，长益片以6调型为主，永州片也以6调型为主。

第三节　湘语的调型和调值类型

声调调型一般有平调、降调、声调、曲折调等。下面考察这些调型在44个方言点中的分布情况。

第六章 湘语声调的类型

一 平调的分布

表 6.3　　　　　　　　　湘语平调统计

平调类型	有该类调型特征的方言点个数
无平调	6
1 个平调	23
2 个平调	12
3 个平调	3

由表 6.3 可知，在 44 个方言点中，最多的是具有一个平调的方言，超过半数，其次是具有两个平调的方言，无平调或具有 3 个平调的方言较少，分别是 6 个和 3 个。

二 降调的分布

表 6.4　　　　　　　　　湘语降调统计

降调类型	有该类调型特征的方言点个数
无降调	1
1 个降调	20
2 个降调	22
3 个降调	1

由表 6.4 可知，在 44 个方言点中，具有 1 个和 2 个降调的方言个数最多，分别是 22 个、20 个，无降调或具有 3 个降调的方言很少，分别只有 1 个。

三 升调的分布

表 6.5　　　　　　　　　　湘语升调统计

升调类型	有该类调型特征的方言点个数
无升调	2
1 个升调	6
2 个升调	16
3 个升调	19
4 个升调	1

由表 6.5 可知，在 44 个方言点中，具有 3 个或 2 个升调的方言最多，分别是 19 个、16 个，具有 1 个、4 个的分别是 6 个、1 个，没有升调的有 2 个方言。

四 曲折调的分布

表 6.6　　　　　　　　　　湘语曲折调统计

曲折调类型	有该类调型特征的方言点个数
无曲折调	36
1 个曲折调（降升调）	4
2 个曲折调（降升调）	2
3 个曲折调（2 个降升调、1 个升降调）	1
5 个曲折调（3 个升降调，2 个降升降调）	1

由表 6.6 可知，在 44 个方言点中，无曲折调的方言最多，有 36 个，有 1 个曲折调的方言有 4 个，有 2 个曲折调的方言有 2 个，有 3 个、5 个曲折调的方言分别都只有 1 个。

第六章　湘语声调的类型

五　调类与调型分布的综合考察

如果进一步联系调类来考察调型，在 44 个方言点中，可以发现如下规律：

阴平为平调的方言数量最多，有 32 个，而且这些平调都不是低平调，其中为中平调 33 的有 18 个。

阳平为升调的方言数量最多，有 28 个，其中为低升调 12（含 122）或 13 的有 22 个，为 23（含 223）的有 4 个。

上声为降调的方言数量最多，有 34 个，其中起点有 5 度或者 4 度的方言有 22 个。

除去去声不分阴阳的 6 个方言之外，阴去为升调的方言数量最多，有 29 个，其中为高升调 45 的有 19 个，为 35 的有 9 个。

除去去声不分阴阳的 6 个方言之外，阳去为降调的方言数量最多，有 18 个，其中为低降调 21 有 12 个，为 31（含 331）的有 4 个。此外，还有不少阳去为升调的，有 11 个，其中为 13 或 24 的比较多，共有 7 个。阳去是以降调为主还是升调为主，跟方言片有很大的对应关系，长益片阳去多为降调，娄邵片阳去多为升调。

保留入声的方言有 22 个，在 21 个入声不分阴阳的方言中，入声为升调的方言数量最多，有 13 个，其中为 24 的有 8 个，为 25 的有 1 个，为 35 的有 2 个，为 45 的有 1 个，为 13 的有 1 个。

综上，湘语各调类的调型、调值特征是：阴平调型多为平调，调值多为中平调 33。阳平调型多为升调，调值多为低升调 12、13。上声调型多为降调，调值多为起点调值为 5 或 4 的降调。阴去调型多为升调，调值多为高升调 45 或 35。阳去调型多为降调（集中在长益片），有 18 个，调值多为低降调 21 或 31（含 331），有 16 个，阳去还有部分方言（集中在娄邵片）为升调，有 11 个，调值多为低升。在保留入声的方言里，入声多不分阴阳，入声调型多为升调，调值多为 24，情况可见表 6.7。

湘语语音的特征与类型研究

表 6.7　　　　　　湘语各调类的基本调型和基本调值

调类	调型	调值
阴平	平调	33
阳平	升调	12、13
上声	降调	起点为 5 或 4
阴去	升调	45、35
阳去	降调、升调	21、31、13、24
入声	升调	24

从调值上，有入声的方言，入声调值多跟阴去、阳去、阳平中的一个相近，今后入声消失的话，也最可能跟这些调类合并，至少从目前失去入声的方言来看，多是如此。

第四节　湘语的调类类型

从 44 个方言点的情况来看，湘语声调的调类类型主要有 4 调、5 调、6 调、7 调共 4 种，请看表 6.8。

表 6.8　　　　　　湘语声调的调类类型

调类数	调类类型	符合该调类类型特征的方言数	具体的方言
4 调	阴平、阳平、上声、去声	2	衡阳（以上属衡州片）、辰溪（以上属辰溆片）
5 调	阴平、阳平、上声、阴去、阳去	19	汨罗_{城关}、桃江、湘阴、益阳、沅江_{四季红}（以上属长益片）、衡山_{后山}、会同、隆回_{桃洪}、娄底、邵阳、双峰_{永丰}、双峰_{花门}、武冈、湘乡、新宁、新邵_{坪上}（以上属娄邵片）、泸溪_{浦市}、溆浦（以上属辰溆片）、新田_{茂家}（以上属永州片）
5 调	阴平、阳平、上声、去声、入声	4	安化_{东坪}、新化（以上属娄邵片）、衡东_{高湖}（以上属衡州片）、祁阳_{浯溪}（以上属永州片）

· 296 ·

第六章　湘语声调的类型

续表

调类数	调类类型	符合该调类类型特征的方言数	具体的方言
6调	阴平、阳平、上声、阴去、次阴去、阳去	1	安化梅城（以上属长益片）
6调	阴平、阳平、上声、阴去、阳去、入声	16	长沙、浏阳镇头、汨罗长乐、南县、宁乡花明楼、望城铜官、湘潭、岳阳（以上属长益片）、城步、涟源桥头河、株洲龙泉（以上属娄邵片）、衡山前山（以上属衡州片）、东安花桥、道县寿雁、江华白芒营、冷水滩普利桥（以上属永州片）
7调	阴平、阳平、上声、阴去、阳去、阴入、阳入	1	祁东风石堰（以上属永州片）
7调	阴平、阳平、阴上、阳上、阴去、阳去、入声	1	江永（以上属永州片）

从表6.8看来，湘语声调的调类基本类型是两种，一是"阴平、阳平、上声、阴去、阳去"，这体现了湘语声调历史演变的一种规律："平分阴阳、去分阴阳、入声消失"。二是"阴平、阳平、上声、阴去、阳去、入声"。这体现了湘语声调历史演变的另一种规律："平分阴阳、去分阴阳、入声保留"。所以，湘语声调调类两种基本类型的差异主要在于入声是消失还是保留。

第七章 长沙方言、双峰方言语音的鼻化度特征

第一节 长沙方言语音的鼻化度

一 语料及实验设备

本节所用的发音表为长沙方言单音节字表。声母包括塞音、擦音、塞擦音以及浊声母 m、n、ŋ、l、ɹ 等，韵母包括单元音韵母、复元音韵母、鼻音韵母及鼻化韵母，并按长沙方言的声韵拼合关系组成各种音节。

录音在语音实验室进行。发音人为一名女性青年，年龄 19 岁，生长于长沙，父母均为长沙人。发音人口音纯正，无口鼻咽疾病，录音时发音人用自然语速朗读发音字表。

实验设备是本次实验设备是美国 KayPENTAX 公司生产的 Nasometer Ⅱ 6400 鼻流计（见图 7.1）。鼻流计配有口鼻分音装置，有一块隔板挡在口与鼻之间，将口腔声音与鼻腔声音分开，语音被分为口、鼻两个通道同步录入鼻流计。鼻流计可以用于语音研究，还可以用于与腭部、咽部等有关的疾病诊疗。本次实验同时利用美国 KayPENTAX 公司生产的 Computerized Speech Lab（CSL）4500 进行同步的声学录音，以满足作相关分析的需要。

第七章　长沙方言、双峰方言语音的鼻化度特征

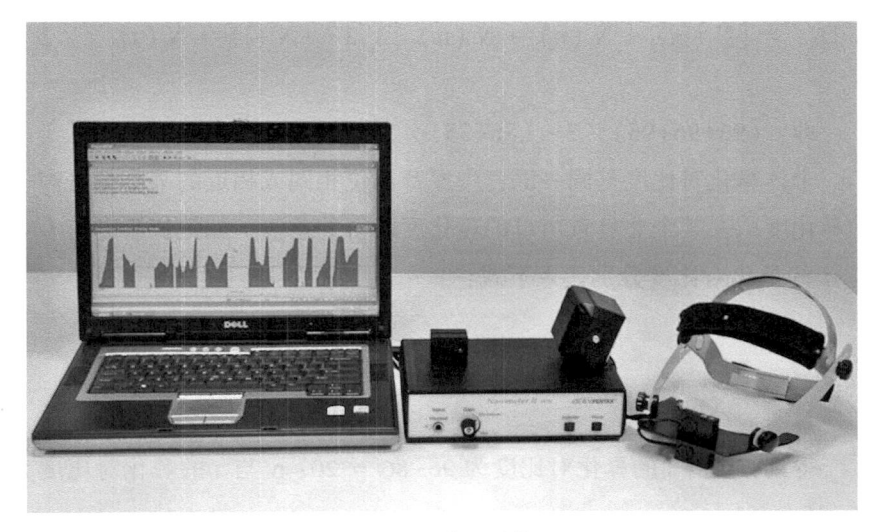

图 7.1　鼻流计①

二　鼻化度的概念及计算方法

鼻化度是语音发音时鼻音化的程度。鼻化度的计算公式为：

$$N = 100 \times n / (n + o)$$

其中 n 表示鼻音能量（nasal acoustic energy），o 表示口音能量（oral acoustic energy）。此公式实际上表示的是鼻音能量在整个口音、鼻音能量之和中所占的比例。计算出的数值在 0—100，数值越大，表明鼻音能量越强，鼻化度越高；反之则鼻音能量越弱，鼻化度越低。

鼻化度分总体鼻化对比度和个体鼻化对比度。总体鼻化对比度是一种语言所有浊音声母当中鼻音声母的鼻化度平均值减去非鼻音声母的鼻化度平均值所得的差值。如长沙方言通音声母的总体鼻化对比度为：

---

① 图片来自 KayPENTAX 公司官方网页 http://pentaxmedical.com/pentax/en/99/1/Nasometer-II-Model-6450/。

· 299 ·

湘语语音的特征与类型研究

$$\{N\} = [N(m) + N(ŋ) + N(ȵ)] / 3 - [N(l) + N(ɹ)] / 2$$

即：(96+96+95) / 3-(86+35) / 2 = 35

个体鼻化对比度是同一语言中发音部位相同或相近的某个鼻音声母的鼻化度减去某个非鼻音声母的鼻化度所得的差值。如把长沙方言 l、ɹ 与 ȵ 的鼻化对比度分别代入下式：

$$\{N\}x = N(n) - N(x)$$

得到：ȵ 与 l 的鼻化对比度为 96-86 = 20；ȵ 与 ɹ 的鼻化对比度为 96-35 = 61。

考察鼻、边近音相混的现象实际上不能只是单纯地着眼于鼻、边近音的特性，而应该从整个音系中口元音、鼻音声母、非鼻音声母的特性来考察。实验表明，语言或方言中的口音和鼻音并不是截然二分的，从语音的鼻化度来看，口元音有内在鼻化度，口音和鼻音存在连续性，鼻化度临界值分别为 40 和 80，鼻化元音鼻化度处在 40—80 的断裂带上。

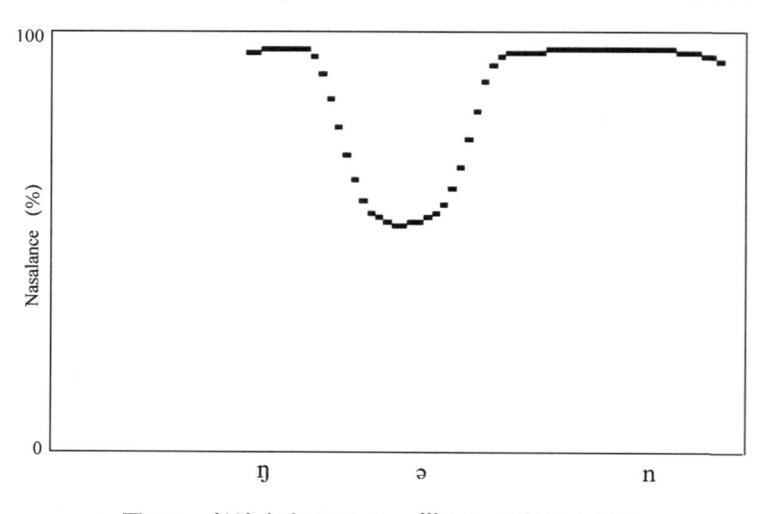

图 7.2 长沙方言"硬 [ŋən³³²]"的鼻化度曲线

第七章　长沙方言、双峰方言语音的鼻化度特征

鼻流计能够自动测算口音能量、鼻音能量及鼻化度，实时计算并显示鼻化度（Nasalance）曲线图形。鼻化度曲线是在以鼻化度为纵轴（标度在 0—100）、时间为横轴的二维平面图中显示的由鼻化度数据样点连成的曲线。鼻流计采集的是声带振动条件下的语音能量数据，鼻化度主要表示的是声带音（voiced）部分的语音鼻化程度的大小。

在图 7.2 中，起点处曲线很高，随后逐渐降低，到谷底后又逐渐升高。这反映出发音时从鼻音能量很高的声母 ŋ 到鼻音能量较低的元音 ə 再到鼻音能量很高的韵尾 n 的鼻化度变化情况。图形中的峰值表示鼻音能量较高，谷值表示鼻音能量较低。

鼻流计能够按设定时间步长逐点显示鼻化度数据，也能进行一定的统计分析，例如计算一段语音的鼻化度平均值及相关数据。下文的统计分析利用鼻流计的相关功能以及社会科学统计分析软件包（SPSS10.0）完成。本章有关北京方言鼻化度的数据及分析来自时秀娟、冉启斌、石锋[①]。

三　长沙方言元音及鼻化元音的鼻化度

本节以长沙方言声母和七个单元音为考察对象，介绍如何运用鼻流计（Nasometer）对声母的鼻化对比度、元音的内在鼻化度进行考察，并进一步探讨长沙方言 n、l 不分的原因。

长沙方言在语音上有一些跟鼻音或鼻化有关的特点。声母方面，有 m、n̠、ŋ 三个鼻音声母，中古的泥母和来母大部分都读为 l，即鼻音与边近音只在一部分细音前能区分。日母主要读 ɹ；韵母方面，有 iẽ、yẽ、ɑ̃、õ 四个鼻化韵母，鼻音韵母的韵尾均为 n 韵尾，没有 ŋ 韵尾。长沙方言的鼻、边近音相混应该是其突出的个性特征。许多汉语方言存在这种语音现象，但具体表现并不一样。以往的研究者对此现

[①] 时秀娟、冉启斌、石锋：《北京话响音鼻化度的初步分析》，《当代语言学》2010 年第 4 期。

湘语语音的特征与类型研究

象的描写虽然较为细致，但多是基于传统的定性分析，基于实验数据的定量考察较少。

(一) 长沙方言元音的内在鼻化度

长沙方言有ɿ、i、y、u、a、o、ə七个单元音韵母，这里任意选取七个单元音的鼻化度曲线（其声母均为塞音、擦音或塞擦音，排除了鼻音声母鼻化度对后接元音的影响），并放在一起作为示例，见图7.3。

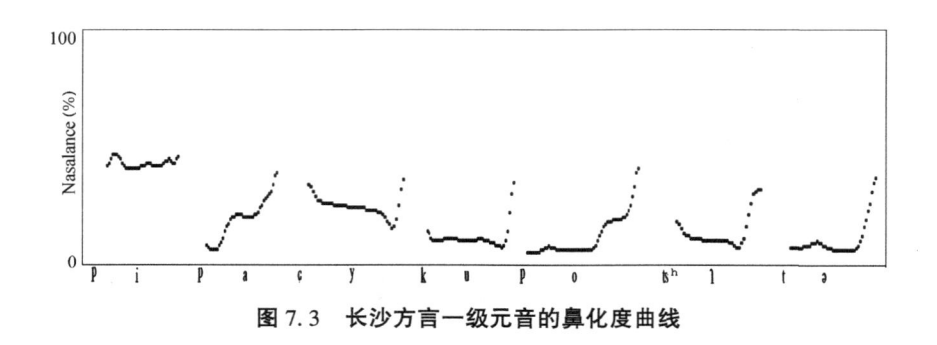

图7.3 长沙方言一级元音的鼻化度曲线

从图7.3可以看出，i、a、y、u的鼻化度较高，o、ɿ、ə的鼻化度较低。

我们测量了7个单元音的内在鼻化度[①]，测量时在鼻化曲线稳定的段落进行取值，分别计算出7个单元音的N值平均值，请看表7.1。

表7.1　　　　　　　　长沙方言单元音的内在鼻化度

元音	i	a	y	u	o	ɿ	ə
鼻化度	37	23	18	15	14	13	11

表7.1中各元音的鼻化度基本与图7.3的情况相吻合。i的内在鼻

---

① 这里测量的都是单元音韵母，声母没有鼻音存在，所以不同元音具有的鼻化度并不是由外界条件引起的，而是一种内在现象，是元音本身所固有的鼻化度，即元音的内在鼻化度。相关概念见石锋、冉启斌、王萍《论语音格局》，《南开语言学刊》2010年第1期。

第七章 长沙方言、双峰方言语音的鼻化度特征

化度最高，为37，其次是a，为23，再次是y，为18，复次是u和o，分别为15和14，ɿ为13，ə的内在鼻化度最低，为11。长沙方言元音的内在鼻化度与舌位前后高低之间的关系跟北京方言的情况基本一致，即前高元音和低元音的鼻化度较高，后高元音的鼻化度次之，舌尖元音和央元音的鼻化度较低。北京方言a元音的内在鼻化度为36.2，在七个单元音中数值最大，而长沙方言的a元音的内在鼻化度不是最大值，这一点与北京方言不同，可能是长沙方言a元音发音时舌位靠后①所造成的。

总之，长沙方言七个单元音的内在鼻化度都在40以内，最大值为37，最小为11。从元音的内在鼻化度总体平均值来看，北京方言七个元音的为10，长沙方言七个元音的为19，比北京方言的高出9。

（二）长沙方言鼻化元音的鼻化度分布

长沙方言有 iẽ、yẽ、ɑ̃、õ 四个鼻化韵母，我们对 iẽ 中的 ẽ、yẽ 中的 ẽ 及 ɑ̃、õ 分别进行鼻化度测量，并计算出它们的平均值，结果见表7.2。

表7.2　　　　　长沙方言鼻化元音的鼻化度

鼻化元音	(i)ẽ	ɑ̃	(y)ẽ	õ
鼻化度	63	61	60	50

在四个鼻化元音中，(i)ẽ 的鼻化度最高，为63，ɑ̃、(y)ẽ 次之，分别为61、60，õ 的最低，为50。总之，每个鼻化元音的鼻化度均大于七个单元音的鼻化度，鼻化度值处于40—80。

四　长沙方言声母的鼻化对比度

（一）鼻音声母和非鼻音浊声母的鼻化度

鼻流计采集的是声带振动条件下的语音能量数据。长沙方言的塞音、擦音、塞擦音都是不带声（voiceless）的辅音，发音时鼻流计采集

---

① 长沙方言a的实际音值为 [ɒ] 或者略带圆唇色彩的 [ɑ]。

· 303 ·

湘语语音的特征与类型研究

不到语音能量，所以没有数据显示，也就没有鼻化曲线。这种情况就跟声调曲线一样，鼻化度主要表示的是带声（voiced）部分的语音鼻化程度的大小。带声的部分就显示出曲线，不带声的部分就是空白段。

结合对发音人所发语料的听音、记音结果及实验结果，我们认为长沙方言中鼻音声母有 m、ŋ、ȵ，非鼻音浊声母有 l、ɹ，其中，l 有变体 [n]、[l̃]、[l]。在长沙方言单音节录音语料中选取 m、ŋ、ȵ、l、ɹ 各辅音的稳定段进行测量，得到它们的鼻化度数据，依据数据作出图 7.4。原始数据较多，这里仅给出鼻化度的平均数据。①

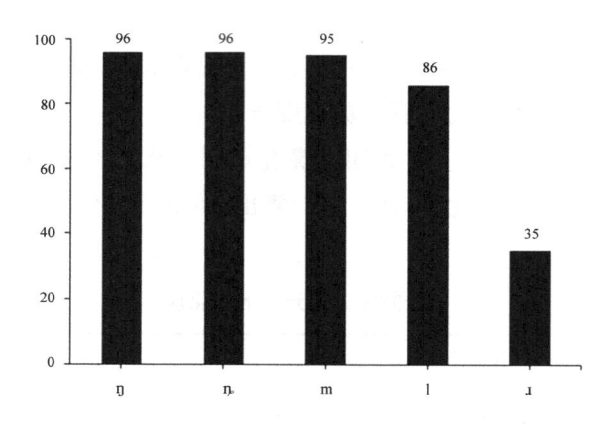

图 7.4　长沙方言浊音声母的鼻化度对比

图 7.4 中长沙方言 m、ŋ、ȵ 这三个鼻音声母的鼻化度都很高，均在 95 以上。两个非鼻音浊辅音也有相当高的鼻化度，l 为 86，ɹ 为 35，它们的鼻化度均高于北京方言的非鼻音浊声母 l（鼻化度为 32）和 ɹ（鼻化度为 24）。其中 l 的鼻化度超过北京方言的鼻音的临界值 80。ɹ 的鼻化度 35 也与北京方言的非鼻音的鼻化度临界值 40 相差不大。总的来说，与北京方言相比，长沙方言的鼻音声母和非鼻音浊声母的鼻化度都相当高。

---

① 图 7.4 中的 l 包括变体 [l]、[l̃]、[n]。

第七章　长沙方言、双峰方言语音的鼻化度特征

（二）声母的鼻化对比度

鼻化对比度指鼻音声母与非鼻音声母鼻化度的差值，可分为总体对比度和个体对比度。总体鼻化对比度是一种语言或方言中鼻音声母鼻化度减去非鼻音声母鼻化度所得的差值。个体鼻化对比度是一种语言或方言中某个鼻音声母的鼻化度减去发音部位相同或相近的某个非鼻音声母的鼻化度所得的差值。

声母的鼻化对比度是鼻音声母和非鼻音声母总体对比特征的反映，是鼻音与非鼻音区分的重要标志。鼻化对比度越大，鼻音跟非鼻音的区分越清晰，越明显；鼻化对比度越小，则鼻音跟非鼻音的区分越模糊，越含混，甚至有可能发生一定程度的音位合流现象。在长沙方言中，鼻音声母的平均鼻化度＝（96+96+95）/3 = 96，非鼻音声母的平均鼻化度＝（86+35）/2 = 61。所以，长沙方言声母的总体鼻化对比度为96-61 = 35，这个值远远小于北京方言声母的鼻化对比度62。由此看来，长沙方言鼻音与非鼻音区分度远远小于北京方言，长沙方言鼻音与非鼻音的区分相对模糊和含混。这也是长沙方言鼻音和边近音相混的重要原因，对此下文还要详细讨论。

再看长沙方言具体语音的鼻化对比度。$n̺$ 与 l 的鼻化度差值为96-86 = 20，这是 $n̺$ 与 l 的鼻化对比度；$n̺$ 与 ɹ 的鼻化度差值为96-35 = 61，这是 $n̺$ 与 ɹ 的鼻化对比度。可以看到 l 与 ɹ 的鼻化对比度是不同的，$n̺$ 与 l 鼻化对比度大大小于 $n̺$ 与 ɹ 的鼻化度对比度，表明从鼻化度的角度看，$n̺$ 与 l 的区分很不清晰，而 $n̺$ 与 ɹ 的区分很清楚。

此外，长沙方言中还有鼻音充当韵母的现象，即声化韵，它们是 m̩ 和 ŋ̩，其鼻化度也非常高，都超过90。请看表7.3。

表7.3　　　　　　　　**长沙方言鼻音声化韵的鼻化度**

韵母	m̩	ŋ̩
鼻化度平均值	96	95

五 鼻音、边音相混现象的鼻化度表现

在长沙方言中，中古很多泥母字的声母都读成来母字的声母，即很多本来读鼻音声母的字都读了边近音声母的字，长沙方言的鼻音、边近音只在一部分细音前能区分。关于长沙方言的鼻音、边近音音位，学者们有不同的处理方案。第一种方案是设立鼻音音位 ȵ 和 n，把 [l] 及 [ĩ] 处理为 n 音位的变体；第二种方案是设立边近音音位 l，不设立鼻音音位 n，而是把 [n] 及 [ĩ] 处理为 l 音位的变体。

根据本次的实验，并结合听辨，我们发现发音人所发的鼻、边近音有 [ȵ]、[n]、[ĩ]、[l] 等具体音值，我们把 [n]、[ĩ]、[l] 处理为 l 的变体，[ȵ] 独立为 ȵ 音位。这样处理的理由是，[n]、[ĩ]、[l] 发音部位相同，鼻化度相近，因此合并为一个音位，[ȵ] 跟 [n]、[ĩ]、[l] 鼻化度虽然相近，但是发音部位不同，因此单独列出，设立 ȵ 音位。我们把这些音位变体的鼻化度分别列出，见表7.4。

表7.4　　　　　　　　长沙方言 ȵ、l 变体的鼻化度

声母	ȵ	l		
	[ȵ]	[n]	[ĩ]	[l]
鼻化度	96	95	83	79

由表7.4看到，[ȵ]、[n]、[ĩ] 的鼻化度都很高，[ȵ] 为96，[n] 为95，[ĩ] 为83，是纯粹的鼻音。[l] 的鼻化度也较高，为79，大大超过北京方言边近音 l 的鼻化度32，正好处在北京方言鼻音声母临界值80的边缘。所以，长沙方言的边近音 [l] 几乎完全鼻化了，很容易感知为鼻音。实际上长沙方言具有纯粹的鼻音 [n]，没有纯粹的边近音 [l]，只有鼻化度很高的 [l] 及 [ĩ]。如果仅从鼻化度的分析来看，长沙方言不立边近音音位也许更为合理。长沙方言的 n、l 不分表现为 n、l

第七章　长沙方言、双峰方言语音的鼻化度特征

音位不分，发音也不分，发音中有纯粹的鼻音，而无纯粹的边近音。

六　n、l 不分与鼻化度的关系

北京方言响音的鼻化度分析表明，鼻音和口音的区分在一定程度上是相对的。在发音上，鼻音和口音的鼻化度并不是简单的全无和全有的对立。鼻音的鼻化度并不是 100，口音的鼻化度也不是 0。各元音都具有各自的内在鼻化度。同时，在鼻音或口音内部，不同语音各自的鼻化度也有差异。鼻音、口音的区分是定性分析的结果；从定量分析的角度看，鼻音或非鼻音的鼻化度数据是各自在一定范围内分布的。从临界值的角度分析，非鼻音的鼻化度值在 40 以下，鼻音的鼻化度值在 80 以上。在鼻化度值 40—80 有一个断裂带。鼻音和非鼻音之间的断裂带达到鼻化度值 40，这个区间很可能是鼻化元音以及其他特定的语音鼻化度分布的范围。声母的鼻化对比度是鼻音声母和非鼻音声母总体对比特征的反映，是鼻音与非鼻音区分的重要标志。

长沙方言响音的鼻化度分析表明，长沙方言的鼻音声母的鼻化度值都在 90 以上，没有达到 100，m、ȵ、ŋ 的鼻化度也不相等；元音内在鼻化度与口腔前后之间的关系表现出与北京方言基本一致的趋势；元音的内在鼻化度及非鼻音浊声母 ɹ 的鼻化度在 40 以下，最小值为 11，不是 0，各元音的内在鼻化度也有差异；鼻化元音正好处在鼻化度值 40—80 的断裂带上。事实上，北京方言语音的鼻化度所表现出的鼻音与非鼻音的格局体现出语言的某些共性特征。

长沙方言声母的总体鼻化对比度为 35，远远小于北京方言的 62。说明长沙方言鼻音与非鼻音的区分较为模糊。这正是长沙方言鼻音和边近音相混的重要原因。就单个语音来看，长沙方言 ȵ 与 l 的鼻化度对比度为 20，表明二者混淆程度相当高。

长沙方言 n、l 不分，表现为 n、l 音位不分，n、l 语音也不分，发音中有纯粹的鼻音，而无纯粹的边近音。这是长沙方言语音鼻化度的个性特征。

鼻化度的数据解释了长沙方言为什么很多本来应该读鼻音声母的字

(泥母字) 读成边近音声母的字, 这是因为鼻音声母、边近音声母在鼻化度上区别很小。n、l 不分是因为 l 的鼻化度大, 与 n 又都是舌尖成阻, 两者区别小。这种情况下, [n] 只有两条出路: 一部分选择直接并入音位 l (主要发生在洪音前), 成为其变体。另一部分改变发音部位 (主要发生在细音前), 变为 [ɲ], 加大与 l 的听感对立, 最后并入音位 ɲ。这样, [n] 便失去了音位的地位了。长沙方言有音位 l、ɲ, 没有音位 n。[n] 成了 l 的变体, 甚至连作为变体的 [n] 也越来越少。因为在数量上, l 声母的字还是远远多于 ɲ 声母的字, 而且原来很多属于 ɲ 声母的字, 也转为了 l 声母的字, 例如 "你" 等字, 很多长沙人都念 [li^{332}], 而不再念 [ɲi^{332}] 了。我们对《汉语方音字汇》(文字改革出版社, 1989) 进行了统计, 属于 l 声母的字有 302 个, 属于 ɲ 声母的字就只有 75 个了。

第二节 双峰方言语音的鼻化度

以往的学者研究湘语语音, 往往选择长沙话、双峰话作为参照, 它们分别是浊音清化且保留入声的长益片、保留浊音且入声消失的娄邵片的代表方言。除浊音、入声等语音特征类型之外, 湘语的鼻化度也是很有特点的, 它甚至还制约着音位之间的分合演变关系。借助一些仪器手段, 研究者有了一些新的认识。时秀娟、贝先明用鼻音计考察过长沙话的鼻化度, 发现长沙方言 n、l 不分[1], 具体表现为两者在音位上不分, 有 l 无 n; 在语音上也不分, l 实际上并没有真正的 [l] 变体, 而是只有 [n] 以及鼻化的 [l] 变体, 即只有 [n] 和 [ĩ]。这就是人们常说的长沙话 (齿龈) 鼻音、边音不分在鼻化度上的表现。

双峰话有很多特征区别于其他大部分南方汉语方言, 例如古全浊声母今读音多为带声浊音, 咸山摄一二等、蟹摄开口一二等多数念开口韵等等。本次研究我们着眼于其鼻化度特征。利用鼻音计重点考察但不限

---

[1] 为了行文方便, 全文对音位不加 / / 符号, 对音位变体或者语音的实际读音加 [ ] 符号。

第七章　长沙方言、双峰方言语音的鼻化度特征

于以下3个问题：第一，同属湘语的双峰话鼻化度表现是否跟长沙话一致？两者有何共性与差异？尤其是在鼻音、边音纠缠的问题上，双峰话是长沙话一样的类型呢还是有自己的类型？第二，双峰话中古全浊声母的今读音还保留着带声浊音的读法（包括带声浊塞音、带声浊塞擦音、带声浊擦音），这些浊声母的鼻化度有什么规律性表现？它们的鼻化度跟其他响音如 m、l 等的大小关系怎样？第三，一些双峰话中古阳声韵如山摄、咸摄字的今读音大多失去鼻尾，读为开尾韵，例如"班"念[pia]，"官"念[kua]。那么，这些读音的鼻化度大小如何？是否跟中古阴声韵相应的今读音鼻化度大致相等？

本节通过鼻化度的研究方法，试图回答上述问题。

一　鼻音计与鼻化度

鼻音计是一种配置了口鼻分音装置的仪器，用一块隔板挡在口与鼻之间，将口腔气流与鼻腔气流分开，并通过两个录音通道（话筒）把它们同步录入鼻音计。鼻音计可用于语音研究，也可以用于跟腭部、咽部等有关的疾病诊断。

鼻化度指发音时鼻音能量占口音、鼻音总能量的百分比。计算公式如下：

$$N = n / (n + o) \times 100$$

公式中的 N 表示鼻化度，n 表示鼻音声学能量（nasal acoustic energy），o 表示口音声学能量（oral acoustic energy），鼻音能量和口音能量的数值由鼻音计两个各自独立录音的话筒分别采集气流，然后通过程序计算获得。鼻化度 N 的数值在 0—100，数值越大，表明鼻化度越高，鼻音能量越强；反之则鼻化度越低，鼻音能量越弱。

时秀娟、冉启斌、石锋在鼻化度的分析文章中发现，鼻音的 N 值临界值为 80 左右，非鼻音的临界值在 40 左右。[1] 在这两个临界值之间

---

[1] 时秀娟、冉启斌、石锋：《北京话响音鼻化度的初步分析》，《当代语言学》2010年第4期。

存在断裂带，鼻化音的 N 值分布在两个临界值之间。口音和鼻音在发音生理上并不是截然二分的，它们之间存在连续性。换句话说，口音、鼻化音、鼻音的鼻化度范围大约分别为 0—40、40—80、80—100。它们的关系如图 7.5 所示。

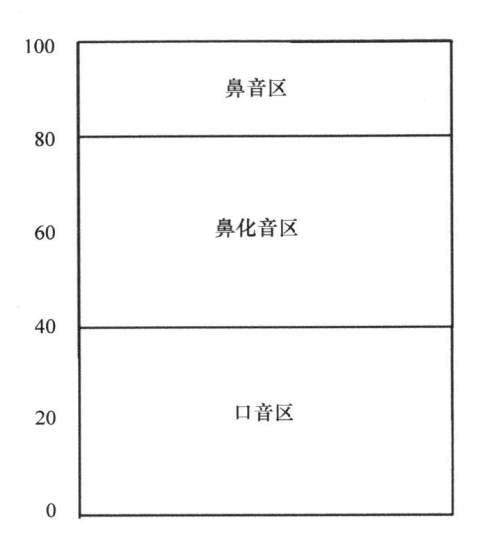

图 7.5 鼻音与口音临界值示意

二 双峰话的声韵系统及本文发音人

贝先明[①]根据声学实验与音位归纳的基本原则，将双峰话的声韵系统归纳如下，见表 7.5 和表 7.6。

表7.5　　　　　　　　双峰话韵母

ɿ	i	u	y
ʅ			
a	ia	ua	ya
ʊ	iʊ		

---

① 贝先明：《湘语语音学》，博士后出站报告，中国社会科学院，2015 年。

第七章 长沙方言、双峰方言语音的鼻化度特征

续表

e		ue	
o	io		
ə	iə		
		ui	
əu			
ã	iã		
õ	iõ		
ĩ		uĩ	
iɤ̃	uɤ̃	yɤ̃	
ãĩ		uãĩ	
m̩	n̩		

双峰话有 10 个单元音。ui 中的 i 为主要元音,时长远远大于其前的 u。典型的前响双元音只有 əu 一个,另在鼻化韵中有 ãĩ。没有典型的中响复元音(即三合元音),部分发音人在鼻化韵中有 uãĩ。鼻化韵很多,绝大多数人没有鼻尾韵。贝先明在对双峰县永丰镇 12 位发音人的调查中发现,只有一位 50 岁以上的发音人部分鼻化韵的字有带鼻尾现象,其他 20—50 岁的发音人都没有鼻尾韵①。

表 7.6　　　　　　　　双峰话声母

p	pʰ	b	m			
t	tʰ	d				l
ts	tsʰ	dz		s		
tʂ	tʂʰ	dʐ		ʂ		
tɕ	tɕʰ	dʑ	ɲ	ɕ	ʑ	
k	kʰ	g	ŋ	x	ɣ	
∅						

---

① 贝先明:《方言接触中的声调表现》,《中国语言学报》(*Journal of Chinese Linguistics*) 2015 年第 1 期。

湘语语音的特征与类型研究

浊塞音、浊塞擦音和浊擦音是带声的，宽带语图上浊音杠明显。以"皮"的语图为例，三位发音人在图上低频区均有明显的浊音杠，如图 7.6、图 7.7、图 7.8 所示。

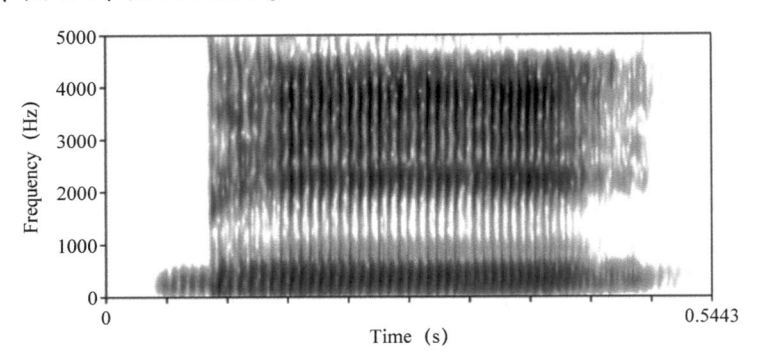

图 7.6 老年发音人"皮"的宽带语图

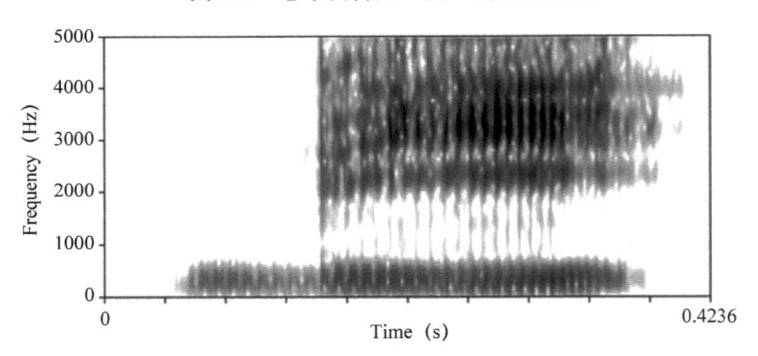

图 7.7 中年发音人"皮"的宽带语图

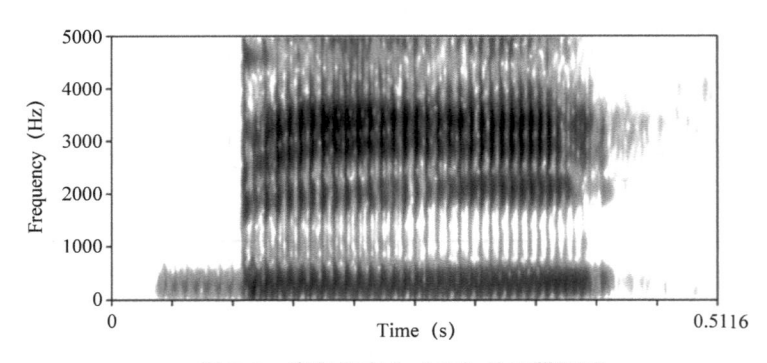

图 7.8 青年发音人"皮"的宽带语图

ȵ 主要来自疑母、日母，还有小部分来自细音前的泥母，l 主要来自来母、洪音前的泥母。也就是说，泥、来两母在细音前对立，在洪音前不对立，可以用"洪混细分"来概括来母、泥母今读音的关系。另外，l 有变体［n］、［ĩ］、［l］。鼻化元音（年龄大的当地人有鼻尾元音，也包括在内）前面的 l 一般念变体［n］、［ĩ］，大量的口元音字的声母也念这两个变体。变体［l］仅出现在少量口元音字的声母中。

本研究所涉双峰话实验发音人有三人，均为男性，分别于 1959 年、1978 年及 2000 年出生，均为双峰县永丰镇人，在永丰镇出生长大，双峰话口音纯正，无耳鼻咽喉疾病。其中，中年发音人的鼻化度实验是 2015 年 8 月在天津师范大学文学院语音实验室利用美国 KayPENTAX 公司生产的 Nasometer Ⅱ 6400 完成的。老年发音人和青年发音人是 2020 年 10 月在双峰县永丰镇利用南开大学 MinispeechLab 软件（带鼻音计功能的版本）完成的。① 发音例字请看附录。

三 双峰话元音的鼻化度

（一）双峰话单元音的鼻化度

双峰话 10 个单元音的鼻化度请看表 7.7 至表 7.9。

表 7.7　　　　　　老年发音人单元音的鼻化度数据

舌位	呼	开口呼		齐齿呼		合口呼		撮口呼	
		单元音	鼻化度	单元音	鼻化度	单元音	鼻化度	单元音	鼻化度
舌位高低	高	ɿ	17	i	39	u	9	y	18
		ʅ	28						
	次高	ʊ	15						
	半高	e	20						
		o	8						
	中	ə	20						
	低	a	27						

① 感谢天津师范大学时秀娟教授在鼻化度实验中的大力支持。

湘语语音的特征与类型研究

表7.8　　　　　　　　中年发音人单元音的鼻化度数据

舌位	呼	开口呼 单元音	鼻化度	齐齿呼 单元音	鼻化度	合口呼 单元音	鼻化度	撮口呼 单元音	鼻化度
舌位高低	高	ɿ	26	i	34	u	10	y	35
		ʅ	26						
	次高	ʊ	11						
	半高	e	22						
		o	28						
	中	ə	11						
	低	a	28						

表7.9　　　　　　　　青年发音人单元音的鼻化度数据

舌位	呼	开口呼 单元音	鼻化度	齐齿呼 单元音	鼻化度	合口呼 单元音	鼻化度	撮口呼 单元音	鼻化度
舌位高低	高	ɿ	18	i	18	u	12	y	18
		ʅ	14						
	次高	ʊ	16						
	半高	e	18						
		o	13						
	中	ə	14						
	低	a	8						

老年、中年、青年发音人双峰话单元音的鼻化度按照从大到小排列分别为：i＞ɿ＞a＞e、ə＞y＞ʅ＞ʊ＞u＞o，y＞i＞a、o＞ɿ、ʅ＞e＞ə、ʊ＞u，y、i、ɿ、e＞ʊ＞ʅ、ə＞o＞u＞a。大致是较前的高元音、央的低元音的鼻化度较大，舌尖元音、央元音及央元音附近的元音鼻化度其次，后的高元音较小。这跟北京话、天津话、济南话、平遥话（根据时秀娟[①]有关北京话、天津话、济南话、平遥话的数据）的表现基本一致。青年发音人a的鼻化度在其元音中最小，不符合上述规律。

---

① 时秀娟:《鼻音研究》，中国社会科学出版社2017年版。

第七章 长沙方言、双峰方言语音的鼻化度特征

另外，所有单元音的鼻化度都小于口音与鼻音的分界值 40，表明这些单元音都是口元音，不带鼻化色彩。

（二）双峰话复元音的鼻化度

双峰话 9 个复元音的鼻化度请看表 7.10 至表 7.12。

表 7.10　　　　　　老年发音人复元音的鼻化度数据

舌位 \ 呼	开口呼 复元音	鼻化度	齐齿呼 复元音	鼻化度	合口呼 复元音	鼻化度	撮口呼 复元音	鼻化度
主元音舌位高低 高					ui	21		
次高			iʊ	13				
半高			io	10	ue	24		
中	əu	12	iə	14				
低			ia	26	ua	22	ya	22

表 7.11　　　　　　中年发音人复元音的鼻化度数据

舌位 \ 呼	开口呼 复元音	鼻化度	齐齿呼 复元音	鼻化度	合口呼 复元音	鼻化度	撮口呼 复元音	鼻化度
主元音舌位高低 高					ui	24		
次高			iʊ	23				
半高			io	13	ue	15		
中	əu	32	iə	15				
低			ia	34	ua	35	ya	28

表 7.12　　　　　　青年发音人复元音的鼻化度数据

舌位 \ 呼	开口呼 复元音	鼻化度	齐齿呼 复元音	鼻化度	合口呼 复元音	鼻化度	撮口呼 复元音	鼻化度
主元音舌位高低 高					ui	17		
次高			iʊ	20				
半高			io	12	ue	16		
中	əu	11	iə	13				
低			ia	15	ua	12	ya	13

老年、中年、青年发音人双峰话 9 个复元音的鼻化度按照从大到小排列分别为：ia > ue > ua、ya > ui > iə > iʊ > əu > io、ua > ia > əu > ya > ui > iʊ > iə、ue > io、iʊ > ui > ue > ia > ya、iə >ua、io > əu。

双峰话复元音的鼻化度跟四呼的类型没有较明显的对应规律，撮口呼的鼻化度较大，但只有一个复元音，不具有很强的说服力；齐齿呼和合口呼虽然都有好几个复元音，但这些复元音的鼻化度有大有小，没有表现出较强的规律性。

复元音的鼻化度跟其主元音的舌位高低前后的对应性比跟四呼的对应性要强一些。大致是主元音为央的低元音（ua、ia、əu、ya）和主元音为前的高、半高元音（ui、ue）的复元音鼻化度较大，主元音为后的半高元音的复元音（io）鼻化度较小，央元音及央元音附近的鼻化度有大有小，规律性不强。

另外，跟单元音一样，所有复元音的鼻化度也都小于口音与鼻音的分界值 40，表明这些复元音没有鼻化色彩，均为口元音。

复元音 ia 和 ua 里有来自咸山摄一二等念开口韵的今读音，这些来自中古阳声韵而今读音为阴声韵的元音，其鼻化度的数值并不在鼻音区，也不在鼻化区，而在口音区。如老中青三位发音人"单~独"[tia]的鼻化度分别为 25、30、16，"官"[kua]的鼻化度分别为 22、33、14，均小于口音与鼻音的分界值 40，比各自的单元音 i 的鼻化度还略小，比北京话的 a（36）也小。双峰话中这些来自中古阳声韵的阴声韵已没有鼻尾或鼻化色彩了，而是具有口元音的性质了。

（三）双峰话鼻化元音的鼻化度

双峰话鼻化元音的鼻化度请看表 7.13 至表 7.15。

第七章　长沙方言、双峰方言语音的鼻化度特征

表 7.13　　　　　老年发音人鼻化元音的鼻化度数据

舌位 \ 呼		开口呼		齐齿呼		合口呼		撮口呼	
		鼻化元音	鼻化度	鼻化元音	鼻化度	鼻化元音	鼻化度	鼻化元音	鼻化度
主元音舌位高低	高			ĩ	61	uĩ	43		
	中			iɔ̃	41	uɔ̃	47	yɔ̃	43
	低	ɒ̃	24	iɒ̃	30				
		ã	43	iã	40				
		ãĩ	45			(uãĩ)	—①		

表 7.14　　　　　中年发音人鼻化元音的鼻化度数据

舌位 \ 呼		开口呼		齐齿呼		合口呼		撮口呼	
		鼻化元音	鼻化度	鼻化元音	鼻化度	鼻化元音	鼻化度	鼻化元音	鼻化度
主元音舌位高低	高			ĩ	85	uĩ	59		
	中			iɔ̃	53	uɔ̃	60	yɔ̃	51
	低	ɒ̃	28	iɒ̃	25				
		ã	76	iã	41				
		ãĩ	73			(uãĩ)	—②		

表 7.15　　　　　青年发音人鼻化元音的鼻化度数据

舌位 \ 呼		开口呼		齐齿呼		合口呼		撮口呼	
		鼻化元音	鼻化度	鼻化元音	鼻化度	鼻化元音	鼻化度	鼻化元音	鼻化度
主元音舌位高低	高			ĩ	69	uĩ	—③		
	中			iɔ̃	50	uɔ̃	40	yɔ̃	39
	低	ɒ̃	10	iɒ̃	12				
		ã	45	iã	12				
		ãĩ	18			(uãĩ)	12		

---

① 本文老年发音人的元音系统里没 uãĩ，所以表中该处没有鼻化度数据。
② 本文中年发音人的元音系统里没 uãĩ，所以表中该处没有鼻化度数据。
③ 本文青年发音人的元音系统里没 uĩ，所以表中该处没有鼻化度数据。

湘语语音的特征与类型研究

　　本次实验三位发音人的双峰话均有 10 个鼻化元音①，不过老年、中年发音人有 uĩ 无 uãĩ 而青年发音人有 uãĩ 无 uĩ。老中青三位发音人的鼻化元音鼻化度按照从大到小排列分别为：ĩ > uɑ̃ > ãĩ > ã、uĩ、yɑ̃ > iɑ̃ > iɑ̃ > iõ > õ，ĩ > ã > ãĩ > uɑ̃ > uĩ > iɑ̃ > yɑ̃ > iɑ̃ > õ > iõ，ĩ > iɑ̃ > ã > uɑ̃ > yɑ̃ > ãĩ > uãĩ、iã、iõ > õ。与单元音、复元音一样，鼻化元音的鼻化度跟四呼的对应规律也不强，而与鼻化元音的主元音的舌位高低前后大致有一些对应性：主元音为前的高元音、低元音时的鼻化度较大，为央元音的鼻化度次之，最小的是后的低元音 õ、iõ，其鼻化度均小于或等于 30，跟某些单元音接近。

　　其实，õ、iõ 正处于鼻化音向口音过渡的阶段。以中年发音人的数据为例，根据鼻音计的采样点数，把 õ、iõ 每个例字的韵母段均分为前、中、后三段②，õ 的前、中、后三段的鼻化度分别约为 19、25、39，iõ 的前、中、后三段的鼻化度分别约为 18、30、25。可以看到，无论是 õ 还是 iõ，前、中、后三段的鼻化度均小于 40，但 õ 的尾段数值 39 接近鼻音、鼻化音的分界值（40），还能看到刚刚脱离或者正在脱离鼻化的痕迹。如果拿青年发音人的数据来看，其鼻化度更小，iõ 为 12，õ 为 10，已经是典型的口音了。另外，青年发音人的 ãĩ、uãĩ、iã 的鼻化度也小于 40，具有口音的色彩。

　　根据《汉语方音字汇（第二版重排本）》"前言"部分的介绍，在 20 世纪 80 年代修订该书的时候，王福堂调查了双峰县城区（永丰镇）的音系。本文使用的元音 õ、iõ，在该书中记为 ɒŋ、iɒŋ，并被这

---

① 青年发音人极个别鼻化元音有鼻尾元音的自由变体，本次实验排除了这种变体。
② 鼻音计每隔 8 毫秒采样一次，一个例字的元音往往会有几十个采样点。分段统计的方法大致是，将该例字元音的总采样点数除以 3，算出每段所管辖的采样点数，然后分别求出每段采样点鼻化度的平均值。例如，某个元音的采样点共有 60 个，则 1–20 个点为前段，21–40 个为中段，41–60 个为后段。然后分别求出 1–20、21–40、41–60 个采样点鼻化度的平均值，就是该元音前、中、后段的鼻音度。如果总采样点数不能被 3 整除，本文处理的办法是让中段多管辖一两个采样点。此外，还有一种分段的方法，即将该例字元音的时长除以 3，算出前、中、后三段各自涉及的时间段长度以及各自的起止点，然后再求每段的鼻化度。不过该方法跟采样点数除以 3 的效果基本是一致的。

第七章　长沙方言、双峰方言语音的鼻化度

样描述："鼻尾韵 ɒŋ、iɒŋ 中元音也带有鼻化成分，同时鼻尾弱化，实际音值为õᵑ、iõᵑ"。山摄合口一二等字和咸山摄合口三等非组字韵母在当时已经读阴声韵 ua，如"短""犯"等的韵母即是，但是咸开一、山开二还念鼻化音，如"班""谈"的韵母当时记为 [æ̃]。快四十年过去了，当年的 õᵑ、iõᵑ 发生了变化，其中 ᵑ 如今已经消失，整个韵母的鼻化度也大大减弱，表现为接近口音 ɒ、iɒ 的性质了。当年念鼻化音的咸开一、山开二的字，如"班""谈"，其韵母如今也念口音 [ia] 了。由此看来，鼻尾和鼻化消失的结果，在本次双峰话鼻化度实验中已经基本观察到了。

另外，由实验及数据来看，鼻化元音中，有韵头的鼻化元音的鼻化度往往较小，没有韵头的往往较大。例如中年发音人的 ĩ 为 85，u ĩ 为 59。ã 为 76，iã 为 41。

四　双峰话辅音的鼻化度

清辅音没有鼻化，因此本节分析的辅音都属于浊辅音（特指声学上带有浊音杠的带声辅音）。

（一）双峰话非鼻浊辅音的鼻化度

双峰话 9 个非鼻浊辅音的鼻化度见表 7.16 至表 7.18。

表 7.16　　　　老年发音人非鼻浊辅音的鼻化度数据

方法＼部位	双唇		齿龈		卷舌		龈腭		软腭	
	复元音	鼻音度	复元音	鼻音度	复元音	鼻音度	复元音	鼻音度	复元音	鼻音度
塞音	b	72	d	77					g	-①
塞擦音			dz	65	dʐ	-②	dʑ	80		
擦音							ʑ	13	ɣ	19
边音			l	84						

① 本文老年发音人所发例字未出现带音的 g，所以表中该处没有鼻化度数据。
② 本文老年发音人所发例字未出现带音的 dʐ，所以表中该处没有鼻化度数据。

表7.17　　　　　中年发音人非鼻浊辅音的鼻化度数据

部位\方法	双唇		齿龈		卷舌		龈腭		软腭	
	复元音	鼻音度	复元音	鼻音度	复元音	鼻音度	复元音	鼻音度	复元音	鼻音度
塞音	b	40	d	29					g	31
塞擦音			dz	29	dʐ	29	dʑ	25		
擦音							ʑ	23	ɣ	27
边音			l	69						

表7.18　　　　　青年发音人非鼻浊辅音的鼻化度数据

部位\方法	双唇		齿龈		卷舌		龈腭		软腭	
	复元音	鼻音度	复元音	鼻音度	复元音	鼻音度	复元音	鼻音度	复元音	鼻音度
塞音	b	48	d	56					g	44
塞擦音			dz	80	dʐ	—①	dʑ	56		
擦音							ʑ	19	ɣ	34
边音			l	28						

l在不同年龄发音人中有较大的差异，加上中年发音人l变体多，情况特殊，l声母留待"8.2.6. 双峰话古来母和泥母今读音的鼻化度考察"详细讨论。这里只分析其他8个浊辅音。老年、中年、青年发音人这8个非鼻浊辅音鼻化度按照从大到小排列分别为：dz＞d＞b＞dʑ＞ɣ＞ʑ，b＞g＞d、dʑ、dz＞dʐ＞ɣ＞ʑ，dz＞d、dʑ＞b＞g＞ɣ＞ʑ。从发音方法看，塞音、塞擦音的鼻化度一般大于带声擦音。从发音部位看，靠后的软腭音塞音、塞擦音鼻化度一般小于其他部位的，软腭擦音的鼻化度大于龈腭擦音。另外，擦音的鼻化度都小于40，基本上是口音性质的表现。中年发音人塞音、塞擦音鼻化度基本小于40，老年发音人和青年发音人塞音、塞擦音鼻化度基本位于40—80，大致上是鼻化音性质的表现。

---

① 本文青年发音人所发例字未出现带音的dʐ，所以表中该处没有鼻化度数据。

（二）双峰话鼻辅音的鼻化度

这里分析的双峰话鼻辅音只包括充当声母的 m 和 ŋ，不包括充当韵尾的 n 和 ŋ。双峰话鼻辅音鼻化度见表 7.19 至表 7.21。

表 7.19　　　　　　　　老年发音人鼻辅音的鼻化度数据

双唇鼻音	鼻化度	龈腭鼻音	鼻化度	软腭鼻音	鼻化度
m	91	ȵ	90	ŋ	93

表 7.20　　　　　　　　中年发音人鼻辅音的鼻化度数据

双唇鼻音	鼻化度	龈腭鼻音	鼻化度	软腭鼻音	鼻化度
m	93	ȵ	90	ŋ	95

表 7.21　　　　　　　　青年发音人鼻辅音的鼻化度数据

双唇鼻音	鼻化度	龈腭鼻音	鼻化度	软腭鼻音	鼻化度
m	90	ȵ	88	ŋ	93

除了青年发音人的 ȵ，双峰话的 3 个鼻音声母 m、ȵ、ŋ 的鼻化度基本在 90 及以上，鼻化度很高，是典型的鼻音声母。发音部位较前的双唇鼻音 m 和软腭鼻音 ŋ 鼻化度较大，发音部位居中的龈腭鼻音 ȵ 鼻化度较小。

（三）双峰话声化韵的鼻化度

双峰话的声化韵虽然列于韵母表中，但是它们并不包含元音，而只有鼻音，因此我们放在辅音部分讨论。双峰话声化韵鼻化度见表 7.22 至表 7.24。

表 7.22　　　　　　　　老年发音人声化韵的鼻化度数据

双唇鼻音	鼻化度	龈腭鼻音	鼻化度
m̩	94	ŋ̍	93

表 7.23　　　　　　　中年发音人声化韵的鼻化度数据

双唇鼻音	鼻化度	龈腭鼻音	鼻化度
m̩	97	ŋ̍	96

表 7.24　　　　　　　青年发音人声化韵的鼻化度数据

双唇鼻音	鼻化度	龈腭鼻音	鼻化度
m̩	93	ŋ̍	94

三位发音人两个声化韵的鼻化度均在 90 以上，略超过相应的鼻音声母 m 和 ŋ。原因可能在于，充当声母的鼻音，发音时有完整的成阻、持阻、除阻三个发音阶段，而充当声化韵的鼻音，发音时口腔里只有成阻、持阻两个阶段，没有口腔打开、迅速过渡到元音的这个除阻阶段。而口腔打开的这个时刻，气流或多或少会从口中逸出一点儿（当然远没有送气辅音的送气那么强烈），这就会造成口腔气流能量略微增大，同时鼻腔气流能量就会相应地略微减小，于是鼻化度就相应变小了一点儿。

五　双峰话古来母和泥母今读音的鼻化度考察

（一）双峰话古来母和泥母今读音的鼻化度具体表现

在今天的双峰话中，中古来母、泥母的今读音在齐齿呼、撮口呼前对立，在开口呼、合口呼前不对立。齐齿呼、撮口呼前的泥母和来母无疑要记为两个音位，人们一般把这种情况下的泥母记为 ȵ[①]，因为它的发音部位是龈腭。剩下的所有来母以及开口呼、合口呼前的泥母该怎么处理？记几个音位？记成什么？以下的讨论主要集中在双峰话中所有来

[①] 北京大学中国语言文学系语言学教研室编，王福堂修订：《汉语方音字汇（第二版重排本）》，语文出版社 2003 年版；陈晖：《湘方言语音研究》，湖南师范大学出版社 2006 年版；贝先明：《方言接触中的声调表现》，《中国语言学报》（*Journal of Chinese Linguistics*）2015 年第 1 期。

第七章　长沙方言、双峰方言语音的鼻化度特征

母以及开口呼、合口呼前的泥母的音位处理问题上，以及这个音位涉及的各个变体及其鼻化度的情况。

双峰话古来母和泥母今读音在不同年龄段发音人上有较大差异。下面先分析情况复杂的中年发音人的数据。表 7.25 是发音人所发中古来母、泥母字声母的鼻化度数据表，发音例字是《方言调查字表》中所有的来母、泥母字，删除了一些不常用的例字。另外，归纳为 ȵ 音位所涉及的字已经在"双峰话辅音的鼻化度"部分先行分析了，因此相应的字在表中被剔除。表 7.25 最后涉及字数 240 个。表中的"阴声韵""阳声韵"指的是今天双峰话中的韵母条件，而不是中古的音韵条件。格子中有两个数据的，第一个数据表示位于某个鼻化度范围内的测量字数，第二个数据表示这些字的平均鼻化度。

表 7.25　　中古来母、泥母中年发音人今读音的鼻化度数据

音韵条件		声母鼻化度				字数小结与鼻化度加权平均值
		0—40	40—60	60—80	80—100	
中古来母	阴声韵	13 个，33	37 个，51	57 个，69	18 个，92	125 个，63
	阳声韵	5 个，32	6 个，51	21 个，73	34 个，90	66 个，77
中古泥母	阴声韵	3 个，32	5 个，43	14 个，72	14 个，90	36 个，72
	阳声韵	0 个	0 个	3 个，72	10 个，89	13 个，85
字数小结与鼻化度加权平均值		21 个，33	48 个，50	95 个，70	76 个，90	240 个，69

根据表 7.25 的数据，中古来母、泥母在双峰话里的今读音情况是，76 个字的声母的鼻化度平均值为 90，位于鼻音区域；143 个字的声母的鼻化度平均值处于 40—80，位于鼻化区域；21 个字的声母的鼻化度平均值为 33，位于口音区域。来母今读音的鼻化度较大，尤其处于阳声韵音节中时，鼻化度高达 77，接近鼻化与鼻音的分界线（80）。泥母今读音的鼻化度更大，在阴声韵、阳声韵音节中分别为 72、85，在阳声韵中表现为鼻音的性质。

· 323 ·

湘语语音的特征与类型研究

在深入讨论之前，我们再来做一个简单的统计。表7.26是表7.25中240个字的声母鼻化度在0—40、40—60、60—80、80—100四个区间内分布情况的统计。百分比后面的括号内的数字表示这一百分比所涉及的具体字数。

表7.26　　中古来母、泥母中年发音人今读音分组统计数据

音韵条件		各鼻化度区间内字数分布百分比				小计
		0—40	40—60	60—80	80—100	
中古来母	阴声韵前	5%（13）	15%（37）	24%（57）	8%（18）	52%（125）
	阳声韵前	2%（5）	3%（6）	9%（21）	14%（34）	28%（66）
中古泥母	阴声韵前	1%（3）	2%（5）	6%（14）	6%（14）	15%（36）
	阳声韵前	0%（0）	0%（0）	1%（3）	4%（10）	5%（13）
小计		8%（21）	20%（48）	40%（95）	32%（76）	100%（240）

来自中古来母、泥母字的声母在现代双峰话的读音中，鼻化度都比较大，鼻化度位于鼻音范围（80—100）内的占32%，鼻化度位于鼻音与口音断裂带（40—80）的占60%，仅有8%的字位于口音范围（0—40）内。

相比于中年发音人，老年、青年发音人的来母、泥母字今读音相对简单，除去齐齿呼、撮口呼前的泥母念 $n_{\scriptsize z}$ 后，老年发音人剩下的字的鼻化度数据均位于80—90，平均值为84。青年发音人所有来母和部分泥母今读音鼻化度在40以下，平均值为28，另外，还有部分泥母（具体是"奴努怒乃奶耐奈脑恼闹囊脓"）今读音的鼻化度在40—90，平均值为79。由此看来，l声母鼻化度在不同年龄段发音人身上表现出差异，随着年龄的降低，鼻化度数据变小，目前的表现是老年人（84）>中年人（69）>青年人（28）。

（二）双峰话古来母和泥母今读音的音位归纳方案

过去对双峰话音系的研究，一般不记声母n，只记声母l。陈晖认为，"[l]在鼻音或鼻化音韵母前有时读成鼻音［n］，［n］［l］不存在

第七章　长沙方言、双峰方言语音的鼻化度特征

音位对立。"[①] 北京大学中国语言文学系语言学教研室编写的《汉语方音字汇》"凡例"部分介绍双峰话音系时认为，"声母 l 有变体 n，多出现在鼻化韵和鼻尾韵前。"[②]

从逻辑上来说，对于双峰话来母、泥母字声母的处理，除去细音前的泥母归纳为 ȵ，对于来母及剩下的洪音前的泥母，可有两种解决方案，一是归纳为 l 声母，二是归纳为 n 声母。但是无论归纳成什么，都面临着特殊的情况需要说明。拿中年发音人的数据来看，如果归纳为 l 声母，就需要说明其鼻化度很大，而且高达 92% 的变体并不是典型的边音 [l]，而是鼻化的 [l]（即 [l̃]），或者是鼻音 [n]。如果归纳为 n 声母，就需要说明只有部分 n 是典型的 [n]，还有 68% 的变体并不是典型的 [n]，或为 [l̃]，或为 [l]。总而言之，无论归纳为鼻音 n，还是归纳为边音 l，从鼻化度的角度说，都有远远超过半数的变体不典型。如果归纳为 n，则变体有 [n]、[l̃]、[l]；如果归纳为 l，则变体有 [n]、[l̃]、[l]。考虑到语音系统中已经有鼻音声母 ȵ，我们暂把这个音位定为 l（北京大学中国语言文学系语言学教研室 2003、陈晖 2006、贝先明 2015 均是采取这种处理方案），从发音部位和发音方法上都跟 ȵ 有区别。当然，这绝不是一个一劳永逸的方案，将来必须再根据这个 l 的发展趋势进行调整。在这样一个语言快速演变的社会环境里，很难想象一个音系几十上百年能保持不变。拿本次实验来说，青年发音人的来母今读音鼻化度在 40 以下，所有 l 声母字的鼻化度平均值为 28，接近普通话 l 的鼻化度（32），已经远远低于老年发音人（84）和中年发音人（69），说明青年人语音不断受到普通话的影响，鼻化度表现也开始向普通话靠拢。

（三）双峰话声母 l 的类型学意义

从音系的类型学上说，根据中古来母、泥母演变到今天的音位情

[①] 陈晖：《湘方言语音研究》，湖南师范大学出版社 2006 年版，第 237 页。
[②] 北京大学中国语言文学系语言学教研室编，王福堂修订：《汉语方音字汇（第二版重排本）》，语文出版社 2003 年版。第 24 页。

湘语语音的特征与类型研究

况,汉语各方言可分成三大类型,一是既有 n,又有 l,如北京话;二是只有 n,没有 l,如武汉话;[①] 三是只有 l,没有 n,如长沙话、[②] 南京话[③]。双峰话跟长沙话、南京话类似,属于有 l 无 n 的类型。

从语音的类型学上说,在有 l 无 n 的汉语方言里,l 又可以分为三种类型。第一种类型为 l 属于典型的边音类型,鼻化度小于 40,位于口音区,青年发音人的双峰话属于这种类型。第二种类型为 l 属于典型的鼻音类型,鼻化度大于 80,位于鼻音区,长沙话、老年发音人的双峰话属于这种类型。第三种类型为 l 属于典型的鼻化音类型,鼻化度处于 40—80,南京话、中年发音人的双峰话属于这种类型。

从 l 具有的变体类型上说,长沙话的 l,其变体 [n]、[ĩ]、[l] 的鼻化度分别为 95、83、79,基本属于有典型鼻音变体、没有典型边音变体的类型,老年发音人的双峰话也属于这种类型。南京话的 l,其变体 [ĩ]、[l] 的鼻化度分别为 86、26,基本属于既有典型鼻音变体[④],又有典型边音变体的类型。中年发音人的双峰话跟长沙话、南京话都不同,其 l 的变体虽然有 [ĩ]、[n]、[l] 三种,但主体(92%)是 [ĩ]、[n],分别占 60%、32%,鼻化度的加权平均值分别为 63、90,分别表现为鼻化边音、典型鼻音。那么,中年发音人的双峰话的 l 基本属于有典型鼻音变体、无典型边音变体的类型。

此外,时秀娟、张婧祎通过考察普通话声母鼻化度的主体分布和极限分布,发现鼻音进入鼻化音区域的较少,而口音 l、r 进入鼻化音区域的较多。[⑤] 这说明鼻音和 l、r 之间在鼻化度方面并不存在不可逾越的界限,而是容易发生混淆。这种特性为解释汉语方言中鼻音、l 和 r 互

[①] 时秀娟、向柠:《武汉话语音的鼻化度考察》,《语言研究》2010 年第 2 期。
[②] 时秀娟、贝先明:《长沙话响音的鼻化度考察》,《中国语音学报》2013 年第 4 辑。
[③] 时秀娟:《鼻音研究》,中国社会科学出版社 2017 年版。
[④] 南京话的这种典型的鼻音变体,时秀娟描写为"介于边音和鼻音之间的一个音……已经很接近鼻音"。我们这里根据该变体鼻化度(86),将其归入典型的鼻音变体。
[⑤] 时秀娟、张婧祎:《普通话单字音通音声母的鼻化分析》,《语言文字应用》2017 年第 4 期,第 39—48 页。

第七章 长沙方言、双峰方言语音的鼻化度特征

相纠葛的现象提供了发音生理上的依据。中年发音人双峰话 l 属于鼻化的 [l]，正是这一特性的典型表现。

行文至此，再来讨论一下依据中古来母、泥母今读音来划分汉语方言类型的问题。根据表 7.27，对于中古来母、泥母的今读音，汉语各方言在第一层次，根据音位设立的情况，可分为有 n 有 l、有 n 无 l、有 l 无 n 三种类型，北京话属于有 n 有 l 型，武汉话属于有 n 无 l 型，长沙话、南京话、双峰话都属于有 l 无 n 型。在第二层次，根据音位 l 的鼻化度情况，有 l 无 n 的类型可分为 l 属于口音型、l 属于鼻音型、l 属于鼻化型三种类型，长沙话、老年发音人的双峰话属于 l 为鼻音型，南京话、中年人的双峰话属于 l 为鼻化音型。青年发音人的双峰话属于 l 为口音型。在第三层次，根据 l 的主要变体鼻化度的情况，在 l 属于鼻化音型的类型里，南京话属于既有典型鼻音变体、又有典型边音变体的类型，中年发音人的双峰话属于有典型的鼻音变体、无典型的边音变体的类型。

表 7.27　**根据中古来母、泥母今读音划分的汉语方言类型**

根据音位	根据 l 的鼻化度	根据 l 的主要变体的鼻化度	方言例子
有 n 有 l			北京话
有 n 无 l			武汉话
有 l 无 n	l 属于口音型		青年发音人的双峰话
有 l 无 n	l 属于鼻音型		长沙话 老年发音人的双峰话
有 l 无 n	l 属于鼻化音型	既有典型鼻音变体、又有典型边音变体	南京话
有 l 无 n	l 属于鼻化音型	有典型的鼻音变体、无典型的边音变体	中年发音人的双峰话

六 双峰方言语音鼻化度小节

我们使用鼻音计对双峰话语音的鼻化度进行了较为系统的分析，得到如下有关双峰话语音鼻化度的初步结论。

双峰话是一个高鼻化度的方言。其中，含有 3 个典型的鼻音声母；有 10 个左右的鼻化元音；有 1 个鼻化度很高的边音 l，该 l 随着发音人年龄的降低，鼻化度也降低。

双峰话的鼻化度处在逐渐减弱的过程中，三十年前的鼻化元音 ã 已经变为口元音 ia 了，目前 õ、iõ 两个鼻化元音，其鼻化度也减弱至 40 以下了，开始具有口音的性质了。

元音的鼻化度跟舌位高低前后有关。元音或主元音为央的低元音、前的高元音的鼻化度较大，后的高和较高元音的鼻化度较小。鼻化元音中，带韵头的鼻化元音的鼻化度较小，不带韵头的则大很多。

浊辅音（包括鼻辅音和非鼻浊辅音）的鼻化度跟发音方法、发音部位有关。从发音方法看，塞音、塞擦音的鼻化度一般大于带声擦音。从发音部位看，靠后的软腭音塞音、塞擦音的鼻化度一般小于其他部位的，软腭擦音的鼻化度大于龈腭擦音。

双峰话的 l 具有类型学意义，并具有年龄差异。老年发音人的双峰话、长沙话的 l 属于鼻音型，中年发音人双峰话的 l 属于鼻化音，与南京话类似。但与南京话不同的是，中年发音人双峰话 l 的变体中，有典型的鼻音变体，但几乎没有典型的边音变体（60%表现为鼻化边音变体）；南京话则是既有典型的鼻音变体，又有典型的边音变体。青年发音人双峰话的 l 属于口音型。

无论是鼻音边音不分、鼻尾鼻化相混，还是鼻音口音转换的音系格局或音系特征，都可以量化为鼻化度的语音数据后进行分析。本文以个案式的研究，希望开启湘语双峰话语音鼻化度研究之旅，更希望鼻化度在语音研究中能引起人们更多的关注，让音系学理论建立在坚实的语音学基础之上。

第八章 长沙方言、双峰方言塞音的时长特征

第一节 嗓音起始时间、空白段分析的理论和方法

一 相关理论

嗓音起始时间（voice onset time，简称 VOT），是指塞音除阻到声带振动的时间长度，常用来分析塞音的清浊、送气的强弱以及塞音的听感特征（如是"软"辅音还是"硬"辅音等）。

清不送气塞音，塞音爆破除阻后往往很快就接上元音，VOT 一般在 40 毫秒以下，有的甚至为 0。清不送气塞音的 VOT 越短，一般是强辅音，在听感上越"硬"或越"紧"；VOT 越长，一般是弱辅音，在听感上越"软"或越"松"，因为在塞音爆破除阻和声带振动之间，有一定的时间缓冲。

清送气塞音，塞音爆破除阻后，声带并没有接着振动，而是先有一个送气的阶段，然后才有声带振动。清送气塞音的 VOT 一般在 40 毫秒以上，有的甚至超过 100 毫秒。清送气塞音的 VOT 越短，表示送气程度越弱；VOT 越长，表示送气程度越强。

带声浊塞音，在塞音爆破除阻之前声带就振动了。跟清音塞音不同，清塞音是先爆破除阻，再声带振动；带声浊塞音是先声带振动，再

湘语语音的特征与类型研究

爆破除阻。为了反映这种不同，带声浊塞音的 VOT 一般记为负值，负值的绝对值越大，浊的程度越强；负值的绝对值越小，浊的程度越弱。

综上，VOT 值从小到大，对应的塞音情况是：

强浊塞音—弱浊塞音—强的不送气清塞音—弱的不送气清塞音—弱送气清塞音—强送气清塞音

当然，同一类塞音，VOT 跟发音部位有关，例如，同样是不送气清塞音，软腭辅音的 VOT 要大于非软腭辅音。

跟塞音时长相关的除了嗓音起始时间，还有空白段（gap）和浊音杠（voice bar）。空白段与清塞音对应，它跟无声段不同，无声段是发音人发音器官没有运动，没有出现发音活动。空白段是塞音、塞擦音成阻、持阻阶段的表现，发音器官处于发音状态。无声段的有无和长短，跟发音时的停顿有关，停顿长，则无声段时长长；停顿短，则无声段时长短；没有停顿，则没有无声段。空白段的有无和长短跟辅音类型有关，只要是塞音、塞擦音，都会有空白段，长短跟发音部位和发音方法有关（后文将有详细分析）。浊音杠跟带声浊塞音、浊塞擦音对应，它是因为带声浊塞音、浊塞擦音在成阻、持阻阶段声带就开始振动了，也就是说，浊音杠先于冲直条出现，此时没有空白段，空白段被浊音杠代替了。

辅音的分析有时候还涉及音节的时长，清塞音音节时长计算方法为空白段时长加上嗓音起始时间再加上韵母段时长。公式如下：

清塞音音节（syllable）时长 = 空白段（gap）+ 嗓音起始时间（VOT）+ 韵母（final）时长

带声浊塞音音节时长计算方法为嗓音起始时间的绝对值（该值这时等于浊音杠时长）再加上韵母段时长。公式如下：

带声浊塞音音节（syllable）时长 = 嗓音起始时间（VOT）的绝对值 + 韵母（final）时长

二 测量方法

我们利用 praat 软件中的波形图，运用声学实验的方法来测量塞音的 VOT。如果是非带声塞音，测量的起点是塞音的冲直条处，止点是其后元音开始处，也就是周期性的波形出现处。如果是带声塞音，测量的起点是浊音杠的开始处，止点是塞音的冲直条处。

空白段（gap）的测量利用的是负载句 "我讲 X 这个词"，测量的起点是 "讲" 的规则波形消失处，止点是塞音的冲直条处。

音节时长不用测量，用前述公式计算即可。

三 统计方法

本章中塞音的绝对 VOT 值、gap 值、音节时长值都采用原始数值，单位为秒（s），相对 VOT 值采用百分比值，具体计算公式是：

相对 VOT = 绝对 VOT 值 ／ 所在的音节时长值 × 100

第二节 长沙方言塞音的时长特征

一 长沙方言塞音的嗓音起始时间

图 8.1 是长沙方言塞音的 VOT 图，左图依据绝对值（单位为秒）绘制，右图根据百分比值绘制。表 8.1 是长沙方言塞音的 VOT 数据表（括号内是标准差，表 8.2、表 8.3 同）。

湘语语音的特征与类型研究

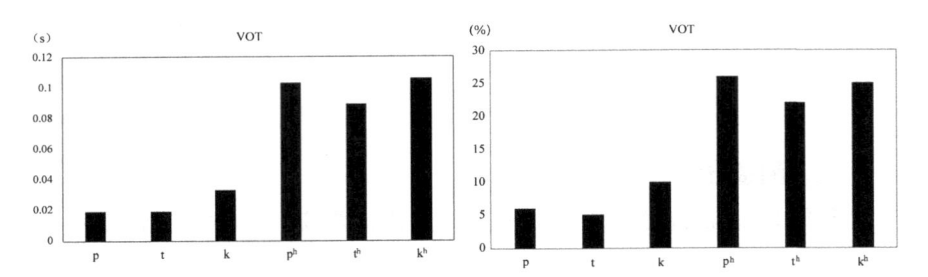

图 8.1 长沙方言塞音的 VOT（左图：绝对值，右图：百分比值）

表 8.1　　　　　　　　长沙方言塞音的 VOT 数据

辅音	VOT（s）	VOT（%）	音节时长（s）
p	0.019（0.006）	7（3）	0.275（0.067）
t	0.019（0.006）	6（2）	0.313（0.066）
k	0.033（0.011）	10（3）	0.3334（0.075）
p^h	0.103（0.041）	29（7）	0.354（0.084）
t^h	0.089（0.031）	24（6）	0.364（0.077）
k^h	0.106（0.029）	28（6）	0.380（0.082）

从图 8.1 和表 8.1 的数据来看，长沙方言塞音绝对 VOT 从小到大排序为：p、t < k < t^h < p^h ≈ k^h，相对 VOT 从小到大排序为：t ≈ p < k < t^h < k^h ≈ p^h，无论是绝对 VOT 还是相对 VOT，都表现出一定的共性，那就是不送气的双唇塞音、齿龈塞音的 VOT 基本一致，二者均小于软腭塞音；送气的齿龈塞音小于双唇塞音、软腭塞音。不送气塞音的 VOT 远小于送气塞音。

二　长沙方言塞音的空白段特征

表 8.2　　　　　　　长沙方言塞音的 gap 和 VOT 数据

辅音	gap（s）	VOT（s）
p	0.059（0.017）	0.019（0.006）

续表

辅音	gap（s）	VOT（s）
t	0.068（0.017）	0.019（0.006）
k	0.058（0.022）	0.033（0.011）
p^h	0.038（0.018）	0.103（0.041）
t^h	0.035（0.016）	0.089（0.031）
k^h	0.043（0.015）	0.106（0.029）

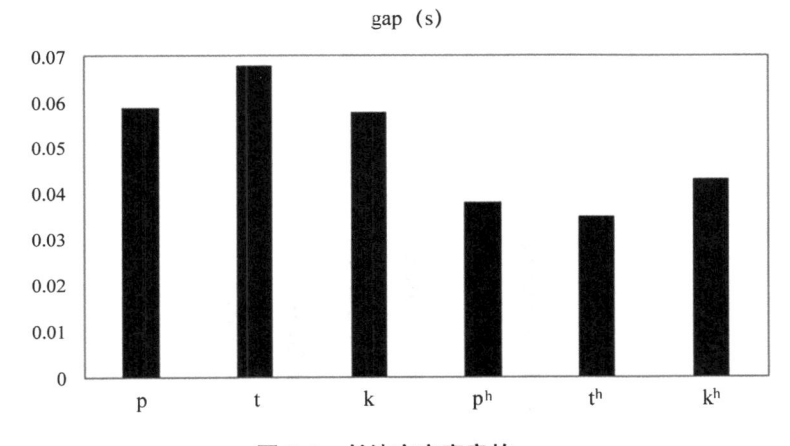

图 8.2 长沙方言塞音的 gap

从表 8.2 和图 8.2 的数据来看，长沙方言 gap 从小到大排序为：t^h< p^h< k^h<k ≈ p < t，送气塞音的空白段远小于不送气塞音的。

第三节 双峰方言塞音的时长特征

一 双峰方言塞音的嗓音起始时间

图 8.3 是双峰方言塞音的 VOT 图，上图依据绝对值（单位为秒）绘制，下图根据百分比值绘制。表 8.3 是双峰方言塞音的 VOT 数据表。图表中的 b→p、d→t、g→k 分别表示少数中古全浊声母并未念带声浊塞音，而是发生了清化，念成不送气清塞音了。

| 湘语语音的特征与类型研究

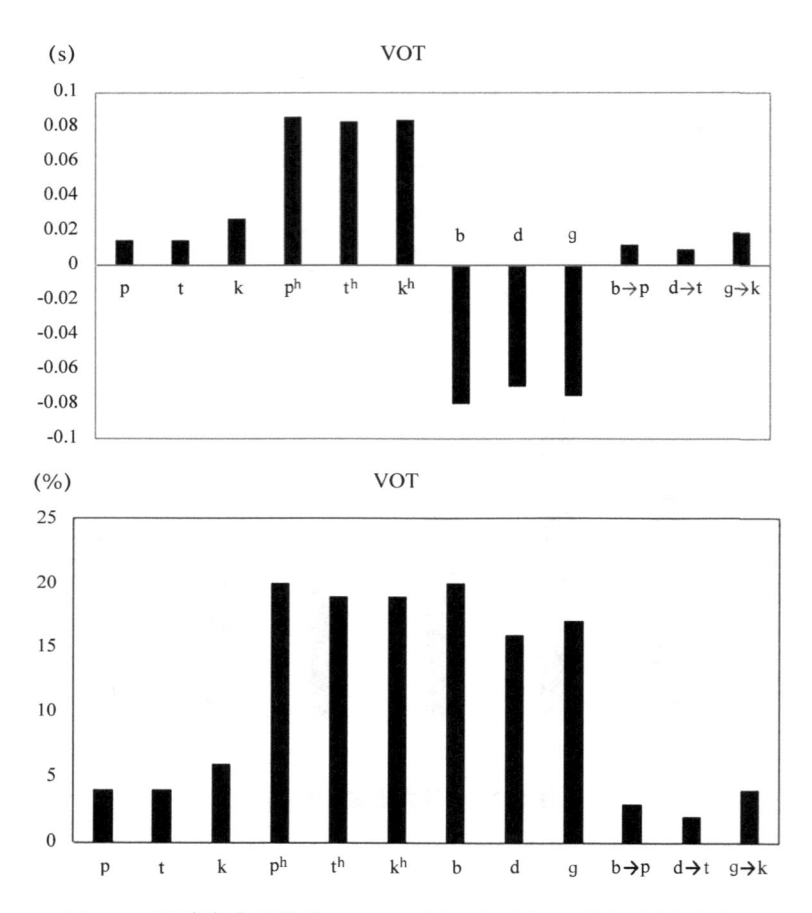

图 8.3 双峰方言塞音的 VOT（上图：绝对值，下图：百分比值）

表 8.3　　　　　　　　双峰方言塞音的 VOT 数据

辅音	VOT（s）	VOT（%）	音节时长（s）
p	0.015（0.007）	4（2）	0.413（0.078）
t	0.015（0.006）	4（2）	0.388（0.056）
k	0.027（0.008）	6（3）	0.446（0.071）
pʰ	0.086（0.023）	20（4）	0.427（0.068）
tʰ	0.083（0.017）	19（3）	0.433（0.062）
kʰ	0.084（0.023）	19（5）	0.434（0.077）

第八章 长沙方言、双峰方言塞音的时长特征

续表

辅音	VOT（s）	VOT（%）	音节时长（s）
b	-0.080（0.024）	20（6）	0.407（0.088）
d	-0.070（0.026）	16（6）	0.428（0.106）
g	-0.076（0.028）	17（7）	0.458（0.111）
b→p	0.012（0.001）	3（1）	0.425（0.076）
d→t	0.009（0.004）	2（1）	0.465（0.061）
g→k	0.019（0.008）	4（2）	0.427（0.026）

从图 8.3 和表 8.3 的数据来看，双峰方言塞音绝对 VOT 从小到大排序为：p、t＜k＜|d|＜|g|＜|b|＜t^h≈k^h≈p^h①，相对 VOT 从小到大排序为：p、t＜k＜|d|＜|g|≈|b|≈t^h≈k^h≈p^h，无论是绝对 VOT 还是相对 VOT，都表现出一定的共性，那就是清不送气的双唇塞音、齿龈塞音的 VOT 基本一致，二者均小于软腭塞音；送气的三类塞音基本一致；浊塞音的排序均为|d|小于|g|、|b|。不送气塞音 VOT 远小于浊塞音和送气塞音，浊塞音和送气塞音差别不大。

此外，部分古全浊声母清化后念不送气清音，其 VOT 比相应的不送气清音略短。

二 双峰方言塞音的空白段和浊音杠特征

表 8.4　　　　　　**双峰方言塞音的 gap 和 VOT 数据**②

辅音	gap（s）	VOT（s）
p	0.108（0.019）	0.015（0.007）
t	0.111（0.026）	0.015（0.006）

---

① d、g、b 的 VOT 为负值，|d|、|g|、|b|表示三者 VOT 的绝对值。
② 带声浊塞音的 gap 等于 VOT，二者合为一个了。但这个表中二者的数值不一样，是因为表中带声浊塞音的 gap 跟清塞音的测量一样，都是从负载句中测量的，而 VOT 是从单字测量的。

湘语语音的特征与类型研究

续表

辅音	gap（s）	VOT（s）
k	0.084（0.015）	0.027（0.008）
p^h	0.064（0.031）	0.086（0.023）
t^h	0.062（0.016）	0.083（0.017）
k^h	0.055（0.015）	0.084（0.023）
b	0.077（0.021）	-0.080（0.024）
d	0.076（0.021）	-0.070（0.026）
g	0.069（0.015）	-0.076（0.028）

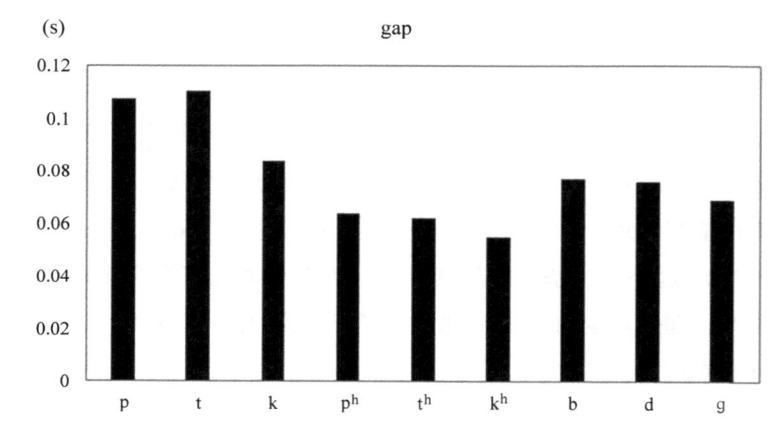

图 8.4 双峰方言塞音的 gap

从表 8.4 与图 8.4 的数据来看，双峰方言 gap 从小到大排序为：k^h<t^h≈p^h<g<d≈b<k<p<t。空白段按照大类排序为送气塞音＜带声浊塞音＜不送气塞音。

第四节 有关长沙方言、双峰方言塞音时长的思考

我们对长沙方言、双峰方言塞音时长进行了声学考察，发现如下的

第八章 长沙方言、双峰方言塞音的时长特征

一些共性。这些共性多与发音生理机制有关，可以看到声学的最终表现往往受到发音生理的制约。

清不送气软腭塞音 VOT 大于清不送气双唇、齿龈塞音，这是由发音生理机制决定的，因为软腭塞音的阻碍部位面积比双唇、齿龈塞音大，同时软腭塞音主动发音部位舌面后部的灵活性也远不如双唇塞音主动发音部位的下唇、齿龈塞音主动发音部位舌尖中部。

带声双唇浊塞音 VOT 绝对值大于带声齿龈、软腭浊塞音，这也可以从发音生理机制找到答案。双唇塞音的共鸣腔大于齿龈、软腭塞音，可以容纳更长时间里的带动声带振动的气流，使得声带振动的时间可以相对长一些。

双峰方言 gap 从大到小排列为清不送气塞音 > 带声浊塞音 > 清送气塞音，VOT 从大到小排列则为清送气塞音 > 带声浊塞音 > 清不送气塞音。双峰方言 gap 的大小关系为清不送气塞音 > 清送气塞音，VOT 大小关系为清送气塞音 > 清送气塞音。石锋发现在苏州方言中，不送气塞音的 gap 大于送气塞音。由此看来，gap 跟 VOT 存在此消彼长的补偿关系，从而使得各类塞音在总的时长上基本保持一致①。

湘语的塞音是较弱的塞音，在听感上有"软"或"松"的特征。北京话的塞音通常被认为是较弱的塞音，如赵元任（1935）就把苏州话的 p 视为强辅音，而把北京话的 p 视为弱辅音。根据冉启斌②对 50 位北京发音人塞音的实验分析，北京方言 p、t、k、p^h、t^h、k^h 的 VOT 分别为 0.017 秒、0.015 秒、0.030 秒、0.102 秒、0.102 秒、0.105 秒，根据表 8.1，长沙方言除了 t^h 略短于北京方言，其他的塞音 VOT 均略长于北京方言，基本可以认为，长沙方言塞音比北京方言更弱，听感上更为"软"或"松"。

---

① 石锋：《苏州话浊塞音的声学特征》，《语言研究》1983 年第 1 期。
② 冉启斌：《变异与分化——较大样本视角下的北京话塞音格局》，《语言文字应用》2017 年第 4 期。

第九章 湘语的语音类型与演变机制

第一节 湘语元音的主要类型与特点

一 湘语单元音的主要类型

湘语元音格局的主要类型是偏后型的元音三角、偏后型的元音四角。其次是典型的元音三角、典型的元音四角。从元音的类型来看，湘语存在较多的后圆唇元音。湘语元音格局和元音类型的这种特征在其他汉语方言区中较少见到。

从来源来看，现代湘语的偏后型的元音三角、偏后型的元音四角、典型的元音四角的形成原因之一是湘语历史上果摄、假摄、蟹摄（还涉及遇摄）的语音链变（含推链和拉链），而不是中古元音四角的存留。典型的元音三角可能跟湘语与其他方言的深度接触有关。

从发展来看，在周边方言尤其是官话的影响下，湘语的元音类型正经历着从元音四角到元音三角的演变，具体来说，就是：典型的元音四角、偏后型的元音四角→偏后型的元音三角→典型的元音三角。元音三角和元音四角的判断主要依靠顶点元音情况，但是其形成与发展却与非顶点元音紧密相连，因为在发展中，顶点元音和非顶点元音往往可以互相转化。

语音格局（声调格局、元音格局、辅音格局、语调格局等）的类型特征可以作为方言分区的重要依据之一。从本次考察的44个方言点

第九章 湘语的语音类型与演变机制

来看，在形成偏后型的元音三角、偏后型的元音四角历史过程中，元音的链变所带来的后元音高化，娄邵片比长益片更为明显。而在跟周边方言接壤的某些湘方言点，或者历史上江西移民迁入较为集中的某些湘方言点，其元音类型是另一种状态，表现为典型的元音三角。

二 湘语复元音、鼻尾元音、鼻化元音的主要类型

根据对长沙方言、双峰方言的实验分析，结合其他方言点的情况，湘语在复元音、鼻化元音、鼻尾元音上，有如下特点：

（1）鼻韵尾大量丢失，丢失之后，长益片鼻化韵母增多，娄邵片鼻化韵母和开尾韵母都增多。

（2）鼻尾存在与否以及时长的长短情况跟鼻尾前的元音开口度有关。双峰方言没有鼻尾元音，只有鼻化元音，长沙方言只有 ən、uən、in、yn 共 4 个鼻尾元音，其主要元音都是开口度较小的央元音或前高元音。

（3）双元音韵母动程小。多数介音时长短，有的复元音韵母甚至接近单元音的表现。例如，长沙方言的 ai。

（4）元音存在后化、高化现象。甚至由拉链、推链演变产生元音四角的类型。如武冈方言。

（5）前响双元音、后响双元音的"响"所在的 V，比相邻的 G，在时间上占优势。后响的 GV 型双元音中的 V，时长相对更长。这说明后响双元音的"响"比前响双元音的"响"，在时间上更占优势。

（6）鼻化双元音中介音的相对时长比普通双元音中介音的相对时长基本要大一些。

另外，长沙方言、双峰方言的复元音、鼻尾元音、鼻化元音的主要差异有：

一是在双元音上，长沙方言前响的多，有 ai、au、ei、əu，双峰方言前响韵母极少，只有一个 əu。

二是在三合元音上，长沙方言的三合元音多，有 uai、yai、uei、yei、

· 339 ·

iau、iəu 共 6 个，双峰的三合元音极少，只在鼻化元音中有一个 uãĩ。

第二节　湘语声调的主要类型与特点

长沙方言、双峰方言的声调系统，分别代表了湘语有入声、无入声这两种类型。

湘语的调类的主要特点是，平分阴阳，去分阴阳，若有入声（如长沙方言），多为六个调类。若无入声（如双峰方言），多为五个调类。

湘语调型的主要特点是，阴平多为平调，阳平多为低升，上声多为降调，阴去多为高升（少数方言还存在假声发声态），阳去多为低降（主要位于长益片）或低升（主要位于娄邵片），入声多为中升。

我们可以根据湘语入声的共时语音特征，预测未来演变规律。大致是，有入声的方言，入声调值多跟阴去、阳去、阳平中的一个相近，今后入声消失的话，也最可能跟这些调值相近的调类合并，至少从目前失去入声的方言来看，多是如此。

从双字调来看，长沙方言双字调前字时长长，后字时长短，但前后字的时长差没有普通话轻声双字词那么大。长沙话双字组前字位置和后字位置均有变调的现象，前字变调多是由发音生理机制导致，变调后发音容易变得连贯、轻松。后字变调后，调值多为中域的平调（22、33、44），是一种轻声化的现象，由于时长、音强、音色等方面还未达到真正轻声的情况，我们称为轻声化，其未来的走向值得继续关注。

第三节　湘语辅音的主要类型与特点

长沙方言、双峰方言的声母系统，代表了湘塞音二分塞擦音两套、塞音三分塞擦音三套这两种类型。

塞音三分的方言，情况非常复杂，娄邵片很多方言的浊塞音只保存在舒声中，在入声中就清化甚至清化送气了。连双峰方言也是这样。另外，过去的学者在新化等地记录的所谓送气浊塞音，实际上是送气清塞音。

即使是塞音二分的，情况也复杂，清化后送气与否，在哪些调类中送气，哪些调类中不送气，各方言并不一样。还有舒声不送气，入声（大）部分送气的，如长沙方言。有舒入都送气的，如娄底地区的部分方言；有舒入都不送气的，如衡南方言。

通过 gap 和 VOT 参数考察，湘语塞音在声学上表现为弱辅音，有别于吴语的强辅音，同时比北京方言的塞音还要弱。弱的辅音在听感上听起来较"软"。

湘语擦音的时长跟发音部位及发音方法有关，清擦音的时长一般大于浊擦音，中部发音部位（如齿龈、龈后等）的擦音时长比靠前的发音部位（唇齿等）、靠后的发音部位（软腭等）的擦音时长要大。

湘语塞擦音格局的主要类型是二分格局，具体是 ts－tɕ 类型。次要类型是三分格局，具体是 ts－tʂ－tɕ 系列。其中长益片、娄邵片在二分格局、三分格局均有分布，无明显格局，衡州片主要属于二分格局。

综合以上元音、声调、辅音的总体特点，我们如果要用最简单的语言概括湘语长益片、娄邵片这两个最主要的湘方言片的差异，那就是，长益片声母简单，韵母复杂，多有入声；娄邵片声母复杂，韵母简单，多无入声。

第四节 关于语音研究的若干思考

一 归一化的重要性

如果仅对某一类音甚至某一个音进行声学考察，有时不作归一化处理，直接使用带单位的物理数据（即绝对数据），大致也能得到基本正确的结论。如果是对整个方言的所有元音、所有声调或所有辅音进行声学考察，甚至要对两个或以上的方言进行跨方言比较，则归一化方法不可或缺。因为这已经跨越了不同方言、不同发音人了。不同发音人的发音存在较大的人际差异。例如，长沙方言有假声，基频极高，有待湘方言没有假声，如果不归一化，将物理基频转化为五度值的相对音高，那么跨方言比较就存在一定的困难。

二 元音格局的另一种处理情况

如果单元音 a 的音值不是标准元音 A，而是 ɑ 或者 ɒ（单元音念前元音 a 的语言或方言很少），如长沙方言那样。那么在计算 V 值时，要将该单元音 a 与复元音（如 ai 之类）中的 a、鼻尾元音（如 an、aŋ 之类）中的 a、鼻化元音（如 ã、iã、uã）中的 a 进行比较，在这些 a 中间选一个开口度最大也就是 F_1 最大的 a（如长沙方言我们选择了 ai 中的 a，而不是单元音 a），作为 V 值公式中 B_1（max+SDmax）选项的 max 进行计算，这样才能更准确考察各中元音的音值和系统规律，才能更好地进行跨语言或跨方言的比较。

第五节 湘语的发展趋势

任何方言都不是生存在真空中，方言将随着人口的流动、交往而接触并发生变化。从地理位置和方言地位来看，长时间来，对湘语语音发展产生重大影响的，一是官话（过去主要是西南官话，随着普通话推广普及，现在普通话的影响已经超过西南官话了），二是客赣方言。

目前，湘语的发展趋势是官话化、混合化。

以长沙为代表的长益片，经济、政治、文化相对处于优势，交通便利，在历史上受到赣语影响，如今在官话的影响下，日益官话化。这里的官话来自两个方面，一是普通话，二是武汉方言等西南官话。如果仅受普通话影响，则"知"等字的声母 tʂ 不会变为 ts，"东"等字的韵母 oŋ 不会变为 ən，"穷"等字的韵母 ioŋ 不会变为 in。今后，长沙方言在普通话、西南官话的影响下，语音系统将进一步向官话靠拢，例如，现在长沙方言的入声 24 跟阳平 223 比较接近，尤其是调头，今后长沙方言声调系统发生变动的话，入声可能先消失，合并到阳平中，合并规律跟西南官话相同。

以双峰为代表的娄邵片，经济、政治、文化相对处于弱势，地理较为偏僻，还坚守着湘语的阵地。然而，娄邵片湘语也是日益官话化，娄底已经没有浊塞音、浊塞擦音、浊擦音了，邵阳方言过去有研究者记录存在入声，我们的声学实验发现入声除了部分归入阴去，其他的归入了阳平，尽管归入阳平的入声音高比阳平略高，但是发音人基本已经无法辨认两者的区分了。

其他湘语片，地处方言接触的前沿，辰溆片与官话接触，又处在湘西少数民族较多的地区，衡州片与客、赣语接触，又处于长益片、娄邵片与永州片的包围圈内，永州片与官话、客家话、赣语、湘南土话等均有接触。这三个湘语片语音较为驳杂，日益混合化。值得从方言接触的视角开展专题研究和项目研究。

第六节　湘语的研究价值

罗杰瑞（Jerry Norman）将汉语方言分为北部方言、中部方言、南部方言三大区，其中中部方言就是近江的三大方言，即湘语、赣语、吴语。李如龙在罗杰瑞的基础上，主张把汉语方言分为两大类：官话方言和非官话方言，然后再把非官话方言分为"近江方言"（湘语、赣语、吴语、北部吴语）和"远江方言"（包括南部吴语、闽语、客家话、粤语）。[①] 此后还有一些学者有过类似的看法。这些看法既看到了湘语、赣语、吴语等不同于官话的一面，也看到了湘语、赣语、吴语不同于其他南方方言如闽语、客家话、赣语的一面。如此，湘语（也包括赣语、吴语）在汉语方言中具有重要的类型学意义，是官话向其他远江的南

---

① 李如龙：《罗杰瑞先生对汉语方言分区的贡献》，《罗杰瑞先生七秩晋三寿庆论文集》，香港中文大学中国文化研究所吴多泰中国语文研究中心2010年版。

方方言的过渡。既然是过渡性质，那么受各方影响，一些原有的特征就会得以保留甚至丰富，以示个性，如娄邵片的带声浊塞音；而还有一些原有的特征就会在官话等的强大影响下逐渐磨损乃至消失，如入声没有 -p、-t、-k 尾。更重要的是，也会在各种力量的交织影响下，产生出一些新的语音特征，这些特征也许在官话方言和远江的南方方言中都很少见到，如长沙方言双字组变调后产生的"轻声化"现象。

综上，过渡性质的湘语在汉语各大方言中具有重要的地位，是观察方言接触、演变的宝贵窗口，研究者完全可以通过有关视角的研究，在方言接触、语音类型、语音演变机制等领域产生重要的理论成果。

参考文献

专著

鲍厚星、崔振华、沈若云、伍云姬：《长沙方言研究》，湖南教育出版社1999年版。

鲍厚星：《湘方言概要》，湖南师范大学出版社2006年版。

北京大学中国语言文学系语言学教研室编，王福堂修订：《汉语方音字汇（第二版重排本）》，语文出版社2003年版。

贝先明：《穗、港、澳三地普通话语音习得研究》，中国社会科学出版社2021年版。

陈晖：《湘方言语音研究》，湖南师范大学出版社2006年版。

储泽祥：《邵阳方言研究》，湖南教育出版社1998年版。

崔振华：《益阳方言研究》，湖南教育出版社1998年版。

贺凯林：《溆浦方言研究》，湖南教育出版社1999年版。

湖南省地方志编纂委员会：《湖南省志·第二十五卷·方言志》，湖南人民出版社2001年版。

黄雪贞：《江永方言研究》，社会科学文献出版社1993年版。

李维琦：《祁阳方言研究》，湖南教育出版社1998年版。

李新魁、黄家教、施其生、麦耘、陈定方：《广州方言研究》，广东人民出版社1995年版。

李永明：《长沙方言》，湖南出版社1991年版。

罗昕如：《新化方言研究》，湖南教育出版社1998年版。

潘悟云：《汉语历史音韵学》，上海教育出版社 2000 年版。
彭泽润：《衡山方言研究》，湖南教育出版社 1999 年版。
时秀娟：《鼻音研究》，中国社会科学出版社 2017 年版。
时秀娟：《汉语方言的元音格局》，中国社会科学出版社 2010 年版。
吴宗济、林茂灿主编：《实验语音学概要》，高等教育出版社 1989 年版。
杨时逢：《湖南方言调查报告》，台北："中研院"历史语言研究所 1974 年印行。
袁家骅等：《汉语方言概要（第二版）》，语文出版社 2001 年版。
曾毓美：《湘潭话音档》，上海教育出版社 1997 年版。
赵元任：《赵元任语言学论文集》，商务印书馆 2002 年版。
中国社会科学院、澳大利亚人文科学院：《中国语言地图集》，香港：朗文出版社（远东）有限公司 1987 年版。
中国社会科学院语言研究所编：《方言调查字表（修订版）》，商务印书馆 1981 年版。
朱晓农：《语音学》，商务印书馆 2010 年版。
［美］罗杰瑞：《汉语概说》，张惠英译，语文出版社 1995 年版。
［日］桥本万太郎：《语言地理类型学》，余志鸿译，北京大学出版社 1985 年版。

论文

鲍厚星、陈晖：《湘语的分区（稿）》，《方言》2005 年第 3 期。
鲍厚星、颜森：《湖南方言的分区》，《方言》1986 年第 4 期。
贝先明：《方言接触中的声调表现》，《中国语言学报》（*Journal of Chinese Linguistics*）2015 年第 1 期。
贝先明：《普通话的声调格局和元音格局》，《武陵学刊》2012 年第 4 期。
贝先明、石锋：《方言接触中的元音表现》，《中国语言学报》（*Journal of Chinese Linguistics*）2011 年第 2 期。

参考文献

贝先明：《湘语声调系统的类型》，《武陵学刊》2016 年第 3 期。

贝先明：《湘语双峰话语音的鼻化度考察》，《中国语言学报》（Journal of Chinese Linguistics）2023 年第 1 期。

贝先明：《湘语元音系统的类型及历史成因》，《语言研究集刊》2013 年第十辑。

贝先明：《湘语浊塞音的声学特征》，《语言研究》2017 年第 3 期。

陈立中：《论湘语的确认标准》，《汉语学报》2008 年第 4 期。

陈山青：《湖南汨罗长乐方言音系》，《方言》2006 年第 1 期。

贺凯林：《湖南道县寿雁平话音系》，《方言》2003 年第 1 期。

胡方：《降峰双元音是一个动态目标而升峰双元音是两个目标：宁波方言双元音的声学与发音运动学特性》，《语言研究集刊》2013 年第十辑。

瞿建慧：《湖南泸溪（浦市）方言音系》，《方言》2005 年第 1 期。

李兵、刘彦妮：《长沙方言单字调及变调的实验语音学报告》，《湖南大学学报》（社会科学版）2006 年第 4 期。

李如龙：《罗杰瑞先生对汉语方言分区的贡献》，《罗杰瑞先生七秩晋三寿庆论文集》，香港中文大学中国文化研究所吴多泰中国语文研究中心 2010 年版。

梁磊、石锋：《普通话两字组的音量比分析》，《南开语言学刊》2010 年第 2 期。

卢小群：《湖南株洲（龙泉）方言音系》，《株洲工学院学报》2001 年第 2 期。

冉启斌：《变异与分化——较大样本视角下的北京话塞音格局》，《语言文字应用》2017 年第 4 期。

石锋、冉启斌、王萍：《论语音格局》，《南开语言学刊》2010 年第 1 期。

石锋、时秀娟：《语音样品的选取和实验数据的分析》，《语言科学》2007 年第 2 期。

| 湘语语音的特征与类型研究

石锋：《苏州话浊塞音的声学特征》，《语言研究》1983 年第 1 期。

时秀娟、贝先明：《长沙话响音的鼻化度考察》，《中国语音学报》2013 年第 4 辑。

时秀娟：《汉语方言元音格局的系统性表现》，《方言》2006 年第 4 期。

时秀娟、冉启斌、石锋：《北京话响音鼻化度的初步分析》，《当代语言学》2010 年第 4 期。

时秀娟、向柠：《武汉话语音的鼻化度考察》，《语言研究》2010 年第 2 期。

时秀娟、张婧祎：《普通话单字音通音声母的鼻化分析》，《语言文字应用》2017 年第 4 期。

孙叶林：《湖南衡东高湖话同音字汇（上）》，《湘南学院学报》2009 年第 3 期。

王萍、贝先明、石锋：《元音的三维空间》，《当代语言学》2010 年第 3 期。

向柠、贝先明：《穗、港、澳三地粤语单元音的声学比较分析》，《武陵学刊》2013 年第 3 期。

曾毓美：《湘潭方言同音字汇》，《方言》1993 年第 4 期。

张盛裕、汪平、沈同：《湖南桃江（高桥）方言同音字汇》，《方言》1988 年第 4 期。

周振鹤、游汝杰：《湖南省方言区画及其历史背景》，《方言》1985 年第 4 期。

朱晓农：《元音大转移和元音高化链移》，《民族语文》2005 年第 1 期。

贝先明：《方言接触中的语音格局》，博士学位论文，南开大学，2008 年。

贝先明：《浏阳境内湘语、赣语的语音比较研究》，硕士学位论文，湖南师范大学，2005 年。

贝先明：《湘语语音学》，博士后出站报告，中国社会科学院，2015 年。

陈红丽：《湖南新邵县酿溪镇与坪上镇方言语音比较研究》，硕士学位论文，湖南师范大学，2008 年。

陈新潮：《衡山方言夹山腔语音过渡性特征研究》，硕士学位论文，湖南师范大学，2004年。

邓丽萍：《新化音系及其声调声母实验》，硕士学位论文，湖南师范大学，1993年。

谷素萍：《宁乡花明楼话语音研究》，硕士学位论文，湖南师范大学，2002年。

刘玮娜：《湖南汨罗方言语音研究》，硕士学位论文，湖南师范大学，2006年。

欧阳芙蓉：《湖南省新宁县方言语音研究》，硕士学位论文，湖南师范大学，2008年。

彭婷：《祁东方言语音语法研究》，硕士学位论文，贵州大学，2005年。

时秀娟：《汉语元音格局的实验研究》，博士学位论文，南开大学，2005年。

宋淑琴：《湘阴语音研究》，硕士学位论文，湖南师范大学，2006年。

孙雪：《国际音标符号系统之元音声学特征分析》，博士学位论文，南开大学，2009年。

孙益民：《湘语长益片与娄邵片在安化县境内的分界》，硕士学位论文，湖南师范大学，2004年。

吴友纯：《湖南望城县铜官镇的语音研究》，硕士学位论文，湖南师范大学，2008年。

谢奇勇：《湘南永州土话音韵比较研究》，博士学位论文，湖南师范大学，2003年。

袁先锋：《湖南省双峰县花门镇和永丰镇方言的语音比较研究》，硕士学位论文，湖南师范大学，2005年。

臧志文：《沅江市四季红话作为移民方言的语音研究》，硕士学位论文，湖南师范大学，2007年。

张蓓蓓：《隆回县桃洪镇话和六都寨话的语音比较研究》，硕士学位论文，湖南师范大学，2005年。

[日] 辻伸久：《湖南诸方言の分类と分布—全浊声母变化た基（初步的试た）》，《中国语学》1979 年。

外文资料

Björn Lindblom, *Phonetic Universals in Vowel Systems*, *Experimental Phonology* (edited by John J. Ohala &. Jeri J. Jaeger), Orlando, Florida: Academic Press, Inc. , 1986.

Boersma, Paul & Weenink, David, *Praat: doing phonetics by computer* (Version 5.3.29) [Computer program] . Retrieved September 30, 2012, from http: //www. praat. org/, 2007.

Howie, John M. *Acoustical Studies of Mandarin Vowels and Tones*, London: Cambridge University Press, 1976.

Li Aijun, CAO Mengxue, FANG Qiang, HU Fang, DANG Jianwu. *Acoustic and Articulatory Analysis on Chinese and Japanese Vowels in Emotional Speech*, *Chinese Journal of Phonetics*, Beijing: China Social Sciences Press, 2013.

Schroeder. M. R, Atal B S, Hall J. L. , *Optimizing Digital Speech Coders by Exploiting Masking Properties of the Human Ear. The Journal of the Acoustical of Acoustical Society of America*, Issue 6: 1647-1652. 1979.

William Labov, *Principles of Linguistic change: Internal Factors*, Blackwell publishing, 1994.

附录1　发音人简况*

长沙方言发音人

CLC，男，1961年出生，工人，长沙市岳麓区人，父母都是长沙市人。

*FLT，女，1994年出生，大学生，长沙市雨花区人，父母都是长沙市人。

*GS，女，1978年出生，大学教师，长沙市雨花区人，父母都是长沙市人。

*HX，男，1980年出生，公司职工，长沙市雨花区人，父母都是长沙市人。

*HRH，女，1987年出生，护士，长沙市岳麓区人，父母都是长沙市人。

LDH，女，1976年出生，大学教师，长沙市天心区人，父母都是长沙市人。

LZ，男，1979年出生，自由职业者，长沙市天心区人，父母都是长沙市人。

LDQ，男，1942年出生，退休干部，长沙市岳麓区人，父母都是

---

* 发音人名字前加＊的，其发音材料进入声学实验分析。未加＊的，其发音材料供声学实验时参考，未进入分析。长沙方言、双峰方言、新化方言的录音时间为2012年，其他方言的录音时间为2007年。发音人的职业均是指录音当年的职业。同一个方言点如果有多位发音人，则按音序排列。应出版要求，对发音人姓名进行了相应的匿名化处理。

长沙市人。

＊LCY，女，1996 年出生，大学生，长沙市雨花区人，父母都是长沙市人。

LQ，女，1972 年出生，大学教师，长沙市岳麓区人，父母都是长沙市人。

＊SW，女，1993 年出生，大学生，长沙市开福区人，父母都是长沙市人。

＊TJY，男，1993 年出生，大学生，长沙市雨花区人，父母都是长沙市人。

WS，男，1994 年出生，大学生，长沙市芙蓉区人，父母都是长沙市人。

＊XB，男，1994 年出生，大学生，长沙市芙蓉区人，父母都是长沙市人。

YY，女，1966 年出生，大学教师，长沙市岳麓区人，父母都是长沙市人。

YWM，男，1968 年出生，科研人员，长沙市芙蓉区人，父母都是长沙市人。

＊ZT，男，1993 年出生，大学生，长沙市芙蓉区人，父母都是长沙市人。

ZGH，男，1938 年出生，农民，长沙市岳麓区人，父母都是长沙市人。

＊ZL，男，1985 年出生，图书馆人员，长沙市岳麓区人，父母都是长沙市人。

ZMD，男，1950 年出生，大学教师，长沙市雨花区人，父母都是长沙市人。

ZP，男，1961 年出生，自由职业者，长沙市天心区人，父母都是长沙市人。

双峰~永丰~方言发音人

*LT，女，1994年出生，大学生，双峰县永丰镇人，父母都是双峰县永丰镇人。

*LH，男，1976年出生，邮政职工，双峰县永丰镇人，父母都是双峰县永丰镇人。

LH，女，1995年出生，大学生，双峰县永丰镇人，父母都是双峰县荷叶镇人，父母会说永丰话。

*NCX，男，1978年出生，医生，双峰县永丰镇人，父母都是双峰县永丰镇人。

*PSQ，男，1958年出生，小学教师，双峰县永丰镇人，父母都是双峰县永丰镇人。

*PW，女，1983年出生，护士，双峰县永丰镇人，父母都是双峰县永丰镇人。

*WQQ，女，1983年出生，幼儿教师，双峰县永丰镇人，父母都是双峰县永丰镇人。

XHL，女，1970年出生，公务员，双峰县永丰镇人，父母都是双峰县永丰镇人。

*XJ，男，1978年出生，中学教师，双峰县永丰镇人，父母都是双峰县永丰镇人。

*XWB，男，1982年出生，自由职业者，双峰县永丰镇人，父母都是双峰县永丰镇人。

*XY，女，1990年出生，平面设计师，双峰县永丰镇人，父母都是双峰县永丰镇人。

*ZF，女，1990年出生，自由职业者，双峰县永丰镇人，父母都是双峰县永丰镇人。

新化方言发音人

*HJL，女，1966年出生，公务员，新化县上梅镇人，父母都是新

化县圳上镇人。

　　JZW，女，2000 年出生，初中学生，新化县上梅镇人，父母都是新化县上梅镇人。

　　LX，男，1977 年出生，公务员，新化县上梅镇人，父母都是新化县田坪镇人。

　　＊TYY，女，1982 年出生，财会人员，新化县上梅镇人，父母都是新化县上梅镇人。

　　＊WYQ，女，1987 年出生，IT 行业者，新化县上梅镇人，父母都是新化县上梅镇人。

　　＊YDP，男，1976 年出生，国有企业管理人员，新化县上梅镇人，父母都是新化县上梅镇人。

　　＊ZTH，1978 年出生，女，中学教师，新化县上梅镇人，父母都是新化县上梅镇人。

湘潭方言发音人：
《湘潭话音档》录音材料

益阳方言发音人：
　　＊CGQ，1974 年出生，男，工程技术人员，益阳市赫山区人，父母都是赫山区人。

　　＊ZZW，女，湖南省益阳市赫山区人，父母都是益阳市赫山区人。

涟源_{桥头河}方言发音人：
　　＊GMS，1977 年出生，女，小学教师，涟源市桥头河镇人，父母都是涟源市桥头河镇人。

　　＊LRK，1953 年出生，男，娄底市委党校书记，涟源市桥头河镇人，父母都是涟源市桥头河镇人。

隆回~桃洪~方言发音人

＊XF，1980 年出生，女，硕士研究生，隆回县桃洪镇人，父母都是隆回县桃洪镇人。

娄底方言发音人：

＊WGJ，1969 年出生，男，居委会主任，娄底市娄星区人，父母都是娄底市娄星区人。

＊ZCZ，1967 年出生，男，个体户，娄底市娄星区人，父母都是娄底市娄星区人。

邵阳方言发音人：

YBH，1950 年出生，女，自由职业者，邵阳市北塔区人，父母都是邵阳市北塔区人。

＊ZBB，1974 年出生，女，大学教师，邵阳市北塔区人，父母都是邵阳市北塔区人。

＊ZZC，1946 年出生，男，大学教师，邵阳市大祥区人，父母都是邵阳市大祥区人。

武冈方言发音人：

＊HJG，1952 年出生，男，自由职业者，武冈市辕门口街道办事处人，父母都是武冈市辕门口街道人。

LWX，1946 年出生，男，工厂退休工人，武冈市迎春亭街道人，父母都是武冈市迎春亭街道人。

＊QM，1974 年出生，男，公务员，武冈市迎春亭街道人，父母都是武冈市迎春亭街道人。

YKC，1945 年出生，男，自由职业者，武冈市辕门口街道人，父母都是武冈市辕门口街道人。

祁东_风石堰方言发音人：

＊PXH，1975 年出生，男，博士研究生，祁东县风石堰镇人，父母都是祁东县风石堰镇人。

祁阳_浯溪方言发音人：

＊CP，1981 年出生，男，公司职员，祁阳县浯溪街道人，父母都是祁阳县浯溪街道人。

附录2　部分方言点声调的实验结果

(一) 长益片方言点

1. 汨罗_{城关}方言

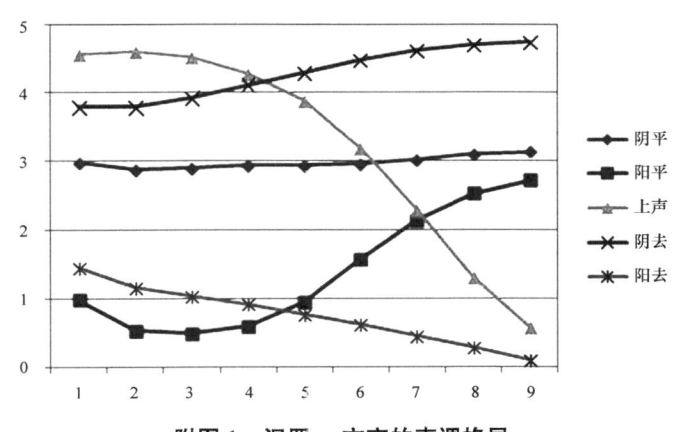

附图1　汨罗_{城关}方言的声调格局

附表1　　　　　　汨罗_{城关}方言的调类及调值

阴平	阳平	上声	阴去	阳去
33	13	51	45	21

2. 湘潭方言

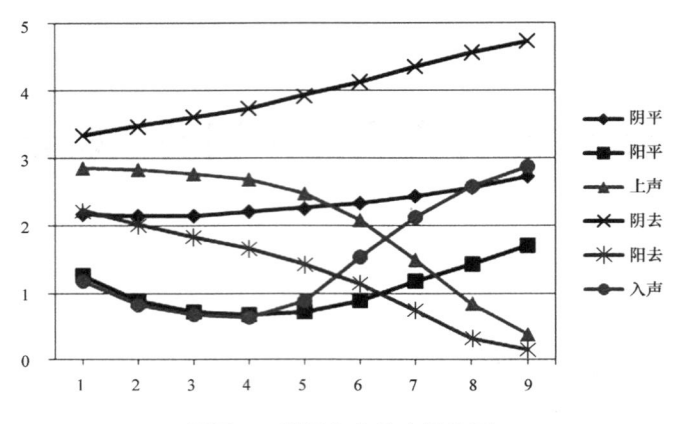

附图 2　湘潭方言的声调格局

阴平	阳平	上声	阴去	阳去	入声
33	212	31	45	331	213

附表 2　　湘潭方言的调类及调值

跟长沙方言一样，部分人的部分阴去字有假声发声现象。阴平调尾略升。

3. 益阳方言

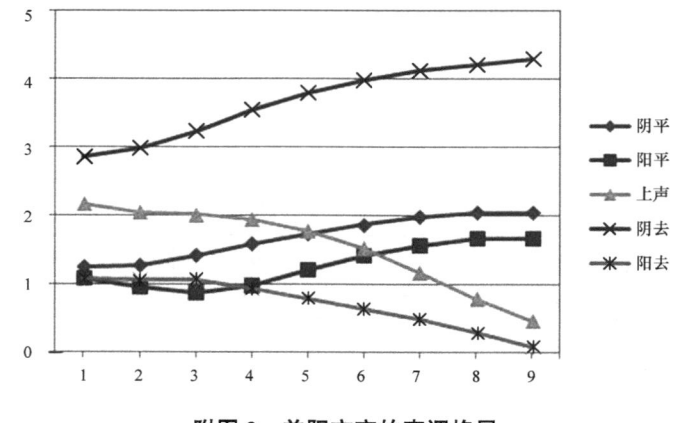

附图 3　益阳方言的声调格局

附录2 部分方言点声调的实验结果

附表3　　　　　　　　益阳方言的调类及调值

阴平	阳平	上声	阴去	阳去
223	122	31	45	21

跟长沙方言一样，部分人的部分阴去字有假声发声现象。阴平、阳平两个调在声调格局图中被压缩到狭小的空间。

（二）娄邵片方言点

1. 涟源_{桥头河}方言

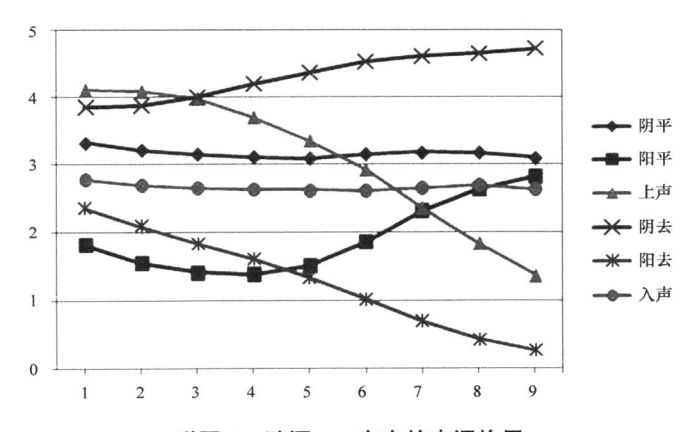

附图4　涟源_{桥头河}方言的声调格局

附表4　　　　　　　　涟源_{桥头河}方言的调类及调值

阴平	阳平	上声	阴去	阳去	入声
44	223	52	45	31	33

入声部分字归入阴去，部分念入声调33，与阴平调值相差不大。

2. 隆回_桃洪方言

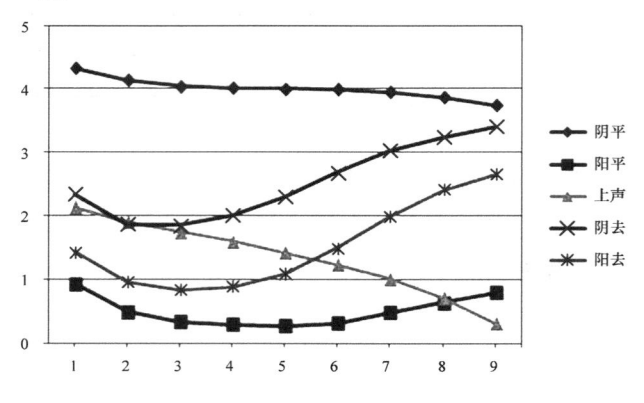

附图 5　隆回_桃洪方言的声调格局

附表 5　　　　　　隆回_桃洪方言的调类及调值

阴平	阳平	上声	阴去	阳去
55	11	31	34	23

阴平调尾略降。阳平调干略降，整条曲线呈"凹"形，但起伏没有越过 1 度。阴去、阳去调头有"凹"特征。

3. 娄底方言

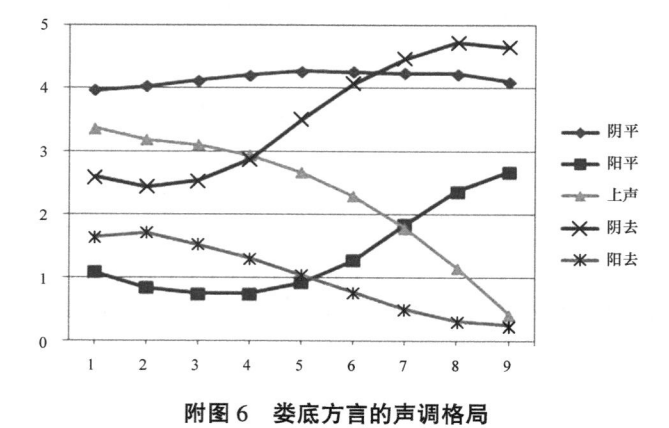

附图 6　娄底方言的声调格局

附表6　　　　　　　　娄底方言的调类及调值

阴平	阳平	上声	阴去	阳去
55	13	41	35	21

阳平调头有"凹"特征。

4. 邵阳方言

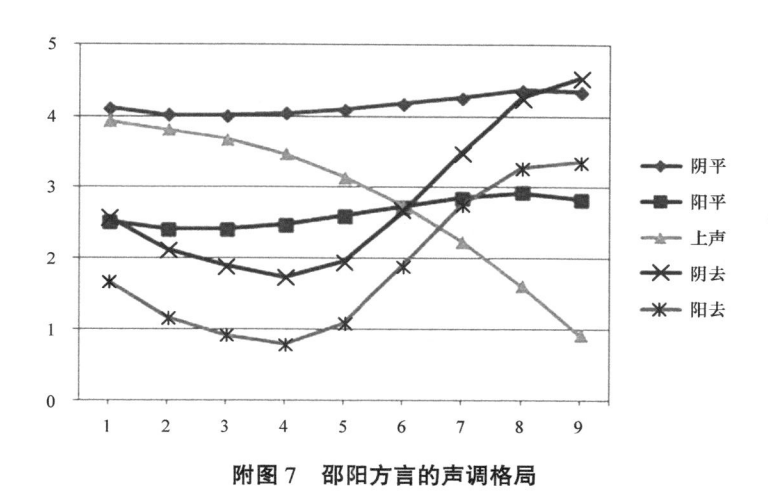

附图7　邵阳方言的声调格局

附表7　　　　　　　　邵阳方言的调类及调值

阴平	阳平	上声	阴去	阳去
55	33	41	325	214

入声部分归入阴去，部分归入阳平，归入阳平的音高比阳平略高。

5. 武冈方言

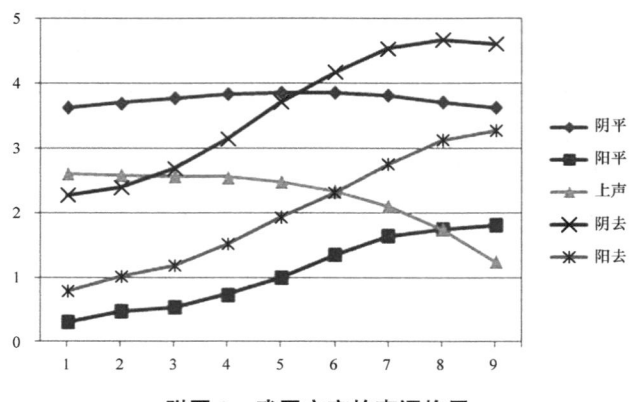

附图 8　武冈方言的声调格局

附表 8　　　　　　　　武冈方言的调类及调值

阴平	阳平	上声	阴去	阳去
44	12	32	35	14

入声部分归入阴去，部分归入阳平，归入阳平的音高比阳平略高。

（三）永州片方言点

1. 祁东_{风石堰}方言

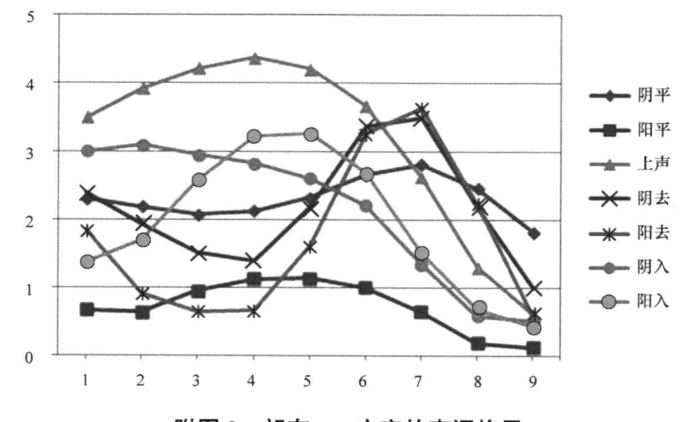

附图 9　祁东_{风石堰}方言的声调格局

附表9　　　　　　　祁东_风石堰_方言的调类及调值

阴平	阳平	上声	阴去	阳去	阴入	阳入
33	121	451	3241	2141	331	241

　　阴平的调尾先略升后略降，阴去、阳去都是双折调，两者在后半部分的调值接近，阴入、阳入在后半部分的调值接近。另外，部分阳入字声调读如阴入。

　　2. 祁阳_浯溪_方言

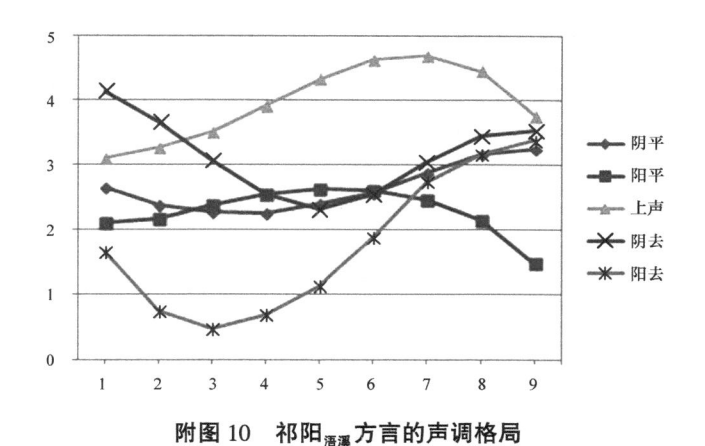

附图10　祁阳_浯溪_方言的声调格局

附表10　　　　　　　祁阳_浯溪_方言的调类及调值

阴平	阳平	上声	阴去	阳去
334	221	454	534	214

附录3 发音字词表

(一) 长沙方言、双峰方言调查字表（详表，3931个字）

阿(阿胶) 阿(阿哥) 哀 埃 挨(挨打) 挨(挨近) 癌 矮 蔼 艾 爱 隘 碍 安
庵 鹌 鞍 揞 岸 按 案 暗 昂 凹 熬(熬夜) 熬(熬白菜) 袄 坳 傲 奥 懊
鏊 八 巴 芭 疤 笆 拔 把(把握) 把(把子) 坝(坝塘) 坝(坝塘) 爸 耙 罢 霸
掰 白 百 柏 摆 败 拜 稗 扳 班 般 颁 斑 搬 瘢 板 版 办 半 扮
伴 拌 绊 瓣 邦 帮 绑 榜 膀(膀胱) 膀(膀肿) 蚌 棒 傍 谤 包 苞 胞 褒
雹 薄(薄纸) 薄(薄荷) 饱 宝 保 堡 报 抱 豹 菢 鲍 暴 爆 杯 卑 悲 碑
北 贝 备 背(背负) 背(后背) 背(背书) 倍 被(被子) 被(被迫) 辈 焙 鞴 鐾 奔
锛 本 笨 崩 绷 迸 逼 鼻 比 彼 秕 笔 鄙 币 必 毕 闭 庇 畀 陛
毙 敝 婢 蓖 痹 滗 碧 蔽 箅 弊 箅 壁 避 臂 璧 边 编 蝙 鞭 贬
扁 匾 汴 变 便(便宜) 便(便利) 遍(遍地) 遍(一遍) 辨 辩 辫 标 彪 膘
表(表面) 表(表芯) 鳔 憋 鳖 别(别离) 别(别离) 瘪 宾 槟 殡 鬓 冰 兵 丙
秉 柄 饼 禀 并(并拢) 并(并且) 病 拨 波 玻 钵 饽 剥 菠 播 伯 驳 帛
勃 钹 博 跛 簸 簸(簸米) 簸(簸箕) 卜(卜卦) 卜(萝卜) 补 捕 不 布 布(布料) 布(布置)
步 怖 部 埠 簿 擦 猜 才 材 财 裁 采 彩 睬 莱 蔡 参(参差) 参(参加)
参(人参) 餐 残 蚕 惭 惨 灿 仓 苍 舱 藏(藏族) 藏(藏身) 操 操(操练) 操(操蛋)
糙 曹 槽 草 册 厕 侧(侧门) 侧(侧面) 测 策 岑 层 曾(曾经) 曾(姓曾) 蹭
叉 权 插 茬 茶 查 搽 察 汊 岔 差(差事) 差(差别) 差(差错) 差(参差) 拆
钗 柴 豺 搀 逸 馋 禅(禅床) 禅(禅让) 缠 蝉 蟾 产 铲 忏 颤 昌 菖 肠

· 364 ·

附录3 发音字词表

尝 常 偿 厂 场 敞 畅 倡 唱 抄 钞 超 巢 朝(朝代) 朝(今朝) 嘲 潮 吵 炒 车(车行) 车(车马炮) 扯 彻 撤 臣 尘 辰 沉 陈 晨 衬 趁 称(称呼) 称(相称) 撑 成 丞 呈 诚 承 城 乘(乘法) 乘(史乘) 程 惩 塍 澄(澄清) 澄(澄清事实) 澄(澄清) 橙(橙汁) 橙(橙汁) 逞 秤 掌 吃 哧 嗤 痴 池 驰 迟 持 踟 尺(工尺) 尺(尺寸) 齿 侈 耻 豉 斥 赤 饬 翅 冲(冲锋) 冲(冲水) 充 春 虫 崇 宠 铳 揰 抽 仇(仇人) 仇(姓仇) 绸 酬 稠 愁 筹 丑(丑角) 丑(丑时) 臭 出 初 除 厨 锄 雏 橱 杵 础 储 楚 褚 处(处事) 处(处处) 畜(畜生) 畜(畜牧) 触 揣 川 穿 传(传播) 传(传记) 船 椽 喘 串 疮 窗 床 闯 创(创伤) 创(创造) 吹 炊 垂 槌 锤 春 椿 纯 唇 鹑 醇 蠢 戳 绰(绰号) 绰(宽绰) 龊 疵 词 茨 祠 瓷 辞 慈 磁 雌 鹚 糍 此 次 伺 刺 赐 匆 囱 葱 聪 从(从众) 从(从容) 丛 凑 粗 促 猝 醋 氽 窜 篡 崔 催 脆 淬 粹 翠 村 皴 存 忖 寸 搓 撮 挫 措 锉 错(错车) 错(错误) 搭 达 沓 答(答应) 答(答案) 打 大(大叔) 大(大夫) 呆(呆若木鸡) 呆(呆板) 逮 代 带 殆 贷 待 怠 袋 戴 丹 担(重担) 担(担当) 单(姓单) 单(单独) 耽 胆 疸 掸 旦 但 诞 淡 弹(弹琴) 弹(弹药) 蛋 当(当成) 当(当然) 铛(铛锅) 铛(铃铛) 挡 挡 党 宕 荡 档 刀 叨 导 岛 捣 祷 到 倒(倒挂) 倒(倒塌) 盗 悼 道 稻 得 德 地 的(的确) 的(目的) 扽 灯 登 等 戥 邓 凳 瞪 低 堤 滴 狄 籴 获 敌 涤 笛 嫡 抵(抵押) 抵(抵牾) 底 弟 帝 递 第 蒂 拈 颠 癫 典 点 电 店 垫 淀 奠 殿 靛 簟 刁 貂 雕 吊 钓 调(调解) 调(调查) 掉 爹 跌(跌倒) 跌(跌交) 谍 叠 碟 蝶 丁 钉(装钉) 钉(钉子) 疗 顶 鼎 订 定 铤 锭 丢 东 冬 董 懂 动 冻 栋 洞 都(都市) 都(全都) 兜 抖 陡 斗(北斗) 斗(争斗) 豆 逗 痘 督 毒 独 读 犊 牍 笃 堵 赌 杜 肚(肚子) 肚(肚子) 妒 度 渡 镀 端 短 段 断(断裂) 断(断定) 缎 锻 堆 队 对 兑 碓 敦 墩 蹲 囤 沌 钝 盾 顿 遁 多 掇 夺 铎 踱 朵 垛 躲 剁 舵 堕 惰 讹 俄 鹅 蛾 额 扼 轭 恶(恶心) 恶(恶人) 恶(厌恶) 饿 鄂 腭 恩 儿 而 尔 耳 饵 二 贰 发(发卡) 发(发生) 乏 伐 罚 阀 筏 法 帆 番 藩 翻 凡 矾 烦 繁 反 返 犯 饭 泛 范(姓范) 范(范例) 贩 方 坊 芳 防 妨 肪 房 仿(仿照) 仿(仿照) 访 纺 放 飞 妃 非 肥 匪 榧 翡 吠 肺 废 费 痱

湘语语音的特征与类型研究

分(分开) 分(分内) 芬 吩 纷 坟 焚 濆 粉 份 奋 忿 粪 愤 丰 风 枫 封 疯 峰 锋 蜂 冯 逢 讽 凤 奉 俸 缝(缝隙) 缝(缝补) 否 夫 肤 麸 孵 敷 伏 扶 芙 佛 服 俘 浮 符 幅 辐 福 蝠 抚 甫 斧 府 俯 釜 辅 腑 腐 父 讣 付 负 妇 附 咐 驸 赴 复 复(复杂) 复(复习) 复(复原) 复(复课) 副 赋 傅 富 腹 缚 覆 尬 该 改 丐 盖 溉 概 甘 杆 杆(杆子) 杆(杆秤) 肝 泔 柑 竿 尴 秆 赶 敢 感 橄 擀 干 干(干涉) 干(干燥) 干(干部) 冈 刚 肛 纲 钢 钢(钢—钢菜刀) 钢(钢铁) 缸 岗 港 杠 高 羔 膏 膏(膏药) 膏(膏油) 篙 糕 搞 稿 告 戈 哥 胳 鸽 搁 割 歌 革 阁 格 葛 葛(葛根) 葛(姓葛) 隔 个 各 给 给(给他) 给(给予) 根 跟 庚 耕 羹 埂 耿 哽 梗 更 更(更换) 更(更夫) 更(更加) 工 弓 公 功 攻 供 供(供养) 供(供应) 宫 恭 蚣 躬 龚 巩 汞 拱 共 贡 勾 勾(勾引) 勾(勾当) 沟 钩 苟 狗 构 购 垢 够 媾 估 孤 姑 鸪 辜 箍 古 谷 谷(谷物) 谷(谷底) 股 骨 牯 鼓 盬 固 故 顾 雇 锢 瓜 刮 剐 寡 卦 挂 乖 拐 怪 关 观 观(观察) 观(道观) 官 冠 冠(冠盖) 冠(冠军) 棺 鳏 馆 管 贯 惯 灌 罐 光 胱 广 逛 归 圭 龟 规 围 轨 诡 鬼 癸 柜 刽 贵 桂 跪 鳜 滚 棍 郭 锅 国 果 馃 裹 过 过(过分) 过(过错) 哈 蛤 蛤(蛤蚧) 蛤(蛤蟆) 还 还(还债) 还(还是) 孩 海 亥 骇 害 蚶 酣 憨 鼾 含 函 韩 寒 罕 喊 汉 汗 旱 焊 撼 翰 憾 夯 杭 航 蒿 薅 毫 豪 壕 好 好(喜好) 好(好人) 郝 号 号(号叫) 号(号码) 耗 浩 喝 喝(喝水) 喝 喝(喝彩) 禾 合 何 和 和(和气) 和(和泥) 和(和声) 河 荷 荷(荷花) 荷(薄荷) 核 核(核查) 核 核(核桃) 核(果核) 盒 贺 鹤 黑 痕 很 恨 亨 哼 恒 横 横(纵横) 横(横逆) 衡 轰 哄 烘 揈 弘 红 宏 虹 洪 鸿 侯 喉 猴 瘊 吼 后 后(后来) 后(皇后) 厚 候 乎 呼 忽 狐 胡 胡(胡椒) 胡(胡须) 壶 葫 湖 蝴 糊 虎 浒 互 户 护 沪 岵 瓠 瓠(瓠瓜) 瓠(瓠瓜) 花 华 华(华夏) 华(姓华) 铧 猾 滑 化 划 划(划船) 划(划拨) 画 话 桦 怀 淮 槐 坏 欢 环 桓 缓 幻 宦 换 唤 患 焕 荒 慌 皇 黄 凰 隍 蝗 蟥 簧 恍 晃 晃(晃动) 晃(晃眼) 谎 幌 灰 挥 恢 辉 麾 徽 回 茴 悔 毁 汇 汇(汇报) 汇(汇集) 会 会(会计) 会(会长) 会(学会) 讳 哕 绘 贿 彗 晦 秽 惠 慧 昏 昏(昏暗) 昏(昏迷) 荤 婚 浑 浑(浑水) 浑(浑身) 馄 魂 混 豁 活 火 伙 伙(伙计) 伙(伙食) 或 货 获 获(获罪) 获(获得) 祸 惑 霍 镬 藿 讥 击 饥 饥(饥荒) 饥(饥饿) 机 肌 鸡 积 屐 基 缉 稽 激 及

附录3 发音字词表

吉 级 极 即 急 疾 集 辑 藉 籍 几(几乎) 几(几多) 几(几多) 已 挤 脊
戟 麂 计 记 纪 技 忌 际 妓 季 剂 荠 迹 济 既 继 徛 祭 寄 寂
绩 鲫 髻 冀 加 夹(夹板) 夹(夹袄) 佳 痂 家 傢 嘉 甲 胛 贾 假(真假)
假(假期) 价 驾 架 嫁 稼 尖 奸(奸细) 奸(奸情) 歼 坚 间(间隔) 间(间距) 肩
艰 监 兼 笺 犍 搛 煎 拣 茧 柬 俭 笕 检 趼 减 剪 锏 简 碱 见
件 饯 建 荐 贱 剑 健 舰 涧 渐 谏 践 腱 溅 鉴 键 箭 江 将(将来)
将(将领) 姜(姜片) 姜(姜黄) 豇 浆 僵 缰 礓 疆 讲 奖 桨 蒋 耩 匠
降(降低) 降(降服) 酱 交 郊 茭 浇 娇 骄 胶 椒 焦 蕉 角 僬 狡 饺 绞
铰 矫 脚 搅 剿 缴 叫 轿 较 教(教训) 教(教书) 窖 酵 噍 醮 阶 疖 皆
接 秸 揭 街 节 劫 杰 洁 结(结实) 结(结合) 捷 截 竭 姐 解(解送)
解(解放) 解(解数) 解(解释) 介 戒 芥 届 界 疥 借 褯 巾 斤 今 金 津
筋 襟 仅 尽(尽力) 尽(尽管) 紧 锦 谨 进 近 劲(劲旅) 劲(劲头) 晋 浸
禁(禁不住) 禁(禁止) 茎 京 经 荆 惊 晶 睛 粳 精 鲸 井 颈 景 警 径
净 竞 竟 敬 靖 静 境 镜 迥 窘 纠(纠纷) 纠(纠察) 纠(纠集) 鸠 究 阄
揪 鬏 九 久 灸 韭 酒 旧 臼 枢 救 就 舅 拘 居 驹 鞠 局 桔 菊
橘 矩 举 巨 句 拒 具 俱 剧 据 距 惧 锯 聚 捐 鹃 卷(翻卷) 卷(卷子)
倦 绢 眷 决 诀 觉(觉察) 觉(睡觉) 绝 倔 掘(掘土) 掘(掘土) 厥 蕨 镢 爵
嚼 军 均 君 钧 菌 俊 郡 浚 骏 卡 开 揩 凯 慨 慨(慨叹) 慨(愤慨) 楷 刊
勘 龛 堪 坎 侃 砍 看(看守) 看(看见) 康 慷 糠 抗 炕 考 拷 烤 犒 靠
苛 科 棵 窠 颗 磕 瞌 蝌 壳 搕 可 坷 渴 克 刻(时刻) 刻(刻画) 客 课
肯 垦 恳 啃 坑 空(空气) 空(空位) 孔 恐 控 抠 口 叩 扣 寇 枯 哭 窟
苦 库 裤 酷 夸 垮 胯 跨 块(块头) 块(块头) 快 筷 宽 款 匡 筐 狂 旷
况 矿 框 眶 亏 盔 窥 奎 逵 葵 魁 傀 溃(溃败) 溃(溃烂) 愧 坤
昆(昆明) 昆(昆仑) 捆 困(困难) 困(困乏) 扩 括 阔 廓 拉 邋 腊 蜡 辣 镴
来 赖 癞 罱 兰 拦 栏 蓝 篮 览 揽 缆 榄 娄 懒 烂 滥 郎 狼 廊
椰 螂 朗 浪 捞 劳(劳动) 劳(劳军) 牢 唠 痨 老 姥 烙 涝 酪 乐(乐见)
乐(乐器) 了 勒(勒紧) 勒(勒索) 雷 擂(擂台) 擂(擂鼓) 垒 儡 肋 泪 类 累(劳累)
累(累加) 累(累赘) 楞 冷 厘 狸 离(离开) 离(离题) 梨 犁 蜊 璃 黎 篱 礼

· 367 ·

湘语语音的特征与类型研究

李 里(里程) 里(里面) 理 鲤 力 历(历史) 历(历书) 厉 立 吏 励 利 例 疬 栗 笠 粒 痢 俩 连 怜 帘 莲 联 廉 鲢 镰 敛(敛财) 敛(敛钱) 脸 练 炼(炼丹) 炼(炼乳) 恋 殓 楝 良 凉 梁 粮 粱 两(两个) 两(斤两) 亮 谅 辆 量(测量) 量(量化) 撩 辽 疗 聊 僚 嘹 燎 鹩 料 廖 瞭 镣 列 劣 烈 猎 裂 拎 邻 林 临 淋 燐 磷 鳞 檁 吝 赁 伶 灵 铃 凌 陵 菱 翎 绫 零 龄 岭 领 另 令 溜 刘 留 流 琉 硫 馏 榴 柳 六 龙 胧 聋 笼(笼子) 笼(笼箱) 隆 窿 陇 拢 垄 楼 耧 搂(搂钱) 搂(搂抱) 篓 陋 漏 卢 芦 庐 炉 鸬 卤 虏 鲁 橹 陆(陆地) 陆(陆游) 录 赂 鹿 禄 路 鹭 露(露水) 露(露脸) 鸾 銮 卵 乱 仑 伦 轮 论(论语) 论(论据) 啰 罗 萝(萝卜) 萝(萝卜) 腽 锣 箩 骡 螺 裸 瘰 洛 络 骆 落 摞 驴 吕 捋 旅 稆 屡 缕 履 律 虑 率(效率) 率(率领) 绿 滤 掠 略 妈 麻(麻绳) 麻(麻疯) 蟆 马 码 骂 埋 买 迈 麦 卖 脉 蛮 馒 瞒 满 曼 蔓 幔 漫 慢 芒 忙 盲 氓 茫 莽 蟒 猫(猫腰) 猫(猫眼) 毛 矛 茅 锚 卯 茂 冒 贸 帽 貌 没(沉没) 没(没有) 玫 枚 眉 莓 梅 脢 媒 楣 煤 霉 每 美 妹 昧 寐 媚 门 闷 虻 萌 蒙 盟 猛 懵 蠓 孟 梦 弥 迷 谜(谜儿) 谜(谜团) 糜 糜(糜烂) 靡 米 觅 泌 秘 密 蜜 眠 绵 棉 免 勉 娩 缅 面(面对) 面(面粉) 苗 描 秒 渺 藐 妙 庙 灭 篾 民 皿 抿 闽 悯 敏 名 明 鸣 冥 铭 螟 命 谬 摸 馍 模(模具) 模(模范) 膜 摩 磨(磨刀) 磨(磨盘) 魔 抹(抹煞) 抹(抹布) 末 沫 陌 莫 漠 寞 墨 默 谋 某 母 牡 亩 拇 木 目 牧 募 墓 幕 睦 慕 暮 拿 哪 那 纳 捺 乃 奶 奈 耐 男 南 难(难题) 难(患难) 囊 曩 挠(阻挠) 挠(挠头) 铙 恼 脑 闹 呢 内 嫩 能 尼 泥(泥古) 泥(泥土) 倪 霓 拟 你 逆 匿 腻 溺 拈 蔫(花蔫) 蔫(花蔫) 年 鲇 黏 捻 辇 撵 碾(碾碎) 碾(碾房) 念 娘(娘亲) 娘(姑娘) 酿 鸟 尿 捏 聂 镊 蹑 孽 宁(宁可) 宁(宁静) 凝 佞 牛 扭 纽 钮 农 侬 浓 脓 弄 齉 奴 努 怒 暖 疟(疟疾) 疟(疟疾) 虐 挪 诺 懦 糯 女 沤 欧 殴 鸥 呕 偶(偶数) 偶(偶然) 藕 怄 杷 爬 琶 帕 怕 拍 排 牌 簰 派 潘 攀 爿 盘 判 盼 叛 襻 滂 庞 旁 螃 胖 抛 脬 刨(刨刀) 刨(刨皮) 袍 跑 泡(泡酒) 泡(泡桐) 炮 胚 陪 培 赔 裴 沛 佩 配 辔 喷(喷气) 喷(喷水) 喷(喷嚏) 盆 烹 朋 彭 棚

· 368 ·

附录3 发音字词表

蓬 鹏 篷 膨 捧 碰 批 纰 坯 披 劈(劈开) 劈(劈叉) 霹 皮 枇 疲 琵 脾
匹 痞 屁 辟(辟谷) 辟(辟谣) 僻 譬 偏 篇 片 骗 飘 嫖 瓢 票 漂(漂浮)
漂(漂白) 漂(漂亮) 撇(撇开) 撇(撇捺) 拼(拼命) 拼(拼合) 贫 频 品 聘(聘请) 聘(出聘)
平 评 坪 苹 凭(凭证) 凭(凭据) 屏 瓶 萍 坡 泊(泊车) 泊(湖泊) 泼 颇 婆
迫 破 魄 剖 仆(仆人) 仆(仆倒) 扑 菩 脯(脯子) 脯(果脯) 葡 蒲 朴 圃 浦
普 谱 铺(铺路) 铺(铺面) 瀑 曝 七 妻 栖 凄(凄凉) 凄(凄惨) 戚(姓戚)
戚(亲戚) 期 欺 漆 齐 祁 岐 其 奇(奇数) 奇(奇怪) 歧 祈 俟 脐 畦 骑
棋 旗 鳍 麒 乞 岂 企 杞 启 起 气 讫 弃 汽 泣 契 砌 器 掐 洽
恰 千(秋千) 千(千万) 迁 牵 铅 谦 签(签筒) 签(签字) 前 虔 钱 钳 掮 乾
潜 浅 遣 欠 芡 嵌 歉 羌 枪 腔 强(强大) 强(强迫) 墙 抢 悄 锹 敲 缲
蹻 乔 侨 荞 桥 樵 瞧 巧 俏 窍 翘 鞘(鞭鞘) 鞘(鞘翅) 茄 且 切(切开)
切(切身) 妾 怯 窃 钦 侵 亲(亲人) 亲(亲家) 芹 秦 琴 禽 勤 擒 寝 沁
揿 青 轻 倾 卿 清 蜻 情 晴 擎 顷 请 庆 磬 穷 琼 丘 秋(秋天)
秋(秋千) 蚯 鳅 囚 求 泅 球 区 曲(曲酒) 曲(姓曲) 曲(曲折) 曲(曲艺) 驱 屈
蛆 趋 黢 渠 瞿 取 娶 去(去暑) 去(离去) 趣 圈(圈肥) 圈(圈养) 圈(圈住) 权
全 泉 拳 颧 犬 劝 券 缺 瘸 却 雀 确 鹊 榷 裙 群 然 燃 冉 染
穰 瓤 壤 攘 嚷 让 饶 桡 扰 绕(绕道) 绕(绕圈) 惹 热 人 壬 仁 忍 刃
认 任(姓任) 任(任务) 韧 葚 扔 仍 日 戎 茸 荣 绒 容 蓉 溶 榕 熔 融
柔 揉 肉 如 儒 汝 乳 辱 孺 入 褥 阮 软 蕊 芮 锐 瑞 闰 润 若
弱 撒(撒种) 撒(撒手) 洒 卅 萨 腮 塞(塞给) 塞(塞责) 鳃 赛 三 伞 散(散落)
散(散伙) 桑 搡 嗓 丧(丧失) 丧(丧事) 搔 骚 臊 扫(扫把) 扫(扫地) 嫂 色 涩
啬 瑟 森 僧 杀 沙 纱 莎 煞(煞车) 煞(恶煞) 傻 厦(大厦) 厦(厦门) 霎 筛
晒 山 杉 删 衫 珊 膻 闪 陕 疝 扇(扇动) 扇(扇子) 善 膳 鳝 伤 商 晌
赏 上(上山) 上(上面) 尚 捎 烧 梢 稍 筲 勺 芍 韶 少(少量) 少(少年) 邵
绍 潲 奢 赊 舌 佘 蛇 舍(舍得) 舍(舍下) 设 社 射(射线) 射(射线) 涉 赦
摄 麝 谁 申 伸 身 娠 深 什 神 沈 婶 肾 甚 渗 慎 升 生
牲 笙 甥 绳 省(全省) 省(省悟) 圣 胜(胜任) 胜(胜利) 盛(盛大) 盛(盛饭) 剩
尸 失 师 诗 虱 狮 施 湿 十 石 时 识 实 拾 食 蚀 莳 鲥 史 矢

369

湘语语音的特征与类型研究

使(使用) 使(使节) 始 驶 屎 士 氏 示 世 仕 市 式 似 势 事 侍 饰 试
视 柿 是 适 恃 室 逝 释 嗜 誓 匙(钥匙) 匙(匙子) 收 手 守 首 寿 受
授 售 兽 瘦 书 枢 叔 殊 梳 淑 舒 疏 输(输钱) 输(输送) 蔬 孰 赎 塾
熟 暑 黍 属(属性) 属(连属) 署 蜀 鼠 薯 术 戍 束 述 树(树立) 树(树叶)
竖 恕 庶 数(数次) 数(数钱) 数(数目) 漱 刷 耍 衰 帅 蟀 闩 拴 栓 涮
双(双抢) 双(双生) 霜 孀 爽 水 税 睡 顺 舜 说(说客) 说(说话) 朔 硕 司
丝 私 思 斯 蛳 厮 撕 死 巳 四 寺 祀 饲 肆 嗣 松(松树) 松(松懈)
松(轻松) 怂 耸 讼 宋 送 诵 颂 搜(搜查) 搜(搜集) 馊 飕 艘 嗽 苏 酥
俗 诉 肃 素 速 宿(一宿) 宿(宿舍) 宿(星宿) 粟 嗉 塑 酸 蒜 算 虽 荽
绥 随 髓 岁 遂 碎 隧 穗 孙 损 笋 榫 唆 梭 蓑 缩 所 索(索取)
索(索道) 琐 锁 他 它 塌 遢 溻 塔 獭 撘 踏 胎 台(台面) 台(台州)
抬 苔(舌苔) 苔(青苔) 太 态 泰 坍 贪 摊 滩 瘫 坛(讲坛) 坛(坛子) 谈 痰
谭 潭 檀 坦 毯 叹 炭 探 汤 唐 堂 棠 塘 糖 螳 倘 躺 烫 趟 涛
掏 滔 逃 桃 陶 萄 淘 讨 套 特 疼 腾 眷 藤 剔 梯 踢 提 啼 题
蹄 体 屉 剃 涕 惕 替 嚏 天 添 田 甜 填 腆 舔 挑(挑战) 挑(挑担) 条
粜 跳 帖(妥帖) 帖(帖子) 帖(字帖) 贴 铁 厅 汀 听(听从) 听(好听) 廷 亭 庭
停 蜓 挺 艇 通 同 桐 铜 童 瞳 统 捅 桶 痛 偷 头 投 敨 透
秃 突 图 徒 途 涂 屠 土 吐(吐痰) 吐(吐血) 兔 团(团结) 团(团圆) 推 颓
腿 退 蜕 吞 屯 饨 豚 臀 托(托付) 托(托盘) 拖 脱 驮(驮起) 驮(驮运货物)
驼 鸵 妥 椭 唾 挖 洼 蛙(蛙泳) 蛙(蛙跳) 瓦(瓦砾) 瓦(瓦刀) 袜 歪 外 弯
剜 湾 豌 丸 完 玩(玩耍) 玩(玩弄) 顽 宛 挽 晚 惋 婉 皖 碗 万 腕 汪
亡 王 网 枉 往 辋 妄 忘 旺 望 危 威 微 煨 违 围 桅 唯 惟 维
伟 伪 苇 尾 纬 委 萎 卫 为(行为) 为(为了) 未 位 味 畏 胃 谓 喂 猬
慰 魏 温 瘟 文 纹 闻 蚊 刎 吻 稳 问 璺 翁 瓮 苋 倭 涡 窝 蜗
踒 我 沃 卧 握 龌 乌 污 巫 诬 屋 无 吾 吴 梧 蜈 五 午 伍 武
侮 鹉 舞 勿 戊 务 坞 物 误 悟 雾 夕 兮 西 吸 希 昔 析 牺 息
奚 悉 惜 稀 犀 锡 溪 熙 熄 膝 嬉 蟋 习 席 袭 媳 洗 玺 徙 喜
戏 系(系鞋带) 系(系统) 系(系列) 系(系谱) 细 虾 瞎 匣 侠 峡 狭 遐 暇 辖

附录3 发音字词表

霞 下(下面) 下(下降) 吓(吓人) 吓(恐吓) 夏(姓夏) 夏(夏天) 仙 先 纤 掀 鲜
闲 贤 弦 咸(咸阳) 咸(咸菜) 涎 衔 舷 嫌 显 险 蚬 苋 县 现 限 线 宪
陷 馅 羡 献 乡 相(相互) 相(相面) 香 厢 湘 箱 镶 详 祥 翔 享 响 饷
想 向 项 巷 象 像 橡 枵 逍 消 宵 萧 硝 销 箫 霄 嚣 淆 小 晓
孝 校(校对) 校(校长) 笑 效 些 楔 歇 蝎 协 邪 胁 挟(挟菜) 挟(挟持) 斜
谐 携 鞋 写 泄 泻 卸 屑 械 谢 懈 蟹 心 辛 欣 新 薪 馨 信 芯
星 猩 腥 刑 行(行为) 行(行业) 行(行为) 形 型 醒 兴(兴起) 兴(高兴) 杏 幸
性 姓 凶(吉凶) 凶(凶恶) 兄 匈 胸 雄 熊 休 修 羞 朽 秀 袖 绣 锈 嗅
戌 须(须知) 须(须发) 虚 墟 需 嘘 徐 许 旭 序 叙 恤 绪 续 絮 婿 蓄
轩 宣 喧 玄 悬 旋(旋涡) 旋(旋风) 选 癣 眩 楦 削(削减) 削(削皮) 靴 薛
穴 学 雪 血 谑 勋 熏 窨 薰 旬 寻 巡 荀 循 训 讯 迅 驯 逊 殉
丫 压 押 鸦 桠 鸭 牙 芽 崖 涯 衙 哑 雅 轧 亚 砑 胭 烟 焉 阉
淹 腌(腌肉) 腌(腌肉) 延 严 言 岩 炎 沿 研 盐 阎 筵 颜 檐 俨 衍 掩
眼 演 魇 厌 砚 咽 艳 晏 宴 验 谚 堰 雁 焰 燕(燕国) 燕(燕子) 央 殃
鸯 秧 扬 羊 阳 杨 疡 洋 烊 仰 养 痒 样 恙 幺 吆 妖 腰 邀 尧
肴 姚 窑 谣 摇 遥 杳 咬 窅 药 要(要求) 要(要员) 钥(钥匙) 钥(锁钥) 勒
鹞 耀 掖 椰 噎 爷 也 野 业 叶 页 夜 液 腋 屦 一 衣 医 依 揖
仪 夷 沂 宜 姨 移 遗 疑 乙 已 以 矣 蚁 倚 椅 亿 义 艺 刘 忆
议 亦 异 抑 役 译 易(易手) 易(容易) 疫 益 谊 逸 肆 意 缢 毅 翼 因
阴 荫 音 姻 殷 吟 银 淫 寅 尹 引 饮(饮酒) 饮(饮马) 蚓 隐 印
应(应当) 应(应答) 英 莺 婴 缨 樱 鹦 鹰 迎 茔 盈 莹 萤 营 蝇 赢 颖
影 映 硬 拥 痈 庸 壅 臃 永 咏 泳 勇 涌 恿 踊 用 优 忧 幽 悠
尤 由 邮 犹 油 游 友 有 酉 莠 又 右 幼 佑 柚 诱 釉 鼬 迂 淤
于(于是) 于(姓于) 余(姓余) 余(余额) 盂 鱼 娱 渔 逾 愉 榆 虞 愚 与 宇
羽 雨 禹 语 玉 芋 郁(姓郁) 郁(郁冈) 育 狱 浴 预 域 欲 遇 喻
御(御用) 御(防御) 寓 裕 愈 誉 豫 鸳 冤 渊 浼 元 园 员 袁 原 圆 援
缘 猿 源 辕 远 怨 院 愿 曰 约(约定) 约(约—约有多重) 月 岳(岳阳)
岳(岳飞) 阅 悦 跃 越 粤 晕 云 匀 耘 允 孕 运 酝 韵 熨 杂 砸 灾

栽 宰 崽 再 在 载(载货) 载(载重) 载(连载) 簪 攒 暂 錾 赞 赃 脏(脏器) 脏(脏活) 葬 遭 糟 凿(开凿) 凿(凿子) 早 枣 蚤 澡 藻 皂 灶 造 燥 躁 则 责 择(择菜) 择(择偶) 泽 贼 增 憎 曾 赠 甑 扎(扎营) 扎(扎花) 扎(扎手) 扎(包扎) 渣 楂 札 闸 铡 眨 乍 诈 柞 栅 炸(油炸) 炸(炸药) 榨 斋 摘 宅 窄 债 寨 沾 毡 粘 瞻 斩 盏 展 占(占卜) 占(占领) 栈 战 站(站台) 站(站立) 绽 蘸 张 章 樟 长(长短) 长(长大) 涨(涨水) 涨(涨大) 掌 丈 仗(仗势) 仗(打仗) 仗(仗义) 杖 帐 账 胀 障 瘴 招 昭 爪 找 召(召见) 召(召集) 兆 赵 笊 棹 照 罩 肇 蜇 遮 折(折本) 折(折服) 折(折叠) 哲 蛰 辙 者 褶 浙 蔗 鹧 着(着陆) 着(着凉) 着(着凉) 贞 针 侦 珍 真 砧 斟 臻 诊 枕(枕头) 枕(枕套) 疹 阵 振 震 镇 争 征(征伐) 征(征求) 睁 筝 蒸 拯 整 正(正式) 正(正月) 证 郑 政 症 之 支 汁 芝 枝 知 肢 织 栀 脂 蜘 执 直 侄 值 职 植 殖 止 只(一只) 只(只是) 旨 址 纸 指 趾 至 志(同志) 志(杂志) 帜 制(制度) 制(制造) 质(质量) 质(质问) 炙 治 致 秩 掷(掷色子) 掷(投掷) 痔 智 痣 滞 置 雉 稚 中(中间) 中(中选) 忠 终 盅 钟(钟摆) 钟(钟情) 衷 肿 种(姓种) 种(种地) 种(种类) 仲 众 重(重做) 重(重婚) 重(重量) 舟 州 周 洲 粥 轴 肘 帚 纣 咒 宙 绉 胄 昼 皱 骤 朱(姓朱) 朱(朱砂) 诛 珠 株 诸 猪 蛛 竹 逐 烛 主 拄 煮 嘱 苎 助 住 注(注意) 注(注解) 驻 柱 祝 著 蛀 铸 筑 抓 髽 拽(拽一把) 拽(拖拽) 专 砖 转(转车) 转(转动) 赚 撰 篆 妆 庄 桩 装 壮 状 撞 追 锥 坠 缀 赘 肫 准(准许) 准(准头) 拙 捉 桌 灼 卓 浊 酌 啄 镯 咨 姿 兹 资 辎 滋 子 姊 梓 紫 滓 自 字 牸 宗 综 棕 踪 鬃 总 纵(纵容) 纵(纵横) 粽 邹 走 奏 租 足 卒(兵卒) 卒(卒业) 族 阻 组 祖 钻(钻研) 钻(钻头) 纂 嘴 最 罪 醉 尊 遵 撙 昨 琢 左 佐 作(作坊) 作(作案) 坐 座 做(小题大做) 做(订做)

(二) 其他42个点调查字表

（简表，1488个字）

多 拖 他 驼 大 哪 那 箩 左 做 搓 哥 个 可 鹅 我 饿 河 贺 阿 茄 波 播 坡 破 婆 磨 朵 躲 糯 坐 座 蓑 锅 果 过 棵 课

附录3 发音字词表

火	货	禾	祸	窝	巴	把	坝	爸	怕	爬	耙	麻	妈	马	骂	拿	茶	渣	炸
权	查	沙	家	假	嫁	牙	虾	哈	吓	霞	下	鸦	哑	姐	借	且	些	写	泻
斜	谢	爹	遮	者	蔗	车	扯	蛇	射	赊	舍	社	爷	也	夜	耍	瓜	寡	夸
垮	跨	胯	瓦	花	化	华	蛙	补	布	铺	普	菩	部	步	模	墓	都	肚	土
兔	徒	肚	度	奴	努	怒	炉	鲁	路	租	祖	做	粗	醋	苏	素	姑	古	故
固	枯	苦	裤	吴	五	误	呼	虎	湖	户	护	乌	女	驴	旅	虑	姐	徐	序
猪	著	除	阻	初	楚	锄	助	梳	所	煮	处	书	鼠	薯	如	居	举	锯	去
巨	鱼	语	虚	许	余	与	预	夫	斧	付	孵	符	扶	父	附	无	武	雾	娶
趣	聚	须	需	株	挂	厨	柱	住	数	朱	主	注	输	竖	树	矩	句	区	具
遇	于	雨	芋	贝	戴	带	胎	态	太	抬	待	袋	耐	来	癞	栽	宰	再	彩
菜	蔡	才	在	载	腮	赛	该	改	盖	开	呆	海	孩	亥	害	哀	爱	拜	排
埋	豺	皆	界	戒	楷	挨	摆	派	牌	买	卖	奶	债	柴	筛	晒	街	解	体
崖	鞋	解	矮	败	寨	币	例	制	世	闭	批	迷	米	谜	低	底	帝	梯	体
替	题	弟	第	泥	犁	礼	隶	祭	挤	济	妻	砌	齐	西	洗	细	鸡	计	启
系	杯	背	配	陪	倍	佩	煤	每	妹	堆	对	推	腿	退	队	内	雷	催	罪
块	灰	悔	回	汇	兑	最	外	会	乖	怪	块	怀	坏	挂	歪	画	快	话	脆
岁	税	卫	彗	废	肺	桂	慧	碑	臂	披	譬	皮	被	避	离	紫	此	刺	撕
知	智	池	支	纸	翅	是	豉	儿	尔	寄	奇	技	宜	蚁	谊	戏	椅	移	易
悲	比	屁	痞	备	鼻	眉	美	地	尼	梨	利	资	姊	次	瓷	自	私	死	四
致	迟	师	指	至	示	尸	屎	视	二	饥	几	器	姨	你	里	子	磁	字	丝
辞	已	寺	耻	持	治	厕	士	事	使	之	止	痣	齿	诗	始	试	时	市	而
耳	基	己	记	欺	起	棋	疑	喜	医	意	以	异	机	几	既	气	稀	衣	累
嘴	随	吹	垂	睡	规	亏	跪	危	毁	委	为	泪	醉	翠	虽	隧	追	锤	衰
帅	水	谁	龟	葵	葵	柜	位	维	飞	匪	费	肥	微	尾	味	归	鬼	贵	魏
挥	威	围	伟	胃	保	报	袍	抱	暴	毛	帽	刀	岛	到	讨	套	桃	道	盗
脑	劳	老	早	灶	操	草	曹	造	艘	扫	高	稿	告	考	靠	好	毫	号	熬
包	饱	爆	炮	刨	鲍	茅	卯	貌	闹	罩	抓	找	抄	炒	稍	交	搞	较	敲
巧	咬	孝	效	标	表	飘	票	苗	秒	庙	椒	剿	樵	消	小	笑	超	潮	赵

湘语语音的特征与类型研究

召 招 照 烧 少 韶 绍 骄 桥 翘 妖 要 摇 窑 雕 鸟 钓 挑 跳 条
调 尿 了 料 箫 浇 叫 晓 亩 戊 陡 偷 透 头 豆 楼 篓 漏 走 钩
狗 够 口 扣 藕 猴 后 候 欧 呕 否 富 副 浮 妇 谋 扭 刘 柳 酒
秋 就 修 秀 绣 袖 昼 抽 丑 绸 邹 皱 愁 搜 瘦 周 咒 臭 收 手
兽 仇 受 寿 纠 九 救 究 球 舅 旧 牛 休 优 邮 有 右 油 酉 彪
丢 幼 答 贪 潭 男 拉 参 惨 蚕 杂 感 龛 砍 喝 含 盒 暗 担 胆
毯 塔 谈 淡 蓝 腊 暂 三 敢 磕 喊 站 赚 斩 插 闸 杉 减 夹 咸
峡 衫 监 甲 岩 衔 鸭 镰 猎 尖 接 签 粘 闪 检 钳 验 险 淹 掩
厌 盐 艳 叶 剑 欠 严 业 点 店 帖 甜 蝶 念 谦 嫌 侠 法 凡 犯
品 林 立 浸 侵 集 心 寻 习 针 枕 汁 深 婶 湿 十 壬 入 金 禁
急 琴 吸 阴 饮 单 旦 摊 炭 但 达 难 兰 懒 烂 辣 餐 擦 残 伞
肝 赶 割 刊 看 岸 汉 寒 旱 汗 安 案 八 办 抹 盏 铲 察 山 产
杀 间 拣 眼 闲 班 板 攀 蛮 慢 铡 奸 颜 雁 瞎 鞭 变 别 偏 骗
便 别 棉 免 面 灭 连 列 煎 剪 箭 浅 钱 仙 线 展 缠 战 舌 扇
设 蝉 善 然 热 延 演 建 揭 健 言 献 歇 边 扁 遍 片 撇 辫 篦
癫 天 铁 田 电 垫 年 莲 练 节 千 切 前 先 坚 笕 见 结 牵 砚
显 贤 现 烟 燕 搬 半 盘 伴 叛 馒 满 末 端 短 脱 团 断 段 夺
乱 钻 酸 蒜 官 管 罐 括 宽 款 玩 欢 完 换 活 碗 腕 滑 挖 门
刷 关 惯 刮 还 弯 全 绝 选 雪 转 传 砖 穿 船 说 软 卷 圈 拳
圆 院 铅 阅 反 贩 发 烦 饭 筏 翻 晚 万 袜 劝 元 愿 月 冤 园
远 越 决 犬 缺 血 悬 县 穴 吞 根 很 恨 恩 宾 笔 匹 贫 民 敏
密 鳞 栗 进 亲 七 秦 尽 新 信 膝 珍 镇 趁 陈 阵 侄 衬 真 诊
震 质 神 实 身 失 辰 肾 人 忍 认 日 巾 紧 吉 仅 银 因 印 乙
一 寅 引 斤 劲 乞 勤 近 欣 隐 奔 本 盆 笨 门 闷 没 墩 顿 盾
突 嫩 论 尊 卒 村 寸 存 孙 损 昆 滚 棍 骨 坤 困 婚 忽 魂 混
温 稳 轮 遵 皱 笋 戌 旬 准 春 蠢 出 唇 盾 顺 术 纯 闰 均 橘
菌 匀 不 分 粉 粪 坟 份 佛 文 问 物 军 群 裙 荤 云 运 帮 榜
博 旁 薄 忙 莫 当 党 档 汤 托 糖 狼 朗 浪 落 赃 葬 作 仓 错

· 374 ·

附录3 发音字词表

藏 昨 桑 索 钢 各 糠 抗 杭 鹤 恶 娘 凉 两 亮 将 蒋 酱 雀 枪
抢 鹊 墙 匠 箱 想 削 祥 像 张 长 帐 着 肠 丈 装 壮 疮 创 床
状 霜 章 掌 昌 厂 唱 伤 赏 常 尚 上 瓢 让 弱 姜 脚 却 强 香
响 向 秧 约 羊 痒 样 药 光 广 旷 扩 荒 谎 黄 方 放 芳 纺 房
亡 网 望 框 狂 王 往 旺 胖 棒 桩 撞 捉 窗 双 江 讲 降 角
壳 岳 巷 学 握 北 朋 墨 灯 等 凳 得 藤 邓 特 能 增 层 赠 贼
僧 刻 黑 冰 逼 力 鲫 息 橙 直 侧 测 色 蒸 证 织 秤 绳 剩 食
升 胜 识 式 丞 极 亿 国 或 百 拍 彭 白 猛 打 冷 生 省 庚 梗
格 坑 客 硬 行 棚 麦 摘 争 耕 隔 茎 幸 兵 丙 柄 平 病 明 命
京 景 镜 庆 英 影 映 饼 并 名 岭 令 精 井 清 请 情 晴 静 净
姓 惜 席 程 郑 征 整 正 尺 射 声 圣 成 石 劲 轻 益 赢 壁 拼
劈 瓶 疗 顶 订 滴 听 踢 停 挺 定 笛 灵 另 青 戚 星 醒 锡 吃
形 矿 横 兄 荣 倾 营 扑 篷 蒙 木 东 懂 冻 通 桶 痛 同 动 洞
读 聋 鹿 棕 总 粽 葱 送 公 谷 空 孔 哭 红 屋 冬 统 毒 农 宗
宋 风 福 凤 服 梦 目 六 中 竹 畜 虫 缩 祝 铳 叔 熟 肉 弓 菊
穷 蓄 雄 育 封 峰 碰 缝 龙 绿 足 松 续 重 钟 种 烛 茸 拱 曲
共 局 玉 胸 容 熔 勇 用 欲

（三）44个点发音词表（192个词）

后字 前字	古清平	古浊平	古清上	古浊上	古清去	古浊去	古清入	古浊入
古清平	开车	公平	根本	公社	青菜	山洞	中国	生日
	冬瓜	安排	颠倒	轻重	封建	桑树	钢笔	中学
	搬家	花钱	开水	招待	铺盖	高大	东北	单独
古浊平	牙膏	牛羊	楼板	劳动	奇怪	毛病	颜色	阳历
	茶杯	油条	牙齿	苹果	皮带	黄豆	毛笔	茶叶
	桃花	皮球	床板	城市	迟到	程度	头发	粮食

· 375 ·

湘语语音的特征与类型研究

续表

前字＼后字	古清平	古浊平	古清上	古浊上	古清去	古浊去	古清入	古浊入
古清上	水缸	枕头	水土	表演	宝贝	草帽	粉笔	狗肉
	宝刀	苦头	水果	早稻	手套	写字	请客	主席
	表哥	酒瓶	打倒	改造	改变	古代	宝塔	小麦
古浊上	米汤	码头	米粉	买米	眼镜	马路	马脚	有毒
	坐车	社员	稻草	道士	重要	道路	道德	老实
	舅公	市场	部长	道理	等到	后代	动作	动物
古清去	桂花	借条	要紧	报道	叹气	半路	报答	菜叶
	菜心	菜油	报纸	报社	报到	退步	教室	到达
	货车	课堂	到底	干部	报告	肺病	送客	告别
古浊去	蛋糕	面皮	地点	调动	电报	外貌	大雪	练习
	电灯	共同	地主	运动	饭店	地洞	外国	大麦
	地方	大床	代表	上下	大概	电话	利息	闰月
古清入	结冰	骨头	屋顶	谷雨	笔记	失败	铁塔	角落
	北方	竹床	黑板	接待	尺寸	铁树	八百	确实
	国家	国旗	吃苦	接近	得到	一定	隔壁	积极
古浊入	蜜蜂	白糖	石板	白蚁	力气	绿豆	蜡烛	六月
	读书	石头	热水	活动	白菜	月亮	熟悉	特别
	石灰	食堂	木板	实在	达到	学校	及格	昨日

附录4　湘语双峰话语音鼻化度考察的发音字表

说明：单元音、复元音、鼻化元音、浊辅音、声化韵的例字，每个读3遍，均纳入统计。

(1) 单元音

ɿ 资 滋 丝　　ʅ 支 知 诗　　i 毙 低 西
u 补 不 布　　y 猪 醉 书　　a 拜 带 阶
ʊ 波 多 哥　　e 杯 逗 沟　　o 爸 遮 瓜
ə 包 刀 高

(2) 复元音

ia 班 单 根　　ua 端 官 酸　　ya 雪 说 血
iʊ 周 救 修　　ue 堆 该 腮　　io 壁 爹 加
iə 标 雕 交　　ui 追 归 飞　　əu 都 姑 苏

(3) 鼻化元音

ã 帮 东 公　　iã 南 懒 烂　　õ 张 钢 双
iõ 饼 订 香　　ĩ 研 泥 念　　iə̃ 兵 针 金
uã 军 棍 孙　　yə̃ 熏 云 运　　aĩ 边 颠 坚
uaĩ / uĩ 砖 转 宣

(4) 浊辅音 [ȵ 和 l 另外选字，见 (6) 和 (7)]

b 排 皮 婆　　d 大 题 驼　　g 话 (动词，~话，讲话) 柜 葵
ʥ 柴 瓷 坐　　dz 汁 纸 志　　dʐ 斜 齐 舅

湘语语音的特征与类型研究

ʑ 系（~统）蛇 寿　　ɣ 含 河 肥　　m̩ 埋 煤 木

ŋ̍ 癌 欧 鹅

（5）声化韵

m̩ 姆（~妈，奶奶）ŋ̍ 尔（你）

（6）ȵ

女 尿 牛 惹 热 弱 捏 聂 孽 业 儿 泥 尼 呢 你 宜 仪 疑 蚁 艺 谊 义 议 女 愚 娱 语 遇 鸟 尿 浇 肉 藕 偶 牛 扭 纽 染 拈 年 念 阎 严 言 研 验 谚 砚 软 人 认 银 娘 仰 凝

（7）l（l有变体 [l]、[n]、[ĩ]）

拉 离 罗 拿 捺 拉 腊 蜡 辣 乐 勒 糯 罗 锣 箩 萝 螺 骡 萝 洛 落 骆 络 猎 列 烈 裂 劣 略 犁 黎 篱 离 梨 厘 礼 李 里 理 鲤 例 厉 丽 荔 利 痢 吏 立 粒 笠 栗 力 历 奴 努 怒 卢 炉 芦 鲁 橹 虏 卤 露 路 鹿 禄 陆 录 驴 吕 旅 屡 虑 滤 律 率 绿 乃 奶 耐 奈 来 赖 内 雷 累 垒 类 泪 肋 脑 恼 闹 捞 劳 牢 老 疗 辽 聊 了 料 楼 篓 搂 漏 溜 流 刘 留 榴 柳 六 男 南 难 蓝 篮 兰 拦 栏 览 揽 懒 滥 烂 廉 镰 帘 连 联 怜 莲 脸 练 炼 恋 卵 乱 嫩 临 林 邻 磷 鳞 轮 伦 论 囊 狼 郎 廊 朗 浪 良 凉 梁 粱 粮 量 两 亮 谅 能 冷 宁 凌 灵 铃 零 领 岭 令 另 农 脓 浓 弄 笼 聋 隆 龙 拢 垄

· 378 ·

后　　记

　　湘方言历史悠久，西汉扬雄在《輶轩使者绝代语释别国方言》中曾记载"崽"这个词："崽者，子也。湘沅之会，凡言是子者谓之崽，若东齐言子矣。"时至今日，湖南很多地方仍然把"儿子"叫为"崽"，"崽"在长沙方言中念 [tsai^{332}]，在双峰永丰方言中念 [tse^{41}]。在浏阳市的一些乡镇，"崽"还可以用作名词后缀，例如"牛崽""车崽"，相当于"牛儿""车儿"。这真让人感叹不已，一些方言词语竟能穿越数千年的历史长河，至今生机勃勃。

　　我从 2002 年在湖南师范大学攻读硕士学位时便开始学习和研究湘方言；自 2005 年在南开大学攻读博士学位时运用声学软件细致测量、研究一些湘方言点的语音材料；自 2012 年在中国社会科学院语言研究所从事博士后研究，以"湘语语音学"为出站报告。不知不觉，我研究湘语有二十多个年头了。一路走来，我得到了很多人的鼓励、帮助与支持，我取得的所有成绩，都离不开这些可敬、可爱的人们。

　　首先，我要感谢两位博士后合作导师——李爱军研究员和胡方研究员，他们在我的学习、研究和生活中都提供了很大的帮助和指导。我能够实现博士后顺利出站离不开两位导师的谆谆教导。博士后期间获得第 52 批博士后科学基金面上资助（资助编号：2012M520529）和中国社会科学院创新工程项目资助，本书亦是在出站报告《湘语语音学》的基础上修改而成的。我还要感谢我的博士生导师石锋教授和硕士生导师曾毓美教授，曾老师把我领进湘方言研究的大门，石老师把我领进实验语音学的殿堂，跟随两位老师学习为我后来的研究打下了良好的基础。

其次，我要感谢在方言调查与录音工作中给予我帮助和支持的诸多师友。龚舒、刘光、刘逸杰、彭建国、彭晓辉、全丹丹、孙益民、陶桂香、肖剑、徐朝红、杨秀、曾绍皇、张蓓蓓（按音序排列）等师友都在我的调查中给予了大力支持。此外，还有参与调查工作的各方言点共50多位发音人（见附录1，抱歉的是，应出版要求，不能一一列举真实姓名），他们都任劳任怨，认真发音，帮我一起完成了调查、录音工作。

再次，我还要感谢我的家人，尤其感谢我的爱人向柠女士。她不仅是我生活中的好伴侣，也是我科研道路上的好伙伴。她陪同我外出调研，与我一起探讨问题，还在我外出学习、调研时帮我分担繁重的教学工作，并承担了家庭几乎所有的事务。正是家人的默默付出和全力支持，我才得以顺利完成研究任务。

最后，我要感谢广东外语外贸大学资助我出版这本著作。感谢中国社会科学出版社孙萍、李嘉荣女士，是她们的辛勤付出让这本书得以跟大家见面。

湖湘大地，人杰地灵；三湘四水，湘音萦绕。充满着无穷魅力的湘语，正等待着人们去揭开她一层层的神秘面纱。我能够跟随浩浩荡荡的湘语研究大军，为湘语的研究做一点儿力所能及的工作，这真是一件其乐无穷的事情。

贝先明

2024年5月，广州